维修备件供应链分析与算法

Analysis and Algorithms for Service Parts Supply Chains

[美] John A. Muckstadt 著

孙江生 张海莹 赵方庚 等译

甘茂治 审校

国防工业出版社

National Defense Industry Press

著作权合同登记　图字: 军 –2012 –174 号

图书在版编目（CIP）数据

维修备件供应链分析与算法/(美) 米克施塔特 (Muckstadt, J. A.) 著;
孙江生等译. 一北京: 国防工业出版社, 2016. 4
（国防科技著作精品译丛）
书名原文: Analysis and Algorithms for Service Parts Supply Chains
ISBN 978-7-118-10671-8

Ⅰ.①维… Ⅱ.①米… ②孙… Ⅲ.①军事装备—备件—设备管理—供应链管理 Ⅳ.①E23

中国版本图书馆CIP数据核字 (2016) 第 036316 号

Translation from English language edition:
Analysis and Algorithms for Service Parts Supply Chains
by John A. Muckstadt
Copyright © 2005 Springer New York
Springer New York is a part of Springer Science+Business Media
All Rights Reserved
版权所有，侵权必究。

维修备件供应链分析与算法
[美]　**John A.Muckstadt**　著
孙江生　张海莹　赵方庚　等译

出版发行　国防工业出版社

地址邮编　北京市海淀区紫竹院南路 23 号　　100048

经　售　新华书店

印　刷　北京嘉恒彩色印刷有限责任公司

开　本　710 × 1000　1/16

印　张　19¼

字　数　293 千字

版 印 次　2016 年 4 月第 1 版第 1 次印刷

印　数　1—2000 册

定　价　108.00 元

(本书如有印装错误，我社负责调换)

国防书店: (010) 88540777　发行邮购: (010) 88540776

发行传真: (010) 88540755　发行业务: (010) 88540717

翻译组名单

主　译：　孙江生　张海莹　赵方庚

翻　译：　连光耀　蔡　娜　蔡丽影

　　　　　曹卫宁　张连武　甘玉虹

　　　　　王　凯　周云川　吕艳梅

　　　　　李会杰　梁伟杰　郭星宇

审　校：　甘茂治

译者序

    本书是维修备件库存优化控制模型和算法领域的一部十分宝贵的专著。作者约翰·安东尼·米克施塔特 (John Anthony Muckstadt)，密歇根大学数学专业博士，曾在美国空军总部就职，后任美国康耐尔大学运筹学研究与工业工程学院教授。作者主要从事供应链管理研究，其几十年的开创性研究成果在美国空军和富士施乐公司等军地多领域得到广泛应用，在该领域具有重要影响和崇高地位。

    约翰·安东尼·米克施塔特教授以自己的研究成果为主，集成了本领域众多学者的创新性研究成果，对维修备件库存优化控制模型和算法进行了系统总结。本书对该领域的应用背景、理论基础、基本模型和工程算法等进行了充分论述与证明，并对基于时间的服务水平约束的连续时间多级多项目系统、多级系统中的横向供应和共用、有限能力系统和实时执行系统等问题进行了系统研究。本书内容为我们展现了以作者为代表的该领域众多研究学者们深厚的理论功底和严谨的逻辑论证，也为我们研究解决军地维修备件库存优化控制问题提供了一套可借鉴的理论、方法和技术。本书可为相关专业研究人员、院校师生提供理论指导，也可供从事该领域工作的管理人员和工程技术人员参考。

    本书翻译工作主要由孙江生、张海莹和赵方庚完成。孙江生主持实施了本书的翻译工作，对全书进行了系统全面的理解、消化与核证，完成了对全书的翻译统稿、加注和勘误等工作。张海莹承担了本书相关数学定理证明与模型推导的再推演工作，对书中相关案例进行了校核。赵方庚组织完成了本书的初译，开展了部分算法的验证工作。参与完成本书翻译工作的还有连光耀、蔡娜、蔡丽影、曹卫宁、张连武、甘玉虹、王凯、周云川、吕艳梅、李会杰、梁伟杰和郭星宇等。

　　本书由长期从事装备保障教学科研工作的甘茂治老师审校,在此表示由衷敬意和诚挚感谢。译者在翻译过程中,始终得到了国防工业出版社崔晓莉编辑的鼓励和支持,在此一并表示感谢。特别要衷心感谢中国人民解放军原总装备部政治部干部部机关,正是由于干部部组织实施的"青年英才"培养计划,才使译者得以完成此书的翻译工作。

　　由于译者水平有限,在翻译过程中一定会存在不少缺点和不当之处,恳请同行专家、老师及读者们批评指正。

译者

2016 年 1 月

译者简介

孙江生　男,黑龙江克东人。1975 年 4 月生,2009 年 1 月毕业于北京科技大学并获管理学博士学位。军械技术研究所高级工程师,主要研究方向是装备保障工程。硕士生导师。获国家科技进步二等奖 1 项、军队及省部级科技进步一等奖 3 项、军队科技进步二等奖 9 项,总装教学成果一等奖 2 项。获国家发明专利 18 项、实用新型专利 21 项。发表学术论文 60 余篇。军队学科拔尖人才培养对象、总装“双百计划”青年科技英才培养对象。荣立个人三等功 3 次。

张海莹　女,黑龙江克东人。1977 年 4 月生,2010 年 7 月毕业于哈尔滨工业大学并获工学博士学位。主要研究方向是图像处理、最优估计和随机微分方程数值解。现任 OSA (美国光学学会) 会员,OE (《光学快报》)、OL (《光学学报》)、IJCM (《国际计算数学杂志》)、AP (《应用光学》) 和 JOSAA (《美国光学学会杂志 A 辑》) 等期刊学术审稿人。哈尔滨工业大学应用数学研究所硕士生导师。发表学术论文 30 余篇,SCI 收录 7 篇。

赵方庚　男,山东单县人。1978 年 1 月生,2009 年 1 月毕业于北京科技大学并获管理学博士学位。蚌埠汽车士官学校副教授,主要研究方向是军事物流系统优化。获省部级科技进步一等奖 2 项,军队科技进步二等奖 2 项、三等奖 1 项,军队后勤学术优秀成果二等奖 1 项。发表学术论文 50 余篇。总后“科技新星”培养对象。荣立个人三等功 2 次。

前言

　　军中有句格言: 永远不要做自告奋勇者。然而, 许多人却因为做了自告奋勇者而改变了自己和自己的生活。我就曾说过: "是的, 长官, 我能做到。" 我的前程也因此得以不断改变。

　　1972 年初, 我便遇到了这样的事情。我那时是美国空军上尉, 被分配到总部, 即空军后勤司令部 (AFLC) 工作。当时我是一个从事运筹学研究的参谋人员, 直接向弗雷德·格鲁克 (Fred Gluck) 上校负责。由于我与格鲁克上校均曾就职于空军技术学院 (AFIT), 所以我们彼此很熟悉。也由于这层关系, 格鲁克上校给了我很大的自主权去选择工作项目。我选择了去协助两个以前曾在空军技术学院学习过的学员: 托马斯·哈勒夫 (Thomas Harruff) 先生和迈克尔·皮尔森 (Michael Pearson) 上尉, 他们二人都被分配到器材管理部的推进装置处工作。还是在空军技术学院任教员时, 我就已经开始与我的学员们共同协作攻关发动机的管理问题了。我们三个人对空军喷气式发动机在战略、战术及运行方面上的筹措、调拨和修理很感兴趣。我当时对这些问题还知之甚少, 所以经常与他们进行互动, 学习应对在管理这些既昂贵又重要的备件时遇到的各种问题。在我被分配到空军后勤司令部后, 这种互动就演变成了专职工作。正如我所说的, 是格鲁克上校让我能够有机会在这个领域得以不断开拓工作。

　　当时, 美国空军发生了几种类型发动机备件的严重短缺事件, 我们对此开展了大规模的深入研究。影响这种短缺的因素是多方面的, 但其中一种因素则是非常明显的, 即国防部计算发动机需求的方法忽略了发动机所处的运行环境。基于此, 首先要提出的问题是: 是否可以改用一套方法来计算发动机备件的需求, 这套方法应可以对性能 (各作战基地发动机可用度) 给出明显不同的预测, 进而得出期望性能的发动机备件需求数量。这个问题促使我去研究兰德公司发表的相关论文, 当时的兰德公司无疑是为空军开发装备后勤保障模型的领军团队。同时, 我也得以接触到了克雷格·舍布鲁克 (Graig Sherbrooke) 和他在兰德公司的同事们提出的可回收项目控制多级技术 (METRIC) 及相关概念。我与同事们构建了基于 METRIC 的拓展模型, 包括用于研究比较宽范围的战术和运行规划问题的最优化模型及相应的仿真模型。这些初步的研究结果也表明, 国防部的方法确实需要改进了。

那时还发生了另外一件事情。当时正在研发 F-15 武器系统。从很多方面来说, F-15 都是一款卓越的飞机。其设计主要聚焦在维修性方面, 尤其是发动机的维修性。普拉特 (Pratt) 和惠特尼 (Whitney) 以模块化的方式设计了该发动机。维修理念的基本思想是从飞机上拆下发生故障的发动机, 并替换为可用的发动机。一旦有故障的发动机从飞机上拆下来, 故障模块就可以得到确认、拆卸和更换, 从而使故障发动机恢复到可用状态。我们的目标则是将发动机的修理周转时间最小化, 进而使机群飞行所需的备用发动机和模块数量也维持在最低限度。只有在每个基地上都有足够数量的可用备件模块的情况下, 才能使发动机的修理周转时间缩短。当然, 故障的模块也必须是可修复的。当时, 飞机经常在得克萨斯州圣安东尼奥的空军后勤基地进行维修, 而其修理周转时间也对飞机的可用性产生了显著的影响。这种维修理念与相应的发动机设计策略显然很高明, 但却存在这样一个问题: 我们应该采购多少发动机和模块? 即便是国防部之前备用发动机需求计算方法的支持者都意识到, 自己支持的这一方法已不足以解决上述难题了。推进装置处有责任确定这些备件的初始采购数量, 并以预算为目标来估计未来相应的备件需求量。显然, 推进装置处的领导们面临着一个不知从何下手的难题。

个体展现的机会往往来自于组织的危急关头。我这样说的意思是: 只有在大官僚机构再不接受新观念就要注定失败的情况下, 他们通常才有可能去拥抱新思想。显然, 国防部恰恰就是这样一个庞大的官僚机构, 它就是因为标准工作程序明显难以有效运行, 所以才不得不被迫改变。在这样的关键时刻, 我犯了一个大过错, 违反了那句重要的格言。我自告奋勇地帮助设计了发动机与模块混合问题的解决方案并且使该方案得以迅速发展。格鲁克上校和他在推进装置处的搭档们也从未畏缩过, 是他们最终获得了授权 (从器材管理部的乔治·罗兹 (George Rhodes) 准将那里) 来开展这一方法研究。

基于舍布鲁克提出的原理, 我们的团队构建了第一个多级环境下应用的多装配关系可修项目战术规划模型。我们把该模型称为改进的可回收项目控制多级技术或是简称为 MOD-METRIC。这时我们的团队规模也在不断扩大, 新成员包括吉恩·珀金斯 (Gene Perkins) 少校、乔恩·雷诺兹 (Jon Reynolds) 上尉和罗伯特·金赛 (Robert Kinsey) 军士长。我们的团队利用上述模型计算了 F-15 所需的所有可修件的数量。在随后的几年里, MOD-METRIC 及其后继模型也被美国空军不断用来计算其他武器系统的备件需求量。

大约 30 年后的今天, 当我再回想起当时的情景时, 我明白是这么多事情的同时出现, 才让我有机会成为自告奋勇者。让人们来支持我们的思想创新与实践是真正意义上的非凡体验。

在我的服役期内, 我非常幸运地与许多杰出人士共同工作, 乔治·巴比特 (George Babbitt) 便是其中之一。当乔治还是空军技术学院的学生时我就认识他, 当时他是我的学生。在随后我们一起工作的日子里, 我清楚地认识到乔治是一位不可多得的人才。从那时起, 我们以及我们的家庭就在社交和专业层面进行了广泛交流。我和乔治无休止地探讨后勤系统的管理问题。这些充满激情的定期讨论持续了 30 多年 (他的妻子路易丝 (Louise) 总说我们是两个非常无聊的人)。然而, 通过互相争论, 我更加清晰地理解了如何设计与管理维修备件系统。我也并非唯一一个从乔治的智慧中获得启发的人。他的能力得到了上司的一致认可, 他最终在退休前获得了将军军衔并任空军装备司令部 (空军后勤司令部的后继组织) 司令。

在我们开发第一个基于 METRIC 的模型来管理发动机时, 我还遇见了费城陆军库存研究办公室的负责人伯尼·罗森曼 (Bernie Rosenman) 先生。伯尼很尽责, 他个人及其办公室负责开发了许多库存模型, 其中很多模型已被收录到了运筹管理和库存控制的教科书中。我们还有一些模型是与赫布·加利厄 (Herb Galliher) 所在的麻省理工学院合作完成的。在随后的多年里, 赫布对我在库存模型的建模理念产生了深远的影响。特别是他教会了我要在选择模型前对数据资料进行仔细审查。伯尼的团队包括艾伦·卡普兰 (Alan Kaplan) 和卡尔·克鲁泽 (Karl Kruse), 他们二人曾经不时地在如何构建备件采购模型上对我进行指导帮助。事实上, 卡尔的一篇关于等待时间的论文正是本书一节内容的基础。

随着时间的推移，以及我们空军后勤司令部这个团队的不懈努力，我们也非常幸运地与那个时期兰德公司伟大的后勤思想家们进行交流，这其中包括默里·盖斯勒 (Murray Geisler)、艾尔维·科恩 (Irv Cohen)、鲍勃·保尔森 (Bob Paulson)、莫特·伯曼 (Mort Berman)、约翰·鲁 (John Lu)、海·舒尔曼 (Hy Shulman) 和史蒂夫·德雷泽纳 (Steve Drezner) 等人。后来，兰德公司其他人的工作对空军和我的思想也都产生了深远的影响。这些人包括卢·米勒 (Lou Miller)、迪克·希尔斯塔德 (Dick Hillestad)、M. J. 卡里利奥 (M. J. Carrillio)、杰克·亚伯 (Jack Abell) 和戈登·克劳福德 (Gordon Grawford) 等。1974 年我成为康奈尔大学教师后，还与兰德公司的同事们进行了许多交流。我有幸在圣莫尼卡度过几个夏天，向这些技术娴熟、兢兢业业、正直高尚的人们学习。我对他们永远心存感激。因此，如果说本书大部分内容是直接或间接地来自于在兰德公司的工作以及与那里的同事交流时产生的思维灵感，也就不足为奇了。

进入康奈尔大学后，我对备件库存管理的兴趣和在这方面的工作仍在继续。除了在兰德公司继续我的工作外，我也很快得到了与美国海军、通用电气公司特别是富士施乐公司合作的机会。富士施乐公司在纽约州的罗切斯特有一个管理科学部门，它是世界上最重要的工业管理科学部门之一。杰克·钱伯斯 (Jack Chambers) 是该部门的负责人。富士施乐公司在备件及其服务基础设施上投有巨资。从这些方面看，也就不奇怪杰克的团队在这个领域开展了大量研究工作了。罗恩·赫德森 (Ron Hudson) 是团队成员之一，他使我有兴趣与这个团队合作以对这类问题开展研究。罗恩是管理科学部门后勤领域的核心技术领导。在与我一起工作的许多工业界技术人才之中，罗恩显然是最有能力的人之一。在我与他共事的 25 年里，他竭尽所能将分析做到最好的专业精神以及他毫不妥协、勇于承担责任的精神，对我产生了重大的影响。当然，我在富士施乐与其他人进行的交流，也塑造了我看待军事系统和高技术备件供应系统之间区别的观点。查克·米切尔 (Chuck Mitchell) 和罗恩·纳夫罗茨基 (Ron Nawrocki) 向我和康奈尔的学生揭示了商业备件环境中战略、战术和运行计划与执行的复杂性。富士施乐公司和其他公司的管理科学部门在 20 世纪 80 年代初期被解散了。

另一个让我生活发生转折的事件是，1980 年我遇见了芝加哥气动工具公司的总裁、首席执行官兼主席的托马斯·P. 拉蒂默 (Thomas P. Latimer)。与此同时，我也敏锐地意识到美国制造业正在走向没落。托马斯使我有机会可以对制造业及其成品和备件配送相关的几个非常有趣的问题进行研究。虽然我在托马斯公司进行的大部分活动都集中在评估多种可供选择的装配零件制造策略上,但在 1982 年,我确实用了全年时间进行了一项与维修备件相关的重要研究。这项研究涉及到了几个欧洲国家配送中心的备件库存问题。

虽然我知道在整个西欧存在着竞争,但我很快了解到政府的政策和干预是如何影响在那里做生意公司的物流、分配策略以及所需费用的。这些制度影响到了不同国家公司机构间的产品和信息的流动。由政府政策导致的商业社会成本与制约限制随处可见。这些经济运行现实问题极大地影响了我对全球化制造和配送的看法。20 世纪 80 年代后期,在贝尔大西洋公司所做的其他工作也进一步深化了我的这些看法。

20 世纪 90 年代,与备件有关的另外两个重要契机出现了。我的同事,也是非常要好的朋友,丹尼斯·塞弗伦斯 (Dennis Severance) 创造了这两个机会。1974 年,丹尼斯曾在康奈尔大学任教。从个人的角度而言,我们以及我们的家人在那时便成为了亲密的朋友。然而,从专业角度出发,丹尼斯则曾深刻地影响并将继续影响着我的学术思想与教学思路。所以正如你现在将要看到的,他在我生命中出现的重要性怎么说都不为过。

20 世纪 80 年代后期,丹尼斯把我介绍给后来成为爱罗奎普公司 (Aeroquip Corporation) 总裁的霍华德·塞兰德 (Howard Selland)。80 年代后期在我针对制造与配送问题上协助霍华德之后,他要求我和丹尼斯协助他重组爱罗奎普公司的制造与配送体制。虽然他们的大部分市场在美国,但运作范围却是全球化的。爱罗奎普公司经营的是液压制动软管与装配业务,其装配器件包括机械零部件等。我早期对制造业实践的研究主要是由汤姆·拉蒂默 (Tom Latimer) 和芝加哥气动工具公司支持的,这使我清楚地认识到爱罗奎普公司应该做什么。爱罗奎普公司大约一半的业务与备件相关。因而,我们解决遇到的问题也就轻车熟路了。与芝加哥气动工具公司遇到的情况一样,爱罗奎普公司的备件需求模式是极不稳定的,而且备件的数量也是成千上万量级的。问题的实质立刻表明,爱罗奎普公司和许多其他公司所采用的传统批量式制造模式和以物资需求计划为基础的计划策略已完全不适应当时情况了。在这个项目上,我开始与具有很好职业素养、专注敬业和持之以衡精神的迈克·霍夫曼 (Mike Hoverman) 合作,并设计出了极其有效的制造与配送体系。迈克开发的软件环境让爱罗奎普公司充分了解了不同用户订单模式的特质。该分析为制定产品的生产策略、零件与产品的生产计划，以及形成潜在的库存策略奠定了基础。作为此项工作的一部分，迈克成为了设计新配送中心及其所有的运行规则和相关软件的坚实后盾。这个配送中心及其核心制造策略使备件的低成本生产成为可能，并极大地提高了对顾客的服务水平。

我与丹尼斯从霍华德、迈克以及差不多数百名爱罗奎普公司员工那里学到了很多知识，这些知识的重要性怎么强调都不为过。总的来说，他们使我们逐渐接受大众概念，并且和他们一起就制造和配送系统的设计与运行共同提出新的具体创意。团队通过通力协作构建了卓越的环境。他们激发了我的思想，为我们进一步深化关于维修备件管理的思想和概念提供了机会。

虽然在爱罗奎普公司的工作刚起步，丹尼斯还是把我介绍给了通用公司维修备件运营部战略规划室主任斯图·瓦格纳 (Stu Wagner)。这个部门负责数十万不同型号备件的采购、处理和储存，以及配送给数以千计的汽车经销商、批发商和广大的市场买主。通过斯图和他的团队，大卫·萨金特 (David Sergeant)、玛丽·肖 (Mary Shaw) 及其他的一些人让我们有机会学习这个令人着迷且可以在广度与深度上与美军相匹配的行业。在过去的 10 年间，我们曾接触过无数与这个系统相关的问题。

虽然斯图·瓦格纳现已退休，但他曾是这个部门的领军人物。在通用汽车公司里他不遗余力地探索揭示着更先进的思想，并将这些新的思想与公司其他人进行交流。他敏锐的思维与犀利的言辞往往促使我们的思维更加清晰，思想表达更加有力。他这种言简意赅地分析问题与机遇以及陈述分析结果的方法，对我们的行为产生了极大的影响。我们对他的领导和公司里很多同事给我们提供的帮助表示诚挚的感谢。

最近，我与彼得·杰克逊 (Peter Jackson) 以及我在威斯康星州立大学的同事吉姆·拉波尔德 (Jim Rappold) 和凯西·卡贾诺 (Kathy Caggiano)，还有威廉-玛丽学院的大卫·默里 (David Murray) 都接触到了一些高科技公司、飞机制造商以及航空公司面临的广泛而有趣的问题。如通常那样，这些问题的引入来自于罗恩·赫德森 (Ron Hudson) 早期的激励。曾记得 25 年前，是罗恩让我第一次了解到了商业备件的再供应系统。2000 年时，罗恩正在为 XELUS 公司工作，XELUS 是针对维修备件的采购与配送等多方面提供软件支持的公司。罗恩清楚地表达了他对现有模型的不满。在对原因进行探讨之后，他激励我们去探索新的建模方法并解决多种类型维修备件的战略、战术和运行方面问题。当然，这种探讨过程还尚未结束，我们仍在为 XELUS 公司提供给我们

的机会而奋斗。虽然我们的朋友、尊敬的同事罗恩·赫德森最近逝世
了,但他的探索精神将永驻我们心中,我们会倾尽全力去完善我们的建
模方法以缅怀罗恩。

在过去的 20 年里,我也有机会与我的朋友兼同事彼得·杰克逊
(Peter Jackson) 一起工作。我与彼得为通用公司和 XELUS 公司的几个
项目工作,但这也只是我们诸多合作中的两个。在过去的 10 多年里,我
与彼得为许多研究问题而共同奋斗,这些问题大多集中在维修备件相关的
方面。我们也曾花费大量的时间来准备相关的教学材料。彼得展现了他作
为一名教师与同事应该具有的所有优秀品质,我很荣幸可以与他共事。

我仅仅简单回顾了一些生活中可以引导我研究维修备件系统的事
件,这一系列事件看起来都有一个不错的开端。我的自告奋勇显然完全
改变了我的生活方向。我遇到过的优秀人士和给我启发的人们,让我成
为了一个十分幸福并深知感恩的人。除了他们的专业指导,他们的友谊
也让我的生活变得更加美好。我希望所有人都能有如此美好的经历。
不过,我的建议是: 当要自告奋勇时须谨慎,因为它所带来的将是一个
漫长的求索过程。

杰克·米克施塔特
康奈尔大学
2004 年 9 月

致谢

就像我在前言中提到的，我在职业生涯中曾和许多杰出的人士一起工作，这些经历让我获益匪浅。除了前言中提到的人士外，很多人还通过其他诸多有效方式帮助我形成自己的思想。这些人包括：我的博士生导师也是我的老朋友理查德·威尔逊 (Richard Wilson)，我亲密的康奈尔大学同事和许多论文的合作者威廉·马克斯韦尔 (William Maxwell) 和罗宾·朗迪 (Robin Roundy)，还有我们多方面的良师与领导安德鲁·舒尔茨 (Andrew Schultz)。

我也非常荣幸地与许多优秀学生进行了交流互动。尤其是吉姆·拉波尔德 (Jim Rappold)、凯西·卡贾诺 (Kathy Caggiano)、甘尼什·嘉纳基拉曼 (Canesh Janakiraman)、艾马·萨普拉 (Amar Sapra)、王辉 (Hui Wang) 和贾尼斯·常 (Janis Chang) 等，他们在本书的准备与写作上都提供了帮助。我还要特别感谢王辉在整理书稿期间给我提供的持续协助。

我特别感谢吉姆·拉波尔德 (Jim Rappold)、凯西·卡贾诺 (Kathy Caggiano)、甘尼什·嘉纳基拉曼 (Ganesh Janakiraman) 和彼得·杰克逊 (Peter Jackson) 对本书的突出贡献。他们与我合作的研究论文为本书的许多章节提供了写作基础。他们的热情和创造力是我不竭的灵感源泉。

最后，我要感谢莎伦·霍比 (Sharon Hobbie) 对本书稿的精心准备，因为我相信辨认我的笔迹是一项耗费时间并充满挑战的工作。

目录

第 1 章

引言

　　修理装备时，一般需要更换故障部组件或零件。通常，那些用于替换这些故障件的部组件或零件称为维修备件。显而易见，维修备件在确保民用和军事系统有效运行中发挥着至关重要的作用，并也同样影响着每个人的生活。如果没有足够的备件库存，发电厂将无法运行，施工设备将不得不停转，飞机将无法起飞，计算机也将无法修复。由此看来，民用环境对维修备件的需求似乎是无止境的。也就是说，我们依赖科技的世界离不开周密的维修备件生产和配送。作为个体，如果没有可用的备件，我们将无法修复自己的电器、火炉或者汽车。因此，每个人都需要在短期内能够获得充足的维修备件。

　　我们知道，维修备件种类繁多且各有其不同的功能。以汽车为例，为保证汽车正常行驶，我们有时需要购置些便宜的备件，如空气滤清器；有时也需要购置昂贵的备件，如变速箱或发动机。为确保汽车得到及时修复，汽车制造商们及其他公司 (如 NAPA) 构建了广泛的供应链系统。这些供应链系统是如何设计和运行的呢？应该设置多少库房？哪些库房应由哪个库房进行再供应？如何对汽车经销商实施再供应？在系统中，哪种备件应该存放在经销商处，哪些应该存放在系统中的库房？显然，各种汽车备件不仅成本和需求量不同，其关键性也不一样。如内饰件损坏的汽车仍能行驶，但变速箱发生故障则必须进行更换。因此，上述关于在何处存储何种备件的决策问题，无论是对汽车用户还是供应商来说都是至关重要的。在再供应系统中，如果备件数量过少，用户将被迫等待；如果备件数量过大，系统的运行成本 (如库存投资、设备、运输及其他运行成本) 将会很高。因此，在上述系统中，设计最佳的再供应网络和最优的库存分配方案对于装备修理的经济成本无疑是至关重要的。

与备件相关的决策大致可分为三类: 战略规划、战术规划和运行规划。战略规划主要进行两种功能活动: 首先, 一个组织体系必须确定用户现在以及以后若干年内的需求是什么, 军事环境中其时间范围可能长达几十年。这里用户需求指的是对所需备件的范围和及时性要求。例如, 医院恢复某种关键医疗设备, 或者恢复空中交通管制系统中的雷达系统等到可用状态所需的时间, 与更换汽车仪表板上把手所需的时间是明显不同的。因此, 备件的存放位置依赖于用户的需求。对于不同的用户, 即使是同一种备件也会有不同的时间要求, 这取决于与用户签订的服务合同。

根据不同用户建立了不同的服务需求后, 战略规划的第二项功能就是根据用户需求来确定如何分配资源。这意味着公司需要决定它直接向用户提供服务的程度, 在何地设置多少数量的备件, 如何构造其运行系统, 信息系统需求是什么, 其供应链有哪些合作伙伴, 其自身的业务流程怎样, 运行系统在每时每刻如何执行才能满足合同义务, 等等。

做出上述的战略规划, 不仅要依据用户的需求, 还要考虑市场中竞争对手的情况。简单地说, 在未来环境中存在众多的不确定性因素。因此, 不同行业中不同公司的战略规划行为, 会带来差异显著的结果。例如, 美国的主要汽车企业都通过设置大量的基础设施为其销售商提供备件, 这与计算机行业公司 (如戴尔) 的备件系统明显不同。你很可能从通用汽车公司获得七年前生产的别克汽车的主要部件, 但却无法直接从戴尔公司购得其七年前生产的计算机部件。这种不同的商业战略, 导致通用汽车在美国拥有超过 1000 万平方英尺的存储面积, 用于存放数十万种不同类型的维修备件。这使得通用公司不仅长期困扰于如何确定其备件再供应网络中各备件应存在何处、存放多少, 也纠结于指导其销售商如何存储相应备件。因此, 通用汽车在进行内部维修备件供应链战略规划时, 也必须考虑其供应链合作伙伴 (包括其汽车经销商和供应商) 因素。

对于军队论证规划人员来说, 影响维修备件订购和修理布局的战略规划也是其要面临的一个关键问题。由于保持着总价值超过 1000 亿美元的维修备件库存, 使得美军必然离不开一个全球范围内的实体存储和支付规划的复杂系统。由于武器系统的寿命周期成本取决于其设计, 因此战略规划应包括识别武器的设计特征。武器系统的开发及伴随而来的修理成本必须作为国防和外交政策的一部分进行评估。基础设施的建设和修理成本很高, 并且由于政治和技术的原因, 需耗费大量的时间。由于存在大量的不确定性, 战略规划必须具备一定的灵活性以满足更多可能出现的任务环境需要, 并能以可控成本满足这些不确定需求。

虽然战略规划对民用和军事组织都具有显而易见的重要性, 但本书不会对该主题展开进一步的讨论。我们假设这些决策都已做出且运行环境已经存在。

第二种规划类型可以称为战术规划。从维修备件的角度看, 战术规划是根据现有再供应系统设施的设计和运作特点, 确定其库存状况以满足未来的运行目标。这样, 就可根据系统设计中固有的不同库存地点之间的订购与再供应时间、不同位置对不同类型项目的不确定性需求、各备件的修理策略和服务及时性需求, 来设置各维修备件在各位置的目标库存。在大部分实际环境中, 战术规划与预算、订购和修理决策相关。也就是说, 对于某一规划周期, 我们需要决定分配给备件的资金数额。根据不同的应用, 战术规划有不同的周期长度。例如, 军事应用中的规划期取决于联邦预算周期和订购提前期, 故通常以年度为单位。订购决策涉及确定总体库存水平①和近期内 (未来几个月) 的订购量。例如, 美国航空公司的计划人员可基于对未来需求的估计, 来订购一定数量的发动机涡轮叶片。对于复杂的备件, 其订购提前期通常会较长。很多新型芯片和电路板需要数月的制造时间, 再加上在订购部门的业务处理过程, 会使得这个时间更长。最后, 为满足备件和系统的修理、翻新需求, 还需对修理能力进行规划。在很多情况下, 修理也可由另外的机构执行。如, 修理戴尔计算机的人员可以不是戴尔的雇员, 但戴尔必须确保在各个地区都有充足的修理能力以履行其服务承诺。

为便于确定系统库存水平的战术规划目标, 本书很多内容都致力于完成该目标的数学模型的构建。这些模型涵盖了可修理项目和可消耗 (不可修) 项目的多种再供应网络。这些模型基于很多假设, 但其目标始终相同, 即解决下列问题: 给定再供应网络的特性, 每种备件各需要多少才能实现我们的目标?

第三种也是最后一种规划类型, 用于处理以下简单的问题。给定各位置备件 (包括可用件和可修件) 的现场库存量, 现在应该修理什么, 应该从其他地点通过哪种运输形式调拨什么, 战术规划模型通常都假设处于稳定的运行环境, 而这些实时执行模型则不是这样。这些模型的规划期都较短, 并包含当前运行限制的更多细节。例如, 这些限制可以具

①译者注: 库存水平 (inventory level) 通常指现场库存量减去延期交货量, 是持有成本和缺货成本计算的依据。

体到从 A 到 B 的运输今天将无法完成, 或者人员、装备无法在今天开展修理等。它们主要用于根据当前形势做出可能的最佳决策, 而不考虑这些决策造成的长期的潜在的后果。

本书将只用一章介绍实时规划模型。将会看到, 这些模型与战术规划模型之间存在着显著的差别。

1.1　维修备件库存系统分类法

现在来详细分析影响维修备件库存系统中库存数量的各种因素。一般来说, 在系统中选择在某个地点存储某种类型项目取决于很多因素。

潜在的分级或网络化的再供应结构将会对需要的库存量产生重要影响。显然, 可能的结构有很多, 但对于每一种结构, 通常会有一个被很好定义了的再供应规划。在图 1.1 所示的系统中, 由于用户使用的某种装备发生故障而产生了备件需求。要修复该装备, 修理技师首先应诊断故障类型, 必要时拆卸故障单元, 并用性能良好的单元取代故障单元。修理所需的性能良好的备件可从负责保障该用户的服务中心仓库获得。

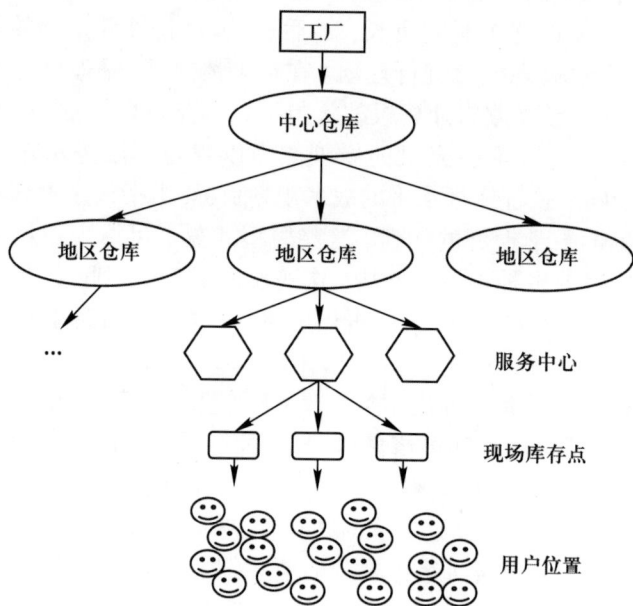

图 1.1　典型维修备件再供应网络

随后, 按照订购策略, 由相应地区仓库对该服务中心的库存进行补充供应。地区仓库则需根据其执行的库存策略从中心仓库获得再供应。同样, 中心仓库从备件的制造工厂获得补给。通常, 上述再供应系统中管理的备件是不需要进行修理的, 可以称它们为可消耗项目 (件)。

这样的库存系统具有很多变体, 有些具有较多的层级, 有些层级较少。但是它们在结构上通常是相似的。需要注意的是, 尽管它们在基本结构上与图 1.1 所示的再供应网络相似, 但其实际运行细节特征可能有显著的差异, 我们将就此进行简要讨论。

下面来介绍另外一类军事环境中常见的, 故障件可从装配上拆卸下来进行修理的系统。如图 1.2 所示, 该系统是由若干装备作战使用基地[①], 以及保障这些基地的一个后方备件保障仓库[②]组成的两级系统。飞行活动发生所在的低等级机构称为基地。当飞机上的某个项目发生故障, 该故障件会被拆卸下来, 并送至基地的修理机构或上级机构 (称为后方仓库) 进行修复, 当故障件在后方仓库无法修复时则报废。故障

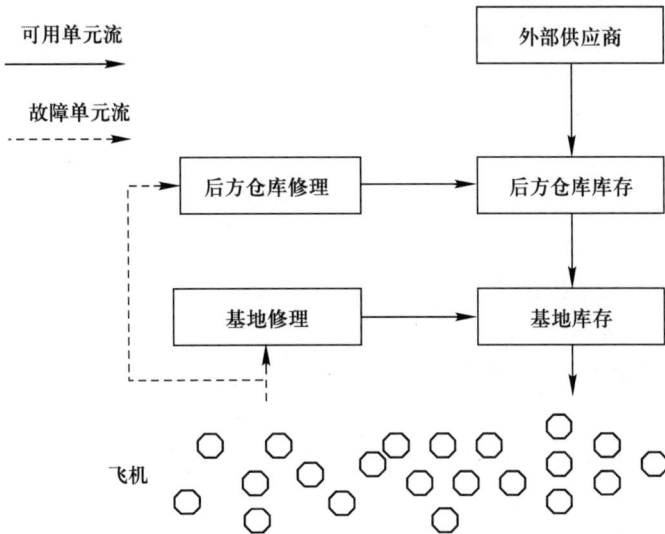

图 1.2 后方仓库 – 基地再供应系统

---

①译者注: 原文中 "base" 具有 "装备作战使用基地" 含义, 全书中统一简称为 "基地"。

②译者注: 原文中 "depot" 具有 "后方备件保障仓库" 含义, 全书中统一简称为 "后方仓库"。

件的修复地点取决于故障的性质, 然后再通过向外部供应商订购来对
报废件进行补充。不论何种情况, 飞机的修复都是用基地供应的性能良
好的同类型单元来替换故障件。基地供应要么从自己的修理车间, 要么
从后方仓库获得备件再供应, 这取决于故障件是在哪里修复的。本书将
对这类系统及相关问题进行广泛研究。

图 1.1 和图 1.2 所示的系统所服务的项目是明显不同的。不论系统
是不是同一类型, 不同的项目特征也会导致系统间不同的运行方式。

1.1.1 项目

每一个维修备件再供应系统都是为适应系统里面的项目①而设计
的。这些系统及其中的项目可具有完全不同的特性。

第一, 系统之间的区别在于其管理项目的品种数量。有些环境只有
几百或几千种项目, 而其他一些条件下的项目可达到几十万或几百万
种 (如美国国防部)。由于项目品种数量的不同, 系统采用的管理方法也
会大相径庭。某些情况下, 简单的报表系统加上用于项目订购和运输的
决策支持系统便可以形成个人电脑上的电子数据表软件系统, 即可实
现备件的供应管理。这大体上如通用汽车的 SATURN 部门一样。然而,
通用汽车其他部门的管理系统却极其复杂, 这是因为其零件的种类和
数量每年都发生变化。

第二, 不同项目的需求率存在显著差异。同一再供应系统中不同地
点的项目需求率存在着明显的差异, 不同的再供应系统亦是如此。
图 1.3 表明了某系统中的这种差异。如图所示, 大部分需求都集中于少
数几个品种。超过 80% 的单元需求集中于约 8% 的项目, 50% 以上低需
求率的项目却只占年度单元需求量的 1% 左右。在汽车行业中, 经销商
对某个特定类型备件的年均单元需求量远小于 1 是很常见的现象。即
便是整个系统内项目的年度需求单元数达到 20000 个, 通常仍然会有大
量经销商对特定单元的年均需求量不足 1 个。

第三, 同样, 项目之间的单元品种短缺、存储和运输成本差异也非
常明显。在汽车行业, 备件单元成本跨度从几便士到几千美元, 美国空
军存储的发动机单价达数百万美元。可见, 不同系统的存储和投资成本

---

①译者注: 项目 (item), 泛指物品或商品。在本书中, 其主要对应于维修备件供应
链系统中更换、存储和运输的主体对象, 即装备修理的可更换单元。书中一般指部组
件层级的维修备件, 以区别于组成这些部组件的低层级零件或单元 (unit)。

项目的单元需求累计百分比

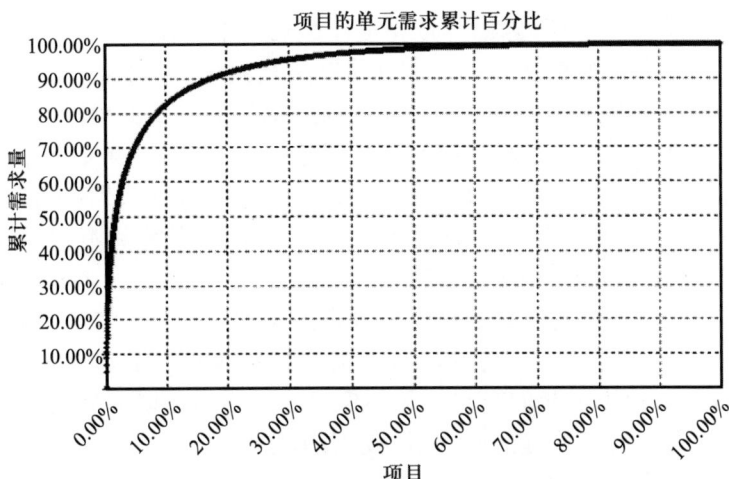

图 1.3　某汽车制造商备件系统的项目帕累托 (Pareto) 分析

差异巨大。当系统缺货时, 造成的缺货成本也明显不同。虽然缺货成本通常都很难估计, 但飞机长时间待修造成的损失显然要远大于汽车引擎盖待修的损失。尽管如此, 延期交货①成本还是可以通过直接或间接的方法进行估算的。例如, 在有满足率约束的环境中, 虽然缺货成本通常不会明确给出, 但这些约束本身就暗含着一定的短缺成本。在接下来要研究的某些模型中, 我们会明确考虑持有库存成本和延期交货成本。而在另外一些模型中, 将聚焦投资成本, 并附以最小满足率约束。还需说明的是, 运输成本也是再供应系统运营成本的重要组成部分。在某些情况下, 每年的物资运输总成本可达数亿美元。显然, 维修备件的尺寸、重量和需求率决定了运输物资的体积、重量和数量。此外, 运输方式的选择也是影响年运输成本的重要因素。

第四, 每个项目订购、运输以及影响这个项目的订购提前期的其他因素也从两个方面决定着系统的库存量。由于发布订单后要有受理订单的时间, 即再供应时间, 所以在途库存也就一定存在了。根据利特尔法则 (Little's Law), 再供应时间会使再供应系统中产生一个平均的单元数量。因此, 正如我们将看到的, 供应商、运输方式和库存策略的选择

---

　　①译者注: 译者将本书中的 "backorder" 统一译为 "延期交货"。一是考虑与原文中 "shortage" (文中译为 "缺货") 相区别; 二是 "延期交货" 含有所订购单元虽然尚未到达, 但目前其一定正处于生产、装卸和运输等供应链环节中, 在未来的某个时刻必然会到达之意。一般情况下, 也可简单理解为缺货。

都会影响平均再供应订购提前期, 进而影响到平均在途库存。此外, 订购提前期并不总是常量。例如, 将物资从通用汽车在密歇根的仓库运往波士顿的仓库所需的时间具有明显的波动性。另一个影响再供应时间的因素是依托供应地点所采取的库存策略。当供应商库存充足时, 接到订单即可发货, 这时再供应订购提前期是一个数值。如果供应商没有可用库存供运送, 再供应行动则会延迟一段时间。在给定库存水平时, 订购提前期中的这个不确定性则将是一个重要的考虑因素。我们注意到, 再供应订购提前期的平均长度和不确定的长度都会影响着第二种需要的库存 —— 安全库存。各种项目的需求过程也存在着显著差异。图1.4~ 图 1.10 给出了我们观测的几种项目的在同一环境下的需求情况。对不确定再供应订购提前期的不确定需求便产生了安全库存的设置需求。在很多实际应用中, 安全库存是大多项目总库存量的重要组成部分。我们研究的所有模型都假设再供应订购提前期的需求由随机过程确定。

第五, 如前所述, 一些维修备件是可消耗的, 另一些则是在发生故障后可被修复的。在我们的分析中, 将同时考虑这两种类型。但是, 根据项目的经济重要性及个人研究兴趣, 本书将可修理项目作为主要研究对象。

在设置库存水平时, 还需考虑项目的很多其他特征, 如项目的物理特征 (体积、重量、形状)、存储的温湿度要求、项目的报废概率及其可替代性等。但在本书构造的模型中, 这些因素均未予考虑。

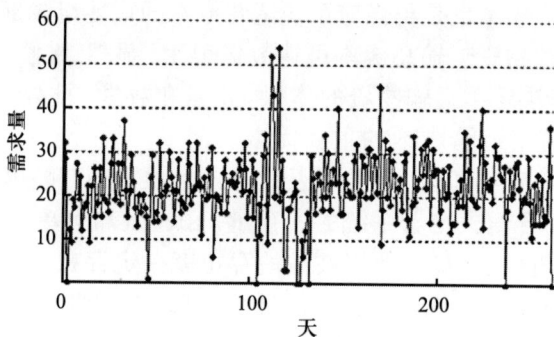

图 1.4　项目 1 需求的时间序列

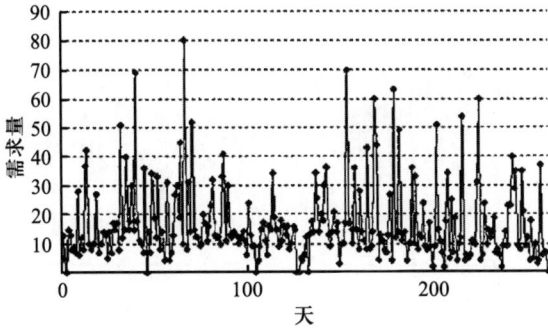

图 1.5 项目 2 需求的时间序列

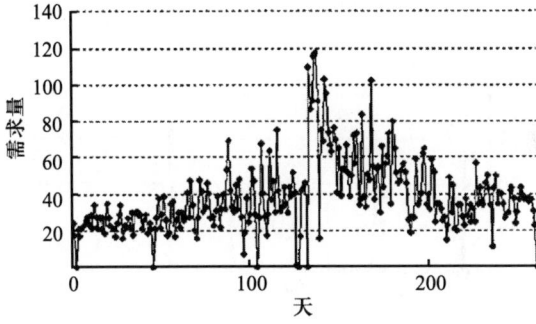

图 1.6 项目 3 需求的时间序列

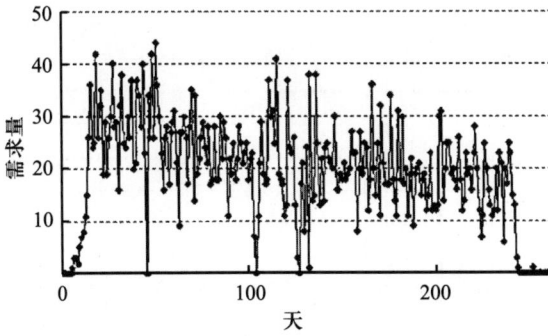

图 1.7 项目 4 需求的时间序列

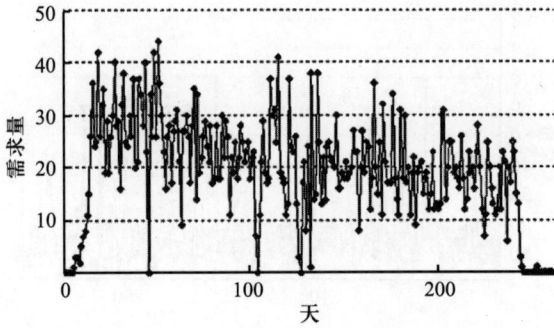

图 1.8 项目 5 需求的时间序列

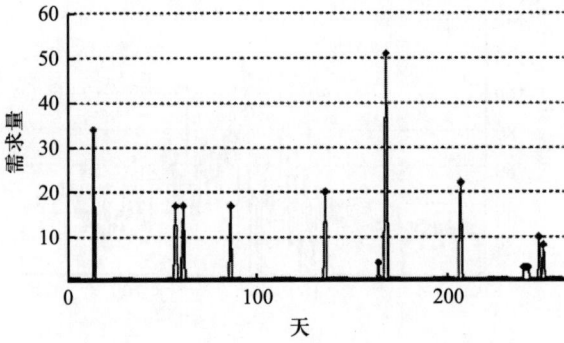

图 1.9 项目 6 需求的时间序列

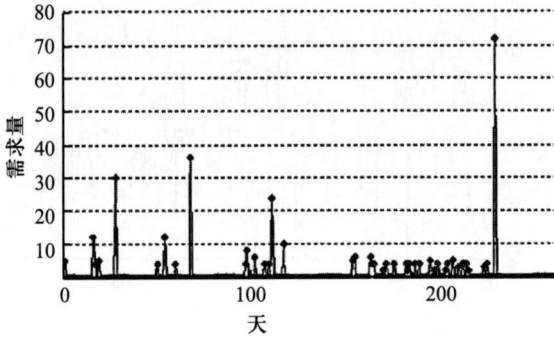

图 1.10 项目 7 需求的时间序列

1.1.2 库存策略

在理论研究和具体实践中, 存在很多种类型的库存策略。其范围从特定库存地点的库存策略, 如再订购点/再订购量或 (s,S) 策略, 到基于梯次层级且考虑所有库存地点库存的系统库存策略。某一项目在某库存位置的库存点[①]等于现场库存量加上在订购量[②], 再减去延期交货量。再订购点通常以库存点为表现形式。当执行 (s,S) 策略时, 即当仓库的库存点降到 s 或 s 以下时, 它会发出订单使库存点提高到 S。再供应网络的层级库存是指某仓库的库存点不仅包括它本身, 还应包括其所有下游仓库库存点的值。在某些环境中, 库存水平是连续性检查, 而另外一些情况下则只能周期性检查。显然, 库存策略的实施取决于是采用了连续性检查还是周期性检查的方式。

有一类重要库存管理策略称为基本库存、订至点或 $(s-1,s)$ 策略。当在库存连续性检查的环境中应用该策略时, 每一个需求发生时都会立即发出订单, 此时订购量也等于需求量。而在周期性检查库存情况下, 会在某个周期内订购以使库存量恢复为设定的水平。这两种情况下, 无论是基于层级配置还是具体的库存地点, 都是根据设定的目标库存水平来触发订单。因此, 当检查时发现库存点低于 s 时, 都会立即发出订单以将该库存地点的库存点恢复到 s。

1.2 本书概览

本书对上述论述的部分问题进行了详细讨论。

第一, 本书研究内容限定为构建贵重项目的库存模型。我们假设这些项目的成本足够高, 以便所有项目都采用连续性检查或周期性检查的 $(s-1,s)$ 策略。对大多数项目, 本书将假设其需求率很低, 以便于产生需求的随机过程可用离散随机变量表示。另外, 本书还假设表示订购提前期内单元需求量的随机变量都是整数。

第二, 再供应网络本质上是多级的, 本书中将对一些两级系统和三级系统的情况进行研究。

[①] 译者注: 库存点 (inventory position), 也即库存水平加上在订购量 (或在途量), 是订单决策的主要依据。

[②] 译者注: 在订购 (on-order), 通常表示订单已经发出, 但因还处在生产或运输途中等原因而尚未获得订购物资的状态, 与在途 (pipeline) 含义相当。

第三, 项目种类既包括可消耗的, 也包括可修理的。相关模型的构建通常分为两步: 首先, 推导各库存地点在订购或在修单元数量的概率分布; 然后, 通常会构造经济模型和算法, 以便计算多级、多项目系统中各库存地点库存水平值。这些经济模型的建立, 是在再供应系统中所有库存地点的单元在订购量或在修量概率模型基础之上完成的。

第四, 本书将考虑周期性检查和连续性检查两种情况。建立的相关模型可描述不同的运行环境, 解决不同的问题。

本书内容反映了作者在维修备件系统数学分析领域的研究兴趣和经历。由于不是百科全书式的著作, 我们仅综合了该主题的部分文献, 并重点关注了该领域的相关重要结果。当然, 为了让读者了解更多的关于维修备件库存方面的资料, 本书提供了相应的参考书目。

下面, 简要介绍一下本书其他各章内容。

我们曾说过重点关注控制库存的 $(s-1, s)$ 策略, 下一章将证明无论订购提前期是常数还是随机变量, 这一策略在单一库存地点和连续型系统中都是最优的。本章给出了两种可选择的证明方法, 分别由卡林 (Karlin) 和斯卡夫 (Scarf)[147], 穆哈雷姆奥卢 (Muharremoglu) 和齐齐克利斯 (Tsitsiklis)[184] 提出。

在确定 $(s-1, s)$ 策略对于一大类问题是最优的之后, 我们将在第 3 章证明全书都要使用到的一些关键结论。该章确定了与一些重要性能指标相关的数学特性, 推导了基本的优化模型, 并示范应用了求解系统库存水平的不同方法。我们采用单一库存地点系统的运行环境来展示这些性质和技术。第 3 章内容主要来自菲尼 (Feeney) 与舍布鲁克 (Sherbrooke)[89]、福克斯 (Fox) 与兰迪 (Landi)[92] 以及埃弗雷特 (Everett)[80] 发表的著作。

第 4 章给出可修件的后方仓库 – 基地两级系统的精确分析。该分析侧重于两级库存系统中各库存地点的在订购单元量 (在再供应系统中) 的精确分布。尽管这些精确分布可以计算, 但因计算量太大而难有实用价值。西蒙 (Simon)[230] 的工作是本章大多内容的基础。

第 5 章研究了可修理项目的多种战术规划模型, 其中多数是基于舍布鲁克[223]、格雷夫斯 (Graves)[99] 和米克施塔特[174] 的研究, 也包括了对第 4 章中精确分布的近似模型。本章建立了相关经济模型, 并研究了各级、各库存地点库存水平的计算方法。构建模型的目的是在库存投资的约束下, 对系统的性能进行优化。计算方法包括两类, 一是边际分析法, 二是拉格朗日松弛技术。此外, 本章还引入了考虑可修件多层装配关系的相关模型。可修件多层装配关系是指可修件包括的部组件本身也是可修的。本章讨论的模型同时考虑了连续性和周期性检查两种情况。

第 6 章研究的主题是管理可消耗件的连续时间模型。在前几章研究的模型中，大多数目标函数测量的是，在系统投资单一约束条件下任意时刻的期望延期交货数。其他模型的目标则是每周期内平均库存和短缺成本的最小化。本章模型的优化目标是在达到不同合同中基于时间的满足率约束条件下，寻求系统库存投资的最小化。在三级系统的每级都存在这种合同约束。另外，本章还介绍了求解各项目在三级系统中各库存地点库存水平的算法。本章内容来自于卡贾诺 (Muckstadt)、米克施塔特、杰克逊 (Jackson) 和拉波尔德 (Rappold)[37] 的研究成果。

第 7 章的模型分析了多级库存系统中共享和横向供应的有效性。前几章中建立的模型不允许同级库存地点之间进行库存共享。本章给出的模型则允许同级的不同库存点之间进行共享。这些模型分别由阿克塞特 (Axsäter)[17]，李 (Lee)[156]，卡贾诺、杰克逊 (Jackson)、米克施塔特和拉波尔德[35] 提出，其中有两个模型采用了连续性检查策略，第三个采用了周期性检查策略。本章还通过埃彭 (Eppen) 与施拉格 (Schrage)[78] 提出的周期性检查模型和一个连续性检查模型来说明为什么要选择三级系统。

在第 8 章之前建立的所有模型均假设修理和生产能力是无限的，一个订单的再供应时间与所有其他订单的再供应时间是独立的。但在本章中，设定上述能力受约束并分析其对库存水平设置的影响。针对此问题，郎迪 (Roundy) 和米克施塔特[206] 也提出一些关于能力约束系统的基本观点。本章建立的模型也可为连续性检查模型和周期性检查模型。

最后两章介绍了需求与再供应过程不稳定的情况。第 9 章先讨论了帕尔姆定理的不稳定概论，然后给出了依赖于时间的描述后方仓库及其所属基地中再供应单元量随机概率分布的模型。这个模型允许估算，例如，通过这个模型可以估计需求和修理过程不稳定时对飞机可用度的影响。第 10 章介绍了与前面八章所述战术规划模型不同的实时决策模型。这些实时模型用于决定在某一个周期内修理什么，以及从后方仓库给基地配送什么。此外，本章还介绍了后方仓库向基地进行应急和常规再供应的两种模型。本章内容来自于卡贾诺、米克施塔特、杰克逊和拉波尔德[39] 的研究成果。

显然,本书讨论的与维修备件管理相关的主题是过去几十年亲身经历并且感兴趣的内容。当然,还有许多相关的内容本书没有涉及,如果读者有兴趣,可参考纳米雅斯 (Nahmias)[186],丹尼尔 (Daniel)、吉德 (Guide) 和斯里瓦斯塔瓦 (Srivastava)[67] 的著作。

第 2 章
背景简介: $(s-1, s)$ 和订至点策略分析

在所有分析中, 我们的关注点都局限于在连续性检查与周期性检查情况下的 $(s-1, s)$ 策略或订至点策略。这显然会带来一个问题, 既然有多种可用策略, 我们为什么仅关注这些策略呢? 虽然这些策略经常在实践中应用, 但明白为什么它们在很多情况下是最优策略, 对我们仍然很重要。本章将通过两种不同的证明方法, 来说明这些策略在某些环境中的最优性。

首先考虑一个单一库存地点单一项目的系统。该系统在每个周期末进行库存检查, 订单也在此时下达。假设各周期的需求互相独立且服从同一分布, 各周期的成本函数均相同, 规划期无限大。相对其他成本, 固定订购成本[①]可以忽略不计, 并假定再供应订购提前期已知且为常数。按照卡林 (Karlin) 与斯卡夫 (Scarf)[147] 的证明, 我们利用经典的动态规划方法, 来证明这种情况下订至点策略的最优性。

接下来, 证明在具有单一库存地点和串行系统中, 用 $(s-1, s)$ 策略管理单个项目的最优性。同样, 系统订单决策具有周期性, 各周期的需求用互相独立的离散随机变量来描述。再供应订购提前期为随机变量, 且相继订单的提前期不交叉。证明来自于穆哈雷姆奥卢和齐齐克利斯[184] 的奇妙方法。

克拉克和斯卡夫[49] 最早证明了订至点策略在串行系统中的最优性。他们引入了分级库存的概念, 并证明了系统中各级的订购决策是基于该分级库存水平的。本章将总结他们在分析中运用的动态规划方法。

---

①译者注: 固定订购成本 (fixed ordering cost): 通常是指包含每一次发出一张订单所涉及的所有成本 (如机构业务开支等), 但此成本不会因订购量的大小而改变。

最后研究在连续性检查库存水平时, $(s-1,s)$ 策略的最优性。这种情况下, 我们将详细研究需求为泊松过程的情况, 也将探讨需求为复合泊松过程或广义更新过程时的情况。我们将重点研究再供应订购提前期为常量的情况, 但也会对订购提前期为随机变量的情况进行一些研讨。证明方法在基于穆哈雷姆奥卢与齐齐克利斯[184] 的研究成果基础上进行了适当创新。

2.1　单一库存地点、周期性检查和延期交货环境下订至点策略的最优性

我们研究这样的情况: 周期性检查某单一库存地点的库存水平, 并基于该水平来确定订购量。任何两次订购决策的间隔时间是固定的。各周期内的需求用随机变量来描述, 且变量具有正的连续密度函数, 用 $g(x)$ 表示。尽管可以将相关思想拓展至任意需求分布, 但为了简化标记和技术细节, 这里用上述方式进行描述。各周期需求相互独立。

假设系统是这样运行的: 在每个周期的起点, τ 个周期前订购的库存到达。然后, 如果需要, 则接着订下一个订单。在该周期末点产生需求, 并计算周期成本。假定有三种成本: 订购成本、持有成本以及延期交货成本。订购成本与一个周期内的订购量成比例, 持有和延期交货成本则与该周期末现场库存量和延期交货数量成比例。

令 y 表示过去 τ 个周期的订购量到达后, 在某个周期起点时刻的净库存①, q_j 表示先前的订购量并预计其将在未来的第 j 个周期到达, c 表示订购单元成本, h 表示持有单元成本, b 表示延期交货单元成本, τ 表示再供应订购提前期, $\alpha(\alpha<1)$ 表示折现率②。订购量 q_1 将在下个周期起点时到达, 订购量 q_2 将在随后的周期到达, 订购量 $q_{\tau-1}$ 将在未来 $(\tau-1)^{st}$ 个周期起点时刻到达。用 u 表示当前周期的订购量。最后, 当给定的能够完全描述系统状态的 $(y,q_1,\cdots,q_{\tau-1})$ 遵循最优策略时, 令 $f(y,q_1,\cdots,q_{\tau-1})$ 表示该策略下的最小期望成本。

---

　　①译者注: 净库存 (net inventory), 通常表示该库存地点某时刻现场的物理库存量减去延期交货量。净库存为正值, 表示现场有物理库存; 为负值时, 表示此时该库存地点的延期交货量; 当然, 也可以为零。净库存与库存水平概念相当。

　　②译者注: 折现率 (discount rate), 通常表示将未来有限期预期效益折算成现值的比率。折现作为一个时间优先的概念, 认为将来的收益或利益低于现在同样的收益或利益, 并且随着收益时间向将来推迟的程度而系统地降低价值。

在这种情况下, 动态规划函数方程式表示如下:

$$
\begin{aligned}
& f\left(y, q_1, \cdots, q_{\tau-1}\right) \\
& = \min_{u \geqslant 0}\left\{c \cdot u + L(y) + \alpha \int_0^\infty f\left(y + q_1 - x, q_2, \cdots, q_{\tau-1}, u\right) g(x) \mathrm{d}x\right\}
\end{aligned} \tag{2.1}
$$

其中

$$
L(y) = \begin{cases}
h \displaystyle\int_0^y (y-x)g(x)\mathrm{d}x + b \int_y^\infty (x-y)g(x)\mathrm{d}x, & y > 0 \\[3mm]
b \displaystyle\int_0^\infty (x-y)g(x)\mathrm{d}x, & y \leqslant 0
\end{cases}
$$

式中: $(y, q_1, \cdots, q_{\tau-1})$ 表示在订购量 u 下单前, 周期起点时刻系统的状态。因此, u 也是系统状态的函数。以下定理详细说明了 u 是如何依赖系统状态变化的。

定理 1 管理系统的最优策略, $u(q, q_1, \cdots, q_{\tau-1})$, 是系统库存点的函数, 库存点为 $y + q_1 + \cdots + q_{\tau-1}$。

该定理表明, 最优订购策略仅取决于库存点的值, 而不是 y 和 q_j $(j = 1, \cdots, \tau-1)$ 的具体单个值。尽管此结论很明显, 仍然证明如下。

证明 观察可得

$$
\begin{aligned}
& f\left(y, q_1, \cdots, q_{\tau-1}\right) \\
& = \min_{u \geqslant 0}\left\{c \cdot u + L(y) + \alpha \int_0^\infty f\left(y + q_1 - x, q_2, \cdots, q_{\tau-1}, u\right) g(x) \mathrm{d}x\right\} \\
& = L(y) + \min_{u \geqslant 0}\left\{c \cdot u + \alpha \int_0^\infty f\left(y + q_1 - x, q_2, \cdots, q_{\tau-1}, u\right) g(x) \mathrm{d}x\right\}
\end{aligned} \tag{2.2}
$$

显然, u^* (u 的最优值) 是 $(y + q_1, q_2, \cdots, q_{\tau-1})$ 的函数。因此, $f(y, q_1, \cdots, q_{\tau-1}) = l(y) + p(y + q_1, q_2, \cdots, q_{\tau-1})$, 其中, $l(y) = L(y)$。需要注意的是, 最优成本函数依赖于 $y + q_1$ 而非单独的 q_1。把该函数代入式 (2.2), 可以得到

$$
\begin{aligned}
f\left(y, q_1, \cdots, q_{\tau-1}\right) = l(y) + \min_{u \geqslant 0}\bigg[& c \cdot u + \alpha \int_0^\infty [l(y + q_1 - x) + p(y + q_1 + q_2 \\
& -x, q_3, \cdots, q_{\tau-1}, u)] g(x) \mathrm{d}x \bigg]
\end{aligned} \tag{2.3}
$$

即

$$f(y, q_1, \cdots, q_{\tau-1}) = l(y) + l_1(y + q_1)$$
$$+ \min_{u \geqslant 0} \left[c \cdot u + \alpha \int_0^\infty p(y + q_1 + q_2 - x, q_3, \cdots, q_{\tau-1}, u) g(x) \mathrm{d}x \right] \quad (2.4)$$

显然，这个函数方程中 u 是 $y + q_1 + q_2, q_3, \cdots, q_{\tau-1}$ 的函数。将这些值代入，可得

$$f(y, q_1, \cdots, q_{\tau-1}) = l(y) + l_1(y + q_1) + p_1(y + q_1 + q_2, q_3, \cdots, q_{\tau-1})$$

不断重复此推论，最终可得

$$f(y, q_1, \cdots, q_{\tau-1}) = l(y) + l_1(y + q_1) + \cdots + l_{\tau-1}(y + q_1 + \cdots + q_{\tau-1})$$

且 u^* 的形式是 $u^* = u^*(y + q_1 + \cdots + q_{\tau-1})$。

函数 $l_j(y + q_1 + \cdots + q_j)$ 表示在未来第 j 周期内产生的期望持有和延期交货成本，其中 $j < \tau - 1$。这些成本取决于整个周期的累积供货量 $y + q_1 + \cdots + q_j$ 和累积需求量。因此，如果累积供货量超过累积需求量，将会产生库存及相应的持有成本。反之，累积需求量超过累积供货量，则会发生延期交货，并产生延期交货成本。

综上，我们已经证明了最优订购策略的性质，即，使期望的未来折现成本最小化的订购量是下单时库存点的函数。

我们再来关注一下最优订购策略的确切形式，如下面的定理所示。

定理 2　给定线性的订购、持有与延期交货成本，则最优策略具有以下形式：存在一个值 s^*，使得订购量 u^* 为

$$u^* = \max \left\{ 0, s^* - \left(y + \sum_{i=1}^{\tau-1} q_i \right) \right\}$$

证明　我们用卡林与斯卡夫[147] 的方法来证明该定理。为了简化标记，假定 $\tau = 1$。当规划期只有 1 个周期和 2 个周期时，定理 2 的证明很直接，留给读者去证明。这里，我们假设规划期包括 n 个周期，$n \geqslant 2$，分别用 $n, n-1, \cdots, 1$ 来标识从最早到最后的周期。然后我们给出最早周期的最优订购量 u_n^* 的理想形式，之后引入 n。在后面，我们将令 $n \to \infty$。$f_n(y)$ 为最少的期望折现成本，我们构造 $f_n(y)$ 的递推公式；此时，假定规划期为 n 个周期，目前库存点为给定的 y。递推公式为

$$f_n(y) = \min_{u \geqslant 0} \left\{ c \cdot u + L(y) + \alpha \int_0^\infty f_{n-1}(y + u - x) g(x) \mathrm{d}x \right\}$$

假设 $u_n^*(y)$ 是 n 周期问题的最优解, $n \geqslant 2$, 并且假定已经证明这个最优策略是:

$$u_n^*(y) = \begin{cases} s_n^* - y, & \text{如果 } y < s_n^* \\ 0, & \text{其他情况} \end{cases} \tag{2.5}$$

式中: 值 $s_n^*(y)$ 是下式的唯一解

$$c + \alpha \int_0^\infty f_{n-1}' \left(s_n^* - x \right) g(x) \mathrm{d}x = 0 \tag{2.6}$$

对于 $n \geqslant 2$ 的情况, 还假定:

(a) $s_n^* \geqslant s_{n-1}^*$;

(b) $f_n'(y) = \begin{cases} -c + L'(y), & y < s_n^* \\ L'(y) + \alpha \int_0^\infty f_{n-1}'(y-x)g(x)\mathrm{d}x, & y \geqslant s_n^* \end{cases}$;

(c) $f_n(y)$ 是凸函数[①], 除可能的 $y = s_n^*$ 点外, $f_n''(y)$ 始终存在, 当 $y = s_n^*$ 时, 左右导数均存在;

(d) $f_n'(y) \leqslant f_{n-1}'(y)$。

假设对于 $j = 1, \cdots, n$, 从 (a) 到 (d) 都成立, $u_n^*(y)$ 由式 (2.5) 策略形式给出, 并满足式 (2.6)。现在来证明对于周期 $n+1$ 的最优策略, 对于 (a) ~ (d) 也都成立。$n+1$ 周期的递归方程是

$$f_{n+1}(y) = \min_{u \geqslant 0} \left\{ c \cdot u + L(y) + \alpha \int_0^\infty f_n(y + u - x)g(x)\mathrm{d}x \right\}$$

对最小值部分的 u 求导可得

$$c + \alpha \int_0^\infty f_n'(y + u - x)g(x)\mathrm{d}x \tag{2.7}$$

假设 $w = y + u$, 即为满足周期 $n+1$ 和周期 n 总需求的可获得的总供应量。式 (2.7) 可以改为

$$F_n(w) = c + \alpha \int_0^\infty f_n'(w - x)g(x)\mathrm{d}x \tag{2.8}$$

[①] 译者注: 函数 "凹凸" 问题描述在国内不同版本高等数学教材中的表述尚不统一。为更好地与原书作者表达相对应, 本书通篇译文中将 "convex function" 译为凸函数 (下凸), 其具有以下主要特征: 设 $f(x)$ 在定义区间上是连续的, 在该区间内任意两点 x_1 和 x_2, 恒有 $f((x_1 + x_2)/2) < (f(x_1) + f(x_2))/2$; 且相应区间内 $f''(x) \geqslant 0$。同时, 将 "concave function" 译为凹函数 (下凹), 在同样条件下该函数具有 $f((x_1 + x_2)/2) > (f(x_1) + f(x_2))/2$ 和 $f''(x) \leqslant 0$ 的性质。

为了使这个问题更有意义, 我们假定 $b > \dfrac{1-\alpha}{\alpha}c$, 即潜在的延期交货成本大于因推迟订购而产生的折扣成本。

注意, $f_n(y)$ 是凸函数。因此, 由于 $f_n''(y) \geqslant 0$, $F_n(w)$ 是 w 的非递减函数。当 $y \leqslant 0$ 时, 由于

$$L(y) = b \int_0^\infty (x - y)g(x)\mathrm{d}x$$

并且

$$L'(y) = -b \int_0^\infty g(x)\mathrm{d}x = -b$$

由性质 (b), 当 $w \to -\infty$ 时,

$$F_n(w) = c + \alpha \int_0^\infty f_n'(w - x)g(x)\mathrm{d}x$$
$$= c + \alpha \int_0^\infty [-c - b]g(x)\mathrm{d}x = (1-\alpha)c - b\alpha < 0$$

注意到, $\lim\limits_{w \to \infty} F_n(w) = \lim\limits_{w \to \infty} \left\{ c + \alpha \int_0^\infty f_n'(w - x)g(x)\mathrm{d}x \right\}$。由于 $f_n'(\cdot)$ 的上下限分别是 $h/(1-\alpha)$ 与 $-(c+b)$, 根据控制收敛定理:

$$\lim_{w \to \infty} \left\{ c + \alpha \int_0^\infty f_n'(w - x)g(x)\mathrm{d}x \right\} = c + \alpha \int_0^\infty \lim_{w \to \infty} f_n'(w - x)g(x)\mathrm{d}x$$

因为 $\lim\limits_{w \to \infty} f_n'(w - x) > 0$, 所以 $\lim\limits_{w \to \infty} F_n(w) > 0$。因为 $F_n(w)$ 是连续函数, 所以至少有一点 w 使得 $F_n(w) = 0$。我们已经假定 $g(x) > 0$ 且 $x > 0$, 由于 $F_n(w)$ 在以 $-\infty$ 开始的区间内是常数, $F_n(w)$ 会随着 w 的增加而严格增加。因此, $F_n(w)$ 有一个唯一值 w 使得 $F_n(w) = 0$, 这个值就是 s_{n+1}^*。

由于 $f_n'(y) \leqslant f_{n-1}'(y)$, 所以

$$F_n(w) - F_{n-1}(w) = \alpha \int_0^\infty \left[f_n'(w - x) - f_{n-1}'(w - x) \right] g(x)\mathrm{d}x \leqslant 0$$

因而, $F_n(w) \leqslant F_{n-1}(w)$。这也相应表明着 $s_{n+1}^* \geqslant s_n^*$。

假设 $y < s_{n+1}^*$, 那么当 $u_{n+1}^* = s_{n+1}^* - y$ 时, 下式会出现极小值

$$\min_{u \geqslant 0} \left\{ cu + L(y) + \alpha \int_0^\infty f_n(y + u - x)g(x)\mathrm{d}x \right\},$$ 其中 s_{n+1}^* 是 $F_n(w) = 0$ 时的解。

现在, 必须保证对于 $f_{n+1}(\cdot)$, 性质 (a) $\sim$ (d) 仍然成立。上面已经证

明了 $s_{n+1}^* \geqslant s_n^*$，所以

$$
f_{n+1}(y) = \begin{cases} c \cdot [s_{n+1}^* - y] + L(y) + \alpha \displaystyle\int_0^\infty f_n(s_{n+1}^* - x)g(x)\mathrm{d}x, & y < s_{n+1}^* \\[4mm] L(y) + \alpha \displaystyle\int_0^\infty f_n(y - x)g(x)\mathrm{d}x, & y \geqslant s_{n+1}^* \end{cases}
$$

$$\tag{2.9}$$

因此

$$
f_{n+1}'(y) = \begin{cases} -c + L'(y) & y < s_{n+1}^* \\[4mm] L'(y) + \alpha \displaystyle\int_0^\infty f_n'(y - x)g(x)\mathrm{d}x, & y \geqslant s_{n+1}^* \end{cases} \tag{2.10}
$$

这证明了性质 (b) 成立。

接下来证明性质 (d) 成立。当 $y > s_{n+1}^* \geqslant s_n^*$，则

$$
\begin{aligned}
f_{n+1}'(y) &= L'(y) + \alpha \int_0^\infty f_n'(y - x)g(x)\mathrm{d}x \\
&\leqslant L'(y) + \alpha \int_0^\infty f_{n-1}'(y - x)g(x)\mathrm{d}x = f_n'(y)
\end{aligned}
$$

当 $y \leqslant s_n^*$，则

$$
f_{n+1}'(y) = -c + L'(y) = f_n'(y)
$$

当 $s_n^* < y < s_{n+1}^*$，则

$$
f_{n+1}'(y) = -c + L'(y)
$$

但是，$-c < \alpha \int_0^\infty f_{n-1}'(y-x)g(x)\mathrm{d}x$ 在这个范围内。因而，当 $y > s_n^*$ 时，有

$$
f_{n+1}'(y) = -c + L'(y) < L'(y) + \alpha \int_0^\infty f_{n-1}'(y-x)g(x)\mathrm{d}x = f_n'(y)
$$

因此，对于 $f_{n+1}(y)$，性质 (d) 成立。

根据我们的假定，$L(y)$ 是 y 的凸函数。同时，由于 $F_{n-1}(s_n^*) = 0$，$f_n'(y)$ 是 y 的连续函数。此外，除了可能的 $y = s_{n+1}^*$ 点，$f_{n+1}''(y)$ 始终存在 (当 $y = s_{n+1}^*$，左、右导数都存在)，而且，由于 $f_n''(y) \geqslant 0$，所以 $f_{n+1}''(y) \geqslant 0$。因此，$f_{n+1}(y)$ 是凸函数，并具有 (c) 表述的性质。

下面来总结一下归纳法步骤。为完成证明，需要证明对于递推方程 $f_2(y)$ 与 $f_1(y)$，其中 $f_1(y) = L(y)$，性质 (a) ~ (d) 都成立。这些可按照前述方法进行证明，这部分留作读者练习。

为达到这一目标，我们已假定 n 是有限的。当 $n \to \infty$ 时，存在一个有限数 s^*，使得

$$u^*(y) = \begin{cases} s^* - y, & y < s^* \\ 0, & \text{其他情况} \end{cases}$$

式中：s^* 是下式的唯一解。

$$F(s^*) = c + \alpha \int_0^\infty f(s^* - x)g(x)\mathrm{d}x = 0$$

并且当 $n \to \infty$ 时，$f_n'(y) \to f'(y)$。不难看出，s^* 是下式的唯一解，此处不再作证明。

$$(1 - \alpha)c + \alpha \int_0^\infty L'(s^* - x)g(x)\mathrm{d}x = 0$$

对 $\tau = 1$ 时的情况所提供的归纳证明可以容易地扩展到一般供应提前期的情况中去，其中 τ 是表示周期的整数倍。这种情况下，有如下定理。

定理 3　给定订购提前期 τ 的成本模型，则最优策略为

$$u^* = \begin{cases} s^* - \left(y + \sum_{j=1}^{\tau-1} q_j\right), & y + \sum_{j=1}^{\tau-1} q_j < s^* \\ 0, & \text{其他情况} \end{cases}$$

其中，s^* 通过求解下面两式获得：

$$(1 - \alpha)c + \alpha^\tau \int_0^\infty L'_{\tau-1}(s^* - x)g(x)\mathrm{d}x = 0$$

$$L_j(y) = \int_0^\infty L_{j-1}(y - x)g(x)\mathrm{d}x, \quad L_0(y) = L(y)$$

2.2　串行系统中订至点策略的最优性

前面展示了如何应用动态规划方法证明单站点（单一基地）系统基本库存策略的最优性。在克拉克与斯卡夫[49] 的研究论文中，他们创新性地利用动态规划方法，证明了基本库存策略在无能力约束、周期性检查和有限时域的串行系统中的最优性。他们研究的系统包括 M 个实际基地，其中，基地 j 从 $j+1$ 基地中获得再供应，$j = 1, 2, \cdots, M$。假定基地 $M+1$ 的库存量是无限的。在任意周期内，基地 j 所能获得的供应量

受限于基地 $j+1$ 现有的库存量。外部需求仅在基地 1 处发生。假定基地 $j+1$ 与基地 j 之间的订购提前期已知且为周期常数倍。成本模型包括以下组成部分:① 相继站点间移动库存的线性订购与运输成本;② 基地 1 的线性持有与缺货成本;③ 对于编号较高的基地来说,持有成本与每一级的库存成比例,即分级库存。基地 $j(2 \leqslant j \leqslant M)$ 的分级库存定义为基地 j 的现场库存,加上正运往该位置的库存,以及基地 $j-1$ 的分级库存; 基地 1 的分级库存是指该基地的库存点。因此, 第 j 级的库存等于现场总库存,加上订购量,再加上所有下级基地的库存,并减去基地 1 的延期交货量。正如嘉纳基拉曼与米克施塔特[139] 证明的那样,线性的订购与运输成本一般都可以假定为零。下面对克拉克与斯卡夫的证明进行简单讨论。

为确定该系统最优库存策略, 克拉克与斯卡夫对其动态规划公式进行了研究。公式中的状态变量包括一个用于定义系统中各站点库存 (包括两个基地间每个站点的在途量) 的向量。他们证明运行该系统的成本可以分解为数笔, 每笔成本对应一个层级。第 j 级的成本是这个基地所处的分级库存点的函数, $j > 1$。同时, 使用一个补充项来评测未达到目标库存水平时对基地 $j > 1$ 期望成本的影响。此外, 他们还证明了与各级相关的成本函数和单站点系统中成本函数的形式是完全一样的。因此, 每一个基地的最优策略也就是一个分级基本库存策略, 即对应于每个基地 j 有一个目标水平 s_j。每个周期都要下订单把第 j 级的库存提高到其目标库存点 s_j, 它是 j 级的库存量加上正运往基地 j 的在途量 (如果有)。如果基地 $j+1$ 的现场库存不充足, 基地 j 则也将订购基地 $j+1$ 所有的现场库存。

在过去的 45 年里, 多位学者成功地利用动态规划方法来获得若干库存系统的最优策略。在以无限时域下每个周期平均成本为性能指标时, 费德格伦 (Federgruen) 与齐普金 (Zipkin)[84] 使用另一种方法证明了在无限时域情况下的分级基本库存策略的最优性。随后, 当需求是马尔可夫调制时, 陈 (Chen) 和宋 (Song)[44] 使用同样的方法证明了在这些串行系统中依赖状态的基本库存策略的最优性。这些论证方法都是基于低成本约束的, 非常值得学习。

第三种方法是由穆哈雷姆奥卢与齐齐克利斯[184] 引入的 "单一项目、单一用户" 方法。他们证明了当订购提前期与需求是马尔可夫调制时, 对于有限和无限时域下的无能力约束的多级串行系统来说, 依赖状态的分级基本库存策略是最优的。接下来将介绍并讨论这种方法。为便于说明,首先要分析订购提前期确定和规划期有限的单站点系统。随后,再探讨如何将其扩展到随机订购提前期下的多站点系统。

2.2.1 单一库存地点情况下的单项目单用户方法

如 2.1 节所述,先分析如何管理一个具有单一库存地点的单一项目库存系统。假定将时间分成等长的周期。系统运行如下: 在每个周期的起点,系统给外部供应商下订单,并且该订单恰好会在未来的 $m-1$ 个周期到货。订单下达之后,从供应商处收到该周期应收到的订购量,从而满足用户需求。每个周期的需求都是由外源的稳态马尔可夫链支配。所有超额需求都会导致延期交货。在每个周期末,将产生持有与延期交货成本。

2.2.1.1 符号与定义

在正式分析之前,先说明相关符号和关键的定义。按上文所述,先假设系统规划期包括 N 个周期,表示为 $n = 1, 2, \cdots, N$。并假设支配需求过程的马尔可夫链 s_n 是外源有限状态且各态遍历的。s_n 在周期 n 的起点确定。假定马尔可夫链 s_n 的转移概率已知。此外,s_n 给定,周期 n 的需求 D_n 的概率分布也是已知的。

我们把需求的每个单元看作一个单独的用户。假设在周期 1 的开始有 v_0 个用户等待满足需求。将这些用户随机编号为 $1, 2, \cdots, v_0$。所有后来的用户按照他们出现周期的顺序编为 $v_0 + 1, v_0 + 2, \cdots$,可任意打乱同周期出现的用户之间的顺序关系。

下面,在任一周期的起点定义用户距离的概念。如图 2.1 所示,每个已经满足的用户的距离为 0; 每个已经到达,且已经发出实际订单,但库存还未接收到的用户的距离是 1; 所有在随后周期到达的用户对应于他们到达的顺序,距离是 $2, 3, \cdots$。同周期到达用户的距离保持同序号。这能够确保较高序号的用户总有 “较长” 的距离。

接着,我们定义一个单元位置的概念。同样见图 2.1,有 $m+2$ 个位置可供单元存放。如果这个单元已经用来满足了用户订单,该单元的位置是 0。如果它是现场库存的一部分,它的位置是 1。如果该单元还没有从供应商处订购,它的位置是 $m+1$。

在周期 1 的开始,我们按顺序给所有单元编号,首先是位置 1,然后是位置 $2, \cdots$,位置 $m+1$,同一位置的单元可任意分配一个序号。我们假定在供应商,即位置 $m+1$ 处,随时有足够的单元可用。

　　我们使用变量 j 与 k 来表示单元以及用户序号。定义 y_{jn} 为在周期 n 的起点时刻用户 j 的距离，z_{jn} 为在周期 n 的起点时刻单元 j 的位置。

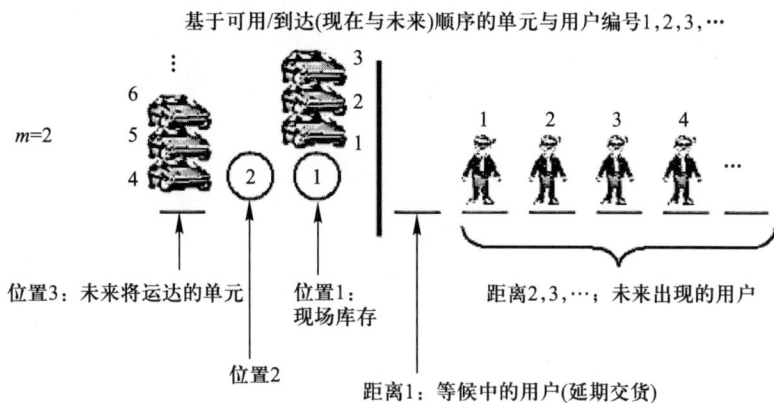

基于可用/到达(现在与未来)顺序的单元与用户编号 $1,2,3,\cdots$

图 2.1　单元位置与用户距离

　　我们把周期 n 起点时刻的系统状态定义为向量 $\boldsymbol{x}_n = (s_n,(z_{1n},y_{1n}),(z_{2n},y_{2n}),\cdots)$。

　　接下来详细解释周期 n 中事件发生的过程。

　　(1) s_n 是可观测的。对所有的 j，$j = 0,1,2,\cdots$，(z_{jn},y_{jn}) 已知。

　　(2) 安排一个订单，用 q_n 表示订购量，q_n 为非负整数。在下订单前，位置 $j = 2,3,\cdots,m$ 的所有单元移到下一位置，即 $j-1$。q_n 个单元从位置 $m+1$ 移到位置 m。如果在 $l(1 \leqslant l \leqslant m)$ 个周期前就从供应商处订购，则它处于位置 $m-l$。

　　(3) 当需求 D_n 得以满足，这些数量的新用户也即到达且其距离为 1。就是说，根据定义，距离是 $2,3,\cdots,2+D_n-1$ 上的用户都到达了，现在他们的距离均为 1。在周期起点时刻，距离是 $2+D_n,3+D_n,\cdots$ 的所有用户朝距离 1 移动 D_n 步。

　　(4) 现场单元与等候的用户应尽可能匹配，即用掉尽可能多的现场库存来满足更多的等待用户。

　　(5) 现场库存中单位单元 (在位置 1 处) 的持有成本为 h 美元，等候的每名用户 (距离 1) 延期交货成本为 b 美元。显然，任意周期内这两种成本只会有一个出现。我们假定 $b > h$，这使得当库存点在某些周期为负时，最优策略将增加库存点至某个非负水平。

　　在我们最初的讨论中所考虑的性能指标是规划期 N 内的期望成本总额 (折现后或者非折现的)。

下面定义一种策略。用 $u_{jn} \in \{$发布, 持有$\}$ 表示在周期 n 内关于单元 j 的决策。发布的意思是为某个单元安排了订单, 并且该订单已进入供应商的生产/分配系统。然而, 要注意到我们仅在供应商处, 即在位置 $m+1$ 处对单元进行控制。所有其他单元的运转像先前定义的那样, 是由订购提前期和先前定义的需求过程控制。此策略是一个将 x_n 每一个可能的取值映射到位置 $m+1$ 上各单元发布/持有行为向量的函数。

要注意的是, 做出从位置 $m+1$ 发布 q 个单元的决策时, 发布哪几个 q 单元是不能确定的。因此, 我们考虑一类策略, 以保证总能从位置 $m+1$ 发布序号最小的单元, 称此策略为单调策略。如果一类策略至少包含一个最优策略, 那么可以说这类策略是最优策略。显然, 这类单调策略就是最优。单调策略发布单元 j 是在发布单元 $j+1$ 之前或与之同时, 但在任何周期都不会在单元 $j+1$ 之后发布。类似地, 我们把单调状态定义为, 较小序号的单元位于同样的或较小序号的位置, 即如果 $k \leqslant j$, 则 $z_{kn} \leqslant z_{jn}$。由于订购提前期对所有的单元都是一样的, 且我们用单调状态启动周期 1, 那么当遵循单调策略时, 系统就总处于单调状态。而且根据定义, 用户也是按照序号顺序出现的。如果一种策略能确保第 j 个单元能且只能满足用户 j 的需求, 而用户 j 能且只能接收第 j 个单元, 则把这种策略定义为承诺策略。假定位置 1 的单元满足距离 1 的用户, 而距离 1 的用户使用位置 1 的单元, 这些单元与用户的序号都是最小的。因此, 每一单调策略也是承诺策略, 故承诺策略群也是最优的。我们把这个重要的事实定义为一个引理。

引理 1 单调策略群是最优的。而且, 每一单调策略都是一个承诺策略, 则承诺策略群也是最优的。

在下一节中, 将证明前面介绍的基本库存策略在周期性检查、单点、无能力约束系统中的最优性。

2.2.1.2 基本库存策略的最优性

本节首先证明系统可以分解成可数的无限子系统的集合, 每个子系统包含有单一单元与单一用户。随后证明, 每个子系统可以通过称之为"临界距离"的策略得到最优化的管理。并且当各子系统采用相同的"临界距离"策略来管理时, 整个系统遵循基本库存策略。

2.2.1.2.1 将系统拆解为子系统

首先概述证明方法。先证明系统成本是每个单元 – 用户组合的成本总和。其次证明分别对这些单元 – 用户组合进行最优控制, 得到的最终策略对整个系统来说也是最优的。再次研究单个的单元 – 用户组合问题, 并证明最优策略是一个 "临界距离" 的策略: 在且只在相应的用户距离比临界距离近的情况下发布单元。最后, 证明用临界距离策略管理每一组单元 – 用户时, 会在原系统中产生一个分级基本库存策略。

现在来精确定义系统、子系统以及控制这些系统与子系统的各种约束。

定义 1　用 S 表示包括所有单元与所有用户的整个系统。用 S_ω, $\omega \geqslant 1$, 表示子系统 ω, 即序号为 ω 的单元 – 用户组合。

定义 2　S 中单调策略与承诺策略的约束:
单调性: 单元 $j(j = 1, 2, \cdots)$ 不能在单元 $j - 1$ 之前发布。
承诺性: 单元 $j(j = 1, 2, \cdots)$ 服务用户 j。

定义 3　S_ω 中承诺策略的约束:
承诺性: 单元 ω 服务用户 ω。

现在将表明系统 S 的最优成本等于子系统 S_ω 最优成本的总和。通过下述方法来证明这一结论: 系统 S 的每一个单调并承诺的策略对应于各子系统 S_ω 的单调和承诺策略的集合, 并且各子系统的任何一个单调和承诺的策略集合都能产生系统 S 的一个可行策略。同样可以看到, 在各子系统被 "独立和最优地" 管理时, 得到的策略对系统 S 是最优的。

从现在开始, 用 $\tilde{S}$ 表示所有子系统的集合, 即 $\tilde{S} = (S_1, S_2, \cdots)$。当只考虑单调和承诺策略时, 定义 2 中的约束应用于 S, 而定义 3 中的约束应用于 $\tilde{S}$。当我们说 "$\tilde{S}$ 的 (最优的) 期望成本", 是指 (最优的) 期望子系统成本之和。

我们已经假定, 到目前为止 x_n 是管理整个系统 S 或任何一个子系统 S_ω 时可用的状态信息。然而注意到, 各子系统是 "独立运作" 的, 意味着每个子系统能够单独运作, 而不受其他子系统运行策略的影响。因此, 能找到 S_ω 的最优运行策略, 它只用到适合于向量 x_n 中与单元 ω 和用户 ω 相对应的那部分状态。由此, 定义 $x_n^\omega = \mathrm{def}(s_n, z_{\omega n}, y_{\omega n})$。因此, x_n^ω 就是 S_ω 的充分状态描述符。这意味着, 通过独立管理子系统可以找到 $\tilde{S}$ 的最优策略。这里需要说明的一个细节是, 尽管是独立运行的, 但子系统在需求过程中是随机依赖的。

现在准备陈述并证明与系统 S 和子系统 S_ω 的最优成本与策略相

关结论, $\omega = 1, 2, \cdots$ 。

定理 4 对于周期 1 的任何起始状态 x_1, 系统 S 在周期 $1, 2, \cdots, N$ 的最优期望折现 (无折现) 成本等于子系统集合 $\tilde{S}$ 在周期 $1, 2, \cdots, N$ 的期望折现 (无折现) 成本。而且, 每个子系统 ω 在所有 n 周期内用状态向量 $\boldsymbol{x}_n^\omega$ 独立且最优地运作时, 得到的策略对整个系统 S 也是最优的。

证明 第一, 由于持有与延期交货成本是线性的, S 的成本是每个单元与用户成本的总和。

第二, S 的每一个单调与承诺策略产生一组承诺策略, 其中每一个对应于一个子系统 S_ω。由于单调与承诺策略对 S 来说是最优的, 因此 $\tilde{S}$ 的最优期望成本是任意多个周期内系统 S 最优期望成本的下限。

第三, 可以看到, 使用任何一个承诺策略独立运行每一个子系统, 其对 S 来说是一个可行策略。因此, S 的最优期望成本是 $\tilde{S}$ 最优期望成本的下限。

将上述两个下限的结论结合起来, 即可证明 S 与 $\tilde{S}$ 的最优期望成本是一样的。先前对子系统 "独立运行" 的探讨以及这种等同性的结论表明: 对每个子系统 ω 运用状态向量 $\boldsymbol{x}_n^\omega$ 进行独立、最优地管理时, 得到的整个系统 S 的策略是最优的。

接下来证明每个子系统存在一个特殊结构的最优策略。

2.2.1.2.2 子系统的最优策略结构

在研究单个子系统前, 首先证明所有的子系统在以下方面都是一样的: ① 它们都有相同的成本结构; ② 给定子系统的状态 $(\boldsymbol{x}_n^\omega)$ 和确定的运行策略, 子系统的随机演变不依赖于序号 ω。因此, 最优策略在所有子系统中都是相同的。

如果子系统 ω 在周期 n 时的状态, s_n, 是外源性马尔可夫链, 且 $y_{\omega n}$ 为 y , $z_{\omega n}$ 是 $m+1$, 则我们把 $R_n^*(s_n, y) \subseteq \{$发布/持有$\}$ 定义为该子系统在该周期的最优决策集合。

下面说明存在一个 "临界策略", 对子系统来说是最优的。我们需要用下面的引理来证明这个事实。该引理表明, 当系统处于马尔可夫链状态 s_n, 且用户 ω 的距离为 $y+1$, 如果子系统 ω 在周期 n 发布单元 ω (如果它在位置 $m+1$) 是唯一的最优策略, 那么当用户距离更短且单元都处于 $m+1$ 处时, 发布单元也将是最优的。

引理 2 $R_n^*(s_n, y+1) = \{$发布$\}$ 意味着 $R_n^*(s_n, y) \supseteq \{$发布$\}$。

证明 利用反证法。假设命题不成立, 即存在 n, s_n 和 y, 使得 $R_n^*(s_n, y+1) = \{发布\}$, $R_n^*(s_n, y) = \{持有\}$。换言之: 对于距离为 $y+1$ 的用户 ω, 子系统持有单元 ω 不是最优的; 而对距离为 y 的用户 ω, 子系统发布单元 ω 也不是最优的。

考虑 S 的单调与承诺策略。假定外源性马尔可夫链在周期 n 时的状态是 s_n, 可以找到子系统 ω 和 $\omega+1$, 使得 $y_{\omega n} = y$, $y_{(\omega+1)n} = y+1$。单调性意味着这种策略会为单元 ω 和 $\omega+1$ 选择下面三组操作之一: ① 同时发布 ω 和 $\omega+1$; ② 同时持有 ω 和 $\omega+1$; ③ 发布 ω, 持有 $\omega+1$。

按照我们最初反命题的假设, 对子系统 ω 来说, ① 和 ③ 不是最优情况, 对子系统 $\omega+1$ 来说, ② 和 ③ 不是最优情况。这意味着, S 的任何单调与承诺策略对子系统 ω 和 $\omega+1$ 中的至少一个来说不是最优的。因此, 从周期 n 开始, S 的任何单调与承诺策略的期望成本要高于 $\tilde{S}$ 的最优成本, 而 $\tilde{S}$ 的最优成本与 S 的最优成本是相同的。这意味着, 单调与承诺策略对 S 来说不是最优的, 它与先前关于这类策略最优性的结论相矛盾。因此, 上述关于 $R_n^*(s_n, y)$ 和 $R_n^*(s_n, y+1)$ 的假设不成立。

使用这一引理提出 "临界距离" 策略的概念。定义:

$$y^*(n, s_n) \stackrel{\text{def}}{=\!=} \max\left\{y : R_n^*(s_n, y) \supseteq \{发布\}\right\}$$

$y^*(n, s_n)$ 定义方式是: 当且仅当用户 ω 的距离是 $y^*(n, s_n)$ 或更近时, 发布单元 ω 是最优的。对于每一子系统, 这一距离 $y^*(n, s_n)$ 是在周期 n 内马尔可夫链状态 s_n 下的 "临界距离"。

考虑如下策略:

$$R_n(s_n, y) = \{发布\} \text{ 当且仅当 } y \leqslant y^*(n, s_n)$$

对各子系统来说, 策略 R_n 是最优策略。下面可以观察到, 策略 R_n 在周期 n 内被用在每个子系统上时, 得到原系统 S 的策略为订至点策略。这一点可以用代数来证明, 或者用我们现在给出的更直观的论证方法。

定理 5 在马尔可夫链状态 s_n 下, 且规划期包含 N 个周期时, S 的最优策略是发布必要数量的单元以把周期 n 内的库存点提高到 $y^*(n, s_n) - 1$。就是说, 当规划期有限时, 依赖于状态的订至点或基本库存策略对整个系统来说是最优的。

证明 已知策略 R_n 对每个子系统都是最优的。如果 $R_1, \cdots, R_{n-1}$ 是各子系统在周期 $1, \cdots, n-1$ 内使用的策略, 则周期 n 将以在位置

$m+1$ 具有连续标号的单元为起始状态。这样, 还没有到达的用户相应地会有连续的距离。在这些用户中, 在位置 $2, 3, \cdots, y^*(n, s_n)$ 的单元都在临界距离 $y^*(n, s_n)$ 之内。所有延期交货的用户也都在临界距离之内。策略 R_n 规定, 应在周期 n 内发布恰与子系统数量一致的等待单元。这样, 在临界距离内所有等待用户和未来用户都能用现场或订购的单元来及时和充分地满足需求。这等于说, 应把库存点提高到 $y^*(n, s_n) - 1$ 水平[1]。

这就结束了固定订购提前期、无能力约束的单级系统在有限时域的最优性证明。穆哈雷姆奥卢与齐齐克利斯[184] 对无限时域问题作出了分析。以下章节讨论如何将这种方法扩展到更普遍的情况中。

2.2.2 随机订购提前期

以上分析均假定订购提前期恰好是 $m-1$ 个周期。现在用允许随机的订购提前期来放宽假设条件, 但订单不允许交叉, 即供应商收到订单的顺序与供应商安排订单的顺序相一致。并且, 允许订购提前期的分布由马尔可夫链 s_n 来控制。下面来描述订购提前期模型。

订购提前期过程设计如下: 随机变量 ρ_n 的分布完全由 s_n 确定, 它表示在周期 n 内送货到位置 1 的最小送货时间。这意味着, 所有在周期 $n - \rho_n$ 内或更早下单的未完成订单都会在周期 n 内送达。假设随机变量 ρ_n 的采样区间是 $\{0, 1, 2, \cdots, m-1\}$, 因此, 订单的最大订购提前期是 $m-1$ 个周期。

现在将 2.2.1.1 节所描述的一个周期内的事件序列稍作修改。由于在一个周期内可能有多个订单到达位置 1, 故只关注观察周期 n 需求之前的如下事件。

ρ_n 的实现: 如果 $\rho_n \leqslant m-2$, 则位置 2 的所有单元经过 $m - \rho_n$ 时间从供应商处到达位置 1, ρ_n 得以实现。如果 $\rho_n = m-1$, 则没有单元到达位置 1。

容易证明的是, 为 "确定性订购提前期模型" 所做的分析和结论支持上面描述的随机订购提前期模型。因此, 即使是在订购提前期随机且不交叉的情况下, 与状态相关的分级基本库存策略对单级系统来说也是最优的。

---

① 译者注: 按照定义, 由于用户距离为 1 的单元是延期交货单元, 这部分单元的订单是已经发出的。因此, 在临界距离以内的还未进行订购的单元个数为 $y^*(n, s_n) - 2 + 1 = y^*(n, s_n) - 1$。

2.2.3 串行系统

下面将分析扩展到串行系统中去。在单级情况下,利用控制策略只能在位置 $m+1$ 发布某个单元,而在多级的情况下,则有更多的 "物理位置" 可以利用控制策略发布一个单元。这些物理位置对应于生产/分发系统中每一级。另外,在连续的等级之间有很多 "人造位置"。这些人造位置的数量对应于这些等级之间可能的最大订购提前期。仍然假定订单不交叉,则成本模型与 2.2 节开始部分讨论的成本模型是一样的。通过重复下面的论点能证明依赖状态的分级基本库存策略的最优性,这些论点是我们在分析单级系统时所使用的。

首先,因为成本结构是线性的,所以系统 S 的成本仍然是子系统成本的总和。其次,单调与承诺策略仍然是最优的。再次,每个子系统是独立且最优地运行,这也构成了系统 S 的最优策略。最后,子系统的最优策略应是: 当对应的用户距离是 y 时,如果从某一等级或者物理位置发布一个单元是最优的,那么用户距离更小时发布该等级的单元也是最优的。因此,一个恰当定义的临界距离策略对每个子系统都是最优的。这种情况下对应于每个等级都有一个临界距离。当这种策略应用于每个子系统时,即可得到系统 S 依赖于状态的分级基本库存策略。所有这些结论的证明与单级系统相应结论的证明是一样的。因此,依赖于状态的分级基本库存策略显然对具有马氏需求和订购提前期不交叉的串行系统来说是最优的。

下面将探讨单一单元、单一用户的方法如何应用于连续性检查系统。

2.2.4 连续性检查系统

现在来研究单级、连续性检查系统,首先给出一些把最优性结论扩展到该系统上的模型假定和论点。假设规划期无限,我们的目标是找到使单位时间内平均成本最小化的策略。接下来主要是直觉的而非严格意义上的技术证明。

下面介绍连续性检查与周期性检查的主要区别。第一,站点 1 的所有库存等级的持有成本与延期交货成本现在是连续计费的。也就是说,持有与延期交货成本的单位是美元/(单元·年)。第二,用户与订购量可以随时到达,订单也可以随时下达,而不是必须在预先确定的时间点。

用户距离概念保持不变,而单元位置则是一个不断变化的过程。事

实上, 如果 L 是最大订购提前期, 则单元 j 在时刻 t 的位置定义为:
① 如果在供应商处, 则是 $L+1$; ② 如果在时间 t_j 发布但在时间 t 前还未到达, 则是 $(1+L-(t-t_j))$; ③ 如果已满足用户需求, 则是 0; ④ 如果是现场库存的一部分, 则是 1。

本节内容有以下几个目的。第一, 直观地论述当需求模型是复合泊松过程时, 分级基本库存策略是最优的。下一章将更详细地进行讨论复合泊松过程。第二, 把这种论点扩展到更一般的复合更新需求过程中去。本节最后给出计算泊松需求过程的订至点水平的计算步骤。

2.2.4.1 复合泊松需求过程的最优性证明

现在来分析需求模型为复合泊松过程的一些情况: 用户订购量是服从任意分布的随机变量, 用户到达服从稳态的泊松过程。订购提前期假定为常量。连续性检查的目标是使单位时间的平均成本最小化, 显然, 在周期性检查情况中证明的如下命题在连续性检查的情况下同样适用: 第一, 单调与承诺策略是最优的; 第二, 独立与最优地管理单元—用户组合即可得到整个系统的最优策略。

考虑任一时刻 t 单元位于供应商处的单元—用户组合 j。直观地看, 最优的发布/持有决策应依据的唯一量是用户 j 到达的剩余时间量。这个 "要到达的时间" 是一个随机变量, 其分布完全可由用户 j 在时刻 t 的距离 y_{jt} 决定, 这是因为泊松过程具有无记忆特征。并且, 由于无记忆特征, 这种具有仅在用户到达时期发布单元 j 限制的策略群是最优的。

除了周期的长度是两个连续用户订单到达之间的时间外, 连续性检查系统与周期性检查系统是相同的。回顾一下, 在周期性检查情况下, 临界距离策略对单一单元、单一用户子系统来说是最优的, 对此结论的证明并没有要求所有周期长度都相等。因此, 该证明也适用于连续性检查系统。同样, 各子系统利用临界距离策略为原系统生成分级基本库存策略的证明也不依赖周期长度。因此, 订至点策略或分级基本库存策略对具有复合泊松需求的连续检查系统来说是最优的。

2.2.4.2 复合更新需求过程的最优性证明

下面假设两个连续用户到达之间的时间是一个随机变量, 并且为独立同分布的。也就是说, 用户到达过程是一个更新过程。每个用户订购的单元数量是一个离散随机变量, 该变量的分布函数是随机的。复合泊松模型是该模型的特例。订购提前期假设为常数。

在复合泊松分布情况下,由于其无记忆的特征,可以把发布/持有决策限制在用户到达时期。然而在更一般的更新过程环境中,由于下一个用户到达的时间分布是不断变化的,在两次到达之间的一个时间点在供应商处发布一个单元可能是最优的。

对于单一单元单一用户问题,临界距离策略仍然是最优的。对每个单元—用户组使用最优策略会生成整个系统的最优策略。复合泊松情况与更一般的复合更新情况之间的唯一区别是,临界距离现在是上一用户到达后时间的函数。因此,依赖于状态的基本库存策略对这些系统来说是最优的,其中,状态包括上一用户到达后的时间。

实际上,到达间隔时间、每个到达时期需求量的大小以及订购提前期均可由连续时间的马尔可夫链 $\{s_t\}$ 决定。之前的讨论也符合这种一般性。但要注意的是,我们的讨论仅限于证明依赖于状态的基本库存策略是最优的,而不是计算最优的基本库存水平,因为在马氏需求环境的情况下,这种计算非常复杂。

2.2.4.3 泊松需求条件下最小化稳态期望成本的计算步骤

现在来考察连续性检查的单站点系统。性能指标是每个单位时间的期望稳态成本。假设需求过程是到达率为 λ 的泊松过程。首先给出关于该系统的一组猜想,但不提供严格的证明。最后用这些猜想来确定该系统的最优基本库存水平的计算步骤。

首先,提出关于单元期望的长期[①]流入量的猜想。

猜想 1 用 $\mathrm{IN}(t)$ 表示到时刻 t 前发布进入系统的期望单元数量。于是, $\lim_{t\to\infty}(\mathrm{IN}(t)/t)=\lambda$, 即单元期望的长期流入率等于期望的长期需求率 λ。

接下来给出猜想 2,将每个单位时间的期望稳态成本与每个单元-用户组合上发生的期望总成本联系起来。

猜想 2 用 C^* 表示单位时间内 S 的最优期望稳态成本。用 μ^* 表示在区间 $[0,\infty)$ 上,由总期望成本最小化策略管理的,任意一个单元-用户组合产生的期望成本,则有 $C^*=\lambda\cdot\mu^*$。而且,每个子系统 (单元-

---

①译者注: 长期 (long run) 为经济学领域概念,与短期 (short run) 相对应。长期原意主要指,在一个较长时期内,企业的设施、人力等所有生产要素均为可变可调整的要素,以便于成本利润分析与生产规划决策。此处,用于表征系统趋于稳态时的状况,以避免短期内 "不变要素" 的干扰。

用户组合) 均可用期望的总成本性能指标进行最优管理, 并且这个策略对具有单位时间期望成本性能指标的 S 也是最优的。

这个猜想意味着, 找到与各单元 – 用户子系统相联系的总期望成本最小化策略就已足够了。

下面来分析各子系统确定该策略的计算步骤。首先列出一些必要的符号。

如果用户在时刻 t 的距离是 y, 且单元刚发布, 用 $\mu(y)$ 表示子系统在时间区间 (t,∞) 内的期望成本。令 $t+t(y)$ 表示该用户的到达时刻, 即 $t(y)$ 是 $y-1$ 个单元到达时长。假设到达过程为泊松过程, $t(y)$ 是参数为 $(y-1,1/\lambda)$ 的伽玛分布[①]。因此, $\mu(y)$ 可以用下式计算:

$$\mu(y) = E_{t(y)}(h \cdot (t(y) - L)^+ + b \cdot (L - t(y))^+)$$

由于单调策略是最优的, 那么必有以下事实: 如果用户距离是 y 时发布一个单元是最优的, 那么当这个用户距离为 $y-1$ 时发布该单元也是最优的。换句话说, $\mu(y)$ 的变化是这样的: 它先随 y 增大而减小, 后随 y 增大而增大, 当 y 为满足 $\mu(y+1) \geq \mu(y)$ 条件的最小值时, $\mu(y)$ 取得最小值。此时的 y 值表示触发发布的距离值, 用 y^* 表示。

因而, 原系统的最优策略是订至点 (y^*-1) 策略。

2.3 第 2 章习题

2.3.1 在 2.1 节, 我们用归纳法证明了一种特殊的单一库存地点环境中 (定理 2) 订至点策略的最优性。当时, 我们假定性质 (a) ∼ (d) 支持递归方程 $f_2(y)$ 和 $f_1(y)$。请证明在规划期只包括两个周期时, 性质 (a) ∼ (d) 确实支持递归方程。

2.3.2 假定规划期包括三个周期, 各周期需求是均值为 5 个单元的指数分布。假定订购提前期为一个周期, 一个订单通常是 5 个单元。单元成本是 20 美元, 持有成本是每个单元每周期 1 美元, 延期交货成本是每个单元每周期 10 美元。折现系数 α 等于 1。请为规划期找出最优策略。

2.3.3 证明定理 3。

2.3.4 在 2.2.1 节中, 当处于单一单元、单一用户环境中时, 我们证

①译者注: 伽玛分布可用来计算等候时间, 表示当第一次到达平均时间为 $1/\lambda$ 时, 第 $y-1$ 次到达等候时间的概率分布。

明了单一库存地点系统订至点策略的最优性。假定需求过程受一个外源有限状态、各态遍历的马尔可夫链支配。假定该链是全为零解的，即它只有单一状态 s。请读者确定系统在前 5 个周期内达到的状态，其中前 5 个周期的给定信息如下：最大订购提前期是 4 个周期。在周期 1 的起点时刻，有 3 个单元的延期交货，系统没有存货。而且，$q_1 = 10$, $q_2 = 7$, $q_3 = 12$, $q_4 = 3$, $q_5 = 8$；$\rho_1 = 0$, $\rho_2 = 2$, $\rho_3 = 2$, $\rho_4 = 1$, $\rho_5 = 0$；$d_1 = 5$, $d_2 = 8$, $d_3 = 14$, $d_4 = 5$, $d_5 = 7$。

2.3.5 对 2.1 与 2.2 节描述的运行环境稍做调整。假定在规划期末剩余的所有存货量能够以订购成本 c 返还，并且假设在规划期末还存在的单元延期交货可以通过订购等量的单元来补足。此时订购量能够即时到达，其单位单元成本为 c。请证明在调整后，成本 (c, h, b) 能够转化为一组新的成本 $(\tilde{c}, \tilde{h}, \tilde{b})$，其中 $\tilde{c}$ 为 0。另外，证明这个短视策略对有限规划期与无限规划期的情况来说都是最优的，该策略成本模型是要么使期望折现成本最小化，要么使单位周期平均成本最小化。

2.3.6 假定 2.1 节与 2.2 节描述的系统作如下改变：在周期 n 即可获知周期 $n+\tau$ 的需求，也就是说，预先可得到未来 τ 个周期的需求信息。请问在 (a) 订购提前期比 τ 长和 (b) 订购提前期比 τ 短的两种情况下，得到的结果分别如何改变？

2.3.7 假设单级库存系统有如下特征：① 库存连续性检查；② 订购成本是线性的，即订购成本不固定；③ 持有与延期交货成本都是线性的；④ 需求为泊松过程；⑤ 订购提前期是 τ。请推测该系统的最优订购策略，并基于 2.2 节探讨的单一单元分解方法简述其证明过程。你能把该系统扩展到到达间隔时间和订单规模都是任意分布的稳态需求过程吗？

第3章

背景概念: 泊松和复合泊松需求下的 $(s-1,s)$ 策略导论

现在来探讨当采用连续性检查库存时遵循 $(s-1,s)$ 策略的含义。前面介绍过, 库存水平 s 指的是现场库存量加上在订购量再减去延期交货量。也就是说, 库存水平代表了特定库存位置的库存点[①]。在某些情况下, 我们把在订购量称作 "再供应中" 的数量。"再供应中" 这个术语常用在军事和航空应用中, 表示故障件正在修理或正在从外部资源中获取。遵循 $(s-1,s)$ 策略时, 当对一个项目的一个或多个单元产生需求时, 就会立即发出订单, 并且订购量和需求量完全匹配。因此, 这种情况下的库存点是恒定不变的。

本章具体研究怎样计算在再供应中的单元数量的稳态概率分布。在研究应用 $(s-1,s)$ 策略来管理系统的行为时, 任一随机时刻处于在再供应中的数量将是一个关键随机变量。一旦已知它的稳态分布, 就能很容易地确定现场库存和延期交货量的稳态分布。我们将主要关注允许延期交货的情况, 因为这样分析问题会更简单些。同时, 因为需求量超过供应量而造成用户流失的情况也会作为一个特例来进行分析。

先来分析在延期交货的情况下, 当补给提前期或等效的再供应时间独立且同分布时, 如何计算处于再供应中的单元数量的概率分布。首先假设需求过程是一个泊松过程, 然后将计算得到的结果推广到需求过程是复合泊松分布过程的情况。

在说明怎样计算稳态分布后, 我们将会介绍, 如何计算用来衡量供

---

① 译者注: 在 $(s-1,s)$ 策略条件下, 库存水平相当于库存点。

应系统效能的各种关键统计量。最后给出当使用 $(s-1, s)$ 策略来管理
项目时,计算库存水平的最优化模型和算法。

3.1 再供应单元数量的稳态分布

无论是在泊松或是复合泊松需求的情况下,再供应单元数量的稳态
分布是根据生成订单的基本泊松过程的性质得出的,所以先来回顾一
下这些性质。

用 λ 表示用户订单为基本泊松过程的需求率。首先假设在区间
$[0, t]$ 内恰有一个订单产生。假设这个订单已经发生,我们来建立发生这
个定单的时间分布函数。直觉上,该分布应是相同的,因为泊松过程的
增量是平稳且相互独立的。用 T 表示订单产生的时间,用 $N(t)$ 表示在
时间距离 $[0, t]$ 内接到的用户订单数。当 $s < t$ 时,有

$$
\begin{aligned}
P[T < s | N(t) = 1] &= \frac{P[T < s; N(t) = 1]}{P[N(t) = 1]} \\
&= \frac{P[N(s) = 1; N(t-s) = 0]}{P[N(t) = 1]} \\
&= \frac{P[N(s) = 1] \cdot P[N(t-s) = 0]}{P[N(t) = 1]} \\
&= \frac{\lambda s e^{-\lambda s} e^{-\lambda(t-s)}}{\lambda t e^{-\lambda t}} \\
&= \frac{s}{t}
\end{aligned}
$$

因此,在时间区间 $[0, t]$ 内,用户到达的发生时间是均匀分布的。

上述结果可以总结如下。假设 $X_1, \cdots, X_n$ 是 n 个相互独立且同分
布的随机变量。如果用 $X_{(k)}$ 表示随机变量 $X_1, \cdots, X_n$ 中第 k^{th} 个最小
的值,则随机变量 $X_{(1)}, \cdots, X_{(n)}$ 是和 $X_1, \cdots, X_n$ 相对应的按从小到大
的次序统计量。用 $f(x_i)$ 表示随机变量 X_i 的一般密度函数,则 $X_{(i)}$ 的
联合密度函数是

$$
f_{X_{(1)}, \cdots, X_{(n)}}(x_1, \cdots, x_n) = n! \prod_{i=1}^{n} f(x_i), \quad x_1 < \cdots < x_n \tag{3.1}
$$

其中 $n!$ 的出现,是因为变量 $X_1, \cdots, X_n$ 的各种排列会最终形成一个相
同的次序统计量。

现在,假设 $N(t) = n$,并且 $X_1, \cdots, X_n$ 分别是第 1 个,第 2 个,$\cdots$,

第 n 个用户订单到达的时间。那么, 正如 n 个相互独立的随机变量相对应的次序统计量在区间 $[0,t]$ 上具有均匀分布一样, $X_1,\cdots,X_n$ 具有相同的分布。可通过如下方法来证明。

假设时间点 $t_1,\cdots,t_n$, 满足 $0<t_1<t_2<\cdots<t_n<t$, 并且 Δ_i 的值足够小, 即

$$t_i+\Delta_i<t_{i+1} \text{ 且 } t_n+\Delta_n<t \qquad (3.2)$$

那么[①]

$P\left[t_1\leqslant X_1\leqslant t_1+\Delta_1,\cdots,t_n\leqslant X_n\leqslant t_n+\Delta_n|N(t)=n\right]$

$$=\frac{P\left[\text{在时间间隔 }[t_i,t_i+\Delta_i],t=1,\cdots,n\text{ 内有一个客户订单, 且在}[0,t]\text{ 的其他时间内无客户订单}\right]}{P[N(t)=n]}$$

$$=\frac{(\lambda\Delta_1 e^{-\lambda\Delta_1})\cdots(\lambda\Delta_n)e^{-\lambda\Delta_n}\cdot\left(e^{-\lambda\left(t-\sum\limits_{i=1}^{n}\Delta_i\right)}\right)}{e^{-\lambda t}\dfrac{(\lambda t)^n}{n!}}$$

$$=\frac{n!}{t^n}\prod_{i=1}^{n}\Delta_i$$

因此

$$\frac{P\left[t_1\leqslant X_1\leqslant t_1+\Delta_1,\cdots,t_n\leqslant X_n\leqslant t_n+\Delta_n|N(t)=n\right]}{\Delta_1\cdots\Delta_n}=\frac{n!}{t^n}$$

对所有的 i, 当 $\Delta_i\to 0$ 对等式左边取极限, 可以得到

$$f_{X_i,\cdots,X_n}(t_1,\cdots,t_n)=\frac{n!}{t^n}, \quad 0<t_1<t_2<\cdots<t_n<t \qquad (3.3)$$

由此可以得到这样的结论: 如果在时间距离 $[0,t]$ 内有 n 个用户订单, 那么这些订单发出的无序时间点在区间 $[0,t]$ 内是相互独立且均匀分布的。

3.1.1 延期交货情况

现在介绍一个很重要的定理, 该定理是帕尔姆定理[191] 的重述。

---

① 译者注: 原文下式中第二个等号右式分母误为 $e^{-\lambda t}\frac{(\lambda t)^n}{n!}$, 现更改为 $e^{-\lambda t}\frac{(\lambda t)^n}{n!}$。

定理 6 假设 s 是某种项目的库存水平, 该项目的需求服从强度为 λ 的泊松过程。进一步假设再供应时间随机变量的密度函数为 $g(\tau)$, 均值为 $\bar{\tau}$, 分布函数为 $G(\tau)$。并且各用户订单的再供应时间是相互独立且同分布的。那么, 再供应中存在 x 个单元的稳态概率为

$$e^{-\lambda\bar{\tau}}\frac{(\lambda\bar{\tau})^x}{x!} \tag{3.4}$$

证明 假设 $N(t) = n$, 即在区间 $[0, t]$ 内有 n 个用户订单, 已知

$$P[N(t) = n] = e^{-\lambda t}\frac{(\lambda t)^n}{n!} \tag{3.5}$$

由于使用 $(s-1, s)$ 策略来管理库存, 那么每个用户订单都会相应产生一个对再供应系统的请求。下面令

$$q_t(x|n) = P\{t \text{ 时刻 } x \text{ 个单元处于再供应中} \mid N(t) = n\} \tag{3.6}$$

考虑 n 个订单中的任意一个。如前面已经证明的, 订单发出的时间在区间 $[0, t]$ 上是均匀分布的。即可以假某个订单在时刻 s 发出, $s \in [0, t]$, 那么, $1 - G(t-s)$ 是相应单元在 t 时刻仍处于再供应系统中的概率[1]。

用 p 表示在区间 $[0, t]$ 内到达, 且在时刻 t 仍保留在再供应系统中的任一单元的一般概率。由于 $1 - G(t-s)$ 指的是在时刻 s 进入再供应系统中, 而在时刻 t 仍在系统中的条件概率, 那么无条件概率为

$$\begin{aligned}
p &= \int_0^t [1 - G(t-s)]\frac{\mathrm{d}s}{t} \\
&= \frac{1}{t}\int_0^t [1 - G(t-s)]\mathrm{d}s \\
&= -\frac{1}{t}\int_t^0 [1 - G(u)]\mathrm{d}u \\
&= \frac{1}{t}\int_0^t [1 - G(u)]\mathrm{d}u
\end{aligned}$$

因为在区间 $[0, t]$ 内到达的每一订单, 到时刻 t 相应的再供应需求仍未满足的概率为 p, 则到达的 n 个单元中在时刻 t 仍有 x 个单元处于再供应系统中的概率为

$$q_t(x|n) = \binom{n}{x}p^x(1-p)^{(n-x)} \tag{3.7}$$

---

①译者注: 按照定义, $G(t-s)$ 表示再供应时间为 $t-s$ 的概率, 即表示 t 时刻单元已完成再供应的概率, 亦即表示 t 时刻该单元已不处于再供应系统的概率。因此, $1 - G(t-s)$ 即表示 t 时刻该单元仍处于再供应系统的概率。

在时刻 t 有 x 个单元在再供应系统中的无条件概率是

$$
\begin{aligned}
q_t(x) &= \sum_{n=x}^{\infty} q_t(x|n) \cdot P[N(t)=n] \\
&= \sum_{n=x}^{\infty} \binom{n}{x} p^x (1-p)^{(n-x)} e^{-\lambda t} \frac{(\lambda t)^n}{n!} \\
&= \sum_{n=x}^{\infty} \frac{n!}{(n-x)! x!} p^x (1-p)^{(n-x)} e^{-\lambda t} \frac{(\lambda t)^n}{n!} \\
&= \frac{e^{-\lambda t}(p\lambda t)^x}{x!} \sum_{n=0}^{\infty} \frac{[\lambda t(1-p)]^n}{n!} \\
&= \frac{e^{-\lambda t} e^{\lambda t - \lambda tp}(p\lambda t)^x}{x!} \\
&= e^{-\lambda tp} \frac{(\lambda tp)^x}{x!}
\end{aligned}
$$

而 $p = \dfrac{1}{t} \displaystyle\int_0^t [1 - G(u)] \mathrm{d}u$, 所以有

$$
q_t(x) = e^{-\lambda \int_0^t [1-G(u)]\mathrm{d}u} \frac{\left[\lambda \displaystyle\int_0^t [1-G(u)]\mathrm{d}u \right]^x}{x!} \tag{3.8}
$$

令

$$
q(x) = \lim_{t \to \infty} q_t(x) \tag{3.9}
$$

由于

$$
\lim_{t \to \infty} \int_0^t [1 - G(u)]\mathrm{d}u = \int_0^\infty [1 - G(u)]\mathrm{d}u = \overline{\tau} \tag{3.10}
$$

由上式[①], 得到

$$
q(x) = e^{-\lambda \overline{\tau}} \frac{(\lambda \overline{\tau})^x}{x!} \tag{3.11}
$$

因此, 在再供应系统中有 n 个单元的概率是均值为 $\lambda \overline{\tau}$ 的泊松分布。也就是说, 我们无需知道再供应时间的概率密度函数, 只需知道再供应时间的均值 $\overline{\tau}$ 即可。

---

①译者注: 此问题的相关证明原意是: 由分部积分法可知 $\displaystyle\int_0^\infty [1 - G(u)]\mathrm{d}u = \{[u \cdot [1 - G(u)]]\}\big|_0^\infty - \displaystyle\int_0^\infty u \cdot \mathrm{d}[1 - G(u)] = 0 - \displaystyle\int_0^\infty u \cdot \mathrm{d}[1 - G(u)] = -\displaystyle\int_0^\infty u[-g(u)]\mathrm{d}u = \overline{\tau}$。但是, 由于 $\{[u \cdot [1 - G(u)]]\}\big|_0^\infty = \lim_{u \to \infty}(u \cdot [1 - G(u)]) - \lim_{u \to 0}(u \cdot [1 - G(u)])$, 因此, 只有在 $G(u)$ 趋于 1 的速度远远大于 u 趋于正无穷的速度时, $\{[u \cdot [1 - G(u)]]\}\big|_0^\infty = 0$ 才成立, 才可得出前式结论。

下面来讨论需求过程是复合泊松过程的情况。在这种情况下, 用户订单的到达遵循泊松过程, 订购量也不必只有一个单元。我们假设为到来用户需求而安排的订购量是独立同分布的, 并且用 u_j 表示一个订单订购量为 j 的概率。

对于 u_j 的值, 有两种重要且普遍使用的情况。一种情况是: 复合分布是几何分布, 即

$$u_j = (1-p)p^{j-1}, \quad j \geqslant 1, \quad 0 \leqslant p \leqslant 1 \tag{3.12}$$

另一种情况是: 复合分布为对数分布, 即

$$u_j = -\frac{(1-p)^j}{j}(\ln p)^{-1}, \quad 0 < p < 1, \quad j \geqslant 1 \tag{3.13}$$

下面讨论使用这两种分布可能得到的结果。首先分析复合泊松分布的一些普遍性质。

用 $\{X_k\}$ 表示相互独立同分布的随机变量的集合, 并使之对应于用户订单的订购量:

对于所有 k, 有

$$P[X_k = j] = u_j \tag{3.14}$$

并且, 对于所有的 k, X_k 的母函数由下式给出:

$$G(v) = \sum_j v^j u_j \tag{3.15}$$

我们感兴趣的是 N 个用户订单中单元的需求总数的分布, 即 S_N 的分布, 其中

$$S_N = X_1 + \cdots + X_N \tag{3.16}$$

随机变量 N 与随机变量 X_k 是相互独立的。假设

$$g_n = P[N = n] = \mathrm{e}^{-\lambda t}\frac{(\lambda t)^n}{n!} \tag{3.17}$$

用 ω_m 表示随机数量的用户订购的单元总数等于 m 的概率, 那么

$$\omega_m = \sum_{n=0}^{\infty} P[N = n] \cdot P[X_1 + \cdots + X_n = m] \tag{3.18}$$

对于给定值 n, $X_1 + \cdots + X_n$ 的分布是 u_j 分布自身的 n 重卷积。此卷积的母函数为 $[G(v)]^n$。而且, 总和 S_N 的母函数是

$$H(v) = \sum_m v^m \omega_m$$

$$= \sum_m v^m \sum_{n=0}^{\infty} P[N=n] \cdot P[S_N = m | N = n]$$

$$= \sum_{n=0}^{\infty} \left[\sum_m v^m P[S_N = m | N = n] \right] \cdot g_n$$

$$= \sum_{n=0}^{\infty} [G(v)]^n \cdot g_n$$

由于 $g_n = \mathrm{e}^{-\lambda t} \dfrac{(\lambda t)^n}{n!}$, 因此

$$H(v) = \mathrm{e}^{-\lambda t + \lambda t G(v)} \tag{3.19}$$

泊松分布随机变量的母函数 $f(y)$ 为[①]

$$f(y) = \mathrm{e}^{-\lambda t + \lambda t y} \tag{3.20}$$

现在来看复合分布的两个实例。当订购数量的分布是几何分布时, 母函数为

$$G(v) = \sum_{j \geq 1} v^j (1-p) p^{j-1}$$

$$= \sum_{j \geq 1} (1-p) v (pv)^{j-1}$$

$$= (1-p) v \sum_{j \geq 0} (pv)^j$$

$$= \frac{(1-p)v}{1-pv}, \quad \text{当 } pv < 1 \text{ 时}$$

因此

$$H(v) = \mathrm{e}^{-\lambda t + \lambda t \cdot \left(\frac{(1-p)v}{1-pv} \right)}$$

---

①译者注: 由泊松分布随机变量母函数性质 (即式 (3.20)), 结合 $H(v)$ 表达式, 可以得出式 (3.19) 的结论。事实上, 由 $H(v)$ 表达式, 代入式 $g_n = \mathrm{e}^{-\lambda t} \dfrac{(\lambda t)^n}{n!}$, 应用指数泰勒展开性质, 亦可以直接得出式 (3.19) 的结论。

同时有

$$[G(v)]^n = \left[\frac{(1-p)v}{1-pv}\right]^n \tag{3.21}$$

这是一个服从负二项分布的随机变量的母函数,此随机变量的均值为 $\frac{n}{1-p}$,方差为 $\frac{np}{(1-p)^2}$。

当复合分布是几何分布时,得到的复合泊松分布称为结巴泊松分布 (stuttering Poisson distribution)。

现在假设复合分布是对数分布,那么

$$\begin{aligned}
G(v) &= \sum_{n=1}^{\infty} v^n u_n \\
&= -\sum_{n=1}^{\infty} v^n \frac{(1-p)^n}{n \ln p} \\
&= -\frac{1}{\ln p} \sum_{n=1}^{\infty} \frac{[(1-p)v]^n}{n} \\
&= \frac{1}{\ln p} \ln[1-(1-p)v], \quad \text{当 } |(1-p)v| < 1 \text{ 时}
\end{aligned}$$

令 $\lambda = -\ln p$,则有

$$\begin{aligned}
H(v) &= \mathrm{e}^{-\lambda t + \lambda t G(v)} \\
&= (\mathrm{e}^{\ln p})^t \left(\mathrm{e}^{-\ln p \frac{1}{\ln p} \ln[1-(1-p)v]}\right)^t \\
&= \left[\frac{p}{1-(1-p)v}\right]^t
\end{aligned}$$

此结果是一个负二项分布的母函数。因此可得出以下结论:当复合分布是对数分布时,描述总需求的复合泊松分布在 $\lambda = \ln p$ 时,是一个负二项分布。

下面给出延期交货情况下,需求为复合泊松分布的一般化的帕尔姆定理。

定理 7 假设需求的产生过程为复合泊松过程,λ 是用户订单的到达率。也假定再供应时间是相互独立且服从概率密度为 $g(\tau)$,均值为 $\bar{\tau}$ 的分布。并且,当接到一个用户订单时,该订单中所有单元的再供应时间相同且可从再供应时间分布中得到。那么,再供应中存在 x 个单元的稳态概率符合均值为 $\lambda \bar{\tau} \bar{u}$ 的复合泊松分布,其中 $\bar{u}$ 为用户订单的平均订购量。

证明 该定理的证明很直接。再次令 X 表示稳态下再供应中单元数量的随机变量。由帕尔姆定理可知, 在再供应中的用户订单的数量是参数为 $\lambda\bar{\tau}$ 的泊松分布。如果 $u_n^{(j)}$ 表示 j 个用户的总需求为 n 个单元的概率, 那么可得到

$$P[X=n] = \sum_{j=1}^{\infty} u_n^{(j)} e^{-\lambda\bar{\tau}} \frac{(\lambda\bar{\tau})^j}{j!}, \quad n \geqslant 1 \tag{3.22}$$

并且有

$$P[X=0] = 1 - \sum_{n \geqslant 1} P[X=n] = e^{-\lambda\bar{\tau}} \tag{3.23}$$

因此, X 是均值为 $\lambda\bar{\tau}\bar{u}$ 的复合泊松分布。

3.1.2 订单流失情况

此前曾假设用户订购量超过供应量 s 时均属于延期交货的情况。现在假设当用户下订单时, 如果现场库存为零, 则定单流失。我们将针对这种特殊情况来证明帕尔姆定理的一个变体。菲尼 (Feeney)、舍布鲁克 (Sherbrooke)[89] 和巴加尼亚(Baganha)[23] 已给出当需求是复合泊松分布时的复杂证明过程。这里将主要分析一种相对简单的情况, 即订购提前期服从指数分布情况。具体定理将在下面证明。

定理 8 假设用户订单的到达过程符合到达率为 λ 的泊松过程。库存水平为 s, 对已接受用户订单的再供应时间相互独立同分布, 其共同的密度函数为 $g(\tau) = \beta e^{-\beta\tau}$, 均值为 $\bar{\tau} = 1/\beta$。那么在订单流失的情况下, 再供应单元数量为 x 的稳态概率由下式得出:

$$\frac{e^{-\frac{\lambda}{\beta}}(\lambda/\beta)^x/x!}{\sum_{n=0}^{s} e^{-\lambda/\beta}(\lambda/\beta)^n/n!} = \frac{e^{-\lambda\bar{\tau}}(\lambda\bar{\tau})^x/x!}{\sum_{n=0}^{s} e^{-\lambda\bar{\tau}}(\lambda\bar{\tau})^n/n!}$$

证明 当 $g(\tau) = \beta e^{-\beta\tau}$ 时, 基于分析排队系统时用到的论据, 我们能得出想要的结论。用 $P_j(t)$ 表示时刻 t 在再供应系统中有 j 个单元的概率, 注意: 如果 $j < 0$, 或 $j > s$, 则 $P_j(t) = 0$。

由于订单到达符合泊松过程, 且再供应时间服从指数分布, 对于 $0 \leqslant j \leqslant s$,

$$\begin{aligned} P_j(t+\Delta t) = &[1-(\lambda+j\beta)\Delta t]P_j(t) + \lambda\Delta t \cdot P_{j-1}(t) \\ &+(j+1)\beta\Delta t \cdot P_{j+1}(t) + o(\Delta t) \end{aligned} \tag{3.24}$$

可以得到

$$P'_j(t) = \lim_{\Delta t \to 0} \frac{P_j(t+\Delta t) - P_j(t)}{\Delta t}$$
$$= -(\lambda + j\beta)P_j(t) + \lambda P_{j-1}(t) + (j+1)\beta P_{j+1}(t)$$

当 $t \to \infty$ 时, $P'_j(t) \to 0$。

用 π_j 表示在再供应系统中有 j 个单元的稳态概率, 可知下列各式[①]

$$0 = -(\lambda + j\beta)\pi_j + \lambda\pi_{j-1} + (j+1)\beta\pi_{j+1} \tag{3.25}$$

如果 $j = 0$, 可以得到

$$\lambda\pi_0 = \beta\pi_1 \tag{3.26}$$

或

$$\pi_1 = \frac{\lambda}{\beta}\pi_0 \tag{3.27}$$

如果 $j = 1$, 可以得到

$$\lambda\pi_0 + 2\beta\pi_2 = (\lambda + \beta)\pi_1 \tag{3.28}$$

或

$$2\beta\pi_2 = (\lambda + \beta)\frac{\lambda}{\beta}\pi_0 - \lambda\pi_0 \tag{3.29}$$

$$\pi_2 = \frac{\lambda^2}{2\beta^2}\pi_0 \tag{3.30}$$

如果 $0 < j < s$, 可以得到

$$\pi_j = \frac{1}{j!}\left(\frac{\lambda}{\beta}\right)^j \pi_0 \tag{3.31}$$

如果 $j = s$, 可以得到

$$s\beta\pi_s = \lambda\pi_{s-1} \tag{3.32}$$

---

① 译者注: 在排队论理论中, 这是一个具有多服务线的损失系统。其中到达者看到所有的服务线都在忙时则不进入, 其即是系统丢失的顾客。假设顾客按速率 λ 的泊松过程到达, 如果 j 条服务线中至少有一条服务线闲着, 顾客则进入系统, 然后花费一个速率为 β 的指数时间接受服务, 如果定义系统中恰有 j 个顾客的稳定概率为 π_j, 则这个系统的平衡方程是 $(\lambda + j\beta)\pi_j = (j+1)\beta\pi_{j+1} + \lambda\pi_{j-1}$, 即式 (3.25), 并且式 (3.26) ～ 式 (3.34) 皆可在此前提下推导得出。

或

$$\pi_s = \frac{\lambda}{s\beta} \left[\frac{1}{(s-1)!} \left(\frac{\lambda}{\beta} \right)^{s-1} \right] \pi_0$$

$$= \frac{1}{s!} \left(\frac{\lambda}{\beta} \right)^s \pi_0$$

由于 $\sum_{j=0}^{s} \pi_j = 1$, 故

$$\pi_0 \sum_{j=0}^{s} \frac{1}{j!} \left(\frac{\lambda}{\beta} \right)^j = 1 \tag{3.33}$$

或

$$\pi_0 = \left[\sum_{j=0}^{s} \frac{1}{j!} \left(\frac{\lambda}{\beta} \right)^j \right]^{-1}$$

$$= \frac{e^{-\lambda/\beta}}{\sum_{j=0}^{s} e^{-\lambda/\beta} \dfrac{(\lambda/\beta)^j}{j!}}$$

$$= \frac{e^{-\lambda\overline{\tau}}}{\sum_{j=0}^{s} e^{-\lambda\overline{\tau}} \dfrac{(\lambda\overline{\tau})^j}{j!}}$$

因此

$$\pi_j = \frac{e^{-\lambda\overline{\tau}}(\lambda\overline{\tau})^j/j!}{\sum_{i=0}^{s} e^{-\lambda\overline{\tau}}(\lambda\overline{\tau})^i/i!} \tag{3.34}$$

一般情况下, 即 $g(\tau)$ 表示均值为 $\overline{\tau}$ 的任意概率密度函数时, 上述表达式也可得到在再供应系统中有 x 个单元的稳态概率。

3.1.3 另一种延期交货的情况: 用户时间延误

回到延期交货情况以结束本节。假设当接到用户订单时, 系统不必立即发送所需数量, 而是在时间 T 内满足用户的需求即可。如果 $T = 0$, 就回到了最初分析的情况。当 T 大于等于 0 时, 可得到如下经过修订的帕尔姆定理。

定理 9 假设需求过程是用户订购率为 λ 的复合泊松过程, 并且用户订单的再供应时间相互独立且同分布, 其概率密度函数为 $g(\tau)$, 平均再供应时间为 $\bar{\tau}$。那么, 在延期交货情况下, 在再供应系统中有 n 个单元, 且其中的每一个单元在再供应系统中持续至少 T 个单位时间的稳态概率为

$$P[X = n] = p(n|\lambda\bar{\tau}\alpha) = \sum_{y=0}^{n} \frac{(\lambda\bar{\tau}\alpha)^y e^{-\lambda\bar{\tau}\alpha}}{y!} u_n^{(y)}$$

其中

$$\alpha = \frac{1}{\bar{\tau}} \int_T^{\infty} [1 - G(t)] \, \mathrm{d}t \tag{3.35}$$

$$G(t) = \int_0^t g(\tau)\mathrm{d}\tau \tag{3.36}$$

并且, $u_n^{(y)}$ 表示 y 个用户共产生 n 个单元需求的概率。如前述定理证明一样, 假设所有用户订购量具有相同的再供应时间。

我们将在需求过程是泊松过程的情况下证明该定理。

证明 假设时刻 $t+T$ 时在再供应系统中存在的 y 个用户订单在 t 时刻就已经存在于再供应系统中, 那么必然属于下列情况之一: 在时刻 t 有 y 个订单, 但到了 $t+T$ 时刻, 一个订单也没有完成再供应; 在时刻 t 有 $y+1$ 个订单在再供应中, 到了时刻 $t+T$, 有一个完成了再供应过程; 以此类推。因此

$$P\begin{Bmatrix} t+T \text{ 时刻在再供应系统中存在 } y \text{ 个订单,} \\ \text{其中每一个订单在时刻 } t \text{ 就已经存在于再供应系统中} \end{Bmatrix}$$

$$= \frac{e^{-\lambda\bar{\tau}}(\lambda\bar{\tau})^y}{y!}\binom{y}{0}\alpha^y(1-\alpha)^0 + \frac{e^{-\lambda\bar{\tau}}(\lambda\bar{\tau})^{y+1}}{(y+1)!}\binom{y+1}{1}\alpha^y(1-\alpha)$$

$$+ \frac{e^{-\lambda\bar{\tau}}(\lambda\bar{\tau})^{y+2}}{(y+2)!}\binom{y+2}{2}\alpha^y(1-\alpha)^2 + \cdots$$

$$= \frac{e^{-\lambda\bar{\tau}}(\lambda\bar{\tau})^y\alpha^y}{y!}\left[1 + \frac{(\lambda\bar{\tau})(1-\alpha)}{1!} + \frac{(\lambda\bar{\tau})^2(1-\alpha)^2}{2!}\right.$$

$$\left. + \cdots + \frac{(\lambda\bar{\tau})^n(1-\alpha)^n}{n!} + \cdots \right]$$

$$= e^{-\lambda\bar{\tau}}\frac{(\lambda\bar{\tau}\alpha)^y}{y!}e^{\lambda\bar{\tau}(1-\alpha)}$$

$$= e^{-\alpha\lambda\bar{\tau}}\frac{(\alpha\lambda\bar{\tau})^y}{y!}$$

由于假设在一个用户订单中所有单元的再供应时间都相同，所以上述证明过程也适用于需求过程是复合泊松过程的情况。

3.2 性能指标

至此，我们已经得到了需求过程是泊松或是复合泊松过程时，任意时间点再供应系统中单元数的稳态概率。基于这些概率，可以计算出系统性能的不同指标。但是，这些指标都是用来描述单一库存地点性能的。在随后的章节中将介绍在多级情况下如何计算稳态概率和性能指标。

首先考虑在延期交货情况下单种项目的一些指标。第一个指标是满足率，这是在实际中最常用的指标，其定义如下：给定一库存水平 s，则满足率 $F(s)$ 指由现场库存能随时满足需求的期望百分比。凭直觉，满足率会随着 s 的增加而增大。我们在本节推导 $F(s)$ 的表达式，并在下一节中讨论其性质。

第二个性能指标叫做相对于库存水平 s 的完备率。完备率衡量的是在任意时刻，项目无延期交货的概率。也就是说，项目的净库存是非负的。我们用 $R(s)$ 表示完备率。这是一个要么是全部要么是零的指标。在任意时刻，项目或者有延期交货，或者没有延期交货。

需要注意的是，在计算满足率或完备率时，我们不关注发生延期交货的持续时间。举个例子：95% 的满足率意味着，平均每 100 个订购单元中有 95 个能立即得到满足。但是，我们没有考虑要花多长时间满足另外 5% 的需求。因此，一个保持高满足率的公司不一定能完全满足用户需求。当需要计算很多种项目的满足率时，情况更是如此。在此情况下，满足率衡量的是所有项目中能立即满足需求的部分。因此，一些项目会有将近 100% 的满足率，而另一些项目的满足率可能为 0%。

还需注意，完备率通常大于等于满足率。例如：当 $s=0$ 时，$F(s)=0$。但是，如果需求率低并且订购提前期很短时，$R(s)$ 可能会接近 1。在实际中，通常不会混淆 $F(s)$ 和 $R(s)$。

第三个单种项目的性能指标是在任意时刻的期望延期交货数，用 $B(s)$ 表示。该指标表明了延期交货持续的时长。因此，它是一个关注响应时间的指标。并且 $B(s)$ 等于需求率乘以需求的平均等待时间。根据利特尔法则 (Little's Law)：$L=\lambda W$，其中 $B(s)$ 是 L，λ 是需求率，W 是平均等待时间。当存在延期交货的情况时，也能计算 W 的条件值。

现在来分析怎样计算这些性能指标。前面讲过, 在存在延期交货的情况下, 当需求是复合泊松过程时, 在再供应中存在 x 个单元的稳态概率为

$$P[X=x] = p(x|\lambda\bar{\tau}) = \sum_{j=1}^{\infty} \mathrm{e}^{-\lambda\bar{\tau}} \frac{(\lambda\bar{\tau})^j}{j!} u_x^{(j)}, \quad x \geqslant 1$$

$$P\{X=0\} = \mathrm{e}^{-\lambda\bar{\tau}}$$

式中: λ 是需求率; $\bar{\tau}$ 是平均再供应时间; $u_x^{(j)}$ 是第 j 个用户总需求为 x 个单元的概率。

完备率是在任意时刻无延期交货的概率, 也就是在再供应中的单元数为 s 或小于 s 的概率, 即

$$R(s) = \sum_{x=0}^{s} p(x|\lambda\bar{\tau})$$

满足率的计算要困难些, 但可以从稳态概率 $p(x|\lambda\bar{\tau})$ 中得到。假设接到一个用户订单, 如果在再供应中的单元数为 $s-1$ 或者更少, 则将有一个单元能够用于满足此订单。如果此订单需求量大于等于两个单元并且此时有 $s-2$ 个或更少的单元处在再供应中, 那么第二个单元能够用于满足此订单。前面讲过, 用户的订购时间、订购量和过去所有的订单以及再供应时间是相互独立的。因此, 满足每个用户订单的期望单元数由下式给出:

$$F_1(s) = \sum_{x \leqslant s-1} p(x|\lambda\bar{\tau}) + (1-u_1) \sum_{x \leqslant s-2} p(x|\lambda\bar{\tau})$$
$$+ (1-u_1-u_2) \sum_{x \leqslant s-3} p(x|\lambda\bar{\tau})$$
$$+ \left(1 - \sum_{j \leqslant s-1} u_j\right) p(0|\lambda\bar{\tau})$$

式中: u_j 表示一个用户订单需要 j 个单元的概率。在简单泊松需求过程的情况下 (即当 $u_1 = 1$ 时):

$$F(s) = F_1(s) = \sum_{x \leqslant s-1} p(x|\lambda\bar{\tau})$$

因此, 在这种情况下

$$F_1(s) = F(s) = R(s) - p(s|\lambda\bar{\tau}) \; \text{且} \; F(s) < R(s)$$

当需求过程是复合泊松过程时，$\lambda F_1(s)$ 表示每天能准时发货的期望单元数，其中 λ 是用户每天发出订单的期望强度。并且，$\lambda \overline{u}$ 表示每天所需单元的期望数，$\overline{u}$ 是每个订单所需单元的期望数。因此

$$\frac{\lambda F_1(s)}{\lambda \overline{u}} = \frac{F_1(s)}{\overline{u}}$$

表示用户订单中单元按时送达率，也即满足率，定义为

$$F(s) = \frac{F_1(s)}{\overline{u}}$$

下面来看在稳态情况下，处于延期交货状态中的单元数的期望值：

$$B(s) = \sum_{x>s}(x-s)p(x|\lambda\overline{\tau})$$

即当且仅当在再供应中的单元数为 x 时，单元延期交货量为 $x-s, x>s$。

假设在一个系统中有 n 种而不是只有一种项目的情况，那么性能指标的计算将会有所不同。

首先，系统满足率是通过计算一类项目的条件满足率，再乘以对这种项目的需求概率，最后对所有 n 种项目求和得到。用 $\overline{F}(\overline{s})$ 表示系统满足率，其中 $\overline{s} = (s_1, \cdots, s_n)$ 是表示库存水平的向量。如果 $F_i(s_i)$ 表示 i 类项目的满足率，那么

$$\overline{F}(\overline{s}) = \sum_{i=1}^{n} \frac{\lambda_i}{\sum\limits_{j=1}^{n} \lambda_j} \cdot F_i(s_i)$$

式中：$\dfrac{\lambda_i}{\sum\limits_{j=1}^{n}\lambda_j}$ 是当用户订购过程是泊松过程时，某一用户对 i 类项目的需求率。上述计算是基于这样的假设：一个订单只包含单一类项目。

在任意时刻，对 n 类项目需求的期望延期交货数是

$$\sum_{i=1}^{n} B_i(s_i) = \sum_{i=1}^{n} \sum_{x>s_i}(x-s_i)p(x|\lambda_i\overline{\tau}_i)$$

当项目多于一类时，完备率评估方法必须进行改进。新的评估方法称为运行率。假设当且仅当所有项目可用时系统才能运行。如果在再供应系统中，某种项目的单元数超过了它的库存水平，则这类项目将不

可获得, 系统此时也无法运行。如果假设各类项目的需求和再供应时间是相互独立的, 则运行率可表示为

$$OR(\bar{s}) = \prod_{i=1}^{n} R_i(s_i)$$

假设有许多运行系统, 比如说一个机群系统, 并且进一步假定其备件短缺情况能够集中到尽量少的飞机上。这个过程通常称作飞机的拆拼修理。假如在一个飞机上某特定类型单元不只一个, 用 q_i 表示这个飞机第 i 个类型单元的单元数, 并且单元之间相互独立且可以使用拆拼修理, 那么:

$$\prod_{i=1}^{n} R_i(s_i + q_i) = 全部或比全部少一架的飞机可运行的概率$$

$$\prod_{i=1}^{n} R_i(s_i + kq_i) = k \text{ 架或少于 } k \text{ 架的飞机不能运行的概率}$$

用随机变量 Y 表示不能运行飞机数量。假设各单元之间相互独立并使用拆拼修理, 那么

$$P\{Y = 0\} = \prod_{i=1}^{n} R_i(s_i)$$

$$P\{Y \leqslant 1\} = \prod_{i=1}^{n} R_i(s_i + q_i)$$

$$P\{Y \leqslant k\} = \prod_{i=1}^{n} R_i(s_i + kq_i)$$

因此, 在使用拆拼修理和相互独立的条件下, 在任意时刻不能运行的飞机数量期望值是

$$E[Y] = \sum_{k \geqslant 1} k \cdot P\{Y = k\} = \sum_{k \geqslant 1} P\{Y \geqslant k\}$$

$$= \sum_{k \geqslant 1} (1 - P\{Y \leqslant k - 1\}) = \sum_{k \geqslant 0} (1 - P\{Y \leqslant k\})$$

于是, 如果有 N 架飞机, 则可运行飞机的期望值的一个近似值是

$$N - E[Y]$$

　　由于需求过程是假设以无限总体为前提,因此以上期望值只是一个保守的估计。

　　可运行飞机数期望值的另外一种近似值计算方法如下。考虑第 i 种项目,前面讲过用 $B_i(s_i)$ 表示在任意时刻 i 种项目延期交货量的期望值。假设系统中有 N 架飞机,且每架飞机上这个类型项目都只有一个单元,那么在任意时刻某飞机缺少一个 i 类项目的单元的概率为 $\dfrac{B_i(s_i)}{N}$,或者说 $1 - B_i(s_i)/N$ 是飞机不缺少 i 类项目单元的概率。根据独立性假设,在任意时刻任意飞机可运行的概率为

$$p = \prod_{i=1}^{n}(1 - B_i(s_i)/N)$$

　　在任意时刻,当对于所有项目类型 $\dfrac{B_i(s_i)}{N}$ 的值很小时,可运行飞机的期望值由下式给出:

$$N_p = N \prod_{i=1}^{n}(1 - B_i(s_i)/N)$$

$$= N\left(1 - \sum_{i=1}^{n} B_i(s_i)/N + \sum_{k \neq j} \frac{B_j(s_j)B_k(s_k)}{N^2} - \sum_{i \neq j \neq k} \frac{B_i(s_i)B_j(s_j)B_k(s_k)}{N^3} + \cdots\right)$$

$$\approx N - \sum_{i=1}^{n} B_i(s_i)$$

　　这样,在任意时刻的期望延期交货数和可运行飞机的期望值之间有一个简单近似的对应关系。从计算的角度看,由于 $B_i(s_i)$ 的数学特性,可运行飞机期望值的第二种近似值特别有用。

3.3　性能指标特性

　　以上定义了几个关键的性能指标,并对如何计算进行了简单说明。下面将对这些指标进行更深入的研究,首先分析满足率。

　　为简单起见,假设需求过程是一需求率为 λ 的泊松过程,并假设各订单的再供应时间相互独立且均服从均值为 $\bar{\tau}$ 的分布。已经说明,有 x 个单元处于再供应系统中的稳态概率为 $p(x|\lambda\bar{\tau}) = \mathrm{e}^{-\lambda\bar{\tau}}\dfrac{(\lambda\bar{\tau})^x}{x!}$。

　　由于需求过程服从简单泊松分布,在给定的库存水平 s 下,满足率

由下式计算：

$$F(s) = 1 - \sum_{x \geqslant s} p(x|\lambda\overline{\tau}) = \sum_{x < s} p(x|\lambda\overline{\tau})$$

如果目标是确定多种项目的库存水平，就需要在给定的某一库存目标投资水平下，使各项目的平均满足率最大化。如果 $F(s)$ 是离散型凹函数，那么这类优化问题很容易求解。但不幸的是，正如我们将观察到的，一般情况并非如此。

我们知道，如果 $F(s)$ 是 s 的离散型凹函数，那么对所有的 $s \geqslant 0$，它的二阶差分均为负。首先定义 $F(s)$ 的一阶和二阶差分。一阶差分为

$$\Delta F(s) = F(s+1) - F(s)$$

二阶差分

$$\Delta^2 F(s) = \Delta F(s+1) - \Delta F(s)$$

因此

$$\Delta F(s) = \sum_{x \leqslant s} p(x|\lambda\overline{\tau}) - \sum_{x \leqslant s-1} p(x|\lambda\overline{\tau})$$
$$= \mathrm{e}^{-\lambda\overline{\tau}} \frac{(\lambda\overline{\tau})^s}{s!}$$

并且

$$\Delta^2 F(s) = \mathrm{e}^{-\lambda\overline{\tau}} \frac{(\lambda\overline{\tau})^{s+1}}{(s+1)!} - \mathrm{e}^{-\lambda\overline{\tau}} \frac{(\lambda\overline{\tau})^s}{s!}$$
$$= \mathrm{e}^{-\lambda\overline{\tau}} \frac{(\lambda\overline{\tau})^s}{s!} \left\{ \frac{\lambda\overline{\tau}}{s+1} - 1 \right\}$$

当 $\lambda\overline{\tau} > s+1$ 时，$\Delta^2 F(s) > 0$，$F(s)$ 在这个区域不是凹函数。实际上，当 $s < \lambda\overline{\tau} - 1$ 时，$F(s)$ 是离散凸函数。因此只有存在下面条件时，$F(s)$ 才是离散凹函数：当 $\lambda\overline{\tau}$ 是非整数时，$s \geqslant \lfloor \lambda\overline{\tau} \rfloor$；当 $\lambda\overline{\tau}$ 是整数时，$s \geqslant \lambda\overline{\tau} - 1$。

图 3.1 和图 3.2 分别为 $F(s)$ 的两种情况。在第一种情况中 $\lambda\overline{\tau} = 3.2$，第二种情况中 $\lambda\overline{\tau} = 3$。这两个图证实了我们的结论。表 3.1 和表 3.2 列出了 $F(s)$ 两种情况下 $\Delta F(s)$ 和 $\Delta^2 F(s)$ 的值。表中数值表明，当 $\lfloor \lambda\overline{\tau} \rfloor \leqslant s$ 时，服从凹函数的性质。其中当 $\lfloor \lambda\overline{\tau} \rfloor = \lambda\overline{\tau}$ 时，即当 $\lambda\overline{\tau}$ 是整数时，$\Delta F(\lambda\overline{\tau}) = \Delta F(\lambda\overline{\tau} - 1)$。

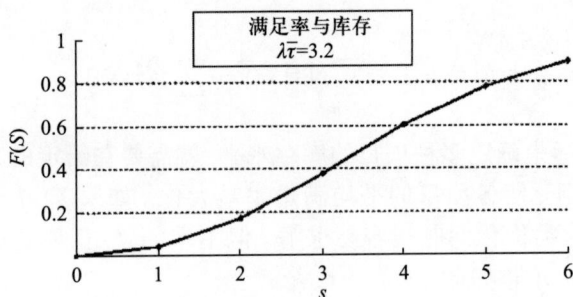

图 3.1 满足率与库存的关系图 (第一种情况)

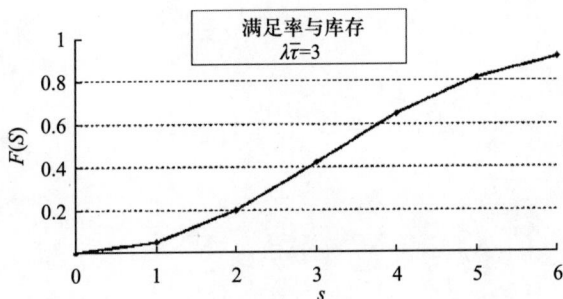

图 3.2 满足率与库存的关系图 (第二种情况)

马上可以发现, 对于所有 s 的值, 完备率函数 $R(s)$ 也不是凹函数。

当我们考虑所有 $s \geqslant 0$ 时, $F(s)$ 和 $R(s)$ 都不具备计算和求解最优化问题所需的凹性的数学性质。因此, 在实际中, 为保证满足率或完备率在可行区间上是凹函数, s 限定取大于或等于 $\lfloor \lambda \bar{\tau} \rfloor$ 的值。由于运行率和运行系统期望数量的近似项均由完备率来表述, 因此, 除非 $s \geqslant \lfloor \lambda \bar{\tau} \rfloor$, 否则在最优模型中这些性能指标很难计算。

延期交货函数 $B(s)$ 具有我们希望的数学特征, 前面讲过

$$B(s) = \sum_{x > s} (x - s) p(x | \lambda \bar{\tau})$$

如果 $B(s)$ 是严格递减的离散凸函数, 即需要满足

$$\Delta B(s) = B(s+1) - B(s) < 0$$

并且

$$\Delta^2 B(s) = \Delta B(s+1) - \Delta B(s) > 0$$

表 3.1　　泊松需求下满足率与库存的关系

平均需求　　　　　3.2

S	$F(s) = P(\Delta < s)$	$\Delta F(s) = F(s+1) - F(s)$	$\Delta^2 F(s) = \Delta F(s+1) - \Delta F(s)$
0	0	0.040762204	0.089676849
1	0.040762004	0.130439053	0.078263432
2	0.171201257	0.208702484	0.013913499
3	0.379903741	0.222615983	−0.044523197
4	0.602519724	0.178092787	−0.064113403
5	0.780612511	0.113979383	−0.053190379
6	0.894591895	0.060789005	−0.032999745
7	0.955380899	0.027789259	−0.016673556
8	0.983170158	0.011115704	−0.007163453
9	0.994285862	0.00395225	−0.00268753
10	0.998238112	0.00126472	−0.000896801
11	0.999502832	0.000367919	−0.000269807
12	0.999870751	9.81116E-05	−7.39611E-05
13	0.999968862	2.41506E-05	−1.86304E-05
14	0.999993013	5.52013E-06	−4.3425E-06
15	0.999998533	1.17763E-06	−9.42102E-07
16	0.999999711	2.35525E-07	−1.91191E-07
17	0.999999746	4.43342E-08	−3.64526E-08
18	0.999999991	7.88163E-09	−6.5542E-09
19	0.999999998	1.32743E-09	−1.11504E-09

那么可以得到

$$\Delta B(s) = \sum_{x \geqslant s+1} (x - (s+1)) p(x|\lambda\overline{\tau}) - \sum_{x \geqslant s+1} (x - s) p(x|\lambda\overline{\tau})$$

$$= - \sum_{x \geqslant s+1} p(x|\lambda\overline{\tau}) = - \left(1 - \sum_{x \leqslant s} p(x|\lambda\overline{\tau}) \right)$$

表 3.2 泊松需求下满足率与库存的关系①

平均需求　　　　　3

s	$F(s)=P(\Delta<s)$	$\Delta F(s)=F(s+1)-F(s)$	$\Delta^2 F(s)=\Delta F(s+1)-\Delta F(s)$
0	0	0.049787068	0.099574137
1	0.049787068	0.149361205	0.074680603
2	0.199148273	0.224041808	0
3	0.423190081	0.224041808	-0.056010452
4	0.647231889	0.168031356	-0.067212542
5	0.815263245	0.100818813	-0.050409407
6	0.916082058	0.050409407	-0.028805375
7	0.966491465	0.021604031	-0.01350252
8	0.988095496	0.008101512	-0.005401008
9	0.996197008	0.002700504	-0.001890353
10	0.998897512	0.000810151	-0.000589201
11	0.999707663	0.00022095	-0.000165713
12	0.999928613	5.52376E-05	$-4.24904E-05$
13	0.999983851	1.27471E-05	$-1.00156E-05$
14	0.999996598	2.73153E-06	$-2.18522E-06$
15	0.99999933	5.46306E-07	$-4.43873E-07$
16	0.999999876	1.02432E-07	$-8.4356E-08$
17	0.999999978	1.80763E-08	$-1.50636E-08$
18	0.999999996	3.01272E-09	$-2.53702E-09$
19	0.999999999	4.75692E-10	$-4.04338E-10$

和

$$\Delta^2 B(s)=-\sum_{x\geqslant s+2}p(x|\lambda\overline{\tau})+\sum_{x\geqslant s+1}p(x|\lambda\overline{\tau})$$
$$=p(s+1|\lambda\overline{\tau})>0$$

因此，对于所有 $s\geqslant 0$，$B(s)$ 是 s 的严格的 (离散) 凸函数。

①译者注：在表 3.2 第一行第三列公式中，原文中等式左端为 $\Delta 2F(s)$，更改为 $\Delta^2 F(s)$。

3.4 寻求 $(s-1, s)$ 策略系统库存水平: 最优化问题建模与算法

用 $(s-1, s)$ 策略来管理项目将依赖于规定的目标和约束条件。例如, 在库存投资的约束下, 可以使 n 种项目的平均库存延期交货数最小。另外, 选择项目的平均满足率为约束, 也能确定可使投资成本最小化的库存水平。对复杂的再供应网络, 还能构造其他最优化模型, 后续章节将研究此类问题。本章将研究一些常见问题的解决方法。首先是在单一库存地点情况下, 多种项目的库存水平设置问题。

我们采用的解决方法是针对一个特定优化问题来构造拉格朗日松弛函数。首先, 通过给定的拉格朗日乘子值集合求解相应的松弛问题, 然后调整这些乘子值并再次求解此松弛问题。依次迭代, 直到满足某种终止标准为止。

在用拉格朗日松弛法解决实例问题前, 先给出一些重要定理的证明。

3.4.1 埃弗雷特 (Everett)) 定理

问题 1 假设有一个一般优化问题

$$\min f(\boldsymbol{x})$$

约束条件为

$$g(\boldsymbol{x}) \leqslant b \tag{3.37}$$
$$\boldsymbol{x} \in S$$

式中: $\boldsymbol{x}$ 是向量; S 是用来限制最优解选择的向量集合。单一约束 $g(\boldsymbol{x}) \leqslant b$ 是需要松弛的条件。假设 $f(\boldsymbol{x})$ 和 $g(\boldsymbol{x})$ 都是凸函数。给定标量 $\theta \geqslant 0$, 以下是问题 1 的松弛表达:

$$\min_{\boldsymbol{x} \in S}[f(\boldsymbol{x}) + \theta(g(\boldsymbol{x}) - b)] \tag{3.38}$$

θ 称为与限制条件 $g(\boldsymbol{x}) \leqslant b$ 相关的拉格朗日乘子。将松弛表达作为问题 2, 那么问题 1 和问题 2 的解决方法之间有什么联系?

下面的埃弗雷特定理对此问题作出解答[80]。

定理 10　假设 $x^0(\theta)$ 是问题 2 中的一个最优解，θ 为拉格朗日乘子。令 $b' = g(x^0(\theta))$，那么 $x^0(\theta)$ 也是下面问题的解：

$$\min_{\boldsymbol{x} \in S} f(\boldsymbol{x})$$
$$g(\boldsymbol{x}) \leqslant b' \tag{3.39}$$

称作问题 3。

证明　首先证明 $x^0(\theta)$ 是问题 3 的一个可行解。用 $\hat{x}$ 表示问题 3 的一个最优解，于是有 $g(\hat{x}) \leqslant b'$ 和 $f(\hat{x}) \leqslant f(x^0(\theta))$。并且已知 $\hat{x} \in S$，且 $\hat{x}$ 是问题 2 的一个可行解。所以

$$f(x^0(\theta)) + \theta(g(x^0(\theta)) - b) \leqslant f(\hat{x}) + \theta(g(\hat{x}) - b)$$

或

$$f(x^0(\theta)) + \theta g(x^0(\theta)) \leqslant f(\hat{x}) + \theta g(\hat{x})$$

由于 $g(x^0(\theta)) = b'$，并且 $g(\hat{x}) \leqslant b'$，可以得到

$$f(\hat{x}) \leqslant f(x^0(\theta)) \leqslant f(\hat{x}) + \theta(g(\hat{x}) - b') \leqslant f(\hat{x})$$

故 $x^0(\theta)$ 是问题 3 的一个最优解。

因此，通过变换 θ 的值能找到问题 3 这类问题的最优解。而如果拉格朗日乘子 θ 选择某些值时，有 $b' = b$，那么也能求解问题 1。

对于许多问题，我们可以通过构建图形来展示 $f(\boldsymbol{x})$ 的最小值和 b 值之间的关系。例如，假设 $f(\boldsymbol{x})$ 表示在任意时刻的期望延期交货数，$g(\boldsymbol{x})$ 表示对应于库存水平向量 $\boldsymbol{x}$ 的投资，b 表示对库存投资的预算约束。接着，我们要建立任意时刻延期交货数的最小期望值和库存投资之间的关系。并且令 $h(b) = \min_{\boldsymbol{x} \in S}\{f(\boldsymbol{x}) : g(\boldsymbol{x}) \leqslant b\}$。

其对应关系构成如图 3.3 所示。通常求解问题 1 并不是针对某个具体的 b 值，而是对一定范围内的 b 值求解。

前面讲过，在求解问题 2 时，θ 的每个取值都会对应一个 $x^0(\theta)$。相应地，$x^0(\theta)$ 产生 $g(x^0(\theta))$，$g(x^0(\theta))$ 也与 b 对应。所以，对 θ 的每一个取值都存在一个相应的 b 值，如图 3.4 所示。接下来将这一结论应用到实际例子中。

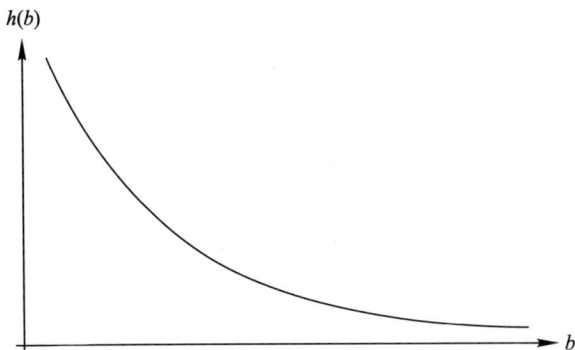

图 3.3　$h(b)$ 与 b 的关系

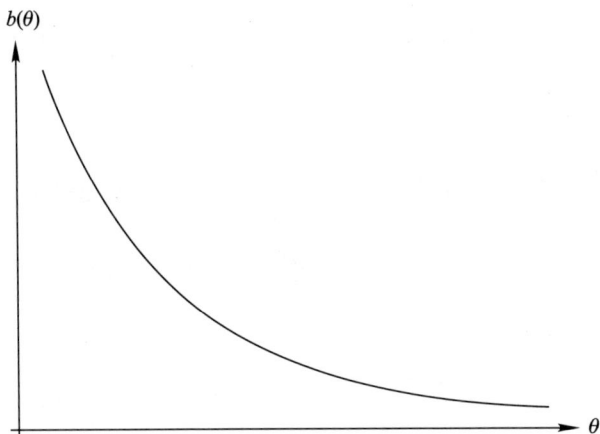

图 3.4　b 作为 θ 的函数的关系

3.4.2　例 1：库存投资约束条件下最小化期望延期交货量

　　假设某公司管理单一库存地点的一批项目，且对所有项目均应用 $(s-1, s)$ 库存策略。因此，任何时刻从库存中取出一个单元以满足用户需求，都须随即向外部供应商下一个补货订单。我们的目的是在平均库存投资约束下，选择某一库存水平使得平均未完成的延期交货量最小。再次假设管理的 n 种项目的需求过程都为稳态复合泊松过程。对于各类项目，向供应商提出的补货订单的订购提前期假定是独立且同分布的随机变量。

假定:

b 表示对现场库存平均值的预算限制;

c_i 表示 i 种项目的单位成本;

s_i 表示 i 种项目的库存水平;

$\lambda_i \overline{\tau_i}\, \overline{u_i}$ 表示在一个订购提前期内对 i 种项目的期望需求;

$B_i(s_i)$ 表示 i 种项目在任意时刻的期望延期交货量。

由帕尔姆定理可知, 对每一种项目, 向供货商订购单元数的稳态概率分布是一个复合泊松分布。我们用 $p(x|\lambda_i \overline{\tau_i}\, \overline{u_i})$ 表示 i 种项目的单元数在订购量为 x 个的概率。

当遵循 $(s-1, s)$ 策略时, 库存点 s 是个常数。通常库存点定义如下:

库存点 = 现场物理库存量 + 在订购量 − 延期交货量

应用在本例中

$$s = E[库存点] = E[现场物理库存量] + E[在订购量] - B(s)$$

由利特尔法则, 第 i 种项目的在订购单元数的期望值为 $\lambda_i \overline{\tau_i}\, \overline{u_i}$, 因此, 对于第 i 种项目有

$$E[现场物理库存量] = s_i - \lambda_i \overline{\tau_i}\, \overline{u_i} + B_i(s_i)$$

令 $\mu_i = \lambda_i \overline{\tau_i}\, \overline{u_i}$, 那么对 i 种项目现场库存的平均投资是 $c_i\,[s_i - \mu_i + B_i(s_i)]$。

现在, 在某个库存点优化问题可以描述为

$$\min \sum_{i=1}^{n} B_i(s_i)$$

约束条件为

$$\sum_{i=1}^{n} c_i\,[s_i - \mu_i + B_i(s_i)] \leqslant b, \quad s_i = 0, 1, \cdots \tag{3.40}$$

称其为问题 4。为求解此问题, 我们使用先前讨论过的拉格朗日松弛法。令 θ 表示与预算约束有关的乘子, 并且预算约束影响着项目库存水平决策。

松弛函数为

$$\min \sum_{i=1}^{n} B_i(s_i) + \theta \left[\sum_{i=1}^{n} c_i(s_i - \mu_i + B_i(s_i)) - b \right], \quad s_i = 0, 1, \cdots$$

$$= \min_{s_i=0,1,\cdots} \sum_{i=1}^{n} [(1+\theta c_i)B_i(s_i) + \theta c_i s_i] - \left[\theta \sum_{i=1}^{n} c_i \mu_i + \theta b \right]$$

$$= -\theta \left[\sum_{i=1}^{n} c_i \mu_i + b \right] + \sum_{i=1}^{n} \min_{s_i=0,1,\cdots} [(1+\theta c_i)B_i(s_i) + \theta c_i s_i]$$

于是, 给定一个 θ 值, 即可按照项目种类对松弛最优化问题进行分类。并且对于此类问题, 所有种类项目的表示形式都一样, 所以可以暂时去掉项目的下标。

令 $f(s) = (1+\theta c)B(s) + \theta cs$。$B(s)$ 是 s 的严格的离散凸函数, $f(s)$ 也是凸函数。

定义

$$\Delta f(s) = f(s+1) - f(s)$$
$$= (1+\theta c)\{B(s+1) - B(s)\} + \theta c$$

因为前面已给出

$$B(s+1) - B(s) = -\left(1 - \sum_{x \leqslant s} p(x|\mu) \right)$$

所以

$$\Delta f(s) = -(1+\theta c)\left(1 - \sum_{x \leqslant s} p(x|\mu) \right) + \theta c$$

由于 $f(s)$ 的凸性, 因而对于给定的一个 θ, 最优库存水平是满足下式的最小的非负整数 s^*。

$$\Delta f(s) \geqslant 0$$

即最小值满足

$$(1+\theta c)\left(1 - \sum_{x \leqslant s} p(x|\mu) \right) \leqslant \theta c$$

或

$$\sum_{x \leqslant s} p(x|\mu) \geqslant \frac{1}{1+\theta c}$$

显然, s^* 的值依赖于 θ 值: 当 θ 增大时, s^* 不增大; 当 θ 减小时, s^* 不减小。令:

$$C(\theta) = \sum_{i=1}^{n} c_i \left[s_i(\theta) - \mu_i + B_i(s_i(\theta)) \right]$$

显然, $C(\theta)$ 也并不随 θ 增大而增大, 也不随 θ 减小而减少。它们之间的关系如图 3.5 所示。通常不存在 θ 值, 使得 $C(\theta) = b$, 所以我们的目标是寻找一个 θ 值, 使得 $C(\theta)$ 近似等于 b。因此, 目标是构建以最小期望延期交货数作为现场库存平均投资的函数曲线。已知每一个 θ 值对应一组库存水平集合, 一个相应的库存投资和平均未完成的延期交货的最小值。因此, 通过解决与一组乘子 $(\theta_1 > \theta_2 > \cdots > \theta_M)$ 相对应的松弛问题, 就能构建最小期望延期交货数作为 θ 的函数的图形, 如图 3.6 所示。

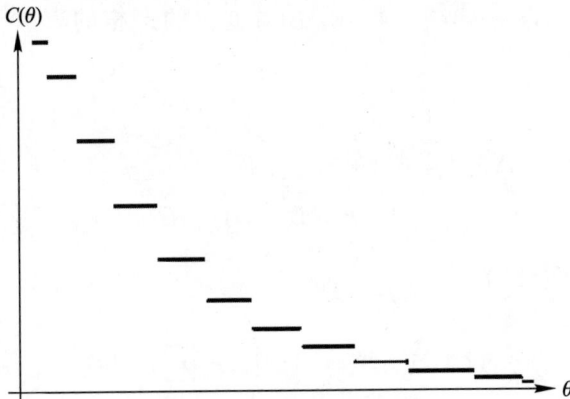

图 3.5　$C(\theta)$ 函数曲线

假设给定 M 个拉格朗日乘子值, $\theta_1 > \theta_2 > \cdots > \theta_M$。如前所述, 由于 $\dfrac{1}{1+\theta_1 c} < \dfrac{1}{1+\theta_2 c} < \cdots < \dfrac{1}{1+\theta_M c}$, 所以有 $s^*(\theta_1) \leqslant s^*(\theta_2) \leqslant \cdots \leqslant s^*(\theta_M)$。为找到 $s^*(\theta)$, 如前所述, 能够找到满足下式的最小非负整数值 s。

$$\sum_{x \leqslant s} p(x|\mu) \geqslant \frac{1}{1+\theta c}$$

可以用下式为计算起点来寻找 $s^*(\theta_i)$:

$$\sum_{x \leqslant s^*(\theta_{i-1})} p(x|\mu)$$

由于已经计算该值来确定 $s^*(\theta_{i-1})$, 这样寻找 $s^*(\theta)$ 所需的计算量会大大减少。

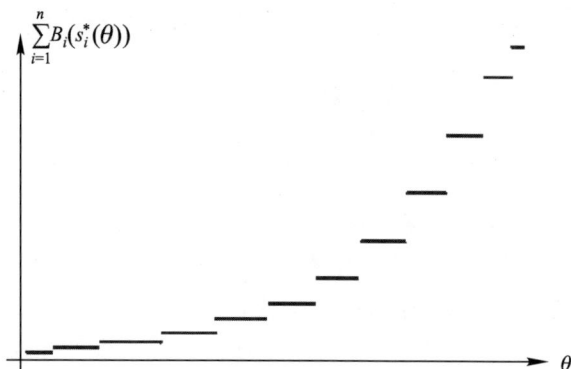

图 3.6 最小期望延期交货数与 θ 的曲线关系

已知存在 $\theta > 0$, 使得

$$p(0|\mu_i) = \frac{1}{1 + \theta c_i}$$

或

$$\theta = \frac{1}{c_i} \left\{ \frac{1}{p(0|\mu_i)} - 1 \right\}$$

成立。令 $\theta_{\max} = \max_i \frac{1}{c_i} \left\{ \frac{1}{p(0|\mu_i)} - 1 \right\}$。如果 $\theta = \theta_{\max}$, 那么对所有的 i 有 $s_i^*(\theta_{\max}) = 0$。

下面给出使用拉格朗日法近似求解原问题的算法。

求解问题 4 的算法

初始化: 令 $\theta_{\min} = 0$; $\theta_{\max} = \max_i \frac{1}{c_i} \left\{ \frac{1}{p(0|\mu_i)} - 1 \right\}$ 且 $N = 0$。

第一步: 计算 $\theta = \frac{\theta_{\min} + \theta_{\max}}{2}$; $N = N + 1$。

第二步: 对每种项目 i, 找到满足 $\sum_{x \leqslant s_i} p(x|\mu_i) \geqslant \frac{1}{1 + \theta c_i}$ 的 s_i 的最小值，并将该值记作 $s_i^*(\theta)$。

第三步: 计算 $A = \sum_{i=1}^{n} c_i \left[s_i^*(\theta) - \mu_i + B_i(s_i^*(\theta)) \right]$, 如果 $|A - b| < \varepsilon$, 或 N 大于最大迭代次数, 则结束; 否则, 如果 $A > b$, 则令 $\theta_{\min} = \theta$, 如果 $A < b$, 则令 $\theta_{\max} = \theta$, 然后返回到第一步。

本节讨论的观点最初是由福克斯 (Fox) 和兰迪 (Landi)[92] 提出, 随后由莫克斯达德 (Muckstadt)[177] 对此进行总结。

3.4.3   例 2: 库存投资约束条件下最大化系统期望平均满足率

同第一个例子中一样, 假设某公司管理单一库存地点的 n 项目类型。对每种项目都使用 $(s-1,s)$ 策略。假定公司的客户对这些项目发出需求申请。发生的每一个需求都与特定类型项目的某个具体的故障单元相关。发生故障的部分需要在某个修理机构进行修理。同种项目的修理时间是相互独立同分布的, 不同种项目的修理时间也是相互独立的。在此假设对第 i 种类型项目的可修单元的需求服从参数为 λ_i 的泊松过程。

在本例中, 我们的目标是在投资约束下, 找到能使系统满足率的平均期望值最大的库存水平。这里的单元始终在系统内, 因此与库存水平 s_i 相对应的投资是 $\sum_{i=1}^{n} c_i s_i$。

本例中的符号表示与例 1 相同。$F_i(s_i)$ 表示在给定库存水平 s_i 下, 第 i 个项目的满足率。

在这种情况下, 根据帕尔姆定理, 有 x 个单元正处在修理过程中的概率为

$$p(x|\lambda_i \overline{\tau_i}) = \mathrm{e}^{-\lambda_i \overline{\tau_i}} \frac{(\lambda_i \overline{\tau_i})^x}{x!}$$

这里的最优化问题可以描述为

$$\max \sum_{i=1}^{n} \frac{\lambda_i}{\sum\limits_{j=1}^{n} \lambda_j} F_i(s_i) \tag{3.41}$$

约束条件为

$$\sum_{i=1}^{n} c_i s_i \leqslant b$$

$s_i \geqslant \lfloor \lambda_i \overline{\tau_i} \rfloor \geqslant 0$ 且为整数, 称作问题 5。

由前面的讨论可知:

$$F_i(s_i) = \sum_{x < s_i} \mathrm{e}^{-\lambda_i \overline{\tau_i}} \frac{(\lambda_i \overline{\tau_i})^x}{x!}$$

并且当 $s_i \geqslant \lfloor \lambda_i \overline{\tau_i} \rfloor$ 时, $F_i(s_i)$ 是凹函数, 因此可以将此针对 s_i 的约束条件用在对库存问题的建模中。

前面介绍的拉格朗日松弛法依然可以得到问题 5 的答案。但是, 这里将采用一个更简单的方法 —— 边际分析法。这种贪婪算法对某些特定值 b 可以得到最优解, 而对 b 的所有其他值将能够得到最优解的近似值。

定义

$$\Delta_i(s_i) = \frac{\lambda_i}{\displaystyle\sum_{j=1}^{n} \lambda_j} \left\{ \frac{F_i(s_i + 1) - F_i(s_i)}{c_i} \right\}$$

它表示在现场库存水平 s_i 下, 在 i 种项目上的投资每增加 1 美元而引起的系统满足率平均期望值的增加量。

假设库存水平 $s_i \geqslant \lfloor \lambda_i \overline{\tau_i} \rfloor$, 要确定选择哪类项目的库存水平应当从 s_i 增加到 $s_i + 1$。由于 $\Delta_i(s_i)$ 表示的是每增加一美元投资带来的性能变化, 如果

$$i^* = \arg\max_i \Delta_i(s_i)$$

就可以选择增加 i^* 的库存水平。

初始时, 设 $s_i = \lfloor \lambda_i \overline{\tau_i} \rfloor$, 并计算

$$\sum_{i=1}^{n} \frac{\lambda_i}{\displaystyle\sum_{j=1}^{n} \lambda_j} \cdot F_i(\lfloor \lambda_i \overline{\tau_i} \rfloor) \ \text{和} \ \sum_{i=1}^{n} c_i \lfloor \lambda_i \overline{\tau_i} \rfloor$$

接着, 对所有的 i 计算 $\Delta_i(\lfloor \lambda_i \overline{\tau_i} \rfloor)$, 并且增加具有最大 $\Delta_i(s_i)$ 值的那种项目的库存水平, 即第 i^* 个品种的项目。当

$$b = \sum_{i \neq i^*} c_i \lfloor \lambda_i \overline{\tau_i} \rfloor + c_{i^*} \{ \lfloor \lambda_{i^*} \overline{\tau_{i^*}} \rfloor + 1 \}$$

成立时, 可得问题 5 的最优解:

$$s_i = \lfloor \lambda_i \overline{\tau_i} \rfloor \quad i \neq i^*$$
$$s_{i^*} = \lfloor \lambda_{i^*} \overline{\tau_{i^*}} \rfloor + 1$$

按照这种方法继续分析, 就可以构建作为库存系统投资函数的最大平均期望满足率的曲线。这里提出的贪婪算法能够找到对应 b 值的最优解, 并能够解决上述问题。

3.5 第 3 章习题

3.5.1 假设将时间分成同等长度的时间段, 每段时间内的需求服从均值为 λ 的泊松分布。并且采用订至点策略来管理库存。假设补给

提前期相互独立的且服从均值为 D 的独立分布。请证明在稳态情况下，处于在订购中的 ((再供应中))) 单元数量服从均值为 λD 的泊松分布，也即证明离散时间情况下的帕尔姆定理。

3.5.2 若 p 的值分别为 0.05、0.1、0.3、0.5、0.7、0.9 和 0.95，根据不同的 p 值绘制公式 (3.13) 提到的对数分布。你从中可以观察到什么？

3.5.3 用 $\bar{u}$ 表示具有对数分布规律的随机变量的期望值。假设需求过程是一个复合泊松过程，其中 $\lambda = -\ln(p)$，p 是对数分布的参数。那么，此复合泊松分布的均值与方差是多少？它的概率分布是什么样子的？令 $\bar{\lambda} = \lambda \bar{u}$ 表示一个泊松分布的均值，那么，具有此均值的泊松分布和上面精确的复合泊松分布的相似度有多高呢？当 p=0.1、0.25、0.5、0.75 和 0.9 时对两个分布作比较，你从中可以观察到什么？

3.5.4 假设某个随机变量的概率分布是均值取 1、5 和 25 的负二项分布。当方差均值比分别取值为 1.01、3 和 10 时，对每一个均值，构建上述负二项分布的模型。这一概率与拥有同样均值随机变量的泊松分布概率进行比较会怎样？

3.5.5 当到达过程是复合泊松过程，并且每一位用户都愿意花费 τ 个单位时间来等待订单交付时，请对帕尔姆定理的扩展定理进行证明。

3.5.6 假设用 $(s-1, s)$ 连续性检查策略来管理一个单级库存系统，订购提前期为两个星期。所有超出供应量的需求都属于延期交货，需求的产生过程是到达率为 λ 的泊松过程。当 λ 为每周 0.5、5 和 10 个单元时，请绘制系统满足率对应库存水平的函数。接下来假设到达过程是一个复合泊松过程，且平均订单大小是 2 个单元。假设此种情况下的需求分布符合负二项分布 ((订单大小的分布是一个均值为 2 的对数分布)))。如果现在用户订单的到达率是每周 0.25、2.5 和 5.65 个单元，请再绘制系统满足率对应库存水平 s 的函数。

3.5.7 针对用 $(s-1, s)$ 连续性检查策略管理的单级库存系统，绘制延期交货量、完备率和满足率函数 $(B(s), R(s), F(s))$。假设订购提前期需求或者服从泊松分布，或者服从负二项分布，且期望提前期需求是 1、5 或 10 个单元。在提前期需求符合负二项分布的情况下，绘制差均比为 1.01、2 和 5 时的图形。你从中可以观察到什么？

3.5.8 飞机上有 10 个重要项目。假设需求过程是泊松过程，对于这 10 种项目，在提前期内的期望需求分别是：10、7、2、1、0.7、0.5、0.3、0.1、0.04 和 0.01，请针对这些项目库存水平的若干组合，计算不可用飞机的预期数量。

3.5.9 请证明泊松过程的分割特性: 设 N、Y_n 是独立随机变量,N 服从均值为 λ 的泊松分布, 对于 $j \in \{1, 2, \cdots, k\}$ 和所有 n, 有 $P(Y_n = j) = p_j$。设 $N_j = \sum\limits_{n=1}^{N} I(Y_n = j)$, 这里的 I 是指标函数。请证明, $N_1, N_2, \cdots, N_k$ 是独立随机变量并且 N_j 是均值为 λp_j 的泊松分布。同样地,证明其反命题成立。

3.5.10 一个机群的拥有者想知道 N 个部组件中需要各购买多少来作为备件。飞机发生故障服从泊松过程, 并且故障是因为某部组件的故障导致的。每次故障都是由某一部组件 i 引起的概率是 $\lambda_i / \sum\limits_{j} \lambda_i$, 部组件 i 的故障率是 λ_i, 其平均修理时间是 t_i。拥有者想通过设置备用部组件的库存水平, 使得飞机修理中由于部组件的可用性造成的平均延误最小化。备件的总投资限制在 C 美元。假设 i 项部组件花费为 c_i 美元, 并且采用 $(s-1, s)$ 策略来管理系统。

(1) 建立此问题的数学表达式。构建一个基于拉格朗日的算法来找到最优库存水平。

(2) 根据你建立的数学式求得当 $N = 2$, $C = 6$ 时的最优解。令

$$c_1 = 1 \qquad c_2 = 2$$
$$t_1 = 1/10 \quad t_2 = 1/7$$
$$\lambda_1 = 5 \qquad \lambda_2 = 7$$

绘制备件的总投资对于拉格朗日乘子的函数图,并且用此图来找到问题的解。

3.5.11 假设某个公司采用 $(s-1, s)$ 策略管理着单一地点的 n 种项目。公司用户提出对这些项目的需求, 每一个需求对应项目中的一个特定单元故障。故障件在修理厂进行修理。同种类型项目的修理时间都独立且服从相同分布, 不同型项目间的修理时间也是相互独立的。假设对 i 型项目的备件需求发生过程符合强度为 λ_i 的泊松过程。请使用边际分析算法使得在限制投资额的情况下, 系统满足率的平均期望值最大,并且利用此算法为上一题寻找最优库存水平。

第 4 章

后方仓库 – 基地两级库存与
修理系统的精确模型

从本章开始，我们将研究一系列多级备件系统。其中，大多数分析都是基于对关键随机变量概率分布近似解的研究，目的是构建优化模型，以得到系统中各地点的库存水平。不过在研究这些近似解和优化模型之前，我们先来推导一些重要随机变量概率分布的精确表示，这些变量呈现了多级系统内部的相互作用关系。通过本章的分析，读者可以发现，精确计算这些概率分布所需的计算量非常大，所以这在大规模系统中不具备实用价值。首先研究一个特定的两级备件系统的精确概率分布。

4.1 引言

如图 4.1 所示，要详细分析的两级系统由一个用于存储和修理项目的后方仓库和 n 个基地组成。假定该系统的基地用于保障飞机的飞行作业，并且各基地也维持有一定的备件库存。假设各项目之间互不影响，因此在该系统中仅考虑单一品种的项目即可。

再假设项目的故障服从泊松过程，且在 j 基地每天发生故障的单元数量为 λ_j。当某一基地将故障件拆下后，会同时产生三种活动：第一，如果基地仓库中存有库存，则从中取出一个可用单元供飞机修理；第二，故障单元被送往后方仓库进行修理；第三，如果该单元在后方仓库中有库存，则向该基地再供应一个单元。如果在基地或后方仓库都没有此单元，则产生一个延期交货，直至有可用库存满足该项目需求为止。

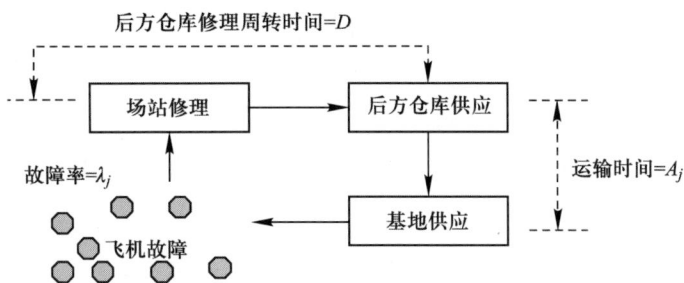

图 4.1 后方仓库 – 基地两级系统

4.2 模型推导

本节的目标是建立该系统稳态下运行的精确概率表示, 即找出某些关键随机变量的稳态分布。本部分的研究思路参考的是西蒙 (Simon)[230] 的研究。

首先假设设备基地和后方仓库均采用 $(s-1, s)$ 策略, 且所有故障项目均可以被修复。另外, 再假设后方仓库到基地 j 的运输时间 A_j 为一常数。并且, 对于所有故障项目, 后方仓库修理周转时间均相同, 用 D 表示。后方仓库修理周转时间为故障单元从基地向后方仓库运输开始到修好该单元所需的总时间。

令 t 表示某一随机时间点。并且, 令:

$I_j(t) =$ 表示 t 时刻基地 j 净库存的随机变量;

$Z_0(t_a, t_b) =$ 描述时间间隔 $(t_a, t_b]$ 内基地总需求的随机变量,
    其中 $t_a = t - A_j - D, t_b = t - A_j$;

$s_j =$ 基地 j 的目标库存水平 (库存点);

$s_0 =$ 后方仓库的目标库存水平 (库存点);

$X_j(t) =$ 描述 t 时刻由于基地 j 的补充库存需要而从后方仓库在订购 (或在再供应中) 的单元数量的随机变量。

我们能够发现, 如果 $I_j(t) = k$, 那么从后方仓库发出的在订购单元数量必然是 $s_j - k$ 个。所以, 当且仅当 $X_j(t) = s_j - k$ 时, $I_j(t) = k$。我们的目标就是确定 $\lim_{t \to \infty} P\{I_j(t) = k\}$。

当且仅当 $X_j(t) = s_j - k$ 时, $I_j(t) = k$,

$$
\begin{aligned}
P\{I_j(t) = k\} &= P\{X_j(t) = s_j - k\} \\
&= \sum_{d_0 \geqslant 0} P\{X_j(t) = s_j - k | Z_0(t_a, t_b) = d_0\} \cdot P\{Z_0(t_a, t_b) = d_0\}
\end{aligned}
$$

为计算 $P\{I_j(t) = k\}$, 把上式分为两个区间: $d_0 \leqslant s_0$ 为第一个区间, $d_0 > s_0$ 为第二个区间。分别对这两种情况进行分析。

当 $d_0 \leqslant s_0$ 时, 在时刻 t_b 之前从基地 j 向后方仓库发出的所有订单都能在时刻 t 之前满足。进而, 时刻 t_b 之后的任何需求则无法在时刻 t 前满足。因此, 当 $d_0 \leqslant s_0$ 时, 有

$$
\begin{aligned}
&\sum_{d_0 \leqslant s_0} P\{X_j(t) = s_j - k | Z_0(t_a, t_b) = d_0\} \cdot P\{Z_0(t_a, t_b) = d_0\} \\
&= \sum_{d_0 \leqslant s_0} e^{-\lambda_j A_j} \frac{(\lambda_j A_j)^{s_j - k}}{(s_j - k)!} \cdot e^{-\lambda_0 D} \frac{(\lambda_0 D)^{d_0}}{d_0!} \\
&= e^{-\lambda_j A_j} \frac{(\lambda_j A_j)^{s_j - k}}{(s_j - k)!} \cdot \sum_{d_0 \leqslant s_0} e^{-\lambda_0 D} \frac{(\lambda_0 D)^{d_0}}{d_0!}
\end{aligned}
$$

其中, $\lambda_0 = \sum_j \lambda_j$。因此, 在这种情况下, $X_j(t) = s_j - k$ 的概率就是基地 j 在长度为 A_j 的时间区间 $(t_b, t]$ 内需求量为 $s_j - k$ 时的概率, 并以该情况 (即 $d_0 \leqslant s_0$) 发生的概率进行加权。

下面假定 $d_0 > s_0$, 由于时间段 $(t_a, t_b]$ 内各基地的总需求超过后方仓库供应量 s_0, 所以在时刻 t_b 并不能满足该段时间内的所有需求。因此, 在时刻 t 基地 j 的单元在订购量包括: $(t_a, t_b]$ 发出的订单中到 t_b 时刻仍未开始向基地输送的部分, 再加上 $(t_b, t]$ 期间产生的所有需求量。

现在, 令

$V_1(t) =$ 基地 j 在时刻 t_b 之前 (因项目故障) 已经发出的订单中到时刻 t 仍处于在订购中的数量, 是随机变量;

$V_2(t) =$ 基地 j 在 $(t_b, t]$ 期间的故障单元数量 (并且需要从后方仓库订购), 是随机变量。

可以得到, $X_j(t) = V_1(t) + V_2(t)$。

根据假设, 各基地的需求过程是泊松过程。因此, t_b 时刻前后产生

的需求是相互独立的。由此可得

$$P\{X_j(t) = s_j - k | Z_0(t_a, t_b) = d_0\}$$
$$= \sum_{m=0}^{s_j-k} P\{V_1(t) = m | Z_0(t_a, t_b) = d_0\} \cdot P\{V_2(t) = s_j - k - m\}$$

已知

$$P\{V_2(t) = s_j - k - m\} = e^{-\lambda_j A_j} \frac{(\lambda_j A_j)^{s_j - k - m}}{(s_j - k - m)!}$$

并且

$$P\{V_1(t) = m | Z_0(t_a, t_b) = d_0\}$$
$$= \sum_{d_j=m}^{s_0+m} P\{V_1(t) = m | Z_0(t_a, t_b) = d_0, D_j(t_a, t_b) = d_j\}$$
$$\cdot P\{D_j(t_a, t_b) = d_j | Z_0(t_a, t_b) = d_0\}$$

其中，$D_j(t_a, t_b)$ 表示基地 j 在 $(t_a, t_b]$ 期间向后方仓库申请的需求量。那么当 $d_j > d_0$ 和 $d_0 < s_0 + m$ 时

$$P\{V_1(t) = m | Z_0(t_a, t_b) = d_0, D_j(t_a, t_b) = d_j\} = 0$$

当 $d_j \leqslant d_0$ 和 $d_0 \geqslant s_0 + m$ 时

$$P\{V_1(t) = m | Z_0(t_a, t_b) = d_0, D_j(t_a, t_b) = d_j\}$$
$$= \frac{\binom{d_j}{d_j - m}\binom{d_0 - d_j}{s_0 - (d_j - m)}}{\binom{d_0}{s_0}}$$

并且

$$P\{D_j(t_a, t_b) = d_j | Z_0(t_a, t_b) = d_0\} = \binom{d_0}{d_j}\left(1 - \frac{\lambda_j}{\lambda_0}\right)^{d_0 - d_j}\left(\frac{\lambda_j}{\lambda_0}\right)^{d_j}$$

综上所述，可知在第二种情况下：

$$P\{X_j(t) = s_j - k | Z_0(t_a, t_b) = d_0\}$$
$$= \sum_{m=0}^{s_j-k}\left\{\sum_{d_j=m}^{s_0+m} \frac{\binom{d_j}{d_j - m}\binom{d_0 - d_j}{s_0 - (d_j - m)}}{\binom{d_0}{s_0}} \cdot \binom{d_0}{d_j}\left(1 - \frac{\lambda_j}{\lambda_0}\right)^{d_0 - d_j}\left(\frac{\lambda_j}{\lambda_0}\right)^{d_j}\right\}$$
$$e^{-\lambda_j A_j} \frac{(\lambda_j A_j)^{s_j - k - m}}{(s_j - k - m)!}$$

因此

$$P\{I_j(t) = k\}$$

$$= \sum_{d_0 \leqslant s_0} P\{X_j(t) = s_j - k | Z_0(t_a, t_b) = d_0\} \cdot P\{Z_0(t_a, t_b) = d_0\}$$

$$+ \sum_{d_0 > s_0} P\{X_j(t) = s_j - k | Z_0(t_a, t_b) = d_0\} \cdot P\{Z_0(t_a, t_b) = d_0\}$$

$$= e^{-\lambda_j A_j} \frac{(\lambda_j A_j)^{s_j - k}}{(s_j - k)!} \cdot \sum_{d_0 \leqslant s_0} e^{-\lambda_0 D} \frac{(\lambda_0 D)^{d_0}}{d_0!}$$

$$+ \sum_{d_0 > s_0} \left\{ \sum_{m=0}^{\min(s_j - k, d_0 - s_0)} \left\{ \sum_{d_j = m}^{s_0 + m} \frac{\binom{d_j}{d_j - m}\binom{d_0 - d_j}{s_0 - (d_j - m)}}{\binom{d_0}{s_0}} \right. \right.$$

$$\left. \cdot \binom{d_0}{d_j}\left(1 - \frac{\lambda_j}{\lambda_0}\right)^{d_0 - d_j}\left(\frac{\lambda_j}{\lambda_0}\right)^{d_j} \right\}$$

$$\left. \cdot e^{-\lambda_j A_j} \frac{(\lambda_j A_j)^{s_j - k - m}}{(s_j - k - m)!} \right\} \cdot e^{-\lambda_0 D} \frac{(\lambda_0 D)^{d_0}}{d_0!} \right\}$$

注意到上式中所有项都与 t 无关, 故此公式也是净库存随机变量等于 k 时的极限概率。另外, 只有在 s_0 足够大的情况下, 以便

$$\sum_{d_0 \leqslant s_0} e^{-\lambda_0 D} \frac{(\lambda_0 D)^{d_0}}{d_0!} \quad \text{非常接近于 1}$$

此时, $P\{I_j = k\}$ 或 $P\{X_j = x\}$ 才近似于泊松分布。

通过以上分析发现, 对于现实中的大规模问题, 对这一概率分布的精确计算非常复杂。因此, 在构建优化模型时, 只研究对该分布的近似表示。

但在此之前, 还是要先分析另外一些精确模型。

4.3 扩展模型

在前面的分析中, 后方仓库到基地 j 的运输时间 A_j 和后方仓库的修理周转时间 D 均假设为常数。现在要在不影响之前分析的前提下放宽这些条件。

假设每个进入后方仓库修理过程的故障项目的修理周转时间服从均值 D 且密度函数为 ψ 的概率分布。另外，不同故障件的修理周转时间也相互独立。定义随机变量 $\overline{Z_0}$ 来表示在随机时刻后方仓库修理周转时间内存在的单元数量。

由帕尔姆定理可知，$\overline{Z_0}$ 服从均值为 $\lambda_0 D$ 的泊松分布。随机变量 $V_1(t)$ 表示后方仓库中应该送到，但却未送达基地 j 的延期交货量；也就是说，$V_1(t)$ 代表任意时刻在后方仓库的对基地 j 的延期交货量。

令 N_0 表示任意时刻后方仓库的延期交货量，那么

$$P(V_1(t) = m) = \sum_{n_0 \geqslant m} P\{V_1(t) = m | N_0 = n_0\} P\{N_0 = n_0\}$$

但是

$$P\{V_1(t) = m | N_0 = n_0\} = \binom{n_0}{m} \left(\frac{\lambda_j}{\lambda_0}\right)^m \left(1 - \frac{\lambda_j}{\lambda_0}\right)^{n_0 - m}$$

$$P\{N_0 = n_0\} = \mathrm{e}^{-\lambda_0 D} \frac{(\lambda_0 D)^{s_0 + n_0}}{(s_0 + n_0)!} = P\{\overline{Z_0} = s_0 + n_0\}, \quad n_0 > 0$$

并且

$$P\{N_0 = 0\} = \sum_{k=0}^{s_0} \mathrm{e}^{-\lambda_0 D} \frac{(\lambda_0 D)^k}{k!}$$

同样，如前所述

$$P\{V_2(t) = k\} = \mathrm{e}^{-\lambda_j A_j} \frac{(\lambda_j A_j)^k}{k!}$$

由于 $V_1(t)$ 和 $V_1(t)$ 是互相独立的随机变量，可得[①]

$$P\{I_j(t) = k\} = P\{X_j(t) = s_j - k\}$$
$$= \mathrm{e}^{-\lambda_j A_j} \frac{(\lambda_j A_j)^{s_j - k}}{(s_j - k)!} \cdot P\{N_0 = 0\}$$
$$+ \sum_{n_0 > 0} \left(1 - \frac{\lambda_j}{\lambda_0}\right)^{n_0} \mathrm{e}^{-\lambda_0 D} \frac{(\lambda_0 D)^{s_0 + n_0}}{(s_0 + n_0)!} \mathrm{e}^{-\lambda_j A_j} \frac{(\lambda_j A_j)^{s_j - k}}{(s_j - k)!}$$

---

①译者注：此式由三项组成，分别表示：场站延期交货量 $N_0 = 0$；场站延期交货量 $N_0 = n_0 > 0$ 且基地 j 延期交货量 $N_j = m = 0$，以及场站延期交货量 $N_0 = n_0 > 0$ 且基地 j 延期交货量 $N_j = m > 0$ 三种情况。其中，第二项可表示为：$\sum\limits_{n_0 > 0} P\{V_1 = 0 | N_0 = n_0\} \cdot P\{N_0 = n_0\} \cdot P\{V_2 = s_j - k\}$，展开可得原文公式。也可以参照上节相关表达式，将原式中第二、三项合并为一项，即统一合并为 $m \geqslant 0$ 的情况。

$$+\sum_{m=1}^{s_j-k}\left\{\sum_{n_0\geqslant m}\binom{n_0}{m}\left(\frac{\lambda_j}{\lambda_0}\right)^m\left(1-\frac{\lambda_j}{\lambda_0}\right)^{n_0-m}e^{-\lambda_0 D}\frac{(\lambda_0 D)^{s_0+n_0}}{(s_0+n_0)!}\right\}\cdot$$

$$e^{-\lambda_j A_j}\frac{(\lambda_j A_j)^{s_j-k-m}}{(s_j-k-m)!}$$

这既是某个基地的净库存随机变量的稳态分布, 也是对某个基地再供应单元量的分布。当 $P\{N_0=0\}\approx 1$ 时, 这些分布可近似为泊松分布。具体是

$$P\{X_j=k\}\approx e^{-\lambda_j A_j}\frac{(\lambda_j A_j)^k}{k!}=P\{V_2=k\}\ \text{当}\ P\{N_0=0\}\approx 1\ \text{时}$$

接下来分析后方仓库修理中心采用的另一种运作方式。假设修理时间是独立且同分布的随机变量, 并且修理不能有交叉, 即进入修理过程的某个单元不应该比之前进入的单元先修好。

当修理周转时间不交叉时, 假设已知某个单元的修理周转时间长度的概率分布, 并且令 $\psi(\cdot)$ 表示该随机变量的密度函数。

在此假设项目的修理任务按其故障发生的顺序完成, 即再供应过程不交叉, 那么任意时刻在修理周期过程中的项目数量等于再供应期间发生的故障数。此结论由斯沃罗诺斯 (Svoronos) 和齐普肯 (Zipkin)[241,242] 得出。

令

$$G(k)=P\{Z_0=k\}$$

式中: 随机变量 Z_0 表示在某个随机故障项目修理周转时间内, 对后方仓库该项目发生的需求量 (故障件数量)。那么

$$G(k)=\int P\{Z_0=k|t\}\psi(t)\,\mathrm{d}t$$
$$=\int e^{-\lambda_0 t}\frac{(\lambda_0 t)^k}{k!}\psi(t)\,\mathrm{d}t$$

如前面一样, 我们来计算 V_1 的概率分布, 即与基地 j 的订单相应的后方仓库的延期交货量。仍然用随机变量 N_0 来描述任意时刻后方仓库延期交货量, 此前已证明:

$$P(V_1=m)=\sum_{n_0\geqslant m}P(V_1=m|N_0=n_0)\cdot P(N_0=n_0)$$

但在现在的情况下

$$P(N_0 = 0) = \sum_{k \leqslant s_0} G(k) = \sum_{k \leqslant s_0} \int \{Z_0 = k|t\} \psi(t) \, \mathrm{d}t$$

$$= \sum_{k \leqslant s_0} \int \mathrm{e}^{-\lambda_0 t} \frac{(\lambda_0 t)^k}{k!} \psi(t) \, \mathrm{d}t$$

并且当 $n_0 \geqslant 1$ 且为整数时, $P(N_0 = n_0) = G(s_0 + n_0)$。

给定 $P(N_0 = n_0)$, 对于 $n_0 \geqslant m$, 有

$$P\{V_1 = m | N_0 = n_0\} = \binom{n_0}{m} \left(\frac{\lambda_j}{\lambda_0}\right)^m \left(1 - \frac{\lambda_j}{\lambda_0}\right)^{n_0 - m}$$

这样 $P\{V_1 = m\}$ 就可以计算了。

假设 $\psi(t)$ 服从伽马分布, 即

$$\psi(t) = \frac{\mathrm{e}^{-t/\beta} t^{\alpha - 1}}{\beta^\alpha \Gamma(\alpha)}, \quad t \geqslant 0$$

那么可以得到期望修理周转时间为 $E(t) = \alpha\beta$, $\mathrm{Var}(t) = \alpha\beta^2$。同样可得

$$G(k) = \int_0^\infty \mathrm{e}^{-\lambda_0 t} \frac{(\lambda_0 t)^k}{k!} \frac{\mathrm{e}^{-t/\beta} t^{\alpha-1}}{\beta^\alpha \Gamma(\alpha)} \mathrm{d}t$$

$$= \frac{\lambda_0^k}{k! \beta^\alpha \Gamma(\alpha)} \int_0^\infty \mathrm{e}^{-\frac{(\beta\lambda_0 + 1)t}{\beta}} t^{k+\alpha-1} \mathrm{d}t$$

$$= \frac{\lambda_0^k}{k! \beta^\alpha \Gamma(\alpha)} \Gamma(\alpha + k) \frac{\beta^{\alpha+k}}{(\beta\lambda_0 + 1)^{\alpha+k}}$$

$$= \frac{\Gamma(\alpha + k)}{k! \Gamma(\alpha)} \left[\frac{\beta\lambda_0}{\beta\lambda_0 + 1}\right]^k \left[\frac{1}{\beta\lambda_0 + 1}\right]^\alpha$$

因此, $G(k)$ 服从负二项分布, 概率为 $p = \dfrac{1}{\beta\lambda_0 + 1}$, 当修理间隔期的密度函数 $\psi(t)$ 为伽马函数时, $G(k)$ 均值为 $\alpha\dfrac{(1-p)}{p}$, 方差为 $\dfrac{\alpha(1-p)}{p^2}$。

下面假设从后方仓库到基地 j 的运输时间不交叉。令 $\gamma(t)$ 表示运输提前期随机变量的密度函数, V_2 表示在一个运输提前期内基地 j 单元需求量的稳态分布。通过斯沃罗诺斯 (Svoronos) 和齐普

肯 (Zipkin)[241,242] 的结论, 可通过如下方法计算 $P(V_2 = k)$[①]:

$$P(V_2 = k) = \int P(V_2 = k|t)\gamma(t)\,\mathrm{d}t$$

$$= \int \mathrm{e}^{-\lambda_j t} \frac{(\lambda_j t)^k}{k!}\gamma(t)\,\mathrm{d}t$$

由于需求发生在不重叠的时间区间, 因而 V_1 和 V_2 是互相独立的。所以, 可以应用这些分布确定随机变量 X_j, 基地 j 再供应系统中的单元数量的概率分布。

$$
\begin{aligned}
P(X_j = s_j - k) = {} & P(V_2 = s_j - k)\cdot P[N_0 = 0] \\
& + \sum_{n_0 > 0}\left(1 - \frac{\lambda_j}{\lambda_0}\right)^{n_0}\cdot P[N_0 = n_0 + s_0]\cdot P(V_2 = s_j - k) \\
& + \sum_{m=1}^{s_j - k}\left\{\sum_{n_0 \geqslant m}\binom{n_0}{m}\left(\frac{\lambda_j}{\lambda_0}\right)^m\left(1 - \frac{\lambda_j}{\lambda_0}\right)^{n_0 - m}\cdot P[N_0 = n_0 + s_0]\right\}\cdot \\
& P(V_2 = s_j - k - m)
\end{aligned}
$$

4.4 第 4 章习题

4.4.1 考虑管理单一库存点的单一项目的库存控制策略。库存水平采用连续性检查方式, 当库存水平降到 r 时, 立即订购 Q 个单元。这就是 (r, Q) 策略。请证明: 当应用 (r, Q) 策略, 并且需求过程为泊松过程时, 库存水平在集合 $\{r+1, r+2, \cdots, r+Q\}$ 上是均匀分布的。如果假设需求过程为更新过程, 那么表示库存水平的随机变量服从什么分布?

4.4.2 假设图 4.2 所示的两级系统管理着一类项目。

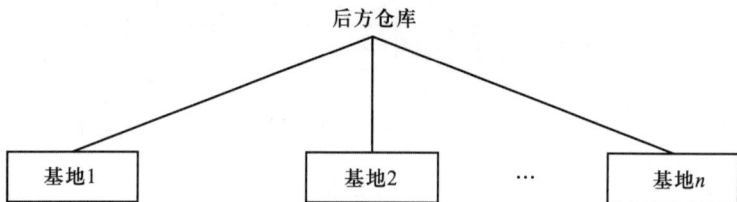

图 4.2 后方仓库 – 基地系统

---

①译者注: 原文的 $(\lambda_j t)^t$ 改为 $(\lambda_j t)^k$。

项目为可修件, 就是说发生故障后, 项目通常是可修复的。假设所有故障都发生在较低等级 —— 基地 (基层级)。当基地 j 出现一个故障时, 它能在该基地修复的概率为 r_j, 否则将被送往后方仓库修理。当故障发生时, 每一次故障都会使基地产生一个备件需求。当故障件在基地 j 修理时, 该故障件可在 B_j 个单位时间后恢复可用状态。当故障件被送往后方仓库修理时, 后方仓库会尽快送一个可用替换件给基地。如果后方仓库库存有一个备件, 它将被立即送往基地 j。从后方仓库到基地 j 的运输时间为 A_j 个单位时间。如果后方仓库暂时没有可用的备件, 那么一旦有可用替换件时, 后方仓库会立即按先到先服务的原则满足各基地的需求。这样, 基地备件库存的补充来自两个渠道: 当故障件在基地修复时, 供应来自基地的修理机构, 否则来自后方仓库。这两种情况下, 都采用故障件和可用件的 1 对 1 交换策略, 即基地遵循 $(s-1, s)$ 库存策略。

如果故障件被送往后方仓库修理, p 表示不能修复而必须报废的概率。这时, 后方仓库需要周期性地向外部货源下订单以补充系统库存。订购提前期为 E 个时间单位。

假设基地 j 的故障过程是强度为 λ_j 的泊松过程, 且互相独立, 后方仓库修理周期为 D 个时间单位的常量。基地间不存在横向供应, 所有超量需求都会造成缺货, 后方仓库按一种连续性检查的 (r, Q) 策略补充报废件, 并且还假设 $B_j < A_j < D < E$。

请求出基地 j 净库存随机变量的精确概率分布。

4.4.3 在 4.2 节中, 我们得出了当基地和后方仓库都遵循 $(s-1, s)$ 策略时, 连续性检查情况下两级库存系统中各基地净库存的概率分布。同前面一样, 后方仓库到基地的运输时间为常量 (对基地 j 来说是 A_j 天), 后方仓库的采购提前期为常数 D(天), 我们还假设基地 j 的备件需求是强度为 λ_j 的泊松分布, 并且各基地的需求过程互相独立。

现在假设后方仓库遵循 (r, Q) 策略。首先, 请扩展 4.2 节中的结果, 用来表示后方仓库运作策略的变化。然后, 请探寻并求解 r、Q 和 $s_j(j = 1, \cdots, n)$ 最优值 (或可能的近优值) 的算法, 并选择最优值以使存货、订购和延期交货的年平均成本最小化。延期交货成本与任意时刻处于延期交货状态的备件期望数成比例。

4.4.4 对于 4.2 节描述的环境, 假设有 10 个基地。各基地的需求按泊松分布产生。对基地 j, 假设 $\lambda_j A_j = 0.2$, $\lambda_j/\lambda_0 = 0.5$, $\lambda_0 D = 2.0$。令随机变量 $X_j(t)$ 表示基地 j 处于再供应中的单元量。请分别画出后方仓库库存水平 $s_0 = 2.0$、4.0 和 6.0 时 $P\{X_j = k\}$, $k = 0, 1, \cdots$, 的

图形。令 $B(s_0)$ 表示给定库存水平 s_0 下后方仓库的期望延期交货数,其中 $B(s_0) = \sum_{x > s_0} (x - s_0) P(x|\lambda_0 d)$, $P(x|(\lambda_0 d)) = e^{-\lambda_0 D} (\lambda_0 D)^x /x!$, $E[X_j] = \lambda_j A_j + B(s_0) \lambda_j / \lambda_0$。

假设用均值为 $E[X_j]$ 的泊松分布近似表示 X_j 的分布,对前面给出的 s_0 的特定值,请画出 X_j 的近似分布,并将之与其精确分布进行比较。

第 5 章
可回收项目管理的战术规划模型

1968 年, 舍布鲁克[223] 发表了具有里程碑意义的论文, 介绍了管理可回收项目或可修理项目的数学模型, 即可回收项目控制多级技术 (Multi-Echelon Technique for Recoverable Item Control, METRIC)。此后, 陆续出现众多对该模型修改和扩展的研究, 本章及后继章节会介绍其中一部分。在第 4 章, 我们针对后方仓库 – 基地两级系统, 介绍了各基地在再供应系统中单元数量精确分布的计算方法。同时也发现, 在实际应用中精确表达式需要繁琐的计算。METRIC 模型用于对此分布的近似, 易于计算, 因此在实际中得以广泛应用。

本章主要介绍了舍布鲁克的主要观点, 以及格雷夫斯 (Graves)[99]、舍布鲁克[226] 和奥马利 (O'Malley)[189] 对 METRIC 模型的重要改进和贡献。同时还介绍了, 由米克施塔特[174] 首先提出的, 将 METRIC 扩展至同时存在 LRU 和 SRU 时的更复杂环境下的优化模型①。本章还对克鲁泽 (Kruse)[152] 提出的等待时间分析进行研究。

5.1 METRIC 系统

舍布鲁克[223] 建立的模型是针对美国空军的运行系统, 包括执行飞行任务的一系列航空基地和一个后方仓库。航空基地和后方仓库都有

---

①译者注: LRU 是 "Line Replaceable Units" 的缩写, 通常译为 "在线可更换单元" 或 "外场可更换单元"; SRU 是 "Shop Replaceable Units" 的缩写, 通常译为 "车间可更换单元" 或 "内场可更换单元"。一般地, LRU 可在装备使用现场进行更换; SRU 是 LRU 的下一层装配单元, 需要在修理故障 LRU 的修理设施内进行更换。

库存, 也都能修复故障件。从飞机上拆下待修件属于在线可更换单元 (LRU)。假设系统运行方式如下:

当某基地的一个 LRU 发生故障并从飞机上拆卸下来时, 会产生以下事件。首先, 从基地库存中取出一个 LRU, 并安装到飞机上, 使飞机恢复可运行状态。如果基地没有可用 LRU 库存, 则会产生一次延期交货。故障件要么在航空基地, 要么在后方仓库完成修复工作。

确定故障件的修理地点只依赖于故障的特性。有些类型的 LRU 故障可以在航空基地进行诊断和修复, 而另外一些的诊断和修复则只能在后方仓库进行。从技术角度说, 我们假设只要故障件能在航空基地进行修复, 则修复任务就由航空基地完成。这样, 修理地点的选择与基地现有库存和基地修理车间当前的工作量无关。

当将故障件送往后方仓库修复时, 会同时产生一个将同类型 LRU 送往那个航空基地的需求。如果这时后方仓库有可用 LRU, 则立即送往该基地, 否则会在后方仓库处会产生一个延期交货。这里存在两个假设。第一, 后方仓库按先到先服务的原则满足基地的需求。也就是说, 后方仓库在进行运输决策时不考虑航空基地间的优先级。而在实际运作中, 适当的优先级将能够改善航空基地的绩效, 所以通常也是很有必要的。因此, 该战术规划模型在这方面是保守的。第二, 基地不能从其他基地获得供应, 即模型中不允许进行横向供应。而由于合理运用横向供应也能够增强基地绩效, 所以这又是一个保守的假设, 第 7 章将讨论横向供应的相关模型。

由于一个 LRU 的成本通常较高而需求量较低, 所以在实际中, 基地和后方仓库都遵循 $(s-1, s)$ 库存策略。假设所有故障件都是可修复的, 但是, 如果有单元报废, 就需要从外部供应商处订购。这种情况下的订单将可能多于一个单元。此时, $(s-1, s)$ 策略将不再适用, 我们随后的讨论也必须做相应调整。

同时, 假设每一类 LRU 故障的发生都符合泊松过程, 这在以后的解析中可以明显地看出其必要性。当然, 随后将说明如何在实际应用中放宽这一假设。

5.1.1 系统运行及定义

如前所述, 系统运行如下: 在基地 j 更换 LRUi 的发生过程符合强度为 λ_{ij} 的泊松过程。这个单元在该基地被修复的概率为 r_{ij}, 在后方仓

库被修复的概率为 $(1-r_{ij})$。因此, LRUi 在基地修理的到达过程是强度为 $r_{ij}\lambda_{ij}$ 的泊松过程。同样, 其在后方仓库修理的到达过程是强度为 $\lambda_{i0} = \sum_j (1-r_{ij})\lambda_{ij}$ 的泊松过程。这些之所以都是泊松过程, 是因为在基地 LRUi 故障的发生符合泊松过程, 且各故障以 r_{ij} 的概率在基地修复, 以 $(1-r_{ij})$ 的概率在后方仓库修复。而且, 来自各基地需要在后方仓库修复的故障 LRUi, 相当于独立泊松到达过程的叠加, 因此也是一泊松过程。

假设 LRUi 在后方仓库的修理周转时间用 D_i 表示, 并且与它来自哪个基地无关。修理周转时间包括包装、运输及实际修复时间。

令 B_{ij} 表示 LRUi 在基地 j 的修理周转时间, A_{ij} 表示基地 j 从后方仓库收到的 LRUi 所需订购、输送和接收时间。

令 T_{ij} 表示一旦一个单元进入再供应系统, 则再供应给 j 基地 LRUi 库存所需的平均天数, 即后方仓库或基地的修理周转时间。

另外, 令 λ_{ij} 的单位是件数/天, D_i、B_{ij} 和 A_{ij} 的单位是天。LRU 在系统中的流程如图 5.1 所示。

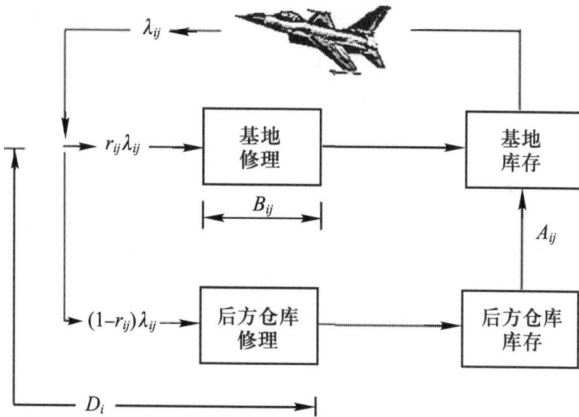

图 5.1　METRIC 系统

5.1.2　最优化问题

我们的目标是建立能确定 LRUi 在地点 j 的库存水平 s_{ij} 的模型, 并介绍如何计算这些库存水平。模型的目标是在给定投资水平的约束下, 使得任意时刻各基地的平均延期交货总量最小。但是, 我们为何选择延期交货量作为衡量系统性能的指标呢? 系统的目标应该是使得各基地可运行飞机的期望数量最大化。这是因为在第 3 章中, 我们已证明最小化基地的延期交货量等同于最大化基地可运行飞机的期望数量。因此, 使可运行飞机的平均数量最大化相当于使任意时刻基地 LRU 的平均延期交货量最小。

如前所述

$$s_{ij} = \text{LRU}i \text{ 在基地 } j \text{ 的库存水平 } (j = 0 \text{ 时, 表示后方仓库})$$

在描述最优化问题之前, 先来介绍一些附加关系。

联系基地和后方仓库库存水平的关键方程是 LRUi 在基地 j 的平均再供应时间公式。令

$$T_{ij} = \text{LRU}i \text{ 在基地 } j \text{ 的平均再供应时间}$$
$$= r_{ij}B_{ij} + (1 - r_{ij})\left(A_{ij} + \text{后方仓库延迟时间 } (s_{i0})\right)$$

这样, 平均再供应时间等于当 LRUi 在基地 j 修理时的 B_{ij}, 加上当供应来自后方仓库时的 A_{ij} 和取决于后方仓库库存水平的期望等待时间 (后方仓库延迟)。这些平均时间还需经过加权, 权值分别是供应来自基地修复或后方仓库库存的概率。但如何计算这一期望等待时间呢?

令

$$\delta(s_{i0}) = \text{给定后方仓库的库存水平 } S_{i0} \text{ 时, LRU}i$$
$$\text{在后方仓库期望延迟或等待时间}$$

如第 3 章所述, 根据利特尔法则, 有

$$\delta(s_{i0}) = \frac{\text{平均未到的后方仓库延期数量 } (s_{i0})}{\text{后方仓库需求率 } (\lambda_{i0})}$$

令 $\mathcal{B}_D(s_{i0}) = $ 给定 s_{i0} 下 LRUi 在后方仓库的期望未完成的延期交货量。因此有

$$\delta(s_{i0}) = \frac{\mathcal{B}_D(s_{i0})}{\lambda_{i0}}$$

下面来分析 $\delta(s_{i0})$ 的变化。首先, 随着 s_{i0} 超过 $\lambda_{i0}D_i$, 会迅速使 $\delta(s_{i0}) \to 0$。为证明此观察结论, 分析 $\lambda_{i0}D_i$ 等于 1、5、10、50 和 100 的情况。表 5.1 ~ 表 5.5 列出了上述情况下 $\delta(s_{i0})$ 的值, 其中 D_i 假设为 1。

从这些表格中的数据可以看出, 当 $D_i = 1$ 时后方仓库期望延迟迅速变小。当 A_{ij} 的长度为几天时, 随着 s_{i0} 超过 $\lambda_{i0} D_i$, 后方仓库延迟将仅占期望再供应时间很小的一部分。

表 5.1 [1] $\delta(s_{i0})(\lambda_{i0} = 1, D_i = 1$ 时$)$

s_{i0}	$\delta(s_{i0})$
0	1
1	0.3679
2	0.1036
3	0.0233
4	0.0043
5	0.0007
6	0.0001

表 5.2 [2] $\delta(s_{i0})(\lambda_{i0} = 5, D_i = 1$ 时$)$

s_{i0}	$\delta(s_{i0})$
4	0.2874
5	0.1755
6	0.0987
7	0.0511
8	0.0244
9	0.0108
10	0.0044
11	0.0017
12	0.0006

表 5.3 $\delta(s_{i0})(\lambda_{i0} = 10, D_i = 1$ 时$)$

s_{i0}	$\delta(s_{i0})$
9	0.1793
10	0.1251
11	0.0834
12	0.0531
13	0.0322
14	0.0187
15	0.0103
16	0.0055
17	0.0028
18	0.0013

表 5.4 $\delta(s_{i0})(\lambda_{i0} = 50, D_i = 1$ 时$)$

s_{i0}	$\delta(s_{i0})$
49	0.0667
50	0.0563
51	0.0471
52	0.0389
53	0.0318
54	0.0258
55	0.0206
56	0.0163
57	0.0127
58	0.0098

[1] 译者注: 原文表头为 $\delta_i(s_{i0})$, 更改为 $\delta(s_{i0})$。
[2] 译者注: 原文表头为 $\delta_i(s_{i0})$, 更改为 $\delta(s_{i0})$。

举例说明, 假设 $r_{ij} = 0$, $A_{ij} = 5$, $\lambda_{ij} = 5$, $\lambda_{i0} = 50$ 和 $D_i = 1$, 则这个基地再供应单元的期望数为 $5 \times 5 + 5 \times \delta(s_{i0})$。如果 $s_{i0} = 50$, 那么 $\delta(s_{i0}) = 0.0563$, 在此基地再供应系统中的单元期望数为 25.2815, 其中只有 0.2815 是因为后方仓库延迟造成的。由这个例子可看出, 后方仓库没有安全库存对基地再供应系统中单元期望数的影响很小。因此, 随着后方仓库需求率和 A_{ij} 的增加以及 r_{ij} 的减小, 后方仓库设置大量安全库存的效果会很小。

现在分析另外一个例子。假设 $r_{ij} = 0$, $A_{ij} = 5$, $\lambda_{ij} = 0.5$, $\lambda_{i0} = 5$ 但 $D_i = 10$。因此, $\lambda_{i0}D_i = 50$, 与上例相同。为计算这种情况下的 $\delta(s_{i0})$, 可以再次使用表 5.4 中的数据。将该表中的数据乘以 D_i, 即可获得 $\delta(s_{i0})$ 的新值, 如表 5.6 所示。同上例一样, 平均再供应时间受 A_{ij} 支配。因此, 如果后方仓库的安全库存较小, 比如只有 5 个单元, 可以得到 $s_{i0} = 55$, 那么平均再供应时间为 5.206 天。此时, 这个基地的期望单元再供应量为 2.6030, 其中, 0.103 个是因后方仓库延迟造成的。

表 5.5 $\delta(s_{i0})\,(\lambda_{i0} = 100, D_i = 1$ 时$)$

s_{i0}	$\delta(s_{i0})$
100	0.0398
101	0.0351
102	0.0308
103	0.0268
104	0.0233
105	0.0200
106	0.0172
107	0.0146
108	0.0124
109	0.0104
110	0.0087
115	0.0032

表 5.6 $\delta(s_{i0})\,(\lambda_{i0} = 5, D_i = 10$ 时$)$

s_{i0}	$\delta(s_{i0})$
49	0.667
50	0.563
51	0.471
52	0.389
53	0.318
54	0.258
55	0.206
56	0.163
57	0.127
58	0.098

观察可知, 当 D_i 增大而 $\lambda_{i0}D_i$ 保持不变时, $\delta(s_{i0})$ 与 D_i 成比例增加。例如, 当 D_i 从 1 增加到 10 时, $\delta(s_{i0})$ 也变为原来的 10 倍。如果

$\lambda_{ij} = 0.25$, $\lambda_{i0} = 2.5$, $D_i = 20$, 那么 $\delta(50)=1.126$ 天, $\delta(55)=0.412$ 天。因此, 在 $\lambda_{i0}D_i$ 保持不变的情况下, 随着 D_i 的增大, $\delta(s_{i0})$ 也增加, 并在平均再供应时间中占有更大的比重。因此, 在 $\lambda_{i0}D_i$ 不变的情况下, 后方仓库的安全库存将随着 D_i 的增大而变得更加重要。

在任何情况下, 由于 $s_{i0} > \lfloor \lambda_i D_i \rfloor$ 后 $\delta(s_{i0})$ 的值会迅速变小, 所以在最优化过程中, 需要明确计算的 $\delta(s_{i0})$ 值的范围是有限的, 通常不超过后方仓库供应时间内其需求标准差的两倍。也就是说, s_{i0} 的最优值几乎总在区间 $\left[\lfloor \lambda_i D_i \rfloor, \left\lceil 2 \cdot (\lambda_i D_i)^{1/2} \right\rceil + \lfloor \lambda_i D_i \rfloor \right]$, 其中 $\lfloor \lambda_i D_i \rfloor$ 为后方仓库最小库存水平。并且在解决实际问题时, 搜索 s_{i0} 最优值时会限制在上述区间的子集内。观察表 5.5 中的数值会发现这些相继的数值并没有实质上的区别。因此, 搜索通常可能取在上述区间中连续两个值中的第二个。这样, 当 $\lambda_i D_i = 100$ 时, s_{i0} 最优值的搜索被限制在 $100, 102, \cdots, 120$ 之中。根据这一规律, 在实际中, 通常最多只需考虑 s_{i0} 的 $10 \sim 15$ 个可能取值, 在随后讨论的最优化方法中即是如此。

5.1.2.1 再供应中的 LRU 数量的稳态概率分布近似

为计算 LRUi 在基地 j 的期望延期交货量, 必须首先确定 LRUi 的再供应数量的稳态概率分布。

令随机变量 X_{ij} 表示稳态情况下 j 基地 LRUi 的再供应数量, 显然有

$$
\begin{aligned}
E(X_{ij}) &= \lambda_{ij}T_{ij} \\
&= r_{ij}\lambda_{ij}B_{ij} + (1 - r_{ij})\lambda_{ij}A_{ij} + (1 - r_{ij})\frac{\lambda_{ij}}{\lambda_{i0}}\mathcal{B}_D(s_{i0})
\end{aligned}
$$

为计算 X_{ij} 的方差, 则需进行额外的分析。为便于说明, 分析中去掉了 LRU 的下标。

假设某 LRU 在后方仓库的延期交货量为 N_D, 令 N_j 表示基地 j 在后方仓库产生的延期交货量。则当 $N_D = n_D$ 时, $N_j = n_j$ 的条件概率可由下式表示, 此时 $n_j \leqslant n_D$,

$$
P\{N_j = n_j | N_D = n_D\} = \binom{n_D}{n_j} \left(\frac{\hat{\lambda}_j}{\lambda_0} \right)^{n_j} \left(1 - \frac{\hat{\lambda}_j}{\lambda_0} \right)^{n_D - n_j}
$$

其中, $\hat{\lambda}_j = (1 - r_j)\lambda_j$。此外

$$
E[N_j | s_0] = E[N_j] = E_{N_D}\left[E_{N_j}[N_j | N_D] \right] = E_{N_D}\left[\frac{\hat{\lambda}_j}{\lambda_0}N_D \right] = \frac{\hat{\lambda}_j}{\lambda_0}\mathcal{B}_D(s_0)
$$

因此可以得出, 基地 j 的 LRU 期望延期交货量就是基地 j 的需求占后方仓库总需求的比值, 乘以给定 s_0 下后方仓库的期望延期交货量。N_j 的方差也依赖后方仓库的库存水平。我们知道

$$\text{Var}(N_j|s_0) = E\left[N_j^2|s_0\right] - E\left[N_j|s_0\right]^2$$

$E[N_j|s_0] = \dfrac{\hat{\lambda}_j}{\lambda_0}\mathcal{B}_D(s_0)$, 进而

$$
\begin{aligned}
E\left[N_j^2|s_0\right] &= E_{N_D}\left[E_{N_j}\left[N_j^2|N_D\right]\right] \\
&= E_{N_D}\left[\text{Var}(N_j|N_D) + E[N_j|N_D]^2\right] \\
&= E_{N_D}\left[N_D \cdot \frac{\hat{\lambda}_j}{\lambda_0} \cdot \left(1 - \frac{\hat{\lambda}_j}{\lambda_0}\right) + \left(\frac{\hat{\lambda}_j}{\lambda_0}N_D\right)^2\right] \\
&= \frac{\hat{\lambda}_j}{\lambda_0} \cdot \left(1 - \frac{\hat{\lambda}_j}{\lambda_0}\right)\mathcal{B}_D(s_0) + \left(\frac{\hat{\lambda}_j}{\lambda_0}\right)^2 \cdot E_{N_D}\left(N_D^2|s_0\right) \\
&= \frac{\hat{\lambda}_j}{\lambda_0} \cdot \left(1 - \frac{\hat{\lambda}_j}{\lambda_0}\right)\mathcal{B}_D(s_0) + \left(\frac{\hat{\lambda}_j}{\lambda_0}\right)^2 \cdot \left[\text{Var}(N_D|s_0) + (E_{N_D}(N_D|s_0))^2\right] \\
&= \frac{\hat{\lambda}_j}{\lambda_0} \cdot \left(1 - \frac{\hat{\lambda}_j}{\lambda_0}\right)\mathcal{B}_D(s_0) + \left(\frac{\hat{\lambda}_j}{\lambda_0}\right)^2 \cdot \left[\text{Var}(N_D|s_0) + (\mathcal{B}_D(s_0))^2\right]
\end{aligned}
$$

因此, 合并上述公式, 可得

$$\text{Var}(N_j|s_0) = \frac{\hat{\lambda}_j}{\lambda_0}\left(1 - \frac{\hat{\lambda}_j}{\lambda_0}\right)\mathcal{B}_D(s_0) + \left(\frac{\hat{\lambda}_j}{\lambda_0}\right)^2 \text{Var}(N_D|s_0)$$

其中, $\text{Var}(N_D|s_0)$ 可通过下式计算:

$$\text{Var}(N_D|s_0) = E\left[N_D^2|s_0\right] - (\mathcal{B}_D(s_0))^2$$

其中, $E\left[N_D^2|s_0\right]$ 采用如下方法计算。N_D 表示任意时刻的后方仓库延期交货量, 如果 $N_D = n_D$, 那么 LRU 在后方仓库的再供应量必然比后方仓库库存水平大 n_D。因此, 如果 x 表示 LRU 在后方仓库的再供应量, 那么当且仅当 $x - s_0 = n_D$ 时, 后方仓库的延期交货量为 n_D。由此可以得到

$$E\left[N_D^2|s_0\right] = \sum_{x \geqslant s_0}(x - s_0)^2 p(x|\lambda_0 D)$$

式中: $p(x|\lambda_0 D)$ 为后方仓库再供应量是 x 的概率。根据帕尔姆定理, $p(x|\lambda_0 D) = \mathrm{e}^{\lambda_0 D} \dfrac{(\lambda_0 D)^x}{x!}$。于是

$$
\begin{aligned}
E\left[N_D^2|s_0\right] &= \sum_{x \geqslant s_0} (x - (s_0 - 1) - 1)^2 \, p(x|\lambda_0 D) \\
&= \sum_{x \geqslant s_0} (x - (s_0 - 1))^2 \, p(x|\lambda_0 D) \\
&\quad - 2 \sum_{x \geqslant s_0} (x - s_0) \, p(x|\lambda_0 D) - \sum_{x \geqslant s_0} p(x|\lambda_0 D) \\
&= \sum_{x \geqslant s_0} (x - (s_0 - 1))^2 \, p(x|\lambda_0 D) \\
&\quad - \mathcal{B}_D(s_0) - \sum_{x \geqslant s_0} (x - (s_0 - 1)) \, p(x|\lambda_0 D) \\
&= E\left[N_D^2|s_0 - 1\right] - \mathcal{B}_D(s_0) - \mathcal{B}_D(s_0 - 1)
\end{aligned}
$$

这样, 就可通过递归的方式确定 $E\left[N_D^2|s_0\right]$, 自然也能通过递归来确定 $\mathrm{Var}(N_D|s_0)$。注意, 当基地需求为泊松过程时

$$
\begin{aligned}
E\left[N_D^2|0\right] &= \sum_{x \geqslant 0} x^2 p(x|\lambda_0 D) \\
&= \mathrm{Var}\,[\text{后方仓库再供应单元数量}] \\
&\quad + [\text{后方仓库再供应单元数量期望值}]^2 \\
&= \lambda_0 D + (\lambda_0 D)^2
\end{aligned}
$$

既然可以计算 N_D 的均值和方差, 那么随机变量 Y_j 的方差也可以计算, 随机变量 Y_j 表示基地 j 在订购及运输时间 (A_j) 内的需求量, 再加上由于后方仓库库存水平为 s_0 而在任意时刻产生的延期交货的需求量。由于引起后方仓库延期交货的需求和在向基地 j 运输的间隔期内发生需求的时间不重叠, 因此它们彼此是互相独立的。

$$
\begin{aligned}
\mathrm{Var}\,Y_j ={}& \mathrm{Var}\,(\text{在 } A_j \text{ 期间产生的需求}) \\
&+ \mathrm{Var}\,(\text{由于后方仓库库存水平 } s_0 \text{ 而产生延期需求}) \\
\mathrm{Var}\,Y_j ={}& \hat{\lambda}_j A_j + \frac{\hat{\lambda}_j}{\lambda_0} \cdot \left(1 - \frac{\hat{\lambda}_j}{\lambda_0}\right) \mathcal{B}_D(s_0) + \left(\frac{\hat{\lambda}_j}{\lambda_0}\right)^2 \cdot \mathrm{Var}(N_D|s_0)
\end{aligned}
$$

其中, $\hat{\lambda}_j = (1 - r_j)\lambda_j$。

为了计算 j 基地 LRU 的期望延期交货量, 还必须知道单元再供应量 X_{ij} 的概率分布。但不采用第 4 章的方法来精确计算该分布, 而是像

舍布鲁克[227] 的做法求其近似, 即应用具有以下参量的负二项分布, 第 6 章将讨论为什么采用的负二项分布更合适。

$$\mu_{ij} = r_{ij}\lambda_{ij}B_{ij} + (1 - r_{ij})\lambda_{ij}A_{ij} + (1 - r_{ij})\frac{\lambda_{ij}}{\lambda_{i0}}\mathcal{B}_D(s_{i0})$$

$$\sigma_{ij}^2 = r_{ij}\lambda_{ij}B_{ij} + (1 - r_{ij})\lambda_{ij}A_{ij}$$
$$+ \frac{(1 - r_{ij})\lambda_{ij}}{\lambda_{i0}} \cdot \left(1 - \frac{(1 - r_{ij})\lambda_{ij}}{\lambda_{i0}}\right)\mathcal{B}_D(s_{i0})$$
$$+ \left(\frac{(1 - r_{ij})\lambda_{ij}}{\lambda_{i0}}\right)^2 \cdot \mathrm{Var}(N_D|s_{i0})$$

负二项分布有两个参数, 分别是 p 和 r, 它们须满足下面两个等式:

$$\mu_{ij} = \frac{r(1 - p)}{p} \text{ 和 } \sigma_{ij}^2 = \frac{r(1 - p)}{p^2}$$

因此

$$1 > \frac{\mu_{ij}}{\sigma_{ij}^2} = p \text{ 和 } r = \frac{p\mu_{ij}}{1 - p}$$

所以 X_{ij} 的概率可按下式递归计算, 其中 $q = 1 - p$

$$P\{X_{ij} = 0\} = p^r \text{ 且 } P\{X_{ij} = x\} = P\{X_{ij} = x - 1\}\frac{(r + x - 1)}{x}q$$

选择负二项分布作为 X_{ij} 概率分布的近似有两个主要原因。首先, 它易于计算, 这对大规模的应用问题非常重要。其次, 这是一种精确近似。大量的测试都已证明了该近似的有效性, 其有效性会在第 6 章中进行研究。

另外, 前面讨论过的在空军和其他方面应用的模型, 比如在 5.3.1 节给出的模型, 都会应用负二项分布, 但其原因与我们上面讨论的不尽相同。在这些近似模型中, 负二项分布也用来描述需求过程。本章中所有需求概率模型公式都会用负二项概率模型代替泊松模型。这是为了适应实际需求过程应用中差均比很高的情况。关于需求过程差均比的详细讨论可参考克劳福德 (Crawford)[65] 的研究。

5.1.2.2 确定后方仓库和基地 LRU 库存水平

现在来研究确定各 LRU 在后方仓库和基地的最佳库存水平, 以使得飞机上的期望 "漏洞" 数最小化。也就是说, 在库存投资约束下, 最小化任意时刻基地 LRU 的期望延期交货量。

$$\min \sum_i \sum_{j=1}^m \mathcal{B}_{ij}\left(s_{ij}|s_{i0}\right)$$
$$\text{s.t} \sum_i c_i \left(s_{i0} + \sum_{j=1}^m s_{ij}\right) \leqslant b, \quad s_{ij} = 0,1,\cdots \tag{5.1}$$

式中: c_i 为 LRUi 的单位成本; b 为投资 LRU 的可用预算; m 为基地数量。

但是, 问题 (5.1) 既不可分, 也不是凸的。它不可分是因为在计算 $\mathcal{B}_{ij}\left(s_{ij}|s_{i0}\right) = \sum_{x \geqslant s_{ij}} (x - s_{ij}) p\left(x|\lambda_{ij} T_{ij}\left(s_{i0}\right)\right)$ 时, 变量 s_{ij} 和 s_{i0} 会互相影响。如前所述, 式中 $p\left(x|\lambda_{ij} T_{ij}\left(s_{i0}\right)\right)$ 为用均值为 μ_{ij}、方差为 σ_{ij}^2 的负二项分布所作的近似, 并且 μ_{ij} 和 σ_{ij}^2 都是 s_{i0} 的函数。下面来简要讨论其凸性问题。

求解问题 (5.1) 有多种方法, 比如边际分析法和拉格朗日乘数法。

5.1.2.2.1 边际分析算法

首先讨论边际分析法。由于目标函数可以根据 LRU 类型分割, 首先关注单一 LRU 类型的问题。同样, 可以暂时去掉表示 LRU 类型的下标。

为确定问题 (5.1) 的解, 需分析系统 LRU 总库存与基地期望延期交货量总额的关系。首先要建立它们的函数关系式, 并且函数不一定为凸性的。因此, 我们将构建其下凸界[①], 并以该下凸界为基础, 在不同类型的 LRU 之间进行预算分配。

接着, 定义

$\alpha\left(s, s_0\right) =$ 系统中有 s 个 LRU 并且后方仓库库存量为 s_0 时,
基地 LRU 总的延期交货量的最小值

令 S 表示在优化过程中 s_0 值的集合, 即 $s_0 \in S$。给定 s_0, 我们能计算 μ_j、σ_j^2 和 $P\left\{X_j = x|s_0\right\} \equiv p_j\left(x|s_0\right)$。回顾一下

$$\mathcal{B}_j\left(s_j|s_0\right) = \sum_{x > s_j} (x - s_j) p_j\left(x|s_0\right)$$

并且 $\mathcal{B}_j\left(s_j|s_0\right)$ 是一个凸函数, 在给定 s_0 时, 还满足

$$\mathcal{B}_j\left(s_j|s_0\right) = \mathcal{B}_j\left(s_j - 1|s_0\right) - \left(1 - \sum_{x < s_j} p_j\left(x|s_0\right)\right)$$

---

① 译者注: 本译稿将原文中的 "convex minorant" 译为 "下凸界", 主要是指对给定各点或分段线性函数按一定顺序及算法构建的下凸包络线。

因此, 给基地 j 的库存增加一个单元, 可使延期交货量减少 $\left(1 - \sum_{x < s_j} p_j(x|s_0)\right)$。并且, $\mathcal{B}_j(0|s_0) = \mu_j$。

假设 $s = s_0 + 1$。我们必须解决的问题是将第 $s_0 + 1$ 个单元分配给哪个基地。首先对所有 j, 令 $s_j = 0$。我们希望将单元分配给能使基地期望延期交货量减少最多的那个基地。也就是说, 把单元分配给使 $1 - p_j(0|s_0)$ 取最大值的基地。由于给定 s_0 时, $\mathcal{B}_j(s_j|s_0)$ 是凸函数, 并随 s_j 的增加严格地减少, 所以在知道 $s - s_0 = a - 1$ 个单元最优分配的情况下, 就可以用边际分析法计算 $s - s_0 = a$ 个单元的最优分配。

给定 s_0 的值, 如果 $\tilde{s}_j(a-1)$ 表示有 $a - 1$ 个单元可用于分配给各基地时基地 j 的最优库存水平, 那么下一个单元将分配给能使下式取最大值的基地:

$$\left(1 - \sum_{x < \tilde{s}_j(a-1)+1} p_j(x|s_0)\right)$$

注意, 通过给基地 j 增加一个额外的单元来计算此基地的延期交货的边际减少量, 需要确定

$$\sum_{x < \tilde{s}_j(a-1)+1} p_j(x|s_0) = \sum_{x < \tilde{s}_j(a-1)} p_j(x|s_0) + p_j(\tilde{s}_j(a-1)+1)$$

其中 $\sum_{x < \tilde{s}_j(a-1)} p_j(x|s_0)$ 是已知的, 所以只需计算 $p_j(\tilde{s}_j(a-1)+1|s_0)$。如前所述:

$$p_j(\tilde{s}_j(a-1)+1|s_0) = p_j(\tilde{s}_j(a-1)|s_0) \frac{(r + (\tilde{s}_j(a-1)+1) - 1)}{\tilde{s}_j(a-1)+1} q$$

因此, 对于大范围的 s 值, 可迅速计算出函数 $\alpha(s, s_0)$。例如可以通过设置 $\alpha(s, s_0)$ 的最小值来限制 s 的范围, 即当 $\alpha(s, s_0) < \varepsilon$ 时, 则终止计算。

对于所有 $s_0 \in S$, 都必须计算 $\alpha(s, s_0)$。

接着定义

$$\hat{\alpha}(s) = \min_{s_0} \alpha(s, s_0)$$

$\hat{\alpha}(s)$ 是 s 的严格递减函数, 但是也不必是凸函数。因此, 我们建立函数 $\hat{\alpha}(s)$ 的一个分段线形下凸界 $\hat{\alpha}^c(s)$。用 $\hat{S}_c$ 表示 $\hat{\alpha}^c(s)$ 的斜率变化时的所有 s 值。

例如, 假设有 $m = 10$ 个基地, 每个基地日期望单元需求率为 0.195。并且后方仓库再供应时间为 10 天, 后方仓库到所有基地的运输时间均为 1 天。假定基地所有故障件均在后方仓库修复[1]。图 5.2 是 $\hat{\alpha}(s)$ 的图形, 表 5.7 列出了 $\hat{\alpha}(s)$ 和 s_0^* 的值, s_0^* 是与不同系统库存总量 s 对应的后方仓库最优库存水平。注意, 后方仓库最优库存水平并不随着系统库存总量的增加而单调非减。这也是这类最优化问题难以求解的原因。还需注意 $\hat{\alpha}(s)$ 并不是凸函数, 所以我们构建其下凸界, 如图 5.3 所示[2]。在该例中, $\hat{S}_c = \{35, 36, 41, 42, 43, 44, 45, 46, 48, 54, 55\}$。

基地期望延期交货总量

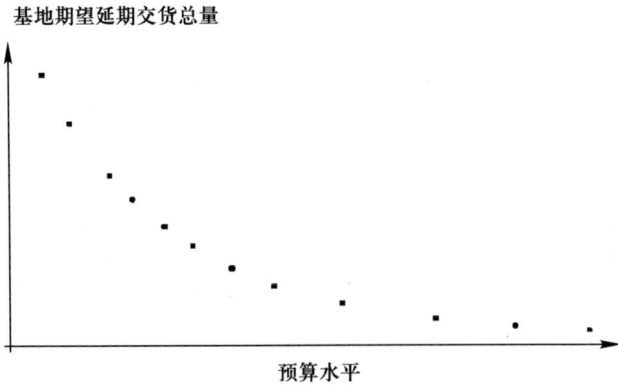

预算水平

图 5.2 $\hat{\alpha}(s)$ 的图形

表 5.7 $\hat{\alpha}(s)$ 和 s_0^* 的值

s	$\hat{\alpha}(s)$	s_0^*	s	$\hat{\alpha}(s)$	s_0^*
35	0.25798	25	46	0.01867	26
36	0.22889	26	47	0.01565	27
37	0.20787	26	48	0.01234	28
38	0.18685	26	49	0.01117	28
39	0.16421	25	50	0.01000	28
40	0.12383	20	51	0.00882	28
41	0.08727	21	52	0.00765	28
42	0.06120	22	53	0.00465	23
43	0.04324	23	54	0.00285	24
44	0.03128	24	55	0.00183	25
45	0.02355	25			

[1]译者注: 原文中须加入 "假定基地所有故障件均在后方仓库修复"。
[2]译者注: 原文图 5.3 编排有误。

假设对于所有 LRUi 来构造函数 $\hat{\alpha}_i^c(s_i)$,其中 s_i 为 i 种项目的系统总库存。为求解问题 (5.1),建立基地所有 LRU 单元类型总延期交货量与总投资的函数关系曲线,而不是仅针对某个具体的目标预算值 b。这里使用另一种边际分析算法来构建该函数。

令 $s_i^1, \cdots, s_i^{K_i}$ 表示 $\hat{S}_c^i$ 的各元素,其中 $\hat{S}_c^i$ 为在分段线形下凸界函数 $\hat{\alpha}_i^c(s_i)$ 的构建中需要考虑的 i 种 LRU 的总库存水平的集合。也就是说,s_i^k 的值为总的基地延期交货量函数 $\hat{\alpha}_i^c(s_i)$ 的斜率变化时的库存水平。

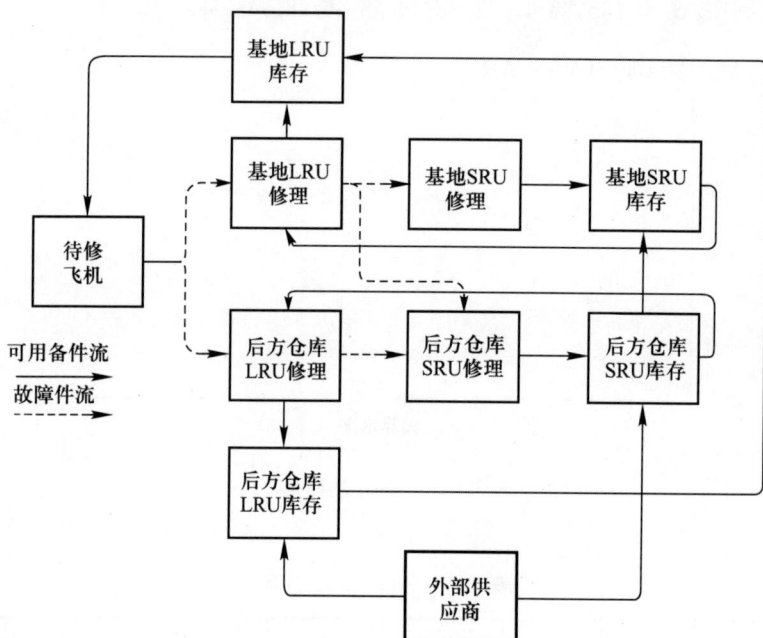

图 5.3 $\hat{\alpha}^c(s)$ 的框图

在构造之初,先计算所有项目 i 的 $\hat{\alpha}_i^c(s_i^1)$。令 $\beta(1) = \sum_i \hat{\alpha}_i^c(s_i^1) C(1) = \sum s_i^1 c_i$。然后,对所有 i,令 $k_i = 1$,$\ell = 1$。

在 $\ell \geqslant 1$ 迭代开始时,有 $C(\ell)$ 和 $\beta(\ell)$。对所有 i,计算

$$\Delta_i\left(s_i^{k_i}\right) = \frac{\hat{\alpha}_i^c\left(s_i^{k_i}\right) - \hat{\alpha}_i^c\left(s_i^{k_i+1}\right)}{c_i\left(s_i^{k_i+1} - s_i^{k_i}\right)}$$

上式表示,每对 i 种 LRU 投资 1 美元,库存水平从 $s_i^{k_i}$ 增加到 $s_i^{k_i+1}$ 时能使期望的基地延期交货总数的减少值。

假设有 i^* 使得

$$\Delta_{i^*}\left(s_{i^*}^{k_{i^*}}\right) = \max_i \Delta_i\left(s_i^{k_i}\right)$$

设

$$C(\ell+1) = C(\ell) + c_{i^*}\left(s_{i^*}^{k_{i^*}+1} - s_{i^*}^{k_{i^*}}\right)$$

并且

$$\beta(\ell+1) = \beta(\ell) - \left(\hat{\alpha}_{i^*}^c\left(s_{i^*}^{k_{i^*}}\right) - \hat{\alpha}_{i^*}^c\left(s_{i^*}^{k_{i^*}+1}\right)\right)$$

令 $k_{i^*} = k_{i^*}+1$, $\ell = \ell+1$，重新计算 $\Delta_{i^*}\left(s_{i^*}^{k_{i^*}}\right)$ 的值。对于 i 的所有其他值，$\Delta_i(\cdot)$ 值保持相同。

重复上述过程，直至考虑到所有 k_i 值，即对于所有 i, $k_i = K_i$。

如图 5.4 所示[①]，在 LRU 系统库存中，我们刚简述的构造过程可以在有限投资水平集合约束下用于计算基地期望延期交货总数函数。

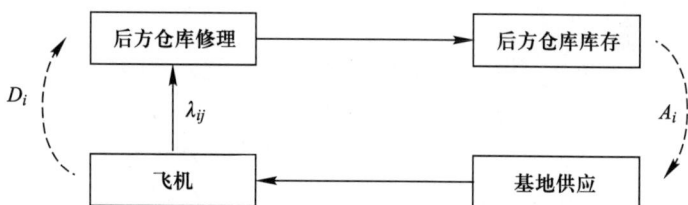

图 5.4　不同预算水平下基地期望延期交货总数的计算过程

5.1.2.2.2　拉格朗日算法

现在介绍计算后方仓库和基地库存水平的另一种方法，即求解问题 (5.1) 的另一方法。算法的简略过程如下：首先建立问题 (5.1) 的拉格朗日松弛公式，并把它分解成一系列可一次求解的单一项目问题。用投资约束来作为松弛条件约束，这样在松弛后的公式中就只有一个拉格朗日乘数。然后对于每一项目，给定乘数值，使用枚举法确定后方仓库和基地的最佳库存水平。该过程在不同的乘数上重复运行，即可得出问题 (5.1) 的解。

这种拉格朗日算法是基于第 3 章中的结论，即对于 b 的某一具体值，松弛问题的最优解能产生问题 (5.1) 的最优解。通过研究拉格朗日乘数的最佳取值范围，可以得出问题 (5.1) 的优良解 (如果不是最优)。

---

①译者注：原文图 5.4 编排有误。

先来构造拉格朗日松弛公式:

$$\min_{s_{ij}} \sum_{i=1}^{n} \sum_{j=1}^{m} \mathcal{B}_{ij}(s_{ij}, s_{i0}) + \theta \sum_{i=1}^{n} c_i \sum_{j=0}^{m} s_{ij} - \theta b \tag{5.2}$$

式中: $s_{ij} = 0, 1, \cdots$, 其中符号的意义与前面章节相同; $\theta(\theta > 0)$ 表示与下面约束对应的乘数:

$$\sum_{i=1}^{n} c_i \sum_{j=0}^{m} s_{ij} \leqslant b$$

拉格朗日松弛公式还可表示为

$$\sum_{i=1}^{n} \left\{ \min \sum_{j=1}^{m} \mathcal{B}_{ij}(s_{ij}, s_{i0}) + \theta c_i \sum_{j=0}^{m} s_{ij} \right\} - \theta b, \quad s_{ij} = 0, 1, \cdots$$

因此, 拉格朗日松弛公式可根据项目分解。也就是说, 可独立对各项目进行求解:

$$\min \sum_{j=1}^{m} \mathcal{B}_{ij}(s_{ij}, s_{i0}) + \theta c_i \sum_{j=0}^{m} s_{ij}, \quad s_{ij} = 0, 1, \cdots \tag{5.3}$$

第 3 章证明了对于给定的 s_{i0} 值, 期望延期交货函数 $\mathcal{B}_{ij}(s_{ij}, s_{i0})$ 是 s_{ij} 的凸函数, 但并不一定是 s_{ij} 和 s_{i0} 的联合凸函数。因此, 为找到给定 θ 值时问题 (5.1) 的最优解, 在后方仓库库存水平范围值中使用穷举搜索方法。

假设 θ 的取值为 θ_ℓ, s_{i0} 等于 ρ。那么要找出基地的库存水平, 可求解

$$W_{\rho\ell}^i = \min_{s_{ij} = 0, 1, \cdots} \left[\sum_{j=1}^{m} (\mathcal{B}_{ij}(s_{ij}, \rho) + \theta_\ell c_i s_{ij}) \right] + \theta_\ell c_i \rho \tag{5.4}$$

注意到

$$\min_{s_{ij} = 0, 1, \cdots} \left[\sum_{j=1}^{m} (\mathcal{B}_{ij}(s_{ij}, \rho) + \theta_\ell c_i s_{ij}) \right]$$
$$= \sum_{j=1}^{m} \min (\mathcal{B}_{ij}(s_{ij}, \rho) + \theta_\ell c_i s_{ij}) \tag{5.5}$$

也就是说, 给定 θ_ℓ 和 ρ 值, 则对每种项目来说, 松弛后的最优化问题也是可按基地分解的。

其中, 对

$$\min \left(\mathcal{B}_{ij}\left(s_{ij}, \rho\right) + \theta_\ell c_i s_{ij}\right), \quad s_{ij} = 0, 1, \cdots \tag{5.6}$$

的解可易求得。问题 (5.6) 的目标函数是 s_{ij} 的离散凸函数。因此容易证明, 使用一阶差分法, s_{ij} 的最优值是满足下式的最小非负整数:

$$\sum_{x \geqslant s_{ij}+1} p\left(x \mid \rho\right) \leqslant \theta_\ell c_i \text{ 或 } \sum_{x \leqslant s_{ij}} p\left(x \mid \rho\right) \geqslant 1 - \theta_\ell c_i$$

式中: $p\left(x \mid \rho\right)$ 为给定 $s_{i0} = \rho$ 时, 项目 i 在基地 j 的再供应量为 x 个单元的概率。该概率可利用 5.1.2.1 节中介绍的方法计算。

注意到, 只要 $\theta_\ell \geqslant \dfrac{1}{c_i}$, s_{ij} 的最优值都是 0。故对于所有 i, $\theta_\ell < \min_i \dfrac{1}{c_i} = \dfrac{1}{\max_i c_i}$ 是 $s_{ij} > 0$ 的一个必要条件。

上面已说明在给定 θ_ℓ 和 ρ 时如何得到基地库存水平的最优值。为找到给定 θ_ℓ 值时后方仓库和基地库存水平最优值的组合, 需找到 $s_{i0} = \rho$ 时, 使下式成立的值及相应的基地库存水平值 s_{ij}。

$$s_{i0} = \arg\min_\rho W_{\rho\ell}^i \tag{5.7}$$

如前所述, 当 s_{i0} 超过 $\lambda_{i0} D$ 时, $\lambda_{i0} D$ 为后方仓库再供应时间内的后方仓库期望需求量, $\dfrac{\mathcal{B}_{i0}\left(s_{i0}\right)}{\lambda_{i0}} \to 0$ 且趋近速度较快, 所以需要确切检查的后方仓库库存水平取值范围是有限的。在实际应用中, $\lfloor \lambda_{i0} D \rfloor$ 通常是 s_{i0} 的下限。

知道了后方仓库和基地的库存水平, 可以得到相应的项目 i 投资水平,

$$c_i\left(\theta_\ell\right) = c_i \sum_{j=0}^m s_{ij} \tag{5.8}$$

给定 $\theta = \theta_\ell$, 所有项目总投资水平为

$$\sum_{i=1}^n c_i\left(\theta_\ell\right) \tag{5.9}$$

可见, 每一个 θ 值对应系统库存中的一个投资水平。

在实际问题中, θ 的值也需要有一定范围。前面讲过, 为使 s_{ij} 为正值, θ 必须小于 $\dfrac{1}{c_i}$。因此, 通常搜索最优值的范围限定在 $0 < \theta < \dfrac{1}{\max c_i}$。

在实践中,基于拉格朗日的算法有两种不同的实现途径。一种途径利用两阶段法来寻找 θ 最优值。如果想得到预算范围及对应的基地期望延期交货量,可以采用第二种途径。在第二种途径中,需预先指定 θ 的一组 M 个值,$0 < \theta_1 < \cdots < \theta_M < \dfrac{1}{\max c_i}$。一般基于过去求解这类问题的经验来选择这 M 个值。下面来介绍这两种方法。

算法 1

步骤 1. 确定 θ 的最小值和最大值 $\theta_{\min}$、$\theta_{\max}$。设 $\theta_1 = \dfrac{\theta_{\min} + \theta_{\max}}{2}$,$\ell = 1$。

步骤 2. 设 $\theta = \theta_\ell$,对每个 i 值,找出产生 $\min\limits_{\rho}\left\{W_{\rho\ell}^i\right\}$ 的后方仓库和基地库存水平。

步骤 3. 计算 $C(\theta) = \sum\limits_{i=1}^{n} c_i \sum\limits_{j=0}^{m} s_{ij}(\theta)$。如果 $|C(\theta) - b| < \varepsilon$,停止;否则,如果 $C(\theta) > b$,设 $\theta_{\min} = \theta_\ell$;否则设 $\theta_{\max} = \theta_\ell$。设 $\theta_\ell = \dfrac{\theta_{\max} + \theta_{\min}}{2}$,$\ell = \ell + 1$,返回步骤 2。

显然,找到一个优良解需要的迭代次数取决于 $\theta_{\min}$、$\theta_{\max}$ 和 ε 的初始值。在实际问题中,当 θ 值的初始范围为经验值并且将 ε 设为预算的 1/2% 时,那么需要的迭代次数一般不超过 10 次。当然,这也需要大量的重复计算。下面来介绍第二种算法,它的计算量较小。

算法 2

步骤 1. 选择一组 M 个乘数值

$$0 < \theta_1 < \cdots < \theta_M < \frac{1}{\max c_i}$$

步骤 2. 对每一种项目 i 和 θ_ℓ,求解

$$\min_{\rho} W_{\rho\ell}^i$$

并获得库存水平 $s_{ij}(\theta_\ell)$ 和 $\sum\limits_{j=1}^{m} \mathcal{B}_{ij}(s_{ij}(\theta_\ell), s_{i0}(\theta_\ell))$。

步骤 3. 计算 $C(\theta_\ell)$,并且选择预算最接近 b 的解。

如前所述,由于在步骤 2 中执行的计算相同,两种方法的计算量看上去似乎相同。但实际上由于实现方法不同,所以计算量并不相同。

对于第二种算法,先分析如何计算 $W_{\rho\ell}^i$。回顾一下,给定项目 i 的后方仓库库存量 $s_{i0} = \rho$,就可以通过寻找使下式成立的最小 s_{ij} 值,来

确定基地的最优库存水平:

$$\sum_{x \leqslant s_{ij}} p\left(x|\rho\right) \geqslant 1 - \theta_\ell c$$

注意, 当 $\ell_1 > \ell_2$ 时

$$s_{ij}\left(\theta_{\ell_1}\right) \leqslant s_{ij}\left(\theta_{\ell_2}\right)$$

因此实施算法 2 时, 给定 $\rho = s_{i0}$ 值, 通过简单遍历每一个 θ 值就可以确定基地的最优库存水平。由于在给定 $\rho = s_{i0}$ 时 $s_{ij}\left(\theta_M\right) \leqslant s_{ij}\left(\theta_{M-1}\right)$, 在计算 $s_{ij}\left(\theta_M\right)$ 时所做的运算在计算 $s_{ij}\left(\theta_{M-1}\right)$ 时无需再重复, 所以实际实现第二种算法所需的计算量很小。尤其当用来分析权衡系统库存投资和基地期望缺货水平的效益时, 此算法特别有效。

5.2 等待时间分析

我们所说的最优化问题是指使任意时刻在基地 LRU 总平均延期交货量最小化。虽然基地某一 LRU 的平均延期交货量和平均等待时间都比较小, 但也有必要知道满足一个再供应需求需要经历多长时间的延迟。也就是说, 基地或后方仓库 LRU 的再供应等待时间服从什么概率分布。在基地, 该时间是指到飞机可重新运行的时间; 在后方仓库, 该时间是指单元被送往需要的基地之前再供应需求延迟的时间。

下面就来推导再供应等待时间的概率分布, 在此假设再供应需求按简单泊松过程产生, 再供应时间为独立同分布的随机变量, 其概率密度为 $\psi(\cdot)$, 均值为 T。并且需求的满足过程遵循先到先服务的排队准则。对于时刻 t 产生的再供应需求, 我们来计算故障 LRU 的等待时间大于 u 的概率分布。

首先定义相关符号。令:

随机变量 $W(t)$ 表示满足发生在时刻 t 的 LRU 需求所需的等待时间;

随机变量 $I(t)$ 表示恰在时刻 t 之前 LRU 的净库存;

随机变量 $X(t)$ 表示在恰在时刻 t 之前处于再供应过程中的 LRU 的数量, 不包括恰在时刻 t 发生的需求;

随机变量 $V_1(t,u)$ 表示在时刻 t 已经处于再供应系统的故障件, 在时间 $(t, t+u]$ 内完成修复的 LRU 数量 (也就是说, 在区间 $(0, t)$ 内发生故障, 但截止到 t 时刻仍未被修复);

随机变量 $V_2(t,u)$ 表示在时间 $(t,t+u]$ 内进入修理周期, 并且在区间 $(t,t+u]$ 内完成修复的 LRU 数量;

$$V(t,u) = V_1(t,u) + V_2(t,u);$$

$F(x) = \int_0^x \psi(y)\,\mathrm{d}y$, 表示一个 LRU 用时 x 或更少的时间完成修复的概率。

在 t 时刻发生的 LRU 再供应需求, 在 u 段时间后还未得到满足的情况当且仅当如下事情发生时才可能发生: t 时刻的再供应量大于或等于 s(s 为库存水平), 并且在时间 $(t,t+u]$ 内完成修复的单元数量无法满足时刻 $t+u$ 之前产生的需求。故

$$\text{当且仅当 } I(t) + V(t,u) + r(u) \leqslant 0 \text{ 时}, W(t) > u$$

其中, 当时刻 t 发生故障的单元的修理周转时间小于或等于 u, $r(u) = 1$; 否则等于 0。

对所有 t 值, 有 $s = I(t) + X(t)$, 所以

$$I(t) + V(t,u) + r(u) \leqslant 0 \text{ 意味着 } s - X(t) + V(t,u) + r(u) \leqslant 0$$

或 $s \leqslant X(t) - V(t,u) - r(u) = X_1(t+u) - V_2(t,u) - r(u)$, 其中 $X_1(t+u) = X(t) - V_1(t,u)$, 即在 $(0,t)$ 内发生故障, 并且在时刻 $t+u$ 仍处于再供应系统的 LRU 的数量。因此

$$P\{W(t) > u\} = P\{X_1(t+u) - V_2(t,u) - r(u) \geqslant s\}$$

注意, 由于在时刻 t 之前到达的待修 LRU 无法影响 t 之后待修单元的到达时间、数量或修理时间, 所以随机变量 $X_1(t+u)$、$V_2(t,u)$ 以及 $r(u)$ 都是独立的。同时 t 时刻之前和之后产生的故障 LRU 的到达时间与修理时间也并不影响时刻 t 产生的故障件的修理时间。

令 $p_1(t)$ 表示在区间 $(0,t)$ 内到达的 LRU, 在时间 $t+u$ 仍处于再供应系统的概率, 即

$$p_1(t) = \frac{1}{t} \int_0^t (1 - F(t+u-v))\mathrm{d}v$$
$$= \frac{1}{t} \int_u^{t+u} (1 - F(v))\mathrm{d}v$$

令 p_0 表示时间间隔 $(t, t+u]$ 内到达的故障件能在时刻 $t+u$ 之前完成修复的概率, 即

$$p_0 = \frac{1}{u} \int_0^u F(u-v)\, \mathrm{d}v$$

那么, 根据第 3 章给出的论证, 可以得到

$$P\{X_1(t+u) = k\} = \mathrm{e}^{-\lambda t p_1(t)} \frac{(\lambda t p_1(t))^k}{k!}$$

$$= \mathrm{e}^{-\lambda \int_u^{t+u} (1-F(v))\mathrm{d}v} \frac{\left(\lambda \int_u^{t+u} (1-F(v))\mathrm{d}v\right)^k}{k!}$$

并且

$$P\{V_2(t,u) = k\} = \mathrm{e}^{-\lambda u p_0} \frac{(\lambda u p_0)^k}{k!}$$

$$= \mathrm{e}^{-\lambda \int_0^u F(u-v)\mathrm{d}v} \frac{\left(\lambda \int_0^u F(u-v)\, \mathrm{d}v\right)^k}{k!}$$

为确定 $W(t) > u$ 的概率, 我们考虑两种情况。在第一种情况中, $X_1(t+u) = s+k$, $k \geqslant 1$, 及 $V_2(t,u) < k$。也就是说, 时刻 t 之前到达的故障件在时刻 $t+u$ 仍处于再供应系统中的单元数量为 $s+k$, 并且, 在区间 $(t, t+u]$ 内到达的故障 LRU 能在该时间段修复的数量少于 k。由于我们假设满足需求是建立在先到先服务的基础上, 所以在时刻 t 产生的 LRU 需求到 $t+u$ 仍无法得到满足。

在第二种情况中, 在时刻 $t+u$ 仍处于再供应系统中的 LRU 数量为 $s+k$ 个, $k \geqslant 0$, 与时刻 t 之前的再供应需求量相对应。另外, 在区间 $(t, t+u]$ 内恰好有 k 个单元完成修复, 也即与该区间内进入修理周转时间的 LRU 的数量相对应。所以, 在第二种情况中, 只有在单元的修理周转时间超过 u 时, 时刻 t 发出的再供应需求才无法得到满足。

综合上述情况可知

$$P\{W(t) > u\} = \sum_{k=1}^{\infty} \left[P\{X_1(t+u) = s+k\} \sum_{y=0}^{k-1} P\{V_2(t,u) = y\} \right]$$

$$+ \sum_{k=0}^{\infty} P\{X_1(t+u) = s+k\} \{1 - F(u)\} P\{V_2(t,u) = k\}$$

假定 $F(0) = 0$。那么等待时间为 0 的概率可由下式计算:

$$P\{W(t) = 0\} = \sum_{k=0}^{s-1} P\{X(t) = k\} = P\{I(t) > 0\}$$

注意, $P\{X_1(t+u) = k\}$ 依赖于 t 和 u, 但 $P\{V_2(t,u) = k\}$ 仅依赖 u。令下式表示有 k 个 LRU 在发生故障的 u 个时间单位后仍处于再供应系统中的稳态概率:

$$P\{X_1(u) = k\} = \lim_{t \to \infty} P\{X_1(t+u) = k\}$$

$$= e^{-\lambda \int_u^\infty (1 - F(v))dv} \frac{\left(\lambda \int_u^\infty (1 - F(v))dv\right)^k}{k!}$$

令随机变量 W 表示满足再供应需求前需要的稳态等待时间。那么有

$$P\{W(t) > u\} = \sum_{k=1}^{\infty} \left[P\{X_1(u) = s + k\} \sum_{y=0}^{k-1} P\{V_2(u) = y\} \right]$$

$$+ \sum_{k=0}^{\infty} P\{X_1(u) = s + k\}\{1 - F(u)\} P\{V_2(u) = k\}$$

式中: 随机变量 $V_2(u)$ 表示某一 LRU 发生故障后的 u 个时间单位内, 进入修理周期并完成修复的 LRU 的数量。

这里的等待时间分布可用于确定后方仓库 LRU 的最小库存水平。如果因后方仓库延期交货造成的基地库存供应延迟不超过 u 天的概率为 α, 这时就可设置后方仓库的最小库存水平。需要注意的是, 计算 $P\{W(t) > u\}$ 时需要明确给出修理周转时间的分布 $F(\cdot)$, 因此, 不得不对 $F(\cdot)$ 进行估计以进行相关计算。

5.3 多装配关系系统

为减少系统修理费用, 越来越多的系统采用多组件形式设计。有些昂贵的系统通常价值数百万美元, 其中包括了很多可修单元, 称为 LRU。这样产品设计的潜在修理概念的目标是, 从系统上快速拆除故障单元, 以便该系统能迅速恢复可服务状态。这些 LRU 通常也很昂贵, 有一些单元也要数百万美元。由于系统要正常运行需要很多 LRU, 因此要在修理系统中长期保存这类单元的成本也将是很高的。我们设计系

统的理念就是避免冗长的装配或 LRU 修理周转时间, 使得系统修理时间最小化。具体实现是靠迅速探测到发生故障的子部件, 并将其快速拆下和更换。这些子部件往往也很贵, 通常发生故障时也需要修理, 我们称这些可修子部件为车间 (内场) 可更换单元 (SRU), 意思是这些子部件是在修理车间内从其父组件上拆下, 而不是直接从系统上拆下。系统要保持可用状态, 高度依赖于可用的 LRU 和 SRU。本节就主要讨论在投资水平一定的情况下, 确定 LRU 和 SRU 的最佳组合。

5.3.1 一个两级两层装配关系的再供应系统

在两层装配关系再供应系统中, 系统发生故障时, 从系统拆下并换上 LRU, 并从损坏的 LRU 上拆下并换上 SRU。我们将详细分析一个具体的两级两层装配关系的再供应环境, 如图 5.5 所示, 系统由一个后方仓库和一组由该后方仓库保障的基地组成。

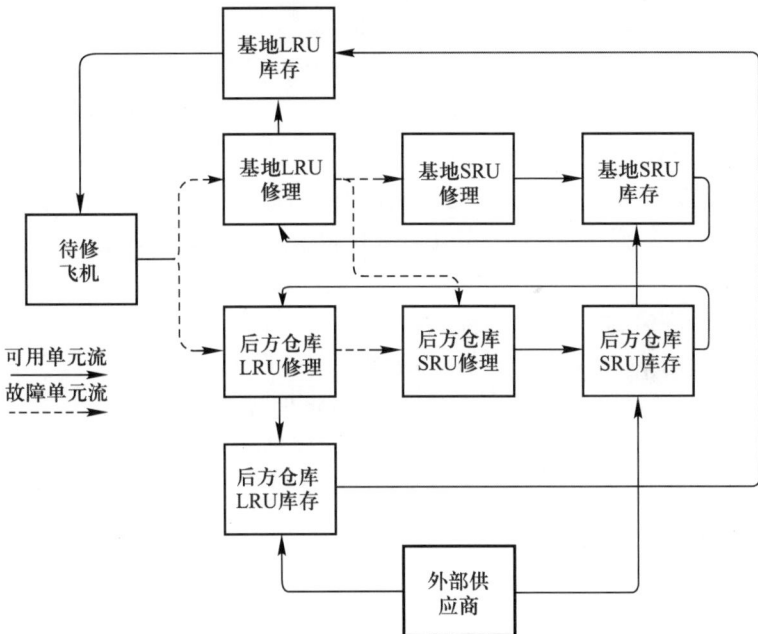

图 5.5 一个两级两层装配关系的再供应系统

我们采用最早创建该模型的美国空军系统中使用的术语。其中系统是指飞机, LRU 可以是发动机或是构成飞机航电子系统的 "黑匣子"。SRU 则是发动机各模块或是航电子系统某个计算机 LRU 所属的电路板。我们要讨论的问题就是确定后方仓库和基地 LRU 和 SRU 的库存水平,使得基地 LRU 的期望延期交货量最小化。据此,在 LRU 与 SRU 的总投资范围内确定库存水平,使得可运行飞机数最大化。

该问题的优化方法与 5.1.2.2.1 节中讨论的两级单层装配问题的优化方法类似。首先建立优化模型的关键概率分布。因此,首先介绍如何计算某一 LRU 以及其所属的每一个 SRU 在再供应系统中的单元量; 然后概述基地和后方仓库 LRU 与 SRU 库存水平的计算过程。

5.3.2　再供应系统中单元数量稳态概率分布的计算

先概述各基地各 LRU 及所属 SRU 处于再供应中数量的概率分布构建方法。

首先提出一个重要的假设, 即各 LRU 故障 (或从飞机上拆除) 仅由一种 SRU 的故障类型引起的; 并且, 每一种 SRU 仅出现在一种 LRU 类型中, 这一假设在实际中也是合理的。

由于所有 LRU 类型的分析方法都相同, 所以我们将专注于研究某单一 LRU 类型的稳定概率分布。

现在介绍一些符号定义。

令 i 表示项目类型, $i = 0$ 表示 LRU, $i = 1, \cdots, I$ 表示 SRU 类型。如前所述, j 表示库存地点, 其中 $j = 0$ 表示后方仓库, $j = 1, \cdots, m$ 表示基地。令

$\lambda_{ij} = $ 在基地 j 项目 i 的日需求率;

$B_{ij} = $ 在基地 j 项目 i 的平均修理周转时间;

$D_{i0} = i$ 种 SRU 在后方仓库的平均修理周转时间;

$D_{00} = $ LRU 在后方仓库的平均修理周转时间;

$r_{ij} = $ 在基地 j, 从 LRU 上拆下的 i 种 SRU, 该种 SRU 在该基地被修复的概率;

$r_{0j} = $ 在基地 j, LRU 故障可在该基地被修复的概率;

$A_{ij} = i$ 类型项目从后方仓库到基地 j 的订购与运输时间;

$\alpha_{ij} = $ 某一 LRU 在基地 j 修复时, 要完成该修复需要 i 种 SRU 的概率;

$\alpha_{i0} = $ 某一 LRU 在后方仓库修复时, 要完成该修复需要 i 种 SRU 的概率。

那么可以得到, 在 j 基地 i 种 SRU 的日需求率 $\lambda_{ij} = r_{0j}\lambda_{0j}\alpha_{ij}$, 在后方仓库 LRU 的日需求率 $\lambda_{00} = \sum_j (1 - r_{0j})\lambda_{0j}$。因基地和后方仓库需求而在后方仓库产生的对 i 种 SRU 的需求率可表示为

$$\lambda_{i0} = \sum_j \lambda_{ij}(1 - r_{ij}) + \lambda_{00}\alpha_{i0}, \quad i > 0$$

下面计算后方仓库再供应过程中 LRU 数量的均值和方差。令

$$\begin{aligned}\beta_{i0} &= \frac{\lambda_{00}\alpha_{i0}}{\lambda_{i0}}\\ &= \text{因在后方仓库修复 LRU 而产生的对 } i \text{ 种}\\ &\quad \text{SRU 需求占后方仓库对该 SRU 需求的比率}\end{aligned}$$

如果随机变量 X_{00} 表示后方仓库再供应过程中 LRU 的数量, 那么可以得到

$$E(X_{00}) = \lambda_{00}D_{00} + \sum_i \beta_{i0}\mathcal{B}_{i0}(s_{i0}|\lambda_{i0}D_{i0})$$

$$\begin{aligned}\mathrm{Var}(X_{00}) &= \lambda_{00}D_{00} + \sum_i \beta_{i0}(1 - \beta_{i0})\mathcal{B}_{i0}(s_{i0}|\lambda_{i0}D_{i0})\\ &\quad + \sum_i \beta_{i0}^2 (i \text{ 种 SRU 在后方仓库延期}\\ &\qquad \text{交货量的方差 } (s_{i0}|\lambda_{i0}D_{i0}))\end{aligned}$$

其中, i 种 SRU 在后方仓库延期交货量的方差可用 5.1.2.1 节中讨论 METRIC 模型时介绍的方法计算。

在基地再供应过程中, 供应 SRU 数量的均值和方差可用类似的方式计算。令

$$\begin{aligned}\beta_{ij} &= \text{后方仓库对 } i \text{ 种 SRU 需求可归于基地 } j \text{ 需求的比率}\\ &= \frac{\lambda_{ij}(1 - r_{ij})}{\lambda_{i0}}\end{aligned}$$

如果随机变量 X_{ij} 表示在 j 基地 i 种 SRU 再供应量, 那么

$$E(X_{ij}) = \lambda_{ij}(1 - r_{ij})A_{ij} + r_{ij}\lambda_{ij}B_{ij} + \beta_{ij}\mathcal{B}_{i0}(s_{i0}|\lambda_{i0}D_{i0})$$

$$\begin{aligned}\mathrm{Var}(X_{ij}) &= r_{ij}\lambda_{ij}B_{ij} + (1 - r_{ij})\lambda_{ij}A_{ij}\\ &\quad + \beta_{ij}(1 - \beta_{ij})\mathcal{B}_{i0}(s_{i0}|\lambda_{i0}D_{i0})\\ &\quad + \beta_{ij}^2 (i \text{ 种 SRU 在后方仓库延期交货量的方差 } (s_{i0}|\lambda_{i0}D_{i0}))\end{aligned}$$

最后, 计算基地再供应过程中 LRU 数量的均值和方差。按符号定义,

$\beta_{0j} =$ 在场站修复的 LRU 可归于基地 j 需求的比率

那么可以得到

$$\beta_{0j} = \frac{\lambda_{0j}(1 - r_{0j})}{\lambda_{00}}$$

令随机变量 X_{0j} 表示 j 基地 LRU 的再供应量, 可得

$$E(X_{0j}) = \lambda_{0j}(1 - r_{0j}) A_{0j} + r_{0j}\lambda_{0j}B_{0j}$$
$$+ \beta_{0j}\mathcal{B}(s_{00}|E(X_{00}), \text{Var}(X_{00}))$$
$$+ \sum_i \mathcal{B}(s_{ij}|E(X_{ij}), \text{Var}(X_{ij}))$$

$$\text{Var}(X_{0j}) = r_{0j}\lambda_{0j}B_{0j} + \lambda_{0j}(1 - r_{0j}) A_{0j}$$
$$+ \beta_{0j}(1 - \beta_{0j})\mathcal{B}(s_{00}|E(X_{00}), \text{Var}(X_{00}))$$
$$+ \sum_i (j \text{ 基地 } i \text{ 种 SRU 延期交货量的方差}$$
$$(s_{ij}|E(X_{ij}), \text{Var}(X_{ij})))$$
$$+ \beta_{0j}^2 \text{ 后方仓库 LRU 延期交货量的方差}$$
$$(s_{00}|E(X_{00}), \text{Var}(X_{00}))$$

这些均值和方差可用于计算概率分布并以此得到各自延期交货量函数。在各种情况下, 我们假设该概率分布可用给定均值和方差的负二项分布精确近似。

5.3.3 计算后方仓库和基地 LRU 及 SRU 的库存水平

我们已给出如何构建各地点各 LRU 和 SRU 供应量的近似概率分布, 那么就可以研究计算这些 LRU 和 SRU 库存水平的优化模型与算法。

再来做一些符号规定。令 ℓ 表示一种 LRU 类型, s_{i0}^ℓ 和 s_{ij}^ℓ 分别表示 ℓ 种 LRU 中的 i 类 SRU 在后方仓库和 j 基地的库存水平, s_{00}^ℓ 和 s_{0j}^ℓ 分别表示 ℓ 种 LRU 在后方仓库和 j 基地的库存水平。

我们的目标是选择每个 LRU 家族 ℓ (一个 LRU 和它所属的 SRU) 的库存水平 s_{i0}^ℓ 和 s_{ij}^ℓ, 以使得各基地 LRU 总延期交货量最小。假设 LRU 族 ℓ 的单位成本为 c_0^ℓ, SRU i 的单位成本是 c_i^ℓ。 b 表示投资额度。在实际应用中, 需要绘制不同投资预算 b 作为构成总的基地延期交货最小值函数的换算曲线。下面来讨论用来构建这一权衡曲线的算法。

计算 SRU 和 LRU 库存水平的最优化问题可表示为

$$\min \sum_{\ell} \sum_{j \neq 0} \mathcal{B}_{0j}^{\ell} \left(s_{0j}^{\ell} | s_{00}^{\ell}, s_{i0}^{\ell}, s_{ij}^{\ell} \right)$$

$$\sum_{\ell} \left\{ c_0^{\ell} \left(\sum_{j} s_{0j}^{\ell} + s_{00}^{\ell} \right) + \sum_{\substack{i \neq 0 \\ (\text{SRU})}} c_i^{\ell} \left(\sum_{j} s_{ij}^{\ell} + s_{i0}^{\ell} \right) \right\} \leqslant b$$

式中: s_{0j}^{ℓ}、s_{ij}^{ℓ} 均为非负整数。

如前所述, 该优化问题既不是凸的也不可分解, 因此不易求解。其求解方法与前面 5.1.2.2 节中给出的方法类似。由于这是一种基于边际分析的方法, 故无法保证找到原问题最优解。但是, 正如我们将看到的它却能生成特定预算水平下的最优解。这里所说的最优水平, 如前面讨论过的, 是指为在再供应中的单元数量所做的稳定概率分布的近似是最优的。

现在来简单介绍一种寻找 LRU 和 SRU 库存水平的算法。由于算法所需的符号较为复杂, 我们仅提供一个非数学的描述。只要完全理解了 5.1.2.2 节中介绍的思想, 这种算法是如何工作的就清楚了。算法构造一系列凸的权衡曲线, 每个曲线对应一族 LRU, 综合这些曲线即可生成整个系统的换算曲线。各 LRU 族的算法如下。

对于各 LRU 族:

步骤 1 构造所属 SRU 的权衡曲线。

(A) 对族中的各 SRU:

(i) 对各后方仓库 SRU 库存水平, 构造 SRU 在基地库存投资的权衡曲线 (应用边际分析法完成)。其目的是选择基地 SRU 库存水平, 以使得在基地修理时 LRU 的期望等待时间最小化。

(ii) 使用步骤 (i) 的结果, 构造 LRU 在后方仓库修复时基地和后方仓库 LRU 总的期望等待时间与系统总库存的权衡曲线。这一曲线可能不是凸的。

(iii) 删除非凸点, 使剩余的权衡曲线是离散凸的。

(B) 对 LRU 族中的所有 SRU 合并权衡曲线:

(i) 使用从步骤 1.A.iii 构造的单个 SRU 性能与投资间的下凸界函数曲线中获得的数据, 构造 LRU 在基地和后方仓库总期望等待时间或 LRU 平均修理周转时间延迟与 LRU 族中 SRU 的特定总投资水平间关系的权衡曲线。该曲线通过边际分析法构建, 其结果是一个凸的权衡曲线。在权衡曲线构造中产生的各预算水平, 都有一个相应的基地和后方仓库 LRU 的最小的总期望等待时间。

步骤 2 对步骤 1.B.i. 中生成的 SRU 总预算水平 (对应于相应的基地和后方仓库 SRU 库存水平)。

(A) 对所有后方仓库 LRU 库存水平:

(i) 应用 5.3.2 节中推导的关系, 计算各地点 LRU 再供应量的均值和方差。并使用这些值, 确定各地点 LRU 再供应量的近似分布。

(ii) 构造所有基地级 LRU 期望延期交货量与总投资间关系的权衡曲线。应用边际分析的概念, 选择下一个应增加 LRU 库存的基地。给定 SRU 和后方仓库 LRU 的库存水平值, 得到的所有基地 LRU 期望延期交货曲线是一条凸曲线, 该曲线可通过边际分析法获得。

(iii) 在给定后方仓库 LRU 库存和 SRU 总预算水平下, 在步骤 (ii) 构建中产生了一系列总预算与所有基地级 LRU 期望延期交货量的对应值。

(B) 对给定的 SRU 预算水平, 构造总投资与期望的基地级 LRU 延期交货量关系的权衡凸曲线。

(i) 使用步骤 2.A.iii. 产生的预算/性能对, 构造考虑所有后方仓库库存水平的组合权衡曲线。得到的全部期望的基地 LRU 延期交货量与预算的关系曲线可能不必是凸的。

(ii) 删除部分预算/性能对, 使上一步得到的换算曲线是离散凸的。这就会在给定总 SRU 预算下, 产生一组总预算与全部基地级 LRU 期望延期交货量的对应值。

步骤 3 构造总投资与期望的基地级 LRU 延期交货量间的权衡曲线。

(i) 使用步骤 2.B.ii 产生的预算/性能对, 构造考虑所有 SRU 预算水平的组合换算曲线。得到的总的期望基地 LRU 延期交货量与总预算的关系也不必是凸性的。

(ii) 删除上一步中得到的部分预算/性能对, 得到离散凸的曲线。

上述贪婪算法产生了单一 LRU 族的权衡曲线。也就是说, 得到的离散凸曲线给出了与具体 LRU 及其所属 SRU 总投资水平相对应总的期望基地级延期交货量。这样, 就可以通过结合这些为各 LRU 族构造的凸函数来生成原问题的解。因此, 由于每个预算水平都来源于基于贪婪算法的应用边际分析, 可以获得可完成的期望总基地级延期交货总量的最小值。同时还能获得与各预算相对应的基地和后方仓库 LRU 和 SRU 库存水平。

5.4 第 5 章习题

5.4.1 假设有一个基地－后方仓库两级系统, 同 5.1.1 节所讨论的一样。10 个基地的需求过程均为泊松过程, 其中各基地的日需求率均为 0.5。假设后方仓库到基地的平均订购运输时间为 1 天、5 天或 10 天, 并且后方仓库平均再供应时间为 15 或 30 天。基地的所有故障件均在后方仓库修复。要求:

(a) 对各基地画出 $\delta(s_{i0})$ 图。

(b) 对每一个从后方仓库到基地的订购运输时间与各后方仓库平均再供应时间组合, 计算出作为 s_{i0} 函数的基地平均再供应时间。在每个组合中, 分析后方仓库库存水平这个因子的重要性。

(c) 假设各基地需求服从日均值为 0.5 的负二项分布, 其方差均值比都相同, 都等于 1.01、2、5 或 10。再假设各基地的需求互相独立, 那么后方仓库需求是什么分布? 对此问题重复 (a) 和 (b) 中的任务。得到的结果与原计算结果相比怎样?

5.4.2 假设我们管理着 5.1.1 节中讨论的两级系统。项目在 10 个基地的需求均为日需求率为 0.5 的泊松过程。后方仓库到 10 个基地的平均再供应时间 A_{ij} 均为 5 天, 后方仓库平均再供应时间 D 为 30 天。假设各基地发生的故障中可在基地修复的概率为 0.25、0.5 或 0.75, 并且备件在基地的平均修复时间为 2 天。

在每组后方仓库库存水平范围内的各种情况下, 计算基地项目再供应量的均值和方差。当后方仓库库存等于 $\lfloor \lambda_0 D \rfloor$ 时 (λ_0 为后方仓库平均日需求率), 随着项目在后方仓库进行修复概率的增加, 方差均值比如何变化?

5.4.3 在 5.1.2.1 节中, 我们推导了基地 LRU 再供应单元量的均值和方差的表达式。该分析是基于需求过程为泊松过程的假设。假设需求服从负二项分布而不是泊松分布, 请推导基地 LRU 单元再供应量均值和方差的新公式。注意在推导时, 仔细阐述你的假设。

5.4.4 假设在图 5.6 描述的两级系统中, 需要确定三个项目的库存水平。

在基地 j, 项目 i 日故障发生率为 λ_{ij} 的泊松过程。当故障在某一基地发生时, 会同时发生三件事。首先, 从基地库存中取出一个单元 (如果有单元可用); 第二, 故障单元被送往后方仓库进行修复; 第三, 后方仓

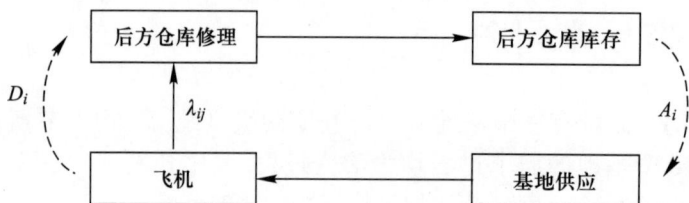

图 5.6 后方仓库/基地修理备件流

库对基地进行再供应 (如果库存现场存在一个单元)。如果没有单元库存, 就会产生延期交货。如果延期交货发生在基地, 飞机就会停飞。如果发生在后方仓库, 基地的再供应需求就会被延迟。

对所有基地的项目类型 i, 后方仓库的修理周转时间为 D_i, 单位是天。项目 i 从后方仓库到各基地的订购运输时间为 A_i。系统中有 10 个基地, 编号从 1 到 10。基地 1 到基地 5 的飞行活动相同, 因此对所有 i, $\lambda_{i1} = \cdots = \lambda_{i5}$。从基地 6 到 8, 所有项目均有相同的故障率, 即 $\lambda_{i6} = \lambda_{i7} = \lambda_{i8}$。最后, 这三种项目在基地 9 和 10 的故障率相同, $\lambda_{i9} = \lambda_{i10}$。下表中的数据给出了三个项目的故障率、后方仓库修理周转时间和单位成本。对三种项目, 所有基地的 A_i 值均为 2 天。

项目	基地故障率			单位成本/千美元	后方仓库修理周期时间
	基地 1~5	基地 6~8	基地 9~10		
1	1	0.5	0.25	3	10
2	1.5	0.75	0.375	4	8
3	0.5	0.25	0.125	5	10

对三种项目, 构造表示所有的期望基地延期交货量最小值与系统总库存之间关系的凸函数, 即构造函数 $\hat{a}_i^c(s_i)$。

一旦上述三个函数构造完成, 构建可表示基地所有延期交货量最小值 (跨项目) 与这三个项目库存投资之间关系的凸函数。

如果 D_i 和 A_i 的值减小或增加 50%, 会有什么影响?

5.4.5 应用拉格朗日松弛算法求解问题 4[①]。

5.4.6 5.3 节讨论了包括 LRU 及其所属 SRU 的一个多装配系统。在分析中, 定义随机变量 X_{0j} 表示 j 基地 LRU 的再供应量, 请证明

---

① 译者注: 预算 b 值需要自行约定。

5.3.2 节中给出的 $E[X_{0j}]$ 和 $\text{Var}[X_{0j}]$ 的计算公式。

5.4.7 5.3.3 节简要介绍了计算后方仓库和基地 LRU 与 SRU 库存水平的算法, 请应用数学符号来精确地阐述该算法。

5.4.8 5.3.3 节描述的可用于确定后方仓库和基地每个 LRU 与 SRU 库存水平的算法是一种边际分析方法。请在相同的环境中, 使用基于拉氏函数的算法来计算这些库存水平。

第 6 章

基于时间的服务水平约束的连续时间多级多项目系统

现在来审视一种拥有大量项目的现实运行环境。在这种环境下，供应者与用户通常要建立用户从供应者处采购一个或一组产品的协议，这种协议的时间可能会是几个月，也可能会是几年，且通常要对提供的服务类型、服务进行时间和发生的地点加以详细说明。这些协议的具体内容也往往有很大不同，经常涵盖特定的时间约定，或是覆盖多用户地点的多型装备。协议复杂性的不断增加也使得管理人员必须面对一系列新的挑战。特别地，为了以最小的投资满足这些服务，如何设定系统的库存水平和配置各种项目类型变得尤为困难。

供应者们必须认识到：用户关心的是对产品的维修，而不是对某个具体部件项目的维修。通过了解用户对产品服务水平的要求，以及用户接受服务的及时性要求，备件供应方可以极大地节省库存投资和运行管理费用。

本章主要研究一个多级多项目分配系统。在此系统中，供应方与用户间已经建立起主要的服务水平协议。假设位于分配网络最低等级的库存地点会有持续不断的备件请求。与以前研究过的一样，系统的拓扑是：某层次上的各库存地点从唯一的上一层次的库存地点获得补给，且运输提前期为常数。位于最高层次的库存地点则通过一个已知的、拥有恒定提前期的过程来进行补给。如果不能立即满足需求，就会产生延期交货。我们的目标是构建一个战术规划模型来确定各库存地点中每个类型项目的目标库存水平，从而在使得在满足系统库存总投资最小化的同时, 满足协议中规定的服务水平要求。

我们构建的模型具有丰富而切实可行的分类约束条件, 从而可以明确说明任意组合的多类型项目和多库存地点的目标服务水平。本书中出现的大多数模型将 "服务水平" 等同于 "项目满足率"。但是, 单个项目满足率和延期交货率并不能真正反映出用户所关心的服务水平。本章构建的模型是从用户而不是从供应方的角度来看待这些服务协议的。

基于时间的服务水平约束反映了供应方为各种项目和地点制定的合同协议。例如, 处于某一用户位置的重要项目, 我们将目标满足率设定为: 即时满足率为 90%, 8 h 内的满足率为95%, 两天内的满足率为98%。在与实际保持一致的过程中, 模型是基于时间的服务水平的,其所需的服务时间与配送网络中从供货点补货所需的运输时间相一致。

为了建立起基于时间的满足率模型, 我们提出了一个称为途径满足率 (channel fill rates) 的概念并对其特性进行了精确描述。在配送网络中, 每个需求的补给路径都是从网络顶层库存地点开始的一条唯一路径。对从顶层库存地点到基地的所有补给路径上的每一个中间库存地点, 我们定义其相应的途径满足率为: 该基地对正在到达的某个项目订单的满足概率, 该订单的满足需要从当前位置到那个基地补给路径的运输时间内完成。因为模型考虑了基于时间的服务水平约束条件, 所以能够完全满足用户对反应时间的要求, 这也是许多真实的用户服务协议中必不可少的部分。

我们开发一个最优化程序, 在满足所有的服务水平要求的同时, 使得系统库存总投资最小。值得注意的是, 服务水平约束条件的总体特性, 使得这个全系统的最优化问题比我们在前面讨论过的那些最优化问题要难得多, 因为这类问题不易于按项目或库存地点来分类讨论。

本章内容安排如下: 首先, 详细介绍模型的框架结构, 并构造最优化问题; 然后, 推导途径满足率的准确表达式, 这是分析总体服务水平完成情况的关键; 最后, 介绍一个近似迭代方法来解决这类一般问题。

本章内容用到了卡贾诺 (Caggiano)、米克施塔特、杰克逊 (Jackson) 和拉波尔德 (Rappold)[37] 的部分研究成果。

6.1 模型

首先陈述模型假设, 并阐明在建模框架中体现出的各种服务水平要求,随后定义符号并给出相应问题的数学规划模型。

6.1.1 建模假设

假定多级多项目配送系统具有以下性质:

(1) 配送系统由其项目的配送网络组成。每个项目配送网络都是树状结构,其中每一个库存地点都由唯一的上级库存地点进行补给。位于顶层的唯一库存地点则是通过具有已知的固定提前期的过程来提供补给,如图 6.1 所示。

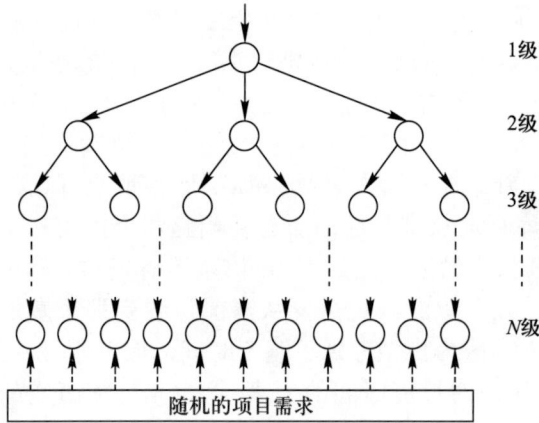

图 6.1 项目配送网络示例

(2) 某一具体项目的需求仅发生在项目网络的最低层次。我们把位于最低层次的库存地点称为基地,并假设所有基地位于相同层次。由于可以加上虚拟库存地点和可忽略提前期的弧来得到这种树状结构,故我们的假设不失一般性。

(3) 所有基地中所有项目的需求过程都是已知需求率且相互独立的泊松过程。因此,对于一个项目的一个单元的需求一次只有一件。

(4) 在所有库存地点,所有项目的补给是在一对一的基础上进行的。

(5) 对每种项目,相邻网络库存地点间的运输时间是已知和固定的。

(6) 不能立即满足订单即定义为延期交货。

(7) 在所有库存地点,满足订单都是基于先到先服务的原则。

为了方便标注,假设所有项目都处于同一个配送网络,这样就省去了为每种项目定义一个单独网络结构的必要。

6.1.2 服务水平要求

我们将通过一个例子来说明建模框架中的几种服务水平要求。

假设有一个办公设备的区域供应商, 其主要业务为复印机租赁。每次租赁都会有服务协议, 其中规定设备损坏将由供应商处理的时间, 并规定供应商拥有并负责提供修理故障设备所需的任何备件。

大部分复印机故障是由于老化和过度使用引起的。其中许多部件, 如碳粉匣、文档进料滚、静电复印模块和纤维板等, 都不需要专业技术人员就能方便快捷地进行替换。当复印机发生故障, 并且所需备件在用户库存地点有可用库存时, 就能立即进行修理。如果在用户库存地点没有库存, 则必须从地区仓库处调运。假设备件能在 24 h 内从地区仓库到达任意一个用户库存地点。因此, 当故障发生时, 只要用户库存地点或地区仓库中 (或运输途中) 有可用备件, 维修就能在一个 24 h 时间窗口内完成。所以, 供应商提供的相应标准服务协议就是基于 24h 的时间窗口。具体来说, 协议要保证所有的复印机故障都会在 24 h 内由技术服务人员进行访查, 并且确保 95% 的复印机故障能在 24 h 内修好。

标准的服务协议可以满足大部分用户的需求。但是, 对一些十分依赖复印机的用户, 24 h 的保障时间也是他们无法接受的。对这类用户, 供应商通常会在用户库存地点储备一些备件, 这样一部分故障就能得到及时修复。前面讲过, 是供应商, 而不是用户拥有并负责提供备件。所以, 每当用户使用一次现存备件, 就会立即产生一个补货订单发往地区仓库。一旦订单在地区仓库得到满足, 补给的备件就会在 24 h 内达到用户点。

对供应商来说, 在通过以上服务来满足第二类用户的过程中, 有一个明显的综合权衡问题。一方面, 在用户库存地点储备备件能使用户满意, 并且对技术人员的需求也会减少。如果大部分故障仅需非贵重的备件, 这就会使供应商以相对较小的投资换来用户服务水平的大幅提高。另一方面, 储备在用户点的备件不能再用来服务其他用户。所以供应商为了履行所有服务承诺, 需要慎重考虑需求模式, 备件的花费以及用户要求即时服务的程度, 这些都意味着要在备件库存上进行巨大的投资。

假设有 a 和 b 两个办公点从供应商处租赁复印机。这两个办公点从供应商的地区仓库 r 获得备件。在办公点 a, 复印机使用较少, 故障不频繁。而且, 复印机出了故障, 也暂时会有其他的复印方式代替。因此, 即使在办公点 a 没有现场库存, 租赁合同中的 24 h 服务协议也能够满足其需求。当 a 处没有现场库存时, 储备在 r 处的库存就用来满足合约中的服务水平承诺。

而在办公点 b, 租赁的复印机使用频繁, 故障也频繁。偶尔一次长达 24 h 的故障是可以忍受的, 但是频繁的长时间的故障对办公室的正常运作是具有破坏性的。因此, 除了租赁合同中保证的 24 h 服务协议, 供应商还同意在办公点 b 存放足够的库存以保证其 90% 的故障能立即得到修理。注意: 这个条件与在办公点备有库存, 以使所有故障需要的每一个项目能够 90% 获得的条件, 存在着很大的不同。

为了描述和两个办公点相关的服务水平约束条件, 我们规定符号意义如下:

I 表示复印机组成项目的集合, 下标用 i 表示。

λ_a 表示办公点 a 的复印机发生故障的概率, λ_{ia} 表示办公点 a 的复印机发生需第 i 种项目进行修复的故障概率。用 $\dfrac{\lambda_{ia}}{\lambda_a}$ 表示办公点 a 发生故障中需要项目 i 进行修复的比率。λ_b 和 λ_{ib} 的定义类似。

s_{ia} 和 s_{ib} 分别表示在库存地点 a 和 b 中 i 项目的库存水平。s_{ir} 表示在地区库房 r 的 i 种项目的库存水平。

f_{ia}^2 表示库存地点 a 处的故障能用 i 项目立即修复的概率, 即 f_{ia}^2 是在库存地点 a 需要 i 种项目时能立即在现场得到的概率。上标 "2" 指的是和满足率相关的网络的层数 (两层)。f_{ib}^2 的定义类似。

f_{ia}^1 表示库存地点 a 修理需要的 i 项目在 24 h 内能够到位的概率, 即 f_{ia}^1 是需要 i 种项目时, 项目既能在库存地点 a 现场得到, 也可以在地区仓库得到, 还可以在从地区仓库到库存地点 a 的途中量中得到的概率。f_{ib}^1 的定义类似。

概率 f_{ia}^2 和 f_{ia}^1 称为处于库存地点 a 的 i 种项目的途径满足率, 并用来作为构建服务水平约束条件的基础。这两个满足率都是库存水平 s_{ia} 和 s_{ir} 的函数, 但是 s_{ir} 对即时满足率 f_{ia}^2 的影响与它对 24h 满足率 f_{ia}^1 的影响有很大不同。稍后将解释这种不同。

为了说明不同运行条件下可能会出现不同类型的服务水平约束条件, 我们给出三种方案。

6.1.2.1 方案 1

在方案 1 中, 办公点 a 和 b 都和供应商签有自己的租赁及服务协议, 并且放置在任一办公地点的库存都不能被另外一个地点共享。因此, 从配送的观点来看, 办公地点 a 和 b 是明显不同的存货点。办公地点 a 和 b 的服务水平要求如图 6.2 所示, 并且在式 (6.1) ～ 式 (6.3) 中给出了相应的约束条件。

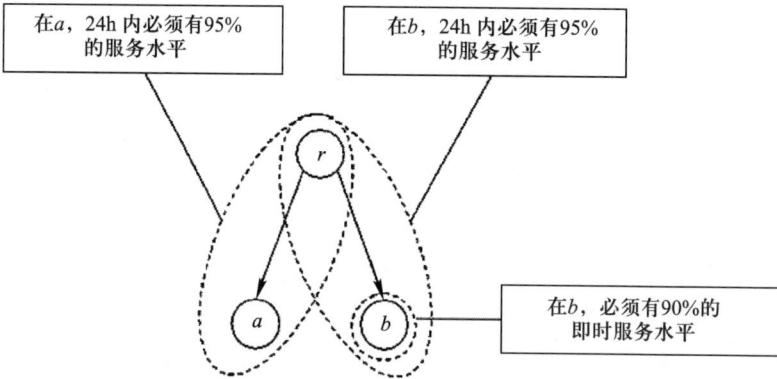

图 6.2　方案 1 的服务水平要求

　　约束条件 (6.1)[①] 和 (6.2) 分别表示了对办公地点 a 和 b 的服务协议中所承诺的 24 h 服务保证, 约束条件 (6.3) 表示了办公地点 b 的即时服务要求。

$$\sum_{i\in I} \frac{\lambda_{ia}}{\lambda_a} f_{ia}^1(s_{ia}, s_{ir}) \geqslant 0.95 \tag{6.1}$$

$$\sum_{i\in I} \frac{\lambda_{ib}}{\lambda_b} f_{ib}^1(s_{ib}, s_{ir}) \geqslant 0.95 \tag{6.2}$$

$$\sum_{i\in I} \frac{\lambda_{ib}}{\lambda_b} f_{ib}^2(s_{ib}, s_{ir}) \geqslant 0.90 \tag{6.3}$$

　　我们注意到, 增加库存水平 s_{ia} 仅有助于满足约束条件 (6.1), 而增加 s_{ib} 有助于满足式 (6.2) 和式 (6.3), 而不影响式 (6.1)。这是由于在任一办公地点放置的库存不能再用来服务别处, 故提高一个办公地点的库存对另一办公地点的服务水平不会有任何影响。

　　相比之下, 由于满足率 f_{ia}^1、f_{ib}^1 和 f_{ib}^2 都依赖于 s_{ir} (地区仓库的补给库存水平), 因而 s_{ir} 的增加有助于更好地满足这三个约束条件。但是, 对 f_{ib}^2 和对 f_{ia}^1 与 f_{ib}^1 的影响程度有所不同。f_{ib}^2 部分取决于满足 b 发往地区仓库的订单被满足的及时性, 且这个及时性实质上是 s_{ir} 的函数。而且 s_{ir} 仅仅是通过影响补货提前期来对 f_{ib}^2 起作用。因此, 虽然通

――――――――――
　　①译者注: 原文式 (6.1) ～ 式 (6.8) 中所有的 ".95" 和 ".90" 更改为 "0.95" 和 "0.90"。

过提高仓库库存水平 s_{ir} 可以增加即时满足率 f_{ib}^2 (如果 $s_{ib} > 0$), 但是所得到的增长也是有限的。超过这个限制, 则只能通过提高当地库存水平 s_{ib} 来增加 f_{ib}^2。而对于 24 h 满足率 f_{ia}^1 和 f_{ib}^1 来说, 不存在这样的限制。即对于任意的 $\varepsilon > 0$, 通过充分地增加库存水平 s_{ir} 总可以得到 $f_{ia}^1 \geqslant 1 - \varepsilon$ (和/或 $f_{ib}^1 \geqslant 1 - \varepsilon$)。

6.1.2.2 方案 2

在方案 2 中, 办公地点 a 和 b 分别与供应商达成租赁和服务协议, 并且可以共享任一个办公地点的库存。也就是说, 从配送的角度看, 有单一的存货点, 从这里 a 和 b 都能得到所需项目。办公地点 a 和 b 的服务水平要求如图 6.3 所示。式 (6.4) ~ 式 (6.6) 为相应的约束条件, $\overline{ab}$ 用来表示办公地点 a 和 b 共同的存货地点。

$$\sum_{i \in I} \frac{\lambda_{ia}}{\lambda_a} f_{i\overline{ab}}^1 \left(s_{i\overline{ab}}, s_{ir} \right) \geqslant 0.95 \tag{6.4}$$

$$\sum_{i \in I} \frac{\lambda_{ib}}{\lambda_b} f_{i\overline{ab}}^1 \left(s_{i\overline{ab}}, s_{ir} \right) \geqslant 0.95 \tag{6.5}$$

$$\sum_{i \in I} \frac{\lambda_{ib}}{\lambda_b} f_{i\overline{ab}}^2 \left(s_{i\overline{ab}}, s_{ir} \right) \geqslant 0.90 \tag{6.6}$$

我们注意到, 满足率和库存水平的下标是由项目类型和存货点 (而不是用户点) 构成。正如所预期的那样, 在方案 2 下, 增加库存水平 $s_{i\overline{ab}}$ 有助于更好地满足三个约束条件。人们起初也许会觉得共同存货点使得此方案下的约束条件成为方案 1 中约束条件的松弛版本。也就是说, 如果令 $s_{i\overline{ab}} = s_{ia} + s_{ib}$, 能满足式 (6.1) ~ 式 (6.3) 的任何库存水平也能满足式 (6.4) ~ 式 (6.6)。但实际情况并非如此。这一点从约束条件 (6.6) 最容易看出。

在方案 2 中, 即使没有即时服务要求, 办公地点 a 也将从库存地点 $\overline{ab}$ 处获取项目来进行故障修复 (假设有可用库存)。共同存货点使得即时满足率 $f_{i\overline{ab}}^2$ 成为 λ_{ia} 和 λ_{ib} 的函数。因此, 即使即时服务的要求只在办公地点 b 处存在, 约束条件 (6.6) 是否得到满足也依赖于办公地点 a 对项目的需求率。为了满足约束条件 (6.6), 库存地点 $\overline{ab}$ 必须持有足够的库存才能使得满足率 $f_{i\overline{ab}}^2 (i \in I)$ 足够高。一个高需求率 λ_{ia} (相对 λ_{ib} 而言) 意味着为了使满足率 $f_{i\overline{ab}}^2$ 和方案 1 中的 f_{ib}^2 一样高, 或许 $s_{i\overline{ab}}$ 不得不显著高于方案 1 中的 s_{ib}。在实际环境中, 当库存地点 $\overline{ab}$ 的现场库存太少的时候, 有可能不给 a 提供库存, 但我们假设不会发生这种情况,

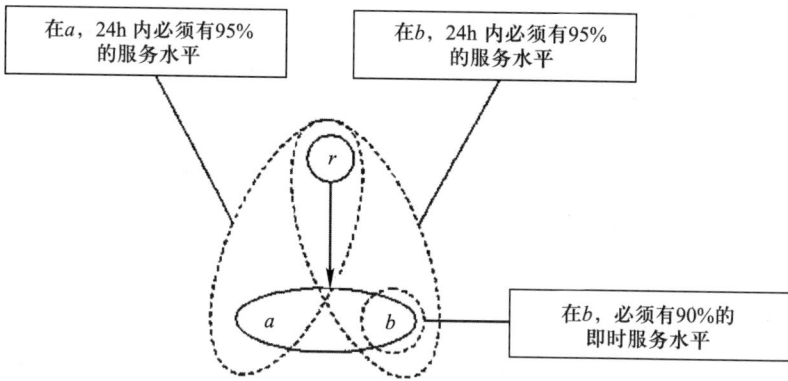

在a，24h 内必须有95%的服务水平

在b，24h 内必须有95%的服务水平

在b，必须有90%的即时服务水平

图 6.3　方案 2 的服务水平要求

我们假设只要现场有库存,那么应去满足需求。

这种假设情况说明,如存货地点的布局和配给规则这类关乎全局的决策,都可能对供应商是否会用较划算的方式来提供服务协议产生很大的影响。可以看到,如果一个低需求的用户是从一个高需求的库存地点来获得库存,这时再向此用户承诺高水平服务的代价就很高。但是,这种情况有时也很难避免。因此,建立运营策略来达到承诺的服务水平变得非常重要。例如,为了提高系统效能,对用户订单和补货订单按重要程度进行排序,而不是简单地应用先到先服务的方案。但这里就不对这类问题进行研究了。

6.1.2.3　方案 3

在方案 3 中,办公地点 a 和 b 共享一个租赁和服务协议。因此,95%指的是将 a 和 b 作为一个整体的服务水平,而不是它们各自的服务水平。但是,在任何一个办公地点的现场库存不能共享(可以想象两个办公室虽然实体上不相邻,但是被共同所有和管理)。在方案 3 下办公地点 a 和 b 的服务水平要求如图 6.4 所示,式 (6.7) 和式 (6.8) 为相应的约束条件。

$$\sum_{i\in I}\left(\frac{\lambda_{ia}}{\lambda_a+\lambda_b}f_{ia}^1(s_{ia},s_{ir})+\frac{\lambda_{ib}}{\lambda_a+\lambda_b}f_{ib}^1(s_{ib},s_{ir})\right)\geqslant 0.95 \tag{6.7}$$

$$\sum_{i\in I}\frac{\lambda_{ib}}{\lambda_b}f_{ib}^2(s_{ib},s_{ir})\geqslant 0.90 \tag{6.8}$$

与方案 2 不同,方案 3 的约束条件确实是方案 1 中约束条件的松弛。通过分析,很容易看出满足式 (6.1) ~ 式 (6.3) 的库存水平也满足

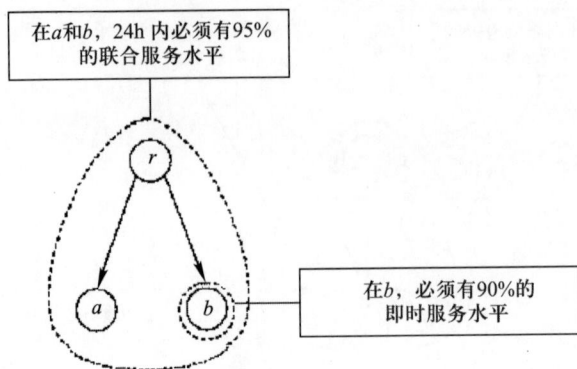

图 6.4 假设情况 3 的服务水平要求

式 (6.7) 和式 (6.8)。在履行服务要求上，共同服务协议给供应商提供了比方案 1 更多的灵活性。

前述的几种方案展示了几种基于时间的约束条件，这在本章随后介绍的建模框架中还会有所涉及。

6.1.3 符号和问题陈述

接下来采用以下符号：

配送网络参数

I 项目集合，各种项目用 i 表示。

J 库存地点集合，各库存地点用 j 表示。

J^v 位于层 v 的库存地点集合，$v = 1, 2, \cdots, N$。$\bigcup\limits_{v=1}^{N} J^v = J$，且 $J^{v_1} \cap J^{v_2} = \varnothing, v_1 \neq v_2$。

P_j 配送网络中从基地 $j \in J^N$ 到顶层库存地点的唯一路径上的库存地点集合，包括首尾库存地点。这叫做与库存地点 j 相关的途径 (channel)。

$P_j(v)$ 途径 P_j 中位于层 v 的唯一库存地点。

$P(j)$ 配送网络中库存地点 j 的上级库存地点，$j \notin J^1$。

A_{ij} i 种项目从库存地点 $P(j)$ 到库存地点 j 的运输时间。

T_{ij} i 种项目从库存地点 $P(j)$ 到库存地点 j 的期望补货提前期，$T_{ij} \geqslant A_{ij}$。

c_i i 种项目的单位投资成本。

服务水平要求和需求参数

K 服务水平约束条件集合，约束条件的下标用 k 表示。

F_k 服务水平约束 k 确定的服务水平, 对所有的 $k \in K$, $F_k \leqslant 1$。

λ_{ij} i 种项目的订单到达库存地点 j 的频率。

λ_{ijk} 和服务水平约束 k 相关的 i 种项目订单到达库存地点 j 的频率。

λ_k 和服务水平约束条件 k 相关项目订单发生的总频率。即 $\lambda_k = \sum\limits_{i \in I, j \in J^N} \lambda_{ijk}$。

ω_{ijk} 和服务水平约束条件 k 相关的项目订单中, 到达库存地点 j 的 i 种项目的订单所占的比例, $\omega_{ijk} = \lambda_{ijk}/\lambda_k$。

v_{ijk} 对库存地点 $j(j \in J^N)$ 的 i 种项目和服务水平约束条件 k 相关的配送网络层次, $v_{ijk} \in \{1, 2, \cdots, N\}$。

ω_{ijk}^v 项目途径满足率 f_{ij}^v 在服务约束 k 中的相对权重。即对于 $v = v_{ijk}$, $\omega_{ijk}^v = \omega_{ijk}$; 否则, $\omega_{ijk}^v = 0$。

库存水平和满足率

s_{ij} 库存地点 j 的 i 种项目库存水平。

s^v 网络中所有库存地点 $j \in J^v$ 的所有项目 $(i \in I)$ 的库存水平向量。

s_i 网络中所有库存地点的 i 种项目的库存水平向量。

s_i^v 网络中所有库存地点 $j \in J^v$ 的 i 种项目的库存水平向量。

s_{iP_j} 途径 P_j 中所有库存地点的 i 种项目的库存水平向量。

$f_{ij}^v(s_{iP_j})$ 即将到达库存地点 $J(j \in J^N)$ 的 i 种项目的订单能在从库存地点 $P_j(v)$ 发货的这段运输时间内被满足的概率。

有了上述符号定义, 服务水平满意度问题 (**SLS**) 陈述如下:

$$\text{(\textbf{SLS})} \quad \min \sum_{i \in I} \sum_{j \in J} c_i s_{ij} \tag{6.9}$$

约束条件为

$$\sum_{v=1}^{N} \sum_{i \in I} \sum_{j \in J^N} \omega_{ijk}^v f_{ij}^v(s_{iP_j}) \geqslant F_k \quad \forall k \in K \tag{6.10}$$

$$s_{ij} \geqslant 0 \text{ 且为整数, 对任意的 } i \in I, j \in J \tag{6.11}$$

这些服务水平约束条件的复杂性来自两方面。第一个方面是每个满足率函数 f_{ij}^v 可能和其他满足率函数一起出现在多个服务水平约束条件中。因此, 设置的约束条件对项目或库存地点而言都是不可分的。但是, 许多实际问题的约束条件集合可以按照网络层次来进行划分。也就是说, 在大部分实例中, 每个约束条件 $k \in K$ 在且仅在一个网络层次 v 上与项目途径满足率 f_{ij}^v 相关 (即 v_{ijk} 对和约束条件 k 相关的所有 i

种项目及所有基地 j 都是相同的)。对于这样的实例，可以将约束条件 (6.10) 改写为

$$\sum_{i \in I} \sum_{j \in J^N} \omega_{ijk} f_{ij}^v(s_{iP_j}) \geqslant F_k \quad \forall k \in K^v, v = 1, \cdots, N \qquad (6.12)$$

其中集合 K^v, $v = 1, \cdots, N$, 通过网络层次来划分约束条件集合 K 得到。

　　复杂性的第二个方面是满足率函数。与前面章节中的情况一样，对于一个给定的 i 种项目和给定的基地 $j \in J^N$，每个途径满足率 $f_{ij}^v, v = 1, \cdots, N$, 以一种高度非线性的方式依赖于途径 P_j 中的库存级别 N。

6.2　途径满足率函数

　　为了便于描述，重点推导一个三层系统的途径满足率，然后通过分析可以很容易地扩展到三层以上系统。

　　考虑一个具体的项目 i 位于配送网络中由库存地点 1、2、3 构成的途径中，如图 6.5 所示。在库存地点 3 (或称基地) 产生需求。下面来详细地推导途径满足率的概率表达式。令库存地点 a 代表由库存地点 1 补给的除库存地点 2 之外的所有库存，并令库存地点 b 代表由库存地点 2 补给的除库存地点 3 的所有库存地点。

　　为了符号的明晰性，去掉所有变量和参数中的项目下标 i，下面的变量定义会有助于后续讨论分析:

Y_j 库存地点 j 的单元在订购量，$j = 1, 2, 3, a, b$。

N_j 库存地点 j 的单元延期交货量，即 $N_j = [Y_j - s_j]^+$, $j = 1, 2, 3, a, b$。

E_j 从库存地点 $p(j)$ 到库存地点 j 的在途单元数量，$j = 2, 3, a, b$。

Z_j 库存地点 j 在订购的单元中，在库存地点 $p(j)$ 仍然是延期交货的数量，即 $Z_j = (Y_j - E_j)$, $j = 2, 3, a, b$。这也表示在 A_j 个单位时间内，库存地点 j 当前在订购的单元中不能到达的单元数量。

　　本节的主要目标是根据 Y_1、Y_2 和 Y_3 的概率分布推导出库存地点 3 的途径满足率的确切表达式。尽管难以精确地描述 Y_2 和 Y_3 的分布，但是对于给定的库存水平 (s_1, s_2, s_3) 和运输时间 (A_1, A_2, A_3)，这两个分布的均值和方差可以很容易地用第 5 章的方法进行粗略估计。6.2.5 节将回顾对上述分布近似的方法，并通过比较基于这些分布计算得到的满足率和模拟实验的结果来验证方法的有效性。途径满足率表达式

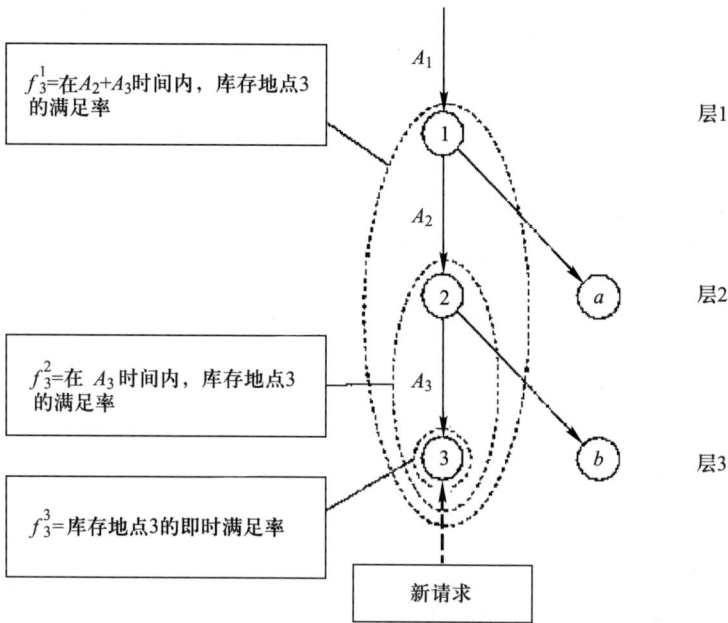

图 6.5　项目分配网络

和分布近似法一起可以作为服务水平约束条件 (6.12) 的一种评价机制。

6.2.1　途径满足率 $f_3^3(s_3, s_2, s_1)$

我们先从最简单的情况 $f_3^3(s_3, s_2, s_1)$ 开始推导。在我们的网络中，$f_3^3(s_3, s_2, s_1)$ 是指能立即满足库存地点 3 即将来临订单 (订购项目 i) 的概率。当订单到达时，只有在库存地点 3 有现场库存的情况下，才能即时满足订单。由于网络中遵循一对一的补货策略，这就相当于新订单到达库存地点 3 时在订购数量严格少于 s_3 个。于是

$$f_3^3(s_3, s_2, s_1) = \Pr[Y_3 < s_3] \tag{6.13}$$

正如我们所认为的一样，当 $s_3 = 0$ 时，即时满足率也是 0。

尽管对 Y_3 的分布还没有做任何详细的描述，仍能很容易地得到 f_3^3 的上界。注意到：Y_3 的分布仅取决于库存地点 3 处的需求过程和订单补货提前期。也就是说，Y_3 是 s_2 和 s_1 的函数，但不是 s_3 的函数。如果 s_2 为有限值，很显然，Y_3 的分布函数对 s_2 是单调增加的。当 $s_2 = \infty$ 时，

库存地点 3 的补货提前期正是运输时间 A_3。在这种情况下, 随机变量 Y_3 服从均值为 $\lambda_3 A_3$ 的泊松分布。故对于 s_2 和 s_1 的任意值, 有

$$\Pr[Y_3 < s_3] \leqslant \sum_{x=0}^{s_3-1} \frac{(\lambda_3 A_3)^x \, \mathrm{e}^{-\lambda_3 A_3}}{x!} \tag{6.14}$$

因此, 增加 s_2 对 f_3^3 的影响是有限的。但是, 增加 s_2 的值将有利于让 Y_3 的分布接近均值为 $\lambda_3 A_3$ 的泊松分布。这也正是它对 f_3^3 影响的程度。如同第 5 章讨论的那样, Y_3 具有均值为 $\lambda_3 T_3 = \lambda_3 A_3 + \frac{\lambda_3}{\lambda_2} E\,[N_2]$ 的分布, 其中 $T_3 = A_3 + \dfrac{E\,[N_2]}{\lambda_2}$ 表示补货提前期的期望值。

6.2.2 途径满足率 $f_3^2\,(s_3, s_2, s_1)$

下面来确定库存地点 3 的订单在时间 A_3 内能被满足的概率, 其中 A_3 是从库存地点 2 到库存地点 3 的运输时间。在这里考虑两种情况: $s_3 = 0$ 和 $s_3 > 0$。

当 $s_3 = 0$ 时, 所有库存地点 3 的订单都能由库存地点 2 的库存满足, 即满足库存地点 3 的每个订单至少要等待 A_3 个单位时间。由于在库存地点 3 没有任何现场库存, 并且从库存地点 2 到库存地点 3 的在途单元都已经被库存地点 3 现有的待交货订单预先占用了。故当且仅当订单到达库存地点 2 时有现场库存, 那么库存地点 3 的新订单才能在 A_3 个单位时间内得到满足。即如果 $s_3 = 0$, 有

$$f_3^2\,(s_3, s_2, s_1) = \Pr[Y_2 < s_2] \tag{6.15}$$

注意, 当 $s_2 = s_3 = 0$ 时, 此满足率将为 0。

现在考虑当 $s_3 > 0$ 的情况, 前面讲过, Z_3 表示的是库存地点 3 当前在订购的单元不能在 A_3 个单位时间内到达的数量。因此, 当且仅当 $Z_3 < s_3$ 时, 库存地点 3 新产生的订单才能在 A_3 个单位时间内得到满足。即如果 $s_3 > 0$, 有

$$f_3^2\,(s_3, s_2, s_1) = \Pr[Z_3 < s_3] \tag{6.16}$$

但由于 Z_3 是 Y_3 和 E_3 的函数, 所以式 (6.16) 无法进行计算。为完成分析, 考虑库存地点 2 的延期交货单元数 N_2。由于库存地点 2 是库存地点 3 和库存地点 b 的唯一供应商, 且没有别的库存地点对库存地

点 2 下订单, 所以这 N_2 个短缺单元中, 要么应该分配给库存地点 3, 要么应该分配给库存地点 b, 即

$$N_2 = (Y_3 - E_3) + (Y_b - E_b) = Z_3 + Z_b \tag{6.17}$$

以 N_2 作为条件来改写式 (6.16), 可用得到当 $s_3 > 0$ 时, 有

$$
\begin{aligned}
f_3^2(s_3, s_2, s_1) &= \sum_{x=0}^{s_3-1} \Pr[Z_3 = x] \\
&= \sum_{x=0}^{s_3-1} \sum_{y=x}^{\infty} \Pr[Z_3 = x | N_2 = y] \Pr[N_2 = y]
\end{aligned} \tag{6.18}
$$

在上式的第二步中, y 下限的设置应遵循: N_2 和 Z_3 都是非负随机变量, 并且 $N_2 \geqslant Z_3$。其中, Z_3 是 N_2 中应该分配给库存地点 3 的部分。

前面章节讨论过, 到达库存地点 2 的订单是按照先到先服务的原则来满足的, 并且订单到达过程是一个到达率为 $\lambda_2 = \lambda_3 + \lambda_b$ 的泊松过程, 所以条件概率 $\Pr[Z_3 = x | N_2]$ 服从参数 $n = N_2$ 和 $p = \dfrac{\lambda_3}{\lambda_2}$ 的二项分布, 即

$$\Pr[Z_3 = x | N_2 = y] = \binom{y}{x} \left(\frac{\lambda_3}{\lambda_2}\right)^x \left(1 - \frac{\lambda_3}{\lambda_2}\right)^{y-x} \tag{6.19}$$

并且, 注意到

$$
\Pr[N_2 = y] = \begin{cases} \Pr[Y_2 \leqslant s_2], & \text{如果 } y = 0 \\ \Pr[Y_2 = s_2 + y], & \text{如果 } y > 0 \end{cases} \tag{6.20}
$$

合并化简后得到

$$
f_3^2(s_3, s_2, s_1) = \begin{cases} \Pr[Y_2 < s_2], & s_3 = 0 \\ \Pr[Y_2 < s_2 + s_3] + \displaystyle\sum_{x=0}^{s_3-1} h_2(s_3, x), & s_3 > 0 \end{cases} \tag{6.21}
$$

式中

$$h_2(u, x) = \sum_{z=u}^{\infty} \binom{z}{x} \left(\frac{\lambda_3}{\lambda_2}\right)^x \left(1 - \frac{\lambda_3}{\lambda_2}\right)^{z-x} \Pr[Y_2 = s_2 + z] \tag{6.22}$$

表示在库存地点 2 至少有 u 个延期交货且其中恰有 x 个属于库存地点 3 的概率。

6.2.3　途径满足率 $f_3^1(s_3, s_2, s_1)$

最后推导库存地点 3 产生的订单能在时间 $A_2 + A_3$ 内满足的概率, $A_2 + A_3$ 是从库存地点 1 到库存地点 3 的运输时间。考虑三种情况: $s_3 = s_2 = 0; s_3 = 0$ 且 $s_2 > 0; s_3 > 0$。

当 $s_3 = s_2 = 0$ 时, 到达库存地点 3 的所有订单实际上都由库存地点 1 的库存满足。满足库存地点 3 的订单需要至少等待 $A_2 + A_3$ 个单位时间, 即当且仅当订单到达且库存地点 1 有现场库存时, 库存地点 3 的一个新订单才能在 $A_2 + A_3$ 个单位时间内满足。因此

$$f_3^1(s_3, s_2, s_1) = \Pr[Y_1 < s_1], \quad s_3 = s_2 = 0 \tag{6.23}$$

到达库存地点 3 的新订单会立即触发相应的订单下达给库存地点 2 和库存地点 1。如果 $s_3 = 0$ 且 $s_2 > 0$, 当且仅当库存地点 3 向库存地点 2 发出的订单, 库存地点 2 能够在该订单收到后的 A_2 个单元时间内满足 (即向库存地点 3 发出) 的情况下, 到达库存地点 3 的新订单才能在 $A_2 + A_3$ 个单位时间内满足。因此, 我们需要推导出到达库存地点 2 的新订单能在订单下达后的 A_2 个单位时间内被满足的概率。考虑到前面的论述, 如果只把 "2" 的情况换成 "3" 的情况, 我们得到的恰恰就是根据满足率 $f_3^2(s_3, s_2, s_1)$ 推导出的概率 (对于 $s_3 > 0$ 的情况)。于是, 与上述分析类似, 第二种情况: 当 $s_3 = 0$ 且 $s_2 > 0$ 时, 可以得到 $f_3^1(s_3, s_2, s_1) = \Pr[Z_2 < s_2]$, 或

$$f_3^1(s_3, s_2, s_1) = \Pr[Y_1 < s_1 + s_2] + \sum_{x=0}^{s_2-1} h_1(s_2, x), \ s_3 = 0 \text{ 且 } s_2 > 0 \tag{6.24}$$

式

$$h_1(u, x) = \sum_{z=u}^{\infty} \binom{z}{x} \left(\frac{\lambda_2}{\lambda_1}\right)^x \left(1 - \frac{\lambda_2}{\lambda_1}\right)^{z-x} \Pr[Y_1 = s_1 + z] \tag{6.25}$$

表示在库存地点 1 至少有 u 个延期交货且其中恰有 x 个属于库存地点 2 的概率。

对最后一种情况, $s_3 > 0$, 再定义两个变量:

N_{12} —— $[Z_2 - s_2]^+$, 在库存地点 2 延期交货且在库存地点 1 也还延期交货的单元数。这也代表了库存地点 2 当前延期交货的单元中, 在 A_2 个单位时间内得不到补充的单元数。

W_j —— 库存地点 j 在订购的单元中在库存地点 2 和库存地点 1 仍延期交货的单元数, $j = 3, b$ (即 N_{12} 中应该属于库存地点 j 的部分)。这也代表了库存地点 j 当前在订购的单元中不能在 $A_2 + A_j$ 个单位时间内到达的数量。

根据以上定义可得: $N_{12} = W_3 + W_b$。并且, 当且仅当 $W_3 < s_3$ 时, 到达库存地点 3 的一个新订单能在 $A_2 + A_3$ 个单位时间内得到满足。因此

$$
\begin{aligned}
f_3^1(s_3, s_2, s_1) &= \Pr\left[W_3 < s_3\right] \\
&= 1 - \Pr\left[W_3 \geqslant s_3\right], \quad s_3 > 0
\end{aligned}
\tag{6.26}
$$

我们将通过展开 $\Pr\left[W_3 \geqslant s_3\right]$ 来分析式 (6.26)。当 $s_3 > 0$ 时, 可较为容易地刻画 $\Pr\left[W_3 < s_3\right]$ 的特征。注意到, $W_3 \geqslant s_3 > 0$ 意味着 $N_{12} > 0$, $N_{12} > 0$ 意味着 $N_{12} = Z_2 - s_2 > 0$。以 N_{12} 为条件来重写式 (6.26), 可以得到, 当 $s_3 > 0$ 时

$$
\begin{aligned}
f_3^1(s_3, s_2, s_1) &= 1 - \sum_{x=s_3}^{\infty} \Pr\left[W_3 = x\right] \\
&= 1 - \sum_{x=s_3}^{\infty} \sum_{y=x}^{\infty} \Pr\left[W_3 = x | N_{12} = y\right] \Pr\left[N_{12} = y\right] \\
&= 1 - \sum_{x=s_3}^{\infty} \sum_{y=x}^{\infty} \Pr\left[W_3 = x | N_{12} = y\right] \Pr\left[Z_2 = y + s_2\right]
\end{aligned}
\tag{6.27}
$$

按照当初分析 $f_3^2(s_3, s_2, s_1)$ 时的思路, 条件概率 $\Pr\left[W_3 | N_{12}\right]$ 是服从参数 $n = N_{12}$ 和 $p = \dfrac{\lambda_3}{\lambda_2}$ 的二项分布。而且, 由于 $N_1 = Z_2 + Z_a$, 我们可通过把 N_1 作为条件来展开 $\Pr\left[Z_2 = y + s_2\right]$ 这一因子。像前面一样, 条件概率 $\Pr\left[Z_2 = y + s_2 | N_1\right]$ 服从参数 $n = N_1$ 和 $p = \dfrac{\lambda_2}{\lambda_1}$ 的二项分布。对 $z \geqslant y + s_2$ 的值, 这个条件还可以用 $\Pr\left[N_1 = z\right]$ 的形式表达。然而, 对于 $z > 0$, $\Pr\left[N_1 = z\right] = \Pr\left[Y_1 = s_1 + z\right]$。最终, 如果 $s_3 > 0$, 则

$$
f_3^1(s_3, s_2, s_1) = 1 - \left[\sum_{x=s_3}^{\infty} \sum_{y=x}^{\infty} \binom{y}{x} \left(\frac{\lambda_3}{\lambda_2}\right)^x \left(1 - \frac{\lambda_3}{\lambda_2}\right)^{y-x} h_1(s_2 + y, s_2 + y)\right]
\tag{6.28}
$$

汇总上面讲过的这三种情况, 确切的满足率表达式应为

$$
\begin{aligned}
&f_3^1\left(s_3, s_2, s_1\right) \\
&=\begin{cases}
\Pr\left[Y_1 < s_1\right], & s_3 = s_2 = 0 \\[2mm]
\Pr\left[Y_1 < s_1 + s_2\right] + \displaystyle\sum_{x=0}^{s_2-1} h_1\left(s_2, x\right), & s_3 = 0, s_2 > 0 \\[2mm]
1 - \Bigg[\displaystyle\sum_{x=s_3}^{\infty} \sum_{y=x}^{\infty} \binom{y}{x}\left(\frac{\lambda_3}{\lambda_2}\right)^x \left(1 - \frac{\lambda_3}{\lambda_2}\right)^{y-x} \\[2mm]
\quad h_1\left(s_2 + y, s_2 + y\right) \Bigg], & s_3 > 0
\end{cases}
\end{aligned}
\tag{6.29}
$$

式中

$$
h_1\left(u, x\right) = \sum_{z=u}^{\infty} \binom{z}{x}\left(\frac{\lambda_2}{\lambda_1}\right)^x \left(1 - \frac{\lambda_2}{\lambda_1}\right)^{z-x} \Pr\left[Y_1 = s_1 + z\right]
$$

6.2.4 途径满足率 $f_n^v\left(s_n, s_{n-1}, \cdots, s_1\right)$

使用上述分析方法, 对一个 n 层途径, 将途径中的库存地点用 1 到 n 进行标注, 库存地点 n 表示产生需求的库存地点, 则得到所有层次 $v = 1, \cdots, n$ 的途径满足率为

$$
\begin{aligned}
&f_n^v(s_n, \cdots, s_1) \\
&= 1 - \Bigg[\sum_{x_v=S_v}^{\infty} \sum_{x_{v+1}=S_{v+1}}^{x_v - s_v} \cdots \sum_{x_n=S_n}^{x_{n-1} - s_{n-1}} B(x_v - s_v) B(x_{v+1} - s_{v+1}) \\
&\quad \cdots B(x_{n-1} - s_{n-1}) \Pr[Y_v = x_v] \Bigg]
\end{aligned}
\tag{6.30}
$$

式中

$$
S_l = \sum_{j=l}^{n} s_j
$$

是 P_n 途径中位于网络层 l 及以下库存地点的总库存。并且

$$
B\left(x_l - s_l\right) = \binom{x_l - s_l}{x_{l+1}}\left(\frac{\lambda_{l+1}}{\lambda_l}\right)^{x_{l+1}}\left(1 - \frac{\lambda_{l+1}}{\lambda_l}\right)^{(x_l - s_l) - x_{l+1}}
$$

是库存地点 l 的 $(x_l - s_l)$ 个延期交货中恰有 x_{l+1} 个属于库存地点 $l+1$ 的二项分布概率。

6.2.5　Y_1、Y_2 和 Y_3 的分布和满足率准确度

根据我们的假设, 显然 Y_1 是均值为 $\lambda_1 A_1$ 的泊松分布, 因此满足率 f_3^1 可以使用式 (6.29) 和式 (6.30) 进行精确计算。但总的来说, 很难精确描述 Y_2 和 Y_3 的分布特征, 必须通过一些方法对它们进行近似 (这些近似方法反过来会影响满足率 f_3^2 和 f_3^3 的计算准确度, 后续将回来讨论)。第 5 章中讲到, 对于给定的库存水平 s_1 和固定的运输时间 A_1 和 A_2, 可以得到 Y_2 的均值和方差。具体如下:

$$E\left[Y_2\right] = \lambda_2 A_2 + \frac{\lambda_2}{\lambda_1} E\left[N_1\right] \tag{6.31}$$

$$\operatorname{Var}\left[Y_2\right] = \lambda_2 A_2 + \frac{\lambda_2}{\lambda_1}\left(1 - \frac{\lambda_2}{\lambda_1}\right) E\left[N_1\right] + \left(\frac{\lambda_2}{\lambda_1}\right)^2 \operatorname{Var}\left[N_1\right] \tag{6.32}$$

使用这些矩, 假设用负二项分布 (由于这个分布的方差均值比大于 1) 来近似 Y_2 的分布。在此条件下, 计算 $E\left[N_2\right]$ 和 $\operatorname{Var}\left[N_2\right]$。然后利用式 (6.31) 和式 (6.32) 给出的同样关系, 使用递归法计算 Y_3 的矩。尽管对 Y_2 的矩是精确计算, 但由于假设 Y_2 利用的是负二项分布, 因而也只能近似计算出 Y_3 的矩。出于实用性考虑, 也假设 Y_3 的分布是负二项分布。

有必要对在计算满足率中应用 Y_2 和 Y_3 服从负二项分布这一假设的有效性进行确认。用一个如图 6.6 所示的三级系统的连续时间、离散事件模拟器, 来估计在库存地点 3 的途径满足率。针对库存地点 3 的途径满足率, 我们将用其模拟值与通过对 Y_2 和 Y_3 进行负二项分布假设的分析计算值 (式 (6.30)) 进行对比分析。

为达到此目的, 定义一个由特定库存地点需求率集合 λ_a、λ_b 和 λ_3 和库存水平集合 s_1、s_2 和 s_3 确定的测试方案。测试方案充分体现库存地点 3 在运输提前期内不同的绝对和相对平均需求率, 以及途径中不同的安全库存设置策略。k_1、k_2 和 k_3 的值与每级持有的安全库存量 (本方案中指的是提前期需求的标准差) 相对应。不同级别间的运输提前时间 A_1、A_2 和 A_3 分别设定为 5、2 和 1。使用图 6.6 所示的参数值进行完整试验, 其共有 324 种不同的系统方案。由此计算的即时满足率 (除了 0%) 在 22.49% ~ 99.53% 范围变化; 计算的 A_3 时间内的满足率在 25.40% ~ 100.00% 范围变化; 计算的 $A_2 + A_3$ 时间内的满足率在 82.62% ~ 100.00% 范围变化。对每个方案, 用 50 次独立重复试验加上自身的对偶流来模拟, 持续时长相当于在库存地点 3 处发生了 20000 次需求。这么做是为了确保在所有方案的满足率估计中, 具有相同的需求观察次数。

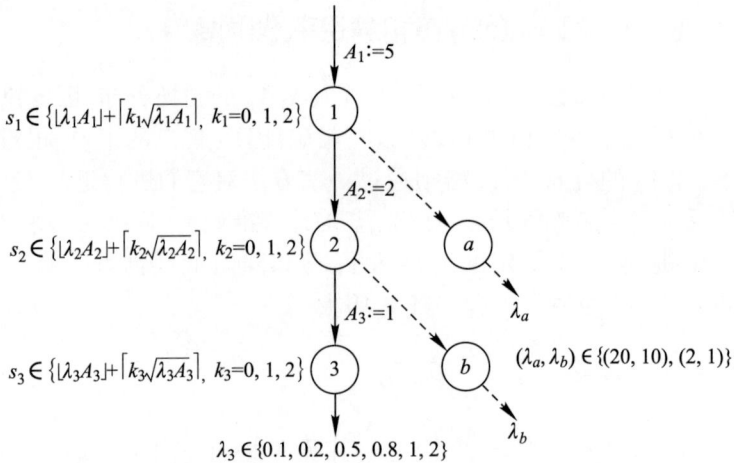

图 6.6 模拟的三级供应链概况

所有方案途径满足率的平均绝对误差如表 6.1 所列, 同时还列出了它的标准差。由于对最高等级的途径满足率的计算是精确的 (即在 $A_2 + A_3$ 时间内的满足率), 所以在这一级误差最小。平均误差的幅度在第二级增加, 同时在第三级达到最大 (也就是即时满足率), 这也证实了我们的推测: 因使用负二项分布近似法导致的估计偏差会随着级数的增加而增加。但是, 这种近似仍然很精确。

我们注意到, 在几个测试方案中, 如果库存地点 3 没有现场库存 (即 $s_3 = 0$), 会导致计算和模拟的即时满足率和误差均为 0%。这些方案也包含在表 6.1 所列的即时满足率的平均误差统计中。当不考虑这些情况, 只考虑 $s_3 \geq 1$ 的情况时, 则即时满足率误差平均值为 -0.057%, 且在 $-1.073\% \sim 0.558\%$ 的范围内变化。这里并没有测试 $s_2 = 0$ 或 $s_1 = 0$ 的情况。

表 6.1 途径满足率误差的总体平均值和标准差

途径满足率	平均误差 ($\pm$ 标准差)
$A_2 + A_3$ 内的满足率	-0.004% ($\pm$ 0.043%)
A_3 内的满足率	-0.026% ($\pm$ 0.227%)
即时满足率	-0.044% ($\pm$ 0.274%)

对于每一种方案, 表 6.2 给出了即时满足率和 A_3 时间内满足率的平均绝对误差。我们发现, 最大的误差发生在库存地点 1 和 2 没有或仅有少量安全库存的方案中。这是由于, 减少库存地点 1 的安全库存量会使 Y_2 的方差增大, 而减少库存地点 2 的安全库存量会使 Y_3 的方差增大。

表 6.2　计算与模拟满足率之间的平均绝对误差

k_1	k_2	k_3		$\lambda_a=2,\ \lambda_b=1$						$\lambda_a=20,\ \lambda_b=10$						
				\multicolumn{6}{c}{λ_3}								
				0.1	0.2	0.5	0.8	1	2	0.1	0.2	0.5	0.8	1	2	平均
0	0	0	即时满足率的平均误差	0.000%	0.000%	0.000%	0.000%	0.008%	−0.169%	0.000%	0.000%	0.000%	0.000%	−0.035%	−0.087%	−0.024%
			A_3 内满足率平均误差	0.297%	0.252%	−0.009%	0.277%	−0.432%	−0.793%	−0.183%	−0.228%	−0.459%	−0.204%	−0.151%	−0.087%	−0.143%
		1	即时满足率的平均误差	0.009%	−0.161%	−0.238%	−0.348%	−0.492%	−1.073%	−0.228%	−0.095%	0.077%	−0.069%	0.089%	−0.299%	−0.263%
			A_3 内满足率平均误差	0.090%	−0.072%	−0.291%	−0.386%	−0.281%	−0.060%	−0.044%	−0.068%	−0.140%	−0.143%	0.043%	0.104%	−0.104%
		2	即时满足率的平均误差	0.039%	0.043%	−0.227%	−0.417%	−0.338%	−0.073%	0.024%	−0.017%	−0.142%	−0.085%	−0.040%	0.109%	−0.094%
			A_3 内满足率平均误差	−0.006%	0.012%	−0.123%	−0.315%	−0.031%	0.229%	0.015%	0.042%	0.018%	0.022%	0.065%	0.030%	−0.003%
1	0	0	即时满足率的平均误差	0.000%	0.000%	0.000%	0.000%	0.558%	0.321%	0.000%	0.000%	0.000%	0.000%	0.023%	0.016%	0.076%
			A_3 内满足率平均误差	−0.359%	−0.348%	−0.524%	−0.588%	−0.250%	0.053%	−0.592%	−0.664%	−0.613%	−0.665%	0.036%	0.160%	−0.363%
		1	即时满足率的平均误差	0.013%	−0.055%	0.145%	0.271%	−0.454%	−1.058%	−0.238%	−0.085%	−0.075%	0.006%	−0.008%	−0.037%	−0.131%
			A_3 内满足率平均误差	−0.021%	−0.085%	−0.165%	−0.336%	−0.008%	0.259%	0.006%	0.056%	0.083%	0.019%	0.070%	0.077%	−0.004%

（续）

k_1	k_2	k_3		λ_3						λ_3						平均
				0.1	0.2	0.5	0.8	1	2	0.1	0.2	0.5	0.8	1	2	
0	1	2	即时满足率的平均误差	-0.002%	0.004%	-0.372%	-0.601%	-0.482%	0.080%	0.048%	0.065%	-0.083%	-0.023%	0.029%	0.105%	-0.103%
			A_3内满足率平均误差	-0.002%	0.003%	-0.004%	-0.046%	0.076%	0.135%	0.000%	0.021%	0.028%	0.058%	0.045%	0.008%	0.027%
	2	0	即时满足率的平均误差	0.000%	0.000%	0.000%	0.000%	0.390%	0.269%	0.000%	0.000%	0.000%	0.000%	-0.101%	0.056%	0.051%
			A_3内满足率平均误差	-0.265%	-0.047%	-0.132%	-0.330%	0.059%	0.290%	-0.004%	0.064%	0.135%	0.096%	0.172%	0.149%	0.016%
		1	即时满足率的平均误差	0.001%	-0.023%	0.045%	0.258%	-0.181%	-0.456%	-0.207%	-0.022%	-0.120%	-0.086%	0.084%	0.110%	-0.050%
			A_3内满足率平均误差	-0.031%	0.022%	0.031%	-0.011%	0.120%	0.186%	0.026%	0.043%	0.101%	0.123%	0.068%	0.022%	0.058%
		2	即时满足率的平均误差	0.002%	0.024%	-0.148%	-0.301%	-0.200%	0.139%	0.038%	0.031%	-0.043%	0.050%	0.138%	0.049%	-0.018%
			A_3内满足率平均误差	-0.008%	0.001%	0.030%	0.070%	0.067%	0.050%	0.000%	0.005%	0.020%	0.053%	0.016%	0.002%	0.025%
1	0	0	即时满足率的平均误差	0.000%	0.000%	0.000%	0.000%	0.118%	-0.020%	0.000%	0.000%	0.000%	0.000%	0.013%	-0.004%	0.009%
			A_3内满足率平均误差	0.262%	0.142%	-0.105%	0.086%	-0.215%	-0.396%	-0.179%	-0.111%	-0.231%	-0.062%	-0.037%	0.029%	-0.068%
		1	即时满足率的平均误差	0.020%	-0.094%	-0.109%	-0.216%	-0.253%	-0.690%	-0.172%	-0.025%	-0.093%	0.001%	0.011%	-0.157%	-0.148%
			A_3内满足率平均误差	0.058%	-0.016%	-0.209%	-0.236%	-0.129%	-0.004%	-0.036%	-0.021%	0.021%	-0.050%	0.004%	0.044%	-0.048%

(续)

k_1	k_2	k_3		λ_3 0.1	0.2	0.5	0.8	1	2	λ_3 0.1	0.2	0.5	0.8	1	2	平均
1	0	2	即时满足率的平均误差	0.023%	0.036%	-0.181%	-0.282%	-0.232%	-0.027%	0.023%	-0.012%	-0.133%	0.013%	0.010%	0.057%	-0.059%
			A_3 内满足率平均误差	0.000%	-0.001%	-0.072%	-0.162%	-0.018%	0.084%	0.012%	0.035%	0.006%	-0.033%	0.018%	0.010%	-0.010%
	1	0	即时满足率的平均误差	0.000%	0.000%	0.000%	0.000%	0.179%	0.024%	0.000%	0.000%	0.000%	0.000%	0.008%	-0.017%	0.016%
			A_3 内满足率平均误差	-0.352%	-0.198%	-0.297%	-0.306%	-0.103%	0.068%	-0.105%	-0.064%	-0.127%	-0.146%	0.051%	0.073%	-0.125%
		1	即时满足率的平均误差	-0.002%	-0.084%	-0.036%	0.073%	-0.228%	-0.383%	-0.232%	-0.096%	-0.184%	0.020%	0.020%	0.002%	-0.094%
			A_3 内满足率平均误差	-0.050%	-0.072%	-0.075%	-0.137%	0.001%	0.087%	0.011%	0.060%	0.039%	0.013%	0.034%	0.014%	-0.006%
		2	即时满足率的平均误差	0.005%	0.015%	-0.144%	-0.315%	-0.188%	0.067%	0.050%	0.027%	-0.041%	-0.018%	0.027%	0.033%	-0.040%
			A_3 内满足率平均误差	-0.002%	-0.010%	0.000%	-0.027%	0.014%	0.041%	0.001%	0.004%	0.015%	0.012%	0.010%	0.002%	0.005%
	2	0	即时满足率的平均误差	0.000%	0.000%	0.000%	0.000%	0.047%	-0.002%	0.000%	0.000%	0.000%	0.000%	-0.062%	-0.075%	-0.008%
			A_3 内满足率平均误差	-0.259%	0.005%	-0.045%	-0.114%	0.032%	0.123%	-0.003%	0.025%	0.058%	0.063%	0.050%	0.038%	-0.002%
		1	即时满足率的平均误差	-0.010%	-0.052%	-0.146%	-0.017%	-0.049%	-0.112%	-0.193%	-0.049%	-0.128%	-0.050%	0.010%	0.087%	-0.059%
			A_3 内满足率平均误差	-0.031%	-0.003%	0.023%	-0.005%	0.041%	0.054%	0.007%	0.005%	0.024%	0.036%	0.016%	0.005%	0.014%

（续）

k_1	k_2	k_3		λ_3						λ_3						平均
				0.1	0.2	0.5	0.8	1	2	0.1	0.2	0.5	0.8	1	2	
1	2	2	即时满足率的平均误差	0.031%	0.055%	0.004%	-0.087%	-0.032%	0.017%	0.039%	0.008%	-0.083%	0.000%	0.069%	0.024%	0.004%
			A_3内满足率平均误差	-0.001%	0.001%	0.007%	0.024%	0.023%	0.015%	-0.001%	0.000%	0.001%	0.014%	0.001%	0.001%	0.007%
1	0	0	即时满足率的平均误差	0.000%	0.000%	0.000%	0.000%	0.141%	0.045%	0.000%	0.000%	0.000%	0.000%	0.038%	0.038%	0.022%
			A_3内满足率平均误差	0.100%	-0.083%	-0.197%	-0.133%	-0.015%	-0.115%	-0.147%	-0.132%	-0.167%	-0.067%	0.036%	0.070%	-0.071%
1	0	1	即时满足率的平均误差	0.050%	-0.025%	-0.035%	-0.163%	-0.127%	-0.458%	-0.147%	-0.017%	-0.060%	0.035%	0.058%	-0.120%	-0.084%
			A_3内满足率平均误差	0.128%	0.069%	-0.072%	-0.120%	0.024%	-0.046%	-0.007%	0.008%	0.065%	-0.001%	0.022%	0.027%	0.008%
2	2	1	即时满足率的平均误差	0.029%	0.058%	-0.090%	-0.157%	-0.099%	-0.021%	0.018%	0.003%	-0.113%	0.045%	0.031%	0.059%	-0.020%
			A_3内满足率平均误差	0.012%	0.018%	-0.011%	-0.031%	0.016%	-0.013%	0.012%	0.031%	0.004%	-0.028%	0.008%	0.004%	0.002%
2	1	0	即时满足率的平均误差	0.000%	0.000%	0.000%	0.000%	0.148%	-0.018%	0.000%	0.000%	0.000%	0.000%	0.006%	-0.024%	0.009%
			A_3内满足率平均误差	-0.083%	0.041%	-0.023%	-0.083%	0.035%	-0.006%	0.172%	0.160%	0.066%	0.072%	0.056%	0.044%	0.038%
2	1	1	即时满足率的平均误差	-0.014%	-0.038%	-0.020%	0.083%	-0.113%	-0.312%	-0.225%	-0.072%	-0.166%	0.021%	0.014%	0.008%	-0.070%
			A_3内满足率平均误差	-0.014%	-0.025%	-0.011%	0.006%	0.018%	-0.014%	0.013%	0.054%	0.031%	0.035%	0.008%	0.004%	0.009%

(续)

k_1	k_2	k_3		λ_3						λ_3						平均
				0.1	0.2	0.5	0.8	1	2	0.1	0.2	0.5	0.8	1	2	
2	1	2	即时满足率的平均误差	0.040%	0.028%	-0.107%	-0.189%	-0.110%	-0.028%	0.053%	0.027%	-0.052%	0.000%	0.040%	0.025%	-0.023%
			A_3 内满足率平均误差	0.000%	-0.008%	-0.001%	0.010%	0.001%	-0.001%	0.001%	0.007%	0.010%	0.003%	0.000%	0.000%	0.002%
2	2	0	即时满足率的平均误差	0.000%	0.000%	0.000%	0.000%	-0.154%	-0.067%	0.000%	0.000%	0.000%	0.000%	-0.070%	-0.090%	-0.032%
			A_3 内满足率平均误差	-0.068%	0.057%	0.017%	0.041%	0.027%	-0.008%	0.083%	0.052%	0.051%	0.067%	0.017%	0.007%	0.029%
		1	即时满足率的平均误差	0.003%	-0.054%	-0.122%	-0.040%	-0.045%	-0.166%	-0.200%	-0.062%	-0.136%	-0.055%	-0.004%	0.059%	-0.069%
			A_3 内满足率平均误差	-0.020%	-0.007%	0.008%	0.010%	0.010%	-0.001%	0.008%	-0.002%	-0.001%	0.007%	0.005%	0.001%	0.001%
		2	即时满足率的平均误差	0.026%	0.044%	-0.020%	-0.068%	0.048%	-0.047%	0.038%	0.008%	-0.093%	-0.015%	0.056%	0.012%	-0.001%
			A_3 内满足率平均误差	0.001%	0.001%	-0.001%	0.003%	0.004%	0.001%	-0.001%	-0.002%	-0.002%	0.002%	0.000%	0.000%	0.001%
			即时满足率的总误差	0.010%	-0.010%	-0.067%	-0.093%	-0.079%	-0.156%	-0.056%	-0.014%	-0.067%	-0.008%	0.010%	-0.002%	-0.044%
			A_3 内满足率总误差	-0.023%	-0.013%	-0.083%	-0.105%	-0.034%	0.008%	-0.035%	-0.023%	-0.036%	-0.026%	0.025%	0.031%	-0.026%

从实用角度来看,在此模拟研究中所观察到的误差非常小,故可得出结论:上述负二项近似法适用于我们的模型,因为它不会实质性地影响优化过程的可行性和优化结果的质量。

最后给出两个重要的观察结论。

首先,从式 (6.13)、式 (6.21) 和式 (6.29) 中可以明显看到,在一个 3 层系统中,不管 s_2 和 s_1 的库存水平如何,通过增加基地库存水平 s_3,所有的途径满足率 (f_3^3、f_3^2 和 f_3^1) 能无限接近 100%。这对 SLS 问题的启示是:不管向量 s^2 和 s^1 如何,通过调整库存向量 s^3 通常可以找到可行方案。将此理念推广至 n 层网络,其中约束条件集合 K 按层次是可分的,通过增加库存水平 s_v,途径满足率 f_n^v, f_n^{v-1}, $\cdots$, f_n^1 能无限地接近 100%。因此,不管向量 s^{v-1}, $\cdots$, s^1 如何,通过调整库存水平向量 s^v,通常能找到满足服务水平约束条件 $K^1 \cup K^2 \cup \cdots \cup K^v$ 的 SLS 问题的解决方案(当 $v = n$ 时,表示将满足所有的约束条件)。

其次,回想到:当给定库存水平 $s_1 \geqslant \lfloor \lambda_1 A_1 \rfloor$,$s_2 \geqslant \lfloor \lambda_2 T_2 \rfloor$ 时,对于 $s_3 \geqslant \lfloor \lambda_3 T_3 \rfloor$,由式 (6.13)、式 (6.21) 和式 (6.29) 得出的相应途径满足率是 s_3 的凹函数(注意,T_2 是 s_1 的函数,并且 T_3 是 s_1 和 s_2 的函数,故库存水平组合一定要仔细挑选以保持其凹性)。下面要介绍的求解方法将利用以上两个观察结论。

6.3 求解方法

我们已经定义了途径满足率函数,下面将转向求解最优化问题 SLS。由于满足率函数不是所有变量的联合凹函数,所以,对于实际问题实例,得到 SLS 的最优解并非易事。即使网络中每一个库存地点的每一种项目的库存水平集合都做了非常严格的限制,对一个中等大小的网络而言,采用穷举法实际上也是不可能的。因此,我们致力于开发一种实用的启发式方法。此处介绍的算法是一个列生成 (column generation) 过程,它通过寻找每种项目的库存水平向量,综合得出 SLS 问题的一个近似最优解。

6.3.1 节将对列生成过程进行概述,并增加一些符号定义。6.3.2 节首先定义主问题,并且在每次的迭代中对主问题进行扩展和求解。6.3.3 节将介绍三类列生成技术,在一次迭代过程中任意一种技术都可以生成一个新的列集合。下面首先讨论使过程开始的初始列集合的生成方法。

6.3.1　过程概述

列生成的思想是反复求解一个主问题, 主问题是全问题的一个限制版, 因而相对更容易解决。某种程度上, 主问题受束于它须考虑可行解空间的一个子集 (即由它的列所包括的子集)。向主问题添加列相当于扩展所考虑的解空间的子集。如果主问题所包括的解空间中, 存在全面问题的最优解, 那么求解主问题就是求解全问题。一个典型的列生成过程是从一个初始列集合开始, 求解和这个列集合相关的主问题, 然后用此求解结果来生成一个或多个新的列。重复此过程直到得到主问题的满意解或是主问题的解不再改变 (即新加的列对主问题的结果没有任何影响)。后一种情况表示可能找到了最优解, 这要由主问题的建模和使用的列生成技术而定。具体来说, 如果在列生成技术的构建中, 能保证找到一个改进的列 (如果这样的列存在), 则该算法将终止于最优解。

列生成过程的基本要素是一个包括每一个项目 $i(i \in I)$ 的库存水平向量 $\boldsymbol{\Gamma}_i$ 的集合。此集合中每一个向量 $\gamma_i(\gamma_i \in \boldsymbol{\Gamma}_i)$ 包含一组针对每一个库存地点 $j(j \in J)$ 的备选库存水平输入值 s_{ij}。与各库存水平向量 γ_i 相关的是成本要素 c_{γ_i} 和贡献列 β_{γ_i}。c_{γ_i} 表示的是和向量 γ_i 相关的总成本, 即单位成本 c_i 乘以向量 γ_i 中的库存水平输入值之和。列 β_{γ_i} 的输入值表示的是 γ_i 对满足各服务水平约束条件 $k(k \in K)$ 所做的贡献大小。具体来说, 与服务约束条件 k 相对应的 β_{γ_i} 的输入值 $([\beta_{\gamma_i}]_k)$ 为

$$[\beta_{\gamma_i}]_k = \sum_{v=1}^{N} \sum_{j \in J^N} \omega_{ijk}^{v} f_{ij}^{v}(\boldsymbol{s}_{iP_j})$$

式中: 途径库存水平向量 $\boldsymbol{s}_{iP_j}$ 由 γ_i 确定。$\boldsymbol{B}_i$ 表示 i 种项目的所有贡献列 β_{γ_i} 的集合。

在列生成的过程中, 主问题是 SLS 问题线性规划的近似。模型是基于现场库存水平向量集合 $\boldsymbol{\Gamma}_i(i \in I)$、相应的成本 $c_{\gamma_i}(\gamma_i \in \boldsymbol{\Gamma}_i, i \in I)$ 和相应的贡献列集合 $\boldsymbol{B}_i(i \in I)$。我们使用主问题的解来生成 $|I|$ 个新库存水平向量 γ_i, 并使每种项目 $i(i \in I)$ 对应一个 γ_i (每个 γ_i 都有相关的成本 c_{γ_i} 和贡献列 β_{γ_i})。如果主问题的解与上一次迭代后的解相同, 此过程结束。但是, 由于我们的主问题是 SLS 问题的线性近似, 并且列生成技术不一定能找到改进列 (改进列存在的情况下)。因此, 我们不能保证得到的解就是最优的。但是, 经验表明这项技术在实践中非常有效。

为描述列生成技术, 定义新的符号如下:

Γ_i i 种项目的备选库存水平向量集合, 备选库存水平用 γ_i 表示。

B_i 和 i 种项目的备选库存水平向量相关的贡献列集合, i 种项目备选库存水平贡献用 β_{γ_i} 表示。

c_{γ_i} 和库存水平向量 $\gamma_i(\gamma_i \in \Gamma_i)$ 相关的总成本。

α^* 主问题的一个 (可能是部分) 解向量, 其元素用下标 γ_i 表示。

θ_k^* 就主问题的解向量 α^* 而言, 和服务水平约束条件 $k(k \in K)$ 相对应的对偶变量。

6.3.2 SLS 的主问题

给定库存水平向量集合 $\Gamma_i(i \in I)$, 相应的成本 $c_{\gamma_i}(\gamma_i \in \Gamma_i, i \in I)$ 和相应的贡献列集合 $B_i(i \in I)$, 定义服务水平满意度主问题 (Service Level Satisfaction Master Problem, SLSMP) 如下:

$$(\text{SLSMP}) \quad \text{mine} \sum_{i \in I} \sum_{\gamma_i \in \Gamma_i} c_{\gamma_i} \alpha_{\gamma_i} \tag{6.33}$$

约束条件为

$$\sum_{i \in I} \sum_{\gamma_i \in \Gamma_i} [\beta_{\gamma_i}]_k \, \alpha_{\gamma_i} \geqslant F_k, \quad \forall k \in K \tag{6.34}$$

$$\sum_{\gamma_i \in \Gamma_i} \alpha_{\gamma_i} = 1, \quad \forall i \in I \tag{6.35}$$

$$0 \leqslant \alpha_{\gamma_i} \leqslant 1, \quad \forall \gamma_i \in \Gamma_i, \quad i \in I \tag{6.36}$$

其中, 线性规划的约束条件 (6.34) 和向量集合 $B_i(i \in I)$ 中的元素相对应。因此, SLSMP 的最优解 α^* 和 SLS 的下述解 (也可能是部分解) 是相对应的:

$$s_i = \sum_{\gamma_i \in \Gamma_i} \alpha_{\gamma_i}^* \gamma_i, \quad i \in I \tag{6.37}$$

需说明的是, 即使把向量 (6.37) 的小数部分向上取整, 由于途径满足率不是这些参数的联合凹函数, 故得到的解对 SLS 未必可用。

我们应用的列生成技术大多要求主问题的解是整数 (尽管不是可行解, 也不是整数解), 这主要是为了用这些解来产生新的列。所以, 此时只要把式 (6.37) 中解的小数部分取整就可以了。当列生成过程结束时, 需要将小数解转变为一个可行的整数解。此时, 将式 (6.37) 中向量

的小数部分向上取整, 然后使用贪婪启发式方法来增加库存水平直到满足所有的约束条件。贪婪启发式方法的工作如下:

构造可行解

输入: SLS 问题实例

s, SLS 的一个整数解, 不一定是可行解。

输出: $\tilde{s}$, SLS 的一个可行的整数解。

1. 对所有的 $i \in I, j \in J, \tilde{s}_{ij} \leftarrow s_{ij}$。

2. 更新 $\overline{K} \subseteq K$, 关于当前库存水平向量 $\tilde{s}$ 的所有不满足服务水平约束条件的集合。

3. 对所有 $i \in I, j \in J^N$ (即所有基地), 计算:

$$\Delta_{ij} = \sum_{k \in \overline{K}} \left(\min \left\{ F_k, \sum_{v=1}^{N} \omega_{ijk}^v f_{ij}^v (\tilde{s}_{ij} + 1, \tilde{s}_{iP_j} \backslash \tilde{s}_{ij}) \right\} - \sum_{v=1}^{N} \omega_{ijk}^v f_{ij}^v (\tilde{s}_{iP_j}) \right)$$

4. 对所有 $i \in I, j \in J^v, v < N$ (即所有非基地库存地点), 计算:

$$\Delta_{ij} = \sum_{k \in \overline{K}} \sum_{j' \in J^N : j \in P_{j'}} \left(\min \left\{ F_k, \sum_{v=1}^{N} \omega_{ij'k}^v f_{ij'}^v (\tilde{s}_{ij} + 1, \tilde{s}_{iP_j'} \backslash \tilde{s}_{ij}) \right\} \right.$$
$$\left. - \sum_{v=1}^{N} \omega_{ij'k}^v f_{ij'}^v \left(\tilde{s}_{iP_j'} \right) \right) \tag{6.38}$$

5. 找到一组 $(i, j)^*$, 满足:

$$(i, j)^* = \arg\max_{(i,j)} \frac{\Delta_{ij}}{c_i}$$

6. $\tilde{s}_{ij^*} \leftarrow \tilde{s}_{ij^*} + 1$。

7. 如果所有的服务水平约束条件 $k \in K$ 都得到满足, 则停止构造过程并返回 $\tilde{s}$ 值。否则, 回到第 2 步。

注意, 为了满足服务水平约束条件, 或许构建可行解的求解办法对一些库存水平值会估计过高。这可能归因于使用的初始解, 或是增加库存水平的贪婪顺序, 亦可能是这两种原因的结合。二阶段的贪婪启发式方法可以通过保持可行性的同时减少库存水平来优化当前的解, 这里不做详细分析。

6.3.3　列生成

给定主问题的一个解 α^*, 有很多方法来生成 SLSMP 的新列。这里介绍三种方法。

6.3.3.1　方法 1 (简单取整)

最容易想到的方法是把由 α^* 给出的主问题的解按项目种类解析成一个新的库存水平向量集合, 即使用某一种取整技术来使得各库存水平向量都是整数。对每一个项目 i, 定义一个新的库存水平向量:

$$\tilde{\gamma}_i = R\left(\sum_{\gamma_i \in \Gamma_i} \alpha^*_{\gamma_i} \gamma_i\right) \tag{6.39}$$

式中: 取整函数 $R(\cdot)$ 是用户定义的, 表示对每个小数部分向下取整、向上取整或是取最接近的整数值。对其不同的定义可以对每种项目 i 产生许多新的库存水平向量 $\tilde{\gamma}_i$。对生成的每一个新向量 $\tilde{\gamma}_i$, 可以计算出它的相关成本 $c_{\tilde{\gamma}_i}$ 和贡献列 $\beta_{\tilde{\gamma}_i}$, 并将它们添加到主问题。

其中重要的是, 即使不需要取整, 这个方法在产生新列的同时并不会给主问题增加多余的列。这是因为, 尽管每个新库存水平向量 $\tilde{\gamma}_i$ 是一个 (可能是经过取整的) 现场库存水平向量的凸组合, 但是它的相关贡献列 $\beta_{\tilde{\gamma}_i}$ 不是相应贡献列的凸组合。实际上, 由于满足率函数是凹性的, 因而列 $\beta_{\tilde{\gamma}_i}$ 的贡献元素值通常较高。

尽管上述方法能快速有效地产生新的列, 但却是受限制的。这是由于产生新列时, 现有的 $\tilde{\gamma}_i$ 向量的单个库存水平元素通常具有相同的相对权重 $\alpha^*_{\gamma_i}$。例如, 假设某种项目的初始向量集合包含两个库存水平向量, 第一个向量中每个元素的值为 5, 另一向量中每个元素的值为 1。取这些向量的凸组合, 可能产生元素值都为 2、3 或都为 4 的新列。但是, 却不能生成具有不同元素值的新向量。因此, 为了使该方法更有效, 产生的初始向量集合 $\Gamma_i (i \in I)$ 可以包含元素值各异的库存水平的向量组合。下面要介绍的列生成方法, 提供了一种能够对库存水平向量中的元素做相应增加和减少的方法。

6.3.3.2　方法 2 (逐层确定库存值)

回忆一下, s^v 被定义为位于层 v 的网络库存地点上所有项目 $i \in I$ 的库存水平向量, 即, $s^v = (s_{ij} : i \in I, j \in J^v)$。

此方法假设要解决问题的约束条件集合 K 按照网络层次是可分的 (即对于约束条件 k 而言, v_{ijk} 对所有项目 i 和所有基地 j 来说是相同的)。因此, 可以将约束条件集合 K 解析成 N 个子集合 K^v, $v = 1, \cdots, N$。

考虑由主问题的解 α^* 导出的库存水平 s^* 的一个整数向量 (通过

取整方案), 即对每个项目种类 $i \in I$:

$$s_i^* = R\left(\sum_{\gamma_i \in \Gamma_i} \alpha_{\gamma_i}^* \gamma_i\right) \tag{6.40}$$

对每个项目 $i \in I$ 和每个库存地点 $j \in J$, 此过程从库存水平 $s_{ij} = s_{ij}^*$ 开始。这个方法的思路是通过求解 N 个子问题序列 (每个网络层次 v 对应一个子问题, 从 $v = 1$ 开始), 给问题设计一个新的解 $\tilde{s}$。每个子问题的求解过程如下: 除了层 v 的网络库存地点的库存水平外, 其他库存水平 s_{ij} 的当前值不变。对在层 v 的网络库存地点的所有项目 $i \in I$, 设 $s_{ij} = \lfloor \lambda_{ij} T_{ij} \rfloor$, 其中 T_{ij} 表示网络途径中库存地点 j 的上一层 P_j 上 i 种项目的确定库存水平函数 (这可以确保途径满足率函数在 s^v 上是凹函数)。接着, 用贪婪启发法增加层 v 的库存水平直到满足服务水平约束条件 $k \in (K^1 \cup K^2 \cup \cdots \cup K^v)$, 即在第 v 个子问题中, 唯一要考虑的约束条件是通过 v 层并且与 1 层相关的条件。

此贪婪启发法本质上就是层 v 的库存地点遵循服务水平约束条件 $k \in (K^1 \cup K^2 \cup \cdots \cup K^v)$ 来构造可行解的变种。对位于层 v 中每个库存地点上的各项目, 计算贡献给所有未被满足的服务水平约束条件 $k \in (K^1 \cup K^2 \cup \cdots \cup K^v)$ 的总增量, 并按照项目的单位成本将增加的贡献量进行划分。选择最高的比例, 并按此比例增加相应的库存水平。一旦所有的约束条件 $k \in (K^1 \cup K^2 \cup \cdots \cup K^v)$ 得到满足, 则执行第二阶段来向下调整层 v 的库存水平, 并在确保满足约束条件的同时减少投资。

最后的结果可能是一个新的, 并被解析成 $|I|$ 个库存水平向量 $\tilde{\gamma}_i(i \in I)$ 的可行解向量 $\tilde{s}$, 这些向量反过来可以增加到主问题中。

6.3.3.3 方法 3 (项目分解)

假设我们有一个对偶变量集合 $\{\theta_k^*, k \in K\}$, 并且与主问题的某一特定初始解 α^* 相对应。此方法将使用这些乘数值作为服务水平约束条件的对偶并构建 SLS 的拉格朗日松弛问题。松弛问题 (用 SLS-LR 表示) 能够按照项目进行分解。于是, 剩下的就是求解各 $i \in I$ 对应的含有 $|I|$ 个独立项目子问题的集合。各项目子问题的解产生一个新的列 $\tilde{\gamma}_i$, 并可以添加到主问题中。

下面讨论求解项目子问题的方法。首先, 通过构建如下的拉格朗日松弛问题来详述 SLS 的分解方法。

$$(\text{SLS} - \text{LR}) \quad \min_{s_{ij} \geqslant 0, \text{整数}} \left(\sum_{i \in I} \sum_{j \in J} c_i s_{ij} \right.$$

$$\left. + \sum_{k \in K} \theta_k^* \left(F_k - \sum_{v=1}^{N} \sum_{i \in I} \sum_{j \in J^N} \omega_{ijk}^v f_{ij}^v (\boldsymbol{s}_{iP_j}) \right) \right) \tag{6.41}$$

由于 $\theta_k^* F_k$ 是常数, 所以可以忽略, 并且不会影响 SLS-LR 的最优解。令

$$\overline{\omega_{ij}^v} = \sum_{k \in K} \theta_k^* \omega_{ijk}^v \tag{6.42}$$

去掉式 (6.41) 中的这些常数项, 变为

$$\min_{s_{ij} \geqslant 0, \text{整数}} \left(\sum_{i \in I} \sum_{j \in J} c_i s_{ij} - \sum_{i \in I} \sum_{v=1}^{N} \sum_{j \in J^N} \overline{\omega_{ij}^v} f_{ij}^v (\boldsymbol{s}_{iP_j}) \right)$$

$$= \min_{s_{ij} \geqslant 0, \text{整数}} \sum_{i \in I} \left(\sum_{v < N} \sum_{j \in J^v} c_i s_{ij} + \sum_{j \in J^N} \left(c_i s_{ij} - \sum_{v=1}^{N} \overline{\omega_{ij}^v} f_{ij}^v (\boldsymbol{s}_{iP_j}) \right) \right) \tag{6.43}$$

由于每个权重 $\overline{\omega_{ij}^v}$ 和每个途径满足率 $f_{ij}^v (\boldsymbol{s}_{iP_j})$ 都与某一项目相对应。因此, 此最小化问题按照项目种类是可分的。所以, 可以根据按项目 i 独立地解决下述问题:

(SLS-LR-SI)

$$\min_{s_{ij} \geqslant 0, \text{整数}} \left(\sum_{v < N} \sum_{j \in J^v} c_i s_{ij} + \sum_{j \in J^N} \left(c_i s_{ij} - \sum_{v=1}^{N} \overline{\omega_{ij}^v} f_{ij}^v (\boldsymbol{s}_{iP_j}) \right) \right) \tag{6.44}$$

下面对某一特定项目 i 介绍求解 SLS-LR-SI 的过程。这个算法需要重复地将所有库存地点 $j(j \in J^v, v < N)$ 的库存水平 s_{ij} 赋预定值 (即所有无需求的库存地点)。此时, 式 (6.44) 的第一项变为一个常数, 第二项变为一个凸函数, 并且按库存地点可分 (对所有 $j \in J^N$, 限定 $s_{ij} \geqslant \lfloor \lambda_{ij} \tau_{ij} \rfloor$)。也就是说, 令 $\hat{\boldsymbol{\gamma}}_i$ 表示所有无需求库存地点库存水平的向

量, 则问题变为

$$
\begin{aligned}
G_i\left(\hat{\boldsymbol{\gamma}}_i, \theta^*\right) &= \min_{s_{ij} \geqslant 0,\, \text{整数}} \left(\sum_{v<N} \sum_{j \in J^v} c_i s_{ij} + \sum_{j \in J^N} \left(c_i s_{ij} - \sum_{v=1}^{N} \overline{\omega_{ij}^v} f_{ij}^v\left(s_{ij}, \hat{\boldsymbol{\gamma}}_i\right) \right) \right) \\
&= c_{\hat{\gamma}_i} + \min_{s_{ij} \geqslant 0,\, \text{整数}} \sum_{j \in J^N} \left(c_i s_{ij} - \sum_{v=1}^{N} \overline{\omega_{ij}^v} f_{ij}^v\left(s_{ij}, \hat{\boldsymbol{\gamma}}_i\right) \right) \\
&= c_{\hat{\gamma}_i} + \sum_{j \in J^N} \min_{s_{ij} \geqslant 0,\, \text{整数}} \left(c_i s_{ij} - \sum_{v=1}^{N} \overline{\omega_{ij}^v} f_{ij}^v\left(s_{ij}, \hat{\boldsymbol{\gamma}}_i\right) \right) \\
&= c_{\hat{\gamma}_i} + \sum_{j \in J^N} \min_{s_{ij} \geqslant 0,\, \text{整数}} g_i\left(j, \hat{\boldsymbol{\gamma}}_i, \theta^*\right)
\end{aligned} \tag{6.45}
$$

其中在

$$
c_{\hat{\gamma}_i} = \sum_{v<N} \sum_{j \in J^v} c_i \hat{\gamma}_{ij} \text{ 和 } g_i\left(j, \hat{\boldsymbol{\gamma}}_i, \theta^*\right) = \left(c_i s_{ij} - \sum_{v=1}^{N} \overline{\omega_{ij}^v} f_{ij}^v\left(s_{ij}, \hat{\boldsymbol{\gamma}}_i\right) \right)
$$

$s_{ij} \geqslant \lfloor \lambda_{ij} \tau_{ij}(\hat{\boldsymbol{\gamma}}_i) \rfloor$ 时具有离散凸性。因此, 对 $j(j \in J^N)$, 令 $s_{ij} \geqslant \lfloor \lambda_{ij} \tau_{ij}(\hat{\boldsymbol{\gamma}}_i) \rfloor$, 则使用边际分析法容易快速地找到使得 $g_i\left(j, \hat{\boldsymbol{\gamma}}_i, \theta^*\right)(j \in J^N)$ 最小的库存水平, 即从 $s_{ij} = \lfloor \lambda_{ij} \tau_{ij}(\hat{\boldsymbol{\gamma}}_i) \rfloor$ 开始, 提高 s_{ij}, 直到 $c_i > \sum_{v=1}^{N} \overline{\omega_{ij}^v}(f_{ij}^v(s_{ij}+1, \hat{\boldsymbol{\gamma}}_i) - f_{ij}^v(s_{ij}, \hat{\boldsymbol{\gamma}}_i))$。于是, 给定一个在所有无需求库存地点的 i 种项目的库存水平向量的备选集合 $\hat{\boldsymbol{\Gamma}}_i$, 如下的基本算法可用于寻找 SLS-LR-SI 的解。

构造单项目解

输入:

一个 SLS 问题实例;

一种项目 i;

拉格朗日乘数 $\{\theta_k^* : k \in K\}$;

一个库存水平向量集合 $\hat{\boldsymbol{\Gamma}}_i$, 其中每个 $\hat{\boldsymbol{\gamma}}_i(\hat{\boldsymbol{\gamma}}_i \in \hat{\boldsymbol{\Gamma}}_i)$ 表示在所有无需求库存地点的 i 种项目的确定库存水平向量。

输出:

SLS-LR-SI 的一个对应于项目 i 的可行解 $\tilde{\boldsymbol{\gamma}}_i$。

(1) $U \leftarrow \infty$。

(2) 对于每个 $\hat{\boldsymbol{\gamma}}_i \in \hat{\boldsymbol{\Gamma}}_i$:

① 对每个库存地点 $j \in J^N$, 用边际分析法找到能使 $g_i\left(j, \hat{\boldsymbol{\gamma}}_i, \theta^*\right)$ 最小的库存水平 s_{ij}。

② 对所有 $j \in J^N$, 用已经计算的库存水平值 s_{ij}, 计算

$$G_i(\hat{\gamma}_i, \theta^*) = c_{\hat{\gamma}_i} + \sum_{j \in J^N} \min_{s_{ij} \geq 0, \text{整数}} g_i(j, \hat{\gamma}_i, \theta^*)$$

③ 如果 $G_i(\hat{\gamma}_i, \theta^*) < U$, 那么 $U \leftarrow G_i(\hat{\gamma}_i, \theta^*)$, 并且 $\tilde{\gamma}_i \leftarrow (\hat{\gamma}_i; s_{ij}, j \in J^N)$。

(3) 返回 U 和 $\tilde{\gamma}_i$。

得到的解 $\tilde{\gamma}_i$ 可以添加到主问题。

对某一特定 $i (i \in I)$, 有很多方法构建向量集合 $\hat{\Gamma}_i$。最易想到的方法是使用已有的向量集合 Γ_i 作为基础,并去掉和需求库存地点 $j (j \in J^N)$ 相应的输入值。

另一种方法是部分枚举出所有位于分配网络中上一级的备选库存水平。对于一个 3 层网络,就需要生成所有层 1 和层 2 网络库存地点的库存水平组合。如果层 2 有很多库存地点,虽然看起来很棘手,但由于约束集合可以按子系统进行分割,这个问题实际上是可行的。其中子系统定义为: 层 1 库存地点,某一个层 2 库存地点和层 2 这个特定库存地点的所有子库存地点 (位于层 3)。也就是说,只要每个服务水平约束条件被限定在一个单一子系统的库存地点上,那么对于给定的层 1 库存地点的库存水平,各子系统被认为是相互独立的。这大大减少了求解 SLS-LR-SI 问题所需的计算量。

为什么我们要求 SLS-LR-SI 的最优解呢? 显然,通过构造单一项目解得到的向量 $\tilde{\gamma}_i$ 不必是 SLS-LR-SI 最优解以继续列生成过程。实际上,$\tilde{\gamma}_i$ 也不会是 SLS-LR-SI 的最优解,除非在备选集合中的一个向量 $\hat{\gamma}_i$ 恰巧部分描述了一个最优解。对于一个给定的乘数集合,想要得到所有 SLS-LR-SI 项目子问题最优解的原因是: 这一批最优项目向量共同生成一个目标函数值,这个值被认为是初始 SLS 问题的下界。因此,在许多实际问题中,该方法可以用来提供问题的最优区间。

6.3.4 构建初始向量集合 Γ_i

为了开始列生成过程,我们需要了解项目种类 $i \in I$ 的库存水平向量的初始集合 Γ_i。在各 Γ_i 中,初始向量的数量不需要太大,但是为了能涉及到主问题的大部分解空间,列集合需要具有多样性。

下面介绍生成初始向量集合的方法:

对 $i \in I, j \in J^v$, 从层 1 到层 N 分别设 $s_{ij} = \lfloor \lambda_{ij} A_{ij} \rfloor$。这些向量代表每个库存地点库存水平的下限。也可以设 $s_{ij} = \lfloor \lambda_{ij} T_{ij} \rfloor$, 其中 T_{ij} 是在

路径 P_j 中, 库存地点 j 上一级库存地点的项目 i 的确定库存水平函数。

对层 1, 设 $s_{ij} = \infty (i \in I$, 这意味着层 2 上库存地点在补货过程中没有产生延迟)。从层 2 到层 N, 设 $s_{ij} = \lfloor \lambda_{ij} T_{ij} \rfloor$。

用库存水平向量下限作为一个初始解, 运用方法 2 创建一个新的向量集合。

用库存水平向量下限作为一个初始解, 运用构造可行解的方法来创建一个新的向量集合 (由于计算量很大, 只能部分实施)。

此时, 我们完全不知道哪种方法构建起来比较容易, 哪种方法求解各问题是最好的。而且, 为得到更合适的 SLS 问题的解, 我们还会开发出其他的启发式方法。启发式方法不仅能有效地生成初始库存水平向量 (初始集合 Γ_i), 还能产生更为合适的乘数值 θ_k 的初始估计值。而拉格朗日松弛法 (方法 3) 需要知道每个 θ_k 值。显然, SLS-LR 问题需要大量计算, 所以应当尽可能减少求解次数。这样, 一旦有了合适的 θ_k 初始估计值, 就能大大减少求解 SLS 问题所需的计算时间。

6.4 第 6 章习题

6.4.1 在 6.3.2 节介绍了初步贪婪启发式方法, 用来将求解主问题时, 将找到的部分解转化为原问题的一个可行的、完整的解。同时在文中也提到这种方法为满足一些约束条件, 库存水平可能取值过高。请正式地说明二阶段贪婪启发式方法, 用以改善应用初步贪婪启发式方法所得到的解, 并保持其可行性。

6.4.2 一般服务水平满足问题 (SLS) 在 6.1.3 节已经阐述过。现在来考虑其中的一个特例。假设网络只包含两级。1 级库存地点称为基地, 顶级库存地点称为后方仓库。在每个基地, 只有一个满足率约束条件, 用来衡量所有项目的总满足率。进一步, 对于每一个项目 i, 在后方仓库有一个对应的途径满足率约束条件来表示在运输提前期 A_{ij} 内对基地 j 的满足率要求。6.1.3 节所描述的开发模型的其他相关假设都保持不变。请构建一种方法解决 SLS 问题的这个特例, 并构造一种启发式方法, 用于更好地求解该特定问题。

6.4.3 请证明 6.2.4 节给出的途径满足率表达式。

第 7 章
多级系统中的横向再供应和共用

前几章构建的战术规划模型都是基于多级补给网络中各库存地点只有唯一补给源的假设, 而且补给提前期对接收地点的现场库存数量、在途库存量和延期交货量并不敏感。这个唯一补给源的假设对满足客户服务目标或控制期望延期交货成本所需的库存量有重要的影响。但是, 对现实中很多的多级补给系统, 唯一补给源假设并不成立。

在工业、零售和军事应用中, 不同库存地点之间共享库存的例子数不胜数。例如, 汽车经销商每天都会共享备件以迅速完成客户车辆的修理工作。汽车公司的备件配送中心向其他没有库存的配送中心供应备件也是一种常规行为。在其他应用中, 计算机、复印机设备修理技师在应急情况下也会共享库存, 同一地区军事基地间也经常发生备件横向供应的情况。

信息技术的进步带来的数据处理、存储以及分析成本的显著降低使得库存共享更具有吸引力。而且, 物流公司 (如 UPS① 和联邦快递) 的出现使备件能够以较低的成本实现从一地向另一地的快速运送。

虽然从事横向供应活动的公司有很多, 但需要研究的潜在问题是: 横向供应对库存水平和运营的影响是怎样的? 付出的成本是否有价值?

很多学者都研究过此问题。其中很多仿真研究分析了多级系统中横向供应产生的影响[81,82,198,219]。尽管考察的环境有所不同, 但结果表明, 在众多应用中, 不同库存地点间的横向供应是改善客户服务、降低库存投资的非常有效的方法。在可修件方面, 派克 (Pyke)[198], 舍布鲁

---

①译者注: UPS, United Parcel Service, 1907 年成立于美国的国际信使公司, 现为拥有数百亿美元资产的全球性国际快递公司。

克[219], 斯卡德 (Scudder) 和豪斯曼 (Hausman)[215], 斯卡德[214] 等也已证明修理的优先顺序和库存的优先分配也可以改善系统绩效。例如, 我们已经证明某些情况下, 应用不同于先到先服务的规则向基地分配库存有很多益处。

另外, 一些学者还提出了很多分析模型并进行了试验。例如, 阿奇博尔德 (Archibald) 等[12], 李 (Lee)[156], 李和比林顿 (Billington)[157], 阿尔弗雷德松 (Alfredsson) 和维瑞依德 (Verrijdt)[6], 阿克塞特 (Axsäter)[17], 科恩 (Cohen), 科林多弗尔 (Kleindorfer) 和李[57], 达达 (Dada)[66], 达斯 (Das)[69], 格罗斯 (Gross)[101], 塔格诺斯 (Tagaras)[243,244], 塔格诺斯和科恩[245], 鲍曼 (Bowman)[29], 霍德利 (Hoadley) 和海曼 (Heyman)[130], 舍布鲁克[219], 柳 (Yanagi) 和萨凯 (Sasaki)[254] 等。这些模型明确考虑了通过横向运输实施供应的可能性。这些模型之间存在很大差别。其中有些是稳态的、连续时间的模型, 有些是周期性检查模型, 规划期分为有限和无限的多种情况。尽管如此, 这些分析模型在本质上都是战术规划模型。它们或者用于建模确定备件订购量, 或者模拟用于确定不同事件发生的概率。之所以说这些模型是战术规划模型, 是因为对于大多数备件, 它们在表示运行环境时不考虑应用所有系统状态信息的可能性。例如, 通常假设先到先服务的库存分配规则是从后方仓库向现场库存地点 (基地) 运输备件的基础。而实时执行系统则会考虑更多的系统状态信息。例如霍德利和海曼的模型就是一个单周期规划模型, 其考虑到了很多运行上的细节问题。并且订购提前期假设为 0。第 10 章将对这类实时模型进行讨论。

本章将仅侧重介绍几个横向供应模型的构建方法。首先, 推导两个稳态的连续时间模型。第一个是个排队模型, 该模型基于潜在系统受连续时间马尔可夫过程支配的假设。第二个模型是对第 5 章所开发模型的扩展。两个模型都是近似模型。第一个模型侧重于计算给定库存水平对系统性能影响。第二个模型侧重于构造主要随机变量的概率分布。然后, 建立一个可用于在两级系统中设置库存水平的经济模型。这些模型都适用于可修项目。

最后, 建立了一个周期性检查模型, 用于在三级环境中设置可修项目的库存水平。在此节的开始部分, 将先分析多级运行环境的必要性。为此, 我们建立了一个特殊的环境, 即通过解析的方式说明为什么设置中继级库存地点在经济上是值得的。尽管该环境本质上较为简单, 但可以明确说明建立多级库存系统的益处。

7.1 横向再供应的连续时间模型

如前所述, 首先建立两个连续时间模型。此时分析的都是两级系统, 称上级库存地点为后方仓库, 下级库存地点为基地。假设系统中有 n 个基地, 并且可以对各类项目进行独立管理, 因此我们可以只关注一种项目类型。假设项目需求只发生在基地, 并符合强度为 λ_j (基地 $j, j = 1, 2, \cdots, n$) 的泊松过程。

部件故障会导致基地项目需求的产生, 从而立即触发从后方仓库进行项目补给的订单。而所有的故障件都会送往后方仓库进行修复。

于此, 我们的讨论与前几章基本相同, 差别只在于基地间互相作用的方式。如图 7.1 所示, 假设 n 个基地被划分为几个组。实际应用中, 位于相同地区的若干基地可构成一个组。假设有 P 个组, 且一个基地只能是这样一个组中的成员。那么, P 个组将基地分为互斥且完备的集合, 如图 7.1 所示。

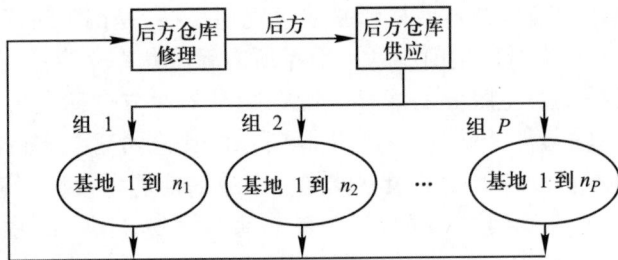

图 7.1 具有共用关系的后方仓库 – 基地两级系统

此外, 各组的库存可在组内基地之间按如下方式共享。如果组内某基地产生一个需求但该基地没有库存, 那么此需求可以由组内其他有库存的基地来满足。这时就会产生一个横向供应事件, 当然这是在组内其他基地有库存的情况下。选择实施横向供应的基地有多种机制。在实际中, 被选中的或者是最近且有库存的基地, 或者是库存能够保持最多天数的基地。在本节讨论的模型中, 假设实施横向供应的基地是从组内库存量为正的基地中随机选取的。另外, 假设当一个基地产生需求, 而组内所有基地都无库存时, 则由后方仓库来满足此需求。

下面将给出各模型的细节。第一个模型是基于阿克塞特[17] 的研究, 第二个模型则是基于李[156] 的研究。

7.1.1 模型 1

假设已知后方仓库的库存水平 s_0 和基地的库存水平 s_j。本节的目标是说明如何估计某个基地的需求由其自有库存来满足的比例, 以及通过横向再供应得到满足的比例, 最后还包括延期交货 (即需要等待后方仓库库存的到达) 的比例。

下面定义本节所需的符号:

P 为组的个数;

n_i 为组 i 内的基地数;

λ_j 为基地 j 的需求率;

λ_0 为 $\sum \lambda_j$, 后方仓库需求率;

A 为从后方仓库到基地的平均订购与运输时间;

D 为后方仓库平均修理周转时间 (从基地到后方仓库的平均运输时间加上后方仓库平均修理时间);

$\mathcal{B}(s_0)$ 为给定后方仓库库存水平为 s_0 时, 后方仓库的平均未处理的延期交货量。

其他符号定义将在后续过程呈现。

由于假设基地需求过程是独立的泊松过程, 所以后方仓库的需求过程也是泊松过程。相应地, 进入后方仓库修理过程的单元也受同样的泊松过程的支配。假设修理周转时间是独立同分布的。由于遵循 $(s-1, s)$ 补给策略, 根据帕尔姆定理, 任意时刻在修单元数量均服从均值为 $\lambda_0 D$ 的泊松分布。

在第 5 章中得出的后方仓库对一个基地再供应量的概率分布, 对一组基地同样成立。因此, 对一个基地的平均再供应时间为

$$T = A + \mathcal{B}(s_0)/\lambda_0$$

现在将注意力集中于一个单独的基地组。令随机变量 $\bar{N}$ 表示后方仓库对该组的再供应量, 则 $E[\bar{N}] = \left(\sum_{j \in \bar{P}} \lambda_j\right) \cdot T$, 其中 $\bar{P}$ 为该组基地的集合。$\bar{N}$ 的方差可使用 5.1.2.1 节的方法计算。另外, 可以用一个负二项式分布来近似 $\bar{N}$ 的概率分布, 负二项分布的均值和方差计算参见 5.1.2.1 节。

令 $\bar{s} = \left(\sum_{j \in \bar{P}} s_j\right)$ 表示组内基地的总库存。那么 $P[\bar{N} = \bar{s} - k]$ 表示

任意时刻该组现场库存量为 $k(k > 0)$ 个单元的概率。

在实际问题中, T 通常长达很多天, 而组内基地间的横向再供应时间可能只有一天或几小时。因为 T 通常比横向供应时间大至少一个数量级, 所以可以假设横向供应时间为 0。这意味着当组内有基地的库存量为正时, 就不会出现某个基地延期交货的情况。而如果同组内所有基地都没有库存, 就会在该基地产生延期交货。这时如果后方仓库供应的单元到达了某个没有延期交货的基地, 那么新到的单元会被立即横向再供应给存在未处理的延期交货量的基地。因此, 可以假设当组内净库存非负时, 该组内所有基地均不会出现延期交货。

下面需要计算:

β_j, 基地 j 的一个需求由该基地现场库存满足的概率;

α_j, 基地 j 的一个需求由同组内其他基地横向再供应满足的概率;

Θ_j, 组内基地 j 的一个需求产生延期交货的概率。

由于需求满足的方式要么是通过其现场库存, 要么来自横向供应, 否则会产生延期交货, 所以有 $\alpha_j + \beta_j + \Theta_j = 1$。显然, 如果 $s_j = 0$, 则 $\beta_j = 0$。

为说明建模原理, 假设组内所有的基地都相同。所有基地都有同样的需求率 λ_j 和库存水平, 所有基地都有相同的 Θ_j、α_j 和 β_j, 这时就可以去掉基地的下标。另外, 假设从后方仓库到组内所有基地的再供应时间是相互独立且有相同指数分布, 并且均值为 T 的随机变量。

回顾一下, 前面假设各基地的需求由其自身现场库存满足的概率为 β。同时 β 也是基地库存为正的时间所占的比例。因此, 基地库存为负或 0 的时间所占的比例为 $1 - \beta = \alpha + \Theta$。

假设基地库存为正。在各时间周期内, 基地库存用来满足需求率为 λ 的自身需求。但它也可能收到同组内其他基地的横向再供应请求。由于组内所有基地均相同并且横向再供应请求也是以随机的方式, 所以其由组内各基地满足的期望的长期需求率为 $\alpha\lambda$。但横向再供应请求只有在其他基地有库存时才能实现, 即当一个基地现场库存为 0 时, 它无法提供横向再供应。如果平均横向再供应率要达到 $\alpha\lambda$, 那么存在现场库存时的平均横向再供应率必然为 $\alpha\lambda/\beta$。当基地没有库存时, 需求率为 λ, 但需求中的一部分仍由横向再供应满足。由于基地是相同的, 那么一个基地通过横向再供应接收备件的长期平均率为 $\alpha\lambda$。这样, 在基地没有库存的时间周期内, 接收的横向再供应率必然为 $\alpha\lambda/(1 - \beta)$。

在阿克塞特研究中假设各基地的需求和再供应过程都是连续时间的

马尔可夫过程。基于这一假设,我们可以把环境描述为一个排队系统,其中,到达率是基地是否有现场库存的函数。当现场库存为正时,需求率为

$$g = \lambda + \alpha\lambda/\beta = \lambda(1 + \alpha/\beta) \tag{7.1}$$

当现场库存为 0 时,需求率为

$$h = \lambda - \alpha\lambda/(1-\beta) = \lambda(1 - \alpha/(1-\beta))$$
$$= \lambda(1 - \beta - \alpha)/(1 - \beta)$$
$$= \lambda\Theta/(1-\beta) \tag{7.2}$$

注意到,尽管式 (7.1) 和式 (7.2) 通常情况下是正确的,但是它们是对任意时刻系统运行的近似。显然,可以用一个能捕捉各库存地点库存水平和状态间转换的状态空间来更精确地描述该系统,但这非常复杂。这种更精确的描述留作读者练习。

现在来建立一个基地的简单排队系统。图 7.2 描述了系统状态间的转换。令 π_k 表示该排队系统净库存等于 k 时的稳态概率。

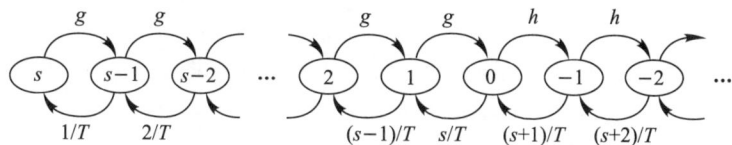

图 7.2　状态转换图

那么,容易看出

$$\pi_s \cdot g = \pi_{s-1} \cdot \frac{1}{T}$$
$$\pi_{s-k} \cdot \left(g + \frac{k}{T}\right) = \pi_{s-k+1} \cdot g + \pi_{s-k-1} \cdot \frac{k+1}{T}, k = 1, 2, \cdots, s-1$$
$$\pi_0 \cdot \left(h + \frac{s}{T}\right) = \pi_1 \cdot g + \pi_{-1} \cdot \frac{s+1}{T}$$
$$\pi_{s-k} \cdot \left(h + \frac{k}{T}\right) = \pi_{s-k+1} \cdot h + \pi_{s-k-1} \cdot \frac{k+1}{T}, k > s$$

这组方程的解为

$$\pi_{s-k} = \pi_0 \frac{s!}{k!} \frac{1}{(gT)^{s-k}}, \quad k = 0, 1, \cdots, s-1 \tag{7.3}$$

$$\pi_{s-k} = \pi_0 \frac{s!}{k!} (hT)^{k-s}, \quad k \geqslant s \tag{7.4}$$

由于 $\sum \pi_k = 1$

$$\pi_0 = \cfrac{1}{\displaystyle\sum_{k=0}^{s-1} \frac{s!}{k!} \frac{1}{(gT)^{s-k}} + \sum_{k=s}^{\infty} \frac{s!}{k!} (hT)^{k-s}} \tag{7.5}$$

用这种方法可以计算基地库存水平概率的稳态分布。但要,需要注意的是 g 和 h 都依赖于 Θ 和 β。

回顾一下,Θ 表示需求无法从组内集体库存得到满足的概率。当且仅当组内所有库存都处于从后方仓库订购状态时才会发生这种情况。也就是说,到达的需求被延期交货的概率是组内各基地从后方仓库在订购单元数为 $\bar{s}$ 或更多的概率。因此

$$\Theta = P\left[\bar{N} \geqslant \bar{s}\right]$$

已知

$$\beta = \sum_{k=1}^{s} \pi_k \tag{7.6}$$

近似表示基地能通过现场库存满足需求的概率。为求解 β,必须知道 π_k 的值,而要得到 π_k 的值,又需要知道 β 的值。下面说明如何近似地寻找 β。

我们已知 Θ 的值,并且 g 随着 β 的减少而增加 (反之亦然),h 则随着 β 的增加而增加 (反之亦然)。对于一个希望基地现场库存能满足其大部分需求的系统,需要设置 s 的值使得 β 大于 Θ。$\beta > 0.7$、$\Theta < 0.1$ 应该比较合适。随着 β 的增加,g 的值减小而 h 的值增加,因此整体将导致 $\sum_{k=1}^{s} \pi_k$ 或 β 的值增加。如果给定 β 的一个初值开始计算 g 和 h,就能确定一组 π_k 的值。利用这组值,就可以应用式 (7.6) 来确定 β 的一个新的值。然后用该新值重新计算 g 和 h。该过程可生成 β 值的一个有界单调序列,这意味着该序列会趋于一点。阿克塞特[17] 指出该过程会在相对较少的迭代次数内收敛,因此实现过程简单、高效。

7.1.2 模型 2

李[156] 提出了另一种建模方法来描述上一节分析的问题。尽管在两个模型开发中的大多数假设都一样,李的方法与前面的建模方法仍有显著的差异。但与前一章使用的方法非常相似。

首先归纳一下主要的假设。假设系统的设计和运行与模型 1 讨论的系统相同。共有 P 个共用组, 且同一共用组内的基地都相同。也就是说, 同一组内所有基地的库存水平都相同, 并且其需求过程均是强度为 λ_i 的泊松过程。由于组 i 包括 n_i 个基地, 则组 i 的累积需求过程是需求率为 $n_i \lambda_i$ 的泊松过程。另外, 由于在各基地都应用 $(s-1, s)$ 策略, 则备件在后方仓库的累积需求过程和相应的进入后方仓库修理中心的到达过程, 都是强度为 $\lambda_0 = \sum_i n_i \lambda_i$ 的泊松过程。后方仓库到基地的订购与运输时间为 A。在此假设 A 是常数。假设在后方仓库和基地都采用先到先服务的策略来满足需求。而且后方仓库的平均修理周转时间为 D, 并且是独立同分布的。因此, 可以继续假设后方仓库有无限多个服务台 (该假设使我们可以继续应用帕尔姆定理)。

最后, 假设组内所有基地的横向供应时间为 0。尽管这并不现实, 但如前所述, 这些时间通常都很短, 并且由于多数备件的需求率都很低, 在很短的横向供应时间内产生需求的可能性也很小。故可继续保留这一假设。

关于此模型的后继讨论分为两部分。第一, 建立主要随机变量的概率分布, 用以计算 α、β 和 Θ。第二, 使用这些概率分布, 建立可用于确定后方仓库和基地库存水平的最优化模型。并且还将讨论寻找这些值的方法。

7.1.2.1　确定 α、β 和 Θ

我们的直接目标是开发一种方法来计算: ① $\beta = \beta_i$, 组 i 内某个基地的需求由基地现场库存满足的比例; ② $\alpha = \alpha_i$, 组 i 内某个基地的需求通过横向再供应从组内其他基地得到满足的比例; ③ $\Theta = \Theta_i$, 组 i 内基地需求无法得到满足的比例。

首先确定任意时刻组内某个基地由后方仓库的在订购单元量的稳态概率分布。用随机变量 N_j 表示基地 j 在订购量。另外, 令随机变量 $\bar{N}$ 和 N_D 分别表示我们所考察的组和后方仓库的再供应单元量。

下面使用第 5 章的逻辑方法来确定 $\bar{N}$ 的分布。假设 $N_D = n_D$。由于后方仓库的到达过程为各独立基地泊松需求过程之和, n_D 中任一单元可归属于组 i 的概率为 $\dfrac{n_i \lambda_i}{\lambda_0}$。故

$$P\left[\bar{N} = k \mid N_D = n_D\right] = \binom{n_D}{k} \left(\frac{n_i \lambda_i}{\lambda_0}\right)^k \left(1 - \frac{n_i \lambda_i}{\lambda_0}\right)^{n_D - k}$$

所以

$$P\left[\bar{N}=k\right]=\sum_{n_D=k}^{\infty}\binom{n_D}{k}\left(\frac{n_i\lambda_i}{\lambda_0}\right)^k\left(1-\frac{n_i\lambda_i}{\lambda_0}\right)^{n_D-k}\cdot P\left[N_D=n_D\right] \quad (7.7)$$

根据帕尔姆定理，可知

$$P\left[N_D=n_D\right]=\mathrm{e}^{-\lambda_0 D}\frac{\left(\lambda_0 D\right)^{n_D}}{n_D!}$$

由此可以得到 $\bar{N}$ 的分布。

下面考虑组内某个具体的基地 j。应用同样的方法，可以将基地 j 有 k 个单元在后方仓库处于延期交货状态的稳态概率近似为

$$\begin{aligned}P\left[N_j=k\right]&=\sum_{\bar{n}=k}^{\infty}\binom{\bar{n}}{k}\left(\frac{\lambda_i}{n_i\lambda_i}\right)^k\left(1-\frac{\lambda_i}{n_i\lambda_i}\right)^{\bar{n}-k}\cdot P\left[\bar{N}=\bar{n}\right]\\&=\sum_{\bar{n}=k}^{\infty}\binom{\bar{n}}{k}\left(\frac{1}{n_i}\right)^k\left(1-\frac{1}{n_i}\right)^{\bar{n}-k}\cdot P\left[\bar{N}=\bar{n}\right] \quad (7.8)\end{aligned}$$

该表达式是基于延期交货需求来自组内各基地的可能性都相同的假设。但这并不符合实际情况，因为各基地的需求，包括横向再供应运输都明显不是独立的，从而使得某个基地的在订购量依赖于该基地和组内其他基地的需求以及它们采用的横向再供应优先级规则。我们把该近似的精度分析留给读者作练习。注意，当不存在库存共享时，会得到同样的 $P\left[N_j=k\right]$ 的表达式。

现在来估计组内各基地的 β 值。给定 $P\left[N_j=k\right]$ 的近似值和 $P\left[\bar{N}=\bar{n}\right]$ 的值，分别如式 (7.7) 和式 (7.8) 所示，由于组 i 内所有基地有 $s_j=s_i$，可以得到 β 的近似为

$$\beta=\sum_{k=0}^{s_i-1}P\left[N_j=k\right]=\sum_{k=0}^{s_i-1}\sum_{\bar{n}=k}^{\infty}\binom{\bar{n}}{k}\left(\frac{1}{n_i}\right)^k\left(1-\frac{1}{n_i}\right)^{\bar{n}-k}\cdot P\left[\bar{N}=\bar{n}\right]$$

同前面几章一样，为方便计算，采用负二项式分布来近似随机变量 $\bar{N}$ 和 N_j 的概率分布。这需要计算这些随机变量的均值和方差，并使用这些值估计相应的负二项分布的参数值。

某个组的需求不能从组内库存得到满足的概率就是组内总的在订购量大于或等于组内总库存的概率。该概率为 $P\left[\bar{N}\geqslant n_i s_i\right]$。假设组内基地间横向再供应可在需要的任意时间瞬时发生，因此 $\Theta=P\left[\bar{N}\geqslant n_i s_i\right]$。

由估计得到 β 和 Θ 就可以得到某个具体组的 α, 即 $\alpha = 1 - (\beta + \Theta)$。这样, 某个基地单位时间内横向再供应运输的期望数为 $\lambda_i \alpha$, 而对整个组, 该值为 $n_i \lambda_i \alpha$。

李[156] 进行的实验表明当服务水平较高时该近似是精确的。与阿克塞特[17] 开发的模型 1 相比, 这两个模型的根本区别在于两个方面。第一个差别是在李的模型中, 基地需求率不依赖于基地是否存在现场库存。根据 7.1.1 节中 g 和 h 的定义, 李的模型是基于假设 $\lambda_i = g = h$ 的。另一个差别在于阿克塞特[17] 把整个运行环境描述为连续时间的马尔可夫过程。在具体情况中, 模型 1 得到的 α 和 β 的估计值更好一些。数值实验和两个模型比较的详细讨论可参考阿克塞特[17]。

虽然模型 1 估值更精确, 但它却难以确定最优库存水平。而在李的模型中, 用负二项式分布近似所需的概率分布, 就可以确定库存水平的计算方法, 接下来对此进行分析。

7.1.2.2 寻找最优库存水平

可用于确定 s_0 和 s_i 值的最优化模型有很多。显然, 延期交货和横向再供应成本都应考虑在内。库存持有成本也需包括在内 (把模型扩展至多项目类型时需要考虑)。如果在单一项目的情况下考虑这些成本, 那么通常会在模型描述中增加满足率约束。如果不增加, 则会在模型公式中引入投资预算约束。

下面介绍一个用于确定 s_0 和各组内各基地库存水平值 (对组 i 来说为 s_i) 的可行的经济模型。令

$\bar{s}_i = n_i s_i$;

b 为在某一基地, 单位时间内的单位延期交货量导致的延期交货成本率;

a_i 为组 i 内横向再供应运输成本 (按单个单元的运输计);

B 为投资约束;

c 为单元成本;

s_i^ℓ 为组 i 中基地库存水平的下界;

s_0^ℓ 为后方仓库库存水平的下界;

β_i 为组 i 中某个基地从其现场库存中满足自身需求的概率;

Θ_i 为组 i 中某个基地的需求产生延期交货的概率;

A_i 为后方仓库到组 i 的运输时间;

D 为后方仓库再供应时间。

该模型的目标是在投资约束下确定使单位时间期望成本最小化的库存水平,并满足基地和后方仓库的最小库存量约束。模型描述为

$$\min C = b \sum_{i=1}^{P} \sum_{k > \bar{s}_i} (k - \bar{s}_i) P\left[\bar{N}_i = k\right] + \sum_{i=1}^{P} a_i n_i \lambda_i (1 - \Theta_i - \beta_i)$$

约束条件为

$$s_i \geqslant s_i^{\ell} \ (\text{或} \ \bar{s}_i \geqslant n_i s_i^{\ell})$$

$$s_0 \geqslant s_0^{\ell}$$

$$cs_0 + \sum_i c\bar{s}_i \leqslant B \ (\text{或} \ s_0 + \sum \bar{s}_i \leqslant \lfloor B/c \rfloor)$$

式中: s_0、s_i 为非负整数; $\bar{N}_i$ 为任意时刻组 i 中在订购 (处在再供应中) 的单元数量。

我们假设设置了库存水平下界,因此有 $\bar{s}_i \geqslant \left\lfloor n_i \lambda_i A_i + \dfrac{n_i \lambda_i}{\lambda_0} \mathcal{B}_D\left(s_0^{\ell}\right) \right\rfloor$ 和 $s_0 \geqslant \lfloor \lambda_0 D \rfloor$。显然, $\lfloor B/c \rfloor$ 必须至少与 $\sum_i n_i s_i^{\ell} + s_0^{\ell}$ 一样大,才存在可行解。

该问题可使用类似于前几章所介绍的边际分析法求解。下面简略分析这一算法。

对于每一个后方仓库库存水平, $s_0 \in \left[s_0^{\ell}, \lfloor B/c \rfloor - \sum_i s_i^{\ell} n_i\right]$,且为整数,可求解

$$C(s_0) = \min \sum_i C_i(s_i | s_0)$$

约束条件为

$$\sum_{i=1}^{P} \bar{s}_i \leqslant \lfloor B/c \rfloor - s_0$$

$$s_i \geqslant s_i^{\ell} \geqslant 0 \ \text{且为整数}$$

其中

$$C_i(s_i | s_0) = b \sum_{k > \bar{s}_i} (k - \bar{s}_i) P\left[\bar{N}_i = k | s_0\right] + a_i n_i \lambda_i (1 - \Theta_i - \beta_i)$$

前面将 β_i 近似为 $\sum_{k=0}^{s_i - 1} P[N_j = k]$,并假设 N_j 的分布为负二项式分布来近似 $P[N_j = k]$。类似地,假设 $P\left[\bar{N} = \bar{n}\right]$ 也可用负二项式分布近似。这样,也可对 Θ_i 近似。

设置 s_i 下界及 $\bar{s}_i$ 的原因是为了确保函数

$$C_i(s_i|s_0)$$

是凸性的。我们将其凸性的证明留作读者练习。

由于函数 $C(s_0)$ 是各凸函数之和, 故在值 s_i 下它也是凸性的。因此, 给定 s_0, 就可以用直接边际分析法找到组间的最佳配置方案, 即每一步都增加基地和组的库存, 使成本减少量最大化。对所有基地, 该过程从 $s_i = s_i^{\ell}$ 开始, 直至计算的 $C(s_0)$ 的所有库存都被分配完毕。对 s_0 的所有值重复该过程。最优解为 $s_0^* = \arg\min_{s_0} C(s_0)$ 及相应的 $s_i(s_0^*)$ 值。在实施算法的整个过程中, 约束可以任意调整。

7.2 共用风险

如前所述, 备件的物流再供应系统的设计对运营成本、设施和库存投资成本, 当然也包括客户服务都有重要影响。传统经验显示, 随着系统级数的增加, 运营和投资成本也会增加, 尤其是库存投资的增加。采用两级系统的原因很明显, 但实际系统通常都包含两个以上的等级。从库存投资的角度出发, 采用两级以上的系统是什么原因? 传统经验认为, 多级系统中的库存量会更多, 这种观点正确吗?

本节的目的有两个。第一个目的是对上述问题进行讨论。可以看到, 建立多级系统的原因可能是要降低系统库存水平。为说明这一事实, 将分析一个由供应商、后方仓库和商店库房组成的三级系统。在该系统中, 物资流从供应商到一组后方仓库, 再到由特定后方仓库供应的商店库房。这样, 再供应系统就构成了一个树状结构。在这个系统中, 需求仅产生于商店级。在此环境下, 需求会发生在无限规划期内的各个周期。我们所做的分析都是基于埃彭 (Eppen) 和施拉格 (Schrage)[78] 的研究。

第二个目的是分析由后方仓库、几个中继级库存地点和一组由这些中继级库存地点直接供应的基地组成的三级系统。该系统也是树状结构。但系统中的备件是可修的。发生在基地的需求对应着需要修理的故障件, 也对应着对可用库存的即时需求。该环境是对第 5 章中分析的连续性检查环境的三级扩展。美国空军用于评估三级库存系统中联合修理效果的模型 (见文献 [178]) 与我们将要介绍的模型类似。

7.2.1 周期性检查的共用环境

本节研究的基本问题是: 系统级数的增加, 是否会导致系统库存的增加。针对此问题, 我们将研究一种在无限规划期内的各周期, 每个后方仓库都会向外部供应商下订单的系统。这些后方仓库订单是对其负责补给的商店库房在前一周期所产生的需求的反应。假设 D 个周期(即供应商到后方仓库的订购提前期) 后各后方仓库订购的所有单元都由供应商送达。根据这个假设, 各后方仓库子系统事实上就与其他后方仓库子系统互相独立了。因此, 可以集中分析具有单一后方仓库和商店的子系统。

在此类子系统中, 后方仓库负责供应 m 个商店库房。假设项目也是独立管理的, 这样就可一次只分析一种项目。进一步假设商店库房 j 在周期 t 内的项目需求由随机变量 d_{jt} 表示, 且在无限规划期内的各周期, 随机变量 d_{jt} 服从独立同分布的正态分布。另外, 还假设所有商店库房的需求是互相独立的。定义商店库房 j 在各周期需求分布的参数为 $\mu_j = E[d_{jt}]$, $\sigma_j^2 = \mathrm{Var}[d_{jt}]$。

假设各商店库房在每个周期都会向后方仓库下订单, 从后方仓库到各商店库房的运输提前期用 A 表示, 单位为周期数。

在实际中, 我们所描述的这类再供应网络在设计上会存在 D 远大于 A 的情况。也就是说, 订购提前期远大于运输提前期。假设 $D \gg A$, 且 A 的长度不可忽略。A 可能长达几天或一星期, 而 D 可能会是几个星期或几个月。

假设单元在商店库房和后方仓库的持有成本相同, 用每周期每单位 h 美元表示。在一个周期末, 如果一个商店的净库存为负, 就会产生延期交货。令 b 表示在各商店库房每单元在每周期的延期交货成本。

令 I_{jt} 表示恰好在后方仓库对商店库房的分配完成后, 商店库房 j 在时间周期 t 的库存点。

7.2.1.1 不平衡假设

考虑到系统的动态运行, 我们做另外一个重要假设, 称之为不平衡假设[①]。这个假设意味着每个周期在后方仓库都有充足的库存, 以使每

---

① 译者注: 本章所指 "不平衡假设" (Imbalance Assumption) 表明, t 周期基地 j 需求分布服从正态分布 $N\left(\mu_j, \sigma_j^2\right)$, $t+A$ 周期基地 j 净库存量服从正态分布 $N\left(A\mu_j, A\sigma_j^2\right)$, 各基地在 $t+A$ 周期的分配量与 t 周期的需求具有相同的分位点。

一个商店库房在 A 周期后都具有一个与其需求分布等比值的分配量。由于我们已假设需求是独立同分布的正态随机变量，b 和 h 分别表示延期交货和持有成本，对于所有库存地点，不平衡假设意味着对于所有 j 和 t，$\Phi\left(\dfrac{I_{jt} - A\mu_j}{\sqrt{A}\sigma_j}\right)$ 都是相同的，其中 $\Phi(\cdot)$ 为标准正态分布函数。因此，我们假设所有商店库房在周期 $t+A$ 的缺货概率也是相同的。

根据不平衡假设和所有库存地点持有成本相同的假设，可以很容易证明在一个周期的起点，应该将后方仓库中所有可用单元都送往商店库房，即在该系统中后方仓库最好不要保留库存。

现在来证明达到分配平衡有多大可能性。已知在各周期，后方仓库订购量为前一周期所有商店库房的总需求。此次订购量会在 D 个周期后到达，我们已经假定在此刻后方仓库的现场库存量足以确保相同的分位点分配。假设在周期 t 下一个订单，订单量则应为 $\sum_{j=1}^{m} d_{j,t-1}$。进一步假设在周期 $t+D-1$ 的起点，系统是平衡的。在周期 $t+D-1$ 内，每个商店库房产生了新需求。为保持平衡，在周期 $t+D$ 的起点，后方仓库收到的补给量 $\sum_{j=1}^{m} d_{j,t-1}$ 必须足够多以补偿各商店库房在周期 $t+D-1$ 内增加的新需求。现在来证明如下结论。

引理 3 假设系统在周期 $t+D-1$ 的起点是平衡的。随着周期 $t+D$ 内后方仓库的分配到达商店库房，如果下式成立，则仍将处于平衡状态。

$$\sum_{j=1}^{m} d_{j,t-1} \geqslant \max_{i=1,\cdots,m}\left\{\sum_{j\neq i} d_{j,t+D-1} + d_{i,t+D-1}\left(1 - \frac{\sum \sigma_j}{\sigma_i}\right)\right\}$$

证明 由于系统在周期 $t+D-1$ 起点是平衡的，且各商店库房的需求服从正态分布，则存在一个 k 值使得

$$I_{j,t+D-1} = A\mu_j + k\sqrt{A}\sigma_j, \quad j = 1, 2, \cdots, m$$

随后，在周期 $t+D-1$ 内各商店库房产生需求。接着，后方仓库在周期 t 发出的订购量为 $\sum_{j=1}^{m} d_{j,t-1}$ 的订单到货，并可以分配给商店库房。由于后方仓库自身不保留库存，所以 $\sum_{j=1}^{m} d_{j,t-1}$ 个单元都会分配给商店库房。这些也是仅有的可用于分配的单元。

假设 x_j 个单元在周期 $t+D$ 被分配给商店 j, 则商店 j 的库存点为

$$I_{j,t+D} = I_{j,t+D-1} + x_j - d_{j,t+D-1} = A\mu_j + k\sqrt{A}\sigma_j + x_j - d_{j,t+D-1}$$

因此, 系统要在分配后仍保持平衡, 只有 $x_j \geqslant 0$ 并且下式成立:

$$\sum_j x_j = \sum_j d_{j,t-1}$$

并且存在 k', 使得

$$I_{j,t+D} = A\mu_j + k'\sqrt{A}\sigma_j,$$

由于

$$I_{j,t+D} = A\mu_j + k'\sqrt{A}\sigma_j = A\mu_j + k\sqrt{A}\sigma_j + x_j - d_{j,t+D-1}$$

那么对于 $j = 1, 2, \cdots, m$, 有

$$x_j = (k' - k)\sqrt{A}\sigma_j + d_{j,t+D-1}$$

另外, 已知

$$\sum_j x_j = \sum_j d_{j,t-1} = \sum_j \left\{ (k' - k)\sqrt{A}\sigma_j + d_{j,t+D-1} \right\}$$

$$= (k' - k)\sqrt{A}\sum_j \sigma_j + \sum_j d_{j,t+D-1}$$

故

$$k' - k = \frac{\sum_j d_{j,t-1} - \sum_j d_{j,t+D-1}}{\sqrt{A}\sum_j \sigma_j}$$

且

$$x_j = \frac{\sum_i d_{i,t-1} - \sum_i d_{i,t+D-1}}{\sqrt{A}\sum_i \sigma_i} \sqrt{A}\sigma_j + d_{j,t+D-1}$$

$$= \frac{\left(\sum_i d_{i,t-1} - \sum_i d_{i,t+D-1} \right)}{\sum_i \sigma_i} \sigma_j + d_{j,t+D-1}$$

为使 x_j 非负, 则必须

$$\sum_i d_{i,t-1} \geqslant \left(\sum_i d_{i,t+D-1} \right) - d_{j,t+D-1} \cdot \left\{ \frac{\sum\limits_i \sigma_i}{\sigma_j} \right\}$$

因此, 如果

$$\sum_i d_{i,t-1} \geqslant \max_j \left\{ \sum_{i \neq j} d_{i,t+D-1} + d_{j,t+D-1} \cdot \left\{ 1 - \frac{\sum\limits_i \sigma_i}{\sigma_j} \right\} \right\}$$

或

$$\sum_i d_{i,t-1} \geqslant \sum_i d_{i,t+D-1} + \max_j \left[-d_{j,t+D-1} \cdot \frac{\sum\limits_i \sigma_i}{\sigma_j} \right]$$

成立, 则对于所有 j, $x_j \geqslant 0$。证明完成。

该引理为我们估计满足不平衡假设的概率提供了一种方法。但需要注意的是, 该引理是基于周期起点系统是处于平衡状态的假设。

现在对于所有商店 j, 计算以下概率的一个边界:

$$P \left[\left\{ \sum_i d_{i,t-1} - \sum_{i \neq j} d_{i,t+D-1} - d_{j,t+D-1} \left[1 - \frac{\sum\limits_i \sigma_i}{\sigma_j} \right] \right\} \geqslant 0 \right]$$

注意, 随机变量

$$X_j \equiv \sum_i d_{i,t-1} - \sum_{i \neq j} d_{i,t+D-1} - d_{j,t+D-1} \left[1 - \frac{\sum\limits_i \sigma_i}{\sigma_j} \right]$$

是独立且为正态分布的随机变量之和, 因此也服从正态分布, 其期望值为 $\mu_j \dfrac{\sum\limits_i \sigma_i}{\sigma_j}$, 方差为 $2 \sum\limits_{i \neq j} \sigma_i^2 + \sigma_j^2 \left(1 + \left(1 - \dfrac{\sum\limits_i \sigma_i}{\sigma_j} \right)^2 \right)$。根据邦费罗尼不等式 (Bonferroni's inequality), 可得

$$P \{ X_j \geqslant 0 (\text{对所有 } j) \} \geqslant 1 - \sum_{j=1}^m P \{ X_j < 0 \}$$

假设商店库房的需求分布都相同, 因此, $\mu_j = \mu$, $\sigma_j = \sigma$。那么对于所有 j, $E[X_j] = m\mu$, $\mathrm{Var}[X_j] = m^2\sigma^2$。故

$$P\{X_j < 0\} = P\left\{\frac{X_j - \mu}{\sigma} \leqslant -\frac{\mu}{\sigma}\right\} = \Phi\left(-\frac{\mu}{\sigma}\right)$$

式中: $\Phi(\cdot)$ 为标准正态分布的分布函数。假设 $\mu = 100$, $\sigma = 10$, 得到的变异系数为 0.1, 同时假设 $m = 10$。我们可以将这种情况对应于将需求过程近似为一个泊松过程, 即各个周期 10 个商店库房中的每一个库房均具有 100 个单元的需求均值。在这种情况下, 有

$$1 - \sum_{j=1}^{m} P\{X_j < 0\} = 1 - 10 \cdot \Phi(-10) \approx 1$$

随着 $\frac{\mu}{\sigma}$ 的减小, 这种近似的精确度也将降低。因此, 只有 $\frac{\mu}{\sigma}$ 较大, 所做的不平衡假设才是比较合理的。

7.2.1.2 系统分析

本节研究系统期望库存水平 s 的计算方法, 并确定到达后方仓库的库存如何在不同的商店库房间分配。假设系统运行方式如下。

如前所述, 在各订购周期起点后方仓库发出订单, 订购量为前一天所有商店库房订购量的总和。然后, 以前的订购 (一个订购提前期之前) 到达后方仓库, 并由后方仓库将这些库存分配给不同地区的商店库房。各商店库房的需求会得到最大可能的满足。最后, 商店库房会产生相应的持有和延期交货成本。

首先定义两个随机变量。第一, 令 Y_0 表示后方仓库订购提前期内的系统总需求, 即

$$Y_0 = \sum_{t=1}^{D} \sum_{j=1}^{m} d_{jt}$$

第二, 令 Y_j 表示商店 j 在补给提前期 A 再加上一个周期这段时间里总的需求量, 即

$$Y_j = \sum_{t=D+1}^{D+A+1} d_{jt}$$

下面来分析上式的上限为什么是 $D + A + 1$。

假设在周期 1, 后方仓库发出订单后系统的库存水平为 s, 则在周期 $D+1$ 且后方仓库库存分配之前, 系统净库存为 $s - Y_0$。另外, 考虑到在

周期 $D+1$ 内给商店 j 分配 x_j 个单元, 那么商店 j 在周期 $D+A+1$ 末的净库存期望值为 $x_j - (A+1)\mu_j$, 标准差为 $\sqrt{A+1}\sigma_j$。这是因为, 在周期 t 从后方仓库向商店运送的单元, 会在周期 $t+A$ 起点时刻到达。假设 A 为 3 个周期, 那么周期 t 时从后方仓库分配的单元, 在周期 $t+3$ 起点时刻会到达商店 j。在周期 t、$t+1$、$t+2$ 和 $t+3$ 内产生的需求会降低商店库房的库存水平。设商店在周期 t 起点时刻分配到的库存为 x_j, 则在周期 $t+4$ 起点时刻或周期 $t+3$ 末, 商店的净库存水平为 $x_j - d_{j,t} - d_{j,t+1} - d_{j,t+2} - d_{j,t+3}$。因此, 商店 j 的最终库存减少了 $A+1$ 周期内的需求量。

我们已假设商店之间的库存不平衡现象不会出现。因此, $s-Y_0$ 个单元可以以这种方式分配, 即使所有商店在未来一个提前期内延期交货的概率相同。这一假设意味着存在一个 k, 使得

$$\sum_{j=1}^{m} x_j = \sum_j \left\{ (A+1)\mu_j + k\sqrt{A+1}\sigma_j \right\} = s - Y_0$$

其中 $x_j \geqslant 0$。那么

$$x_j = (A+1)\mu_j + \left(s - Y_0 - (A+1)\sum_{i=1}^{m}\mu_i \right)\sigma_j \Big/ \sum_{i=1}^{m}\sigma_i$$

随机变量 $z_j = x_j - Y_j$ 表示在一个周期末商店 j 的净库存。可知

$$z_j = (A+1)\mu_j + \left(s - (A+1)\sum_{i=1}^{m}\mu_i \right)\frac{\sigma_j}{\sum_{i=1}^{m}\sigma_i} - \left(Y_j + Y_0 \cdot \frac{\sigma_j}{\sum_i \sigma_i} \right)$$

因此, z_j 服从正态分布, 均值为
由于 Y_j 和 Y_0 是独立的随机变量, z_j 服从正态分布, 均值为

$$E[z_j] = (A+1)\mu_j + \left(s - (A+1)\sum_{i=1}^{m}\mu_i \right)\frac{\sigma_j}{\sum_i \sigma_i}$$
$$- \left((A+1)\mu_j + D\sum_{i=1}^{m}\mu_i \cdot \frac{\sigma_j}{\sum_i \sigma_i} \right)$$

$$= \left(s - (D + A + 1) \sum_{i=1}^{m} \mu_i \right) \cdot \left\{ \frac{\sigma_j}{\sum\limits_{i=1}^{m} \sigma_i} \right\}$$

z_j 方差为

$$\mathrm{Var}\,[z_j] = \mathrm{Var}\,[Y_j] + \left[\frac{\sigma_j}{\sum\limits_i \sigma_i} \right]^2 \mathrm{Var}\,[Y_0]$$

但 $\mathrm{Var}\,[Y_j] = (A+1)\,\sigma_j^2$, $\mathrm{Var}\,[Y_0] = D \sum\limits_{i=1}^{m} \sigma_i^2$。故

$$\mathrm{Var}\,[z_j] = (A+1)\,\sigma_j^2 + \left[\frac{\sigma_j}{\sum\limits_{i=1}^{m} \sigma_i} \right]^2 \cdot D \cdot \sum_{i=1}^{m} \sigma_i^2$$

令 $F_{z_j}\,(\cdot)$ 表示随机变量 z_j 的分布函数, 则商店库房 j 每个周期的期望成本为

$$h \int_{0}^{\infty} z \mathrm{d} F_{z_j}\,(z) + b \int_{-\infty}^{0} z \mathrm{d} F_{z_j}\,(z)$$

不过, z_j 是 s 的函数, 故期望周期成本也是 s 的函数。然而, 要注意 $\mathrm{Var}\,[z_j]$ 是独立于 s 的。

可得出

$$z_j = s \cdot \frac{\sigma_j}{\sum\limits_{i=1}^{m} \sigma_i} + c_j - \bar{z}_j$$

其中

$$c_j = (A+1)\,\mu_j - (A+1) \sum_{i=1}^{m} \mu_i \cdot \frac{\sigma_j}{\sum\limits_{i=1}^{m} \sigma_i}, \; \text{常数}$$

并且

$$\bar{z}_j = Y_j + Y_0 \cdot \frac{\sigma_j}{\sum\limits_i \sigma_i}$$

$$E\left[\bar{z}_j\right] = (A+1)\mu_j + \frac{\sigma_j}{\sum_i \sigma_i} \cdot D \cdot \sum_{i=1}^{m} \mu_i$$

并且

$$\mathrm{Var}\left[\bar{z}_j\right] = \mathrm{Var}\left[z_j\right] = (A+1)\sigma_j^2 + \left[\frac{\sigma_j}{\sum_{i=1}^{m}\sigma_i}\right]^2 \cdot D \cdot \sum_{i=1}^{m}\sigma_i^2$$

此外, 令 $F_{\bar{z}_j}(\cdot)$ 表示随机变量 $\bar{z}_j$ 的分布函数。

商店 j 每个周期的期望成本可表示为

$$h\int_{-\infty}^{s\cdot\sigma_j\left/\sum_{i=1}^{m}\sigma_i+c_j\right.}\left(s\cdot\frac{\sigma_j}{\sum_{i=1}^{m}\sigma_i}+c_j-z\right)\mathrm{d}F_{\bar{z}_j}(z)$$

$$+b\int_{s\cdot\frac{\sigma_j}{\sum_{i=1}^{m}\sigma_i}+c_j}^{\infty}\left(z-\left(s\cdot\frac{\sigma_j}{\sum_{i=1}^{m}\sigma_i}+c_j\right)\right)\mathrm{d}F_{\bar{z}_j}(z)$$

这是一个报童函数, 其最小值出现在[1]

$$F_{\bar{z}_j}\left(s\cdot\frac{\sigma_j}{\sum_i\sigma_i}+c_j\right) = \frac{b}{b+h}$$

由于 $\bar{z}_j$ 服从正态分布

$$F_{\bar{z}_j}\left(s\cdot\frac{\sigma_j}{\sum_i\sigma_i}+c_j\right) = \Phi(z)$$

其中

$$z = \frac{s\cdot\dfrac{\sigma_j}{\sum_i\sigma_i}+c_j-E\left(\bar{z}_j\right)}{\sigma_{\bar{z}_j}}$$

---

[1] 译者注: 该结论由经典报童问题的优化结论可以得出。

$$
= \frac{\left(\dfrac{\sigma_j}{\displaystyle\sum_{i=1}^{m} \sigma_i} \right) \left[s - (D + A + 1) \displaystyle\sum_{i=1}^{m} \mu_i \right]}{\sigma_i \left[(A + 1) + D \cdot \dfrac{\displaystyle\sum_{i=1}^{m} \sigma_i^2}{\left(\displaystyle\sum_{i=1}^{m} \sigma_i \right)^2} \right]^{1/2}}
$$

$$
= \frac{s - (D + A + 1) \displaystyle\sum_{i=1}^{m} \mu_i}{\left[(A + 1) \left(\displaystyle\sum_{i=1}^{m} \sigma_i \right)^2 + D \cdot \displaystyle\sum_{i=1}^{m} \sigma_i^2 \right]^{1/2}}
$$

注意, z 是独立于商店库房 j 和 z 的最优值, 故 s 可通过设置 $\Phi(z) = \dfrac{b}{b+h}$ 得到。

通过比较三个不同再供应系统的库存水平来对本节进行总结。第一个是刚分析过的系统。第二个是系统中只有一个商店库房来满足所有需求。第三个系统是 m 个独立系统的集合, 但没有后方仓库。

现在研究第二个系统。在这种情况下, 假设物资仍然从后方仓库向单个商店运送。因此, 同第一个系统一样, 每周期的商店总需求为各商店需求之和。在这个后方仓库/单一商店库房的系统中, 后方仓库订单发出后 $D + A + 1$ 个周期产生了期望持有和延期交货成本。这期间的需求服从正态分布, 其均值为 $(D + A + 1) \displaystyle\sum_{i=1}^{m} \mu_i$, 方差为 $(D + A + 1) \displaystyle\sum_{i=1}^{m} \sigma_i^2$。得出满足 $\Phi(z) = \dfrac{b}{b+h}$ 的 z 值, 即可得到最小的期望周期成本, 其中

$$
z = \frac{s - (D + A + 1) \displaystyle\sum_{i=1}^{m} \mu_i}{\left[(D + A + 1) \displaystyle\sum_{i=1}^{m} \sigma_i^2 \right]^{1/2}}
$$

在第三个系统中, 各商店 j 发出自己的订单, 使其库存水平升至 s_j。为便于比较, 假设各商店的订购提前期均为 $D + A$ 个周期, 则 z_j 的

最优值满足

$$z_j = \frac{s_j - (D + A + 1)\,\mu_j}{(D + A + 1)^{1/2}\,\sigma_j}$$

由于 $\dfrac{b}{b+h}$ 对所有商店都相同, 故对所有 j, $z_j = z$。

现在来比较这三个系统中 s 的值。对于详细讨论过的第一个系统, 有

$$s = (D + A + 1)\sum_{j=1}^{m}\mu_j + z\left\{D\sum_{j=1}^{m}\sigma_j^2 + (A + 1)\left(\sum_{j=1}^{m}\sigma_j\right)^2\right\}^{1/2}$$

对第二个系统, 其需求集中于一个单独的库存地点, 则

$$s = (D + A + 1)\sum_{j=1}^{m}\mu_j + z\left\{(D + A + 1)\sum_{j=1}^{m}\sigma_j^2\right\}^{1/2}$$

对于第三个完全分散的系统, 有

$$s = \sum_{j=1}^{m}s_j = \sum_{j=1}^{m}\left[(D + A + 1)\,\mu_j + z \cdot (D + A + 1)^{1/2}\,\sigma_j\right]$$

$$= (D + A + 1)\sum_{j=1}^{m}\mu_j + z \cdot (D + A + 1)^{1/2}\sum_{j=1}^{m}\sigma_j$$

　　从以上分析可以看出订至点水平或库存水平, 以及安全库存需求依赖于再供应系统的结构。显然, 分散系统的安全库存需求最大, 完全集中的系统, 即单一商店库房系统的安全库存需求最低。后方仓库和多个商店库房组成的系统需要比单一商店系统更多的安全库存, 但比全分散系统所需的安全库存要少。这些差别的程度取决于系统的参数, 特别是 D 和 A 的值。当 D 远大于 A 时, 对完全和部分集中系统产生的影响是最大的。我们来分析两个例子。

　　第一个例子, 假设 $m = 10$, $\sigma_j = \sigma = 4$, $D = 10$, $A = 5$。另外, 假设 $z = 1.25$。则

　　　　完全集中系统的安全库存 $= 1.25 \cdot [16 \cdot 10 \cdot 16]^{1/2} = 63.25$

　　　　后方仓库/商店库房系统的安全库存

　　　　$= 1.25 \cdot \left[10 \cdot 10 \cdot 16 + 6\,[10 \cdot 4]^2\right]^{1/2} = 105.83$

　　　　全分散系统的安全库存 $= 1.25 \cdot [16]^{1/2} \cdot 10 \cdot 4 = 200$

显然, 从安全库存的角度来看, 全分散的成本是很高的。注意, 后方仓库/商店库房结构需要的安全库存水平约是完全集中系统的 167%。

第二个例子, 假设 $D = 45$, $A = 1$, 其他参数与第一个例子相同。则

$$\text{完全集中系统的安全库存} = 1.25 \cdot [47 \cdot 10 \cdot 16]^{1/2} = 108.40$$

后方仓库/商店库房系统的安全库存

$$= 1.25 \cdot \left[45 \cdot 10 \cdot 16 + 2 \left[10 \cdot 4 \right]^2 \right]^{1/2} = 127.48$$

$$\text{全分散系统的安全库存} = 1.25 \cdot [47]^{1/2} \cdot 10 \cdot 4 = 342.78$$

显然完全集中系统更有优势。同时可以看出, 当 D 远大于 A 时, 后方仓库/商店库房系统安全库存需求与完全集中系统的安全库存需求比较接近。在这个例子中, 后方仓库/商店库房系统所需的安全库存比完全集中系统多 17.6%。集中的这两个系统所需的安全库存大概是运行一个全分散系统所需安全库存的 1/3。

集中和多级系统的运行能显著减少安全库存。这些库存的减少表明运作后方仓库/商店库房系统产生了固定成本和运行成本。由于长距离的批量运输一般会降低单位运输成本, 所以当运作后方仓库/商店库房系统时, 运输成本通常也会减小。

7.2.2 连续性检查的三级共用环境

下面研究一个三级系统, 该系统由一组产生备件需求的库存地点 (称为基地)、一组对基地组进行补给的库存地点 (称为中继级库存地点) 和一个负责再供应给中继级库存地点的后方仓库组成。该系统是对第 5 章深入讨论的系统的一个扩展。为与前面一致, 在随后的讨论中将项目称为 LRU, 并假设基地的需求对应于从飞机上拆下的发生故障的 LRU。另外, 发生故障的 LRU 被直接送到负责给基地再供应的中继级库存地点。这个中继级库存地点只要有一个可用单元, 就会将其送到产生备件需求的基地。一旦故障单元到达中继级库存地点, 就需要判断中继级库存地点是否有能力对其修复。如果有修复能力, 那么就在中继级库存地点进行修理, 否则会将故障件送到后方仓库修复。在后一种情况下, 只要后方仓库有一个可用备件, 就会尽快运送一个到中继级库存地点。

假设故障件修理地点的选择仅取决于故障特性, 即故障模式。因此, 可以假设故障件修理的地点仅依赖于故障的技术属性, 而与需要修理的特定时刻的工作量无关。

在所有情况下,从后方仓库到中继级库存地点以及从中继级库存地点到基地的 LRU 运输,都遵循先到先服务的原则。在进行配送决策时,任何中继级库存地点或基地都不享有运输优先权。

我们还假设不允许进行基地之间和中继级库存地点之间的横向供应。虽然先到先服务和横向再供应假设都不易于在现实中出现。我们还是做了这些假设。事实上,如果几个基地间的横向供应是常态化的,就可以在模型中将这些基地合并成一个基地进行考虑。在本章的后续部分会讨论横向供应的可能性。

注意到这些假设将产生一个保守解。也就是说,在后方仓库或中继级库存地点分配库存时,如果采用适当的优先权决策,模型的实际绩效可能会更好。而在实际应用中,应用横向再供应也可以改善绩效。

最后,假设基地级 LRU 故障的发生服从独立的泊松分布,即不同类型、位于不同位置的 LRU 故障的发生是相互独立的。

7.2.2.1 系统运行与定义

前面分析的系统结构如图 7.3 所示。假设项目是独立管理的,故可以将注意力集中到单一的 LRU 类型。

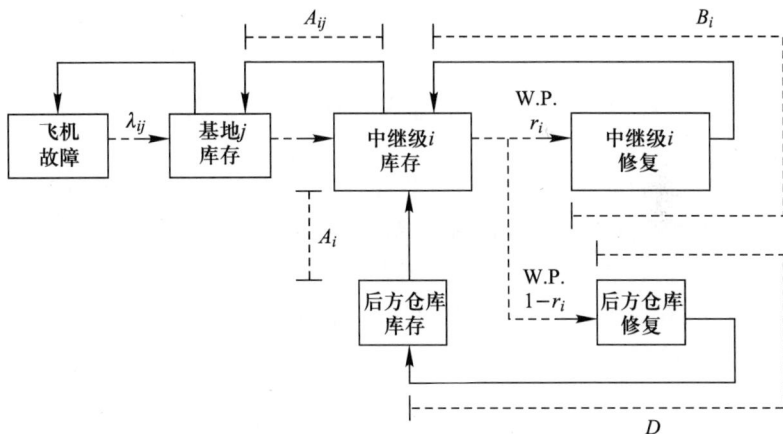

图 7.3 三级再供应系统结构

图 7.3 显示: 由中继级库存地点 i 负责向基地 j 再供应,其故障率为每天 λ_{ij} 个。如前所述,故障的产生是一个泊松过程。当故障发生时,各故障件被立即送往适当的中继级库存地点 (不允许故障件批量送修)。

因此, 故障件到达中继级库存地点 i 的过程是一个强度为 $\sum_{j \in I_i} \lambda_{ij}$ 的泊松过程, 其中 I_i 为中继级库存地点 i 负责供应的基地集合。到达中继级库存地点 i 的故障件在此处进行修复的概率用 r_i 表示。所以, 故障件到达中继级库存地点 i 的修理机构的过程是一个强度为 $r_i \sum_{j \in I_i} \lambda_{ij}$ 的泊松过程。类似地, 需要在后方仓库修复单元的到达过程是一个频率为 $\sum_i (1 - r_i) \sum_{j \in I_i} \lambda_{ij}$ 个单元/天的泊松过程。

最终需要后方仓库修复单元的平均后方仓库修理周转时间用 D 表示, D 的单位为天。该时间包括把故障件运输到后方仓库的时间, 加上单元进入修理过程后所需的平均修复时间。假设单元在后方仓库的修复时间是独立同分布的。

下面令 B_i 表示一个单元在中继级库存地点 i 修复时所需的平均 LRU 修理周转时间。该时间包括在基地检测 LRU 故障的时间, 包装、运送到中继级库存地点 i 以及在中继级库存地点 i 执行修理操作的时间。B_i 的单位为天。

令 A_i 表示单元从后方仓库到中继级库存地点 i 的平均订购与运输时间 (不包括任何在后方仓库等待可用 LRU 的时间)。A_{ij} 表示中继级库存地点 i 有可用库存时从该点到基地 j 的订购与运输时间。A_i 和 A_{ij} 的单位都为天。

最后, 令 T_{ij} 表示 LRU 由中继级库存地点 i 再供应给基地 j 时的平均再供应时间。

在已讨论的系统结构中, A_{ij} 远小于 A_i。如前一节所述, 如果只对数值进行粗略比较, 从库存的观点看, 采用三级供应系统与两级系统相比并无优势。而事实上, 三级系统可能需要更多的库存。

前面章节提到过, 当 A_{ij} 为一天左右, A_i 为一星期或更长, 修理资源昂贵且相对稀缺时, 通常要采用三级系统。尽管我们将提出的是一个稳定模型, 但是当不确定哪个 (些) 基地在短期内可能有较高的故障率时, 三级系统也是有实用价值的。因此, 中继级库存点及其修理机构具有适应高动态需求的灵活性。

尽管我们假设系统在故障 LRU 从飞机上拆除后发生修理动作, 但该模型也能表示不进行修理、所有补给都来自外部的情况。在这种情况下, D 表示平均订购提前期, A_i 和 A_{ij} 分别表示平均运输和处理时间, 并且 $r_i = 0$。

7.2.2.2 最优化问题

建立确定各库存地点的库存水平的模型, 使得在 LRU 投资约束下, 所有基地的所有 LRU 的平均总延期交货量最小化。虽然该延期交货量只是对飞机可用度最大化的一阶近似, 但正如我们讨论过的, 它是一个精确近似, 并且在数学上易于处理。

下面来推导该数学模型。

令 s_{ij} 表示 LRU 在基地 $j\,(j \in I_i)$ 的库存水平, 其中 i 负责向 j 再供应。

令 s_i 表示 LRU 在中继级库存地点 i 的库存水平, s_0 表示 LRU 在后方仓库的库存水平。

和两级模型一样, 首先必须建立平均再供应时间的方程, 用于表示中继级库存地点和后方仓库的库存对基地平均再供应时间的影响。

令

T_{ij} = 基地 $j\,(j \in I_i)$ 的 LRU 平均再供应时间 $= A_{ij} +$ 在 i 处因短缺造成的期望延迟时间

用 $\delta(s_i)$ 表示该期望延迟时间, 其表达式为

$$\delta(s_i) = \frac{\text{中继级库存地点 } i \text{ 未处理的平均延期交货量}}{\text{中继级库存地点的需求率}}$$

如果 $\mathcal{B}_i(s_i)$ 表示任意时刻中继级库存地点 i 未处理的平均延期交货量, 则

$$\delta(s_i) = \frac{\mathcal{B}_i(s_i)}{\sum_{j \in I_i} \lambda_{ij}} = \frac{\mathcal{B}_i(s_i)}{\lambda_i}, \quad \lambda_i = \sum_{j \in I_i} \lambda_{ij}$$

我们的目标是计算在任一随机时间点基地 j 平均的未处理的延期交货量。为此, 必须确定再供应系统中单元数量的概率分布, 令 X_{ij} 表示基地 $j\,(j \in I_i)$ 的该随机变量, 则

$$E[X_{ij}] = \lambda_{ij} T_{ij} = \lambda_{ij}\left(A_{ij} + \frac{\mathcal{B}_i(s_i)}{\lambda_i}\right)$$

另外, 在基地 $j\,(j \in I_i)$ LRU 的再供应量的方差计算如下。

假设 N_i 表示某一时刻中继级库存地点 i 的延期交货量。那么, 基于我们的假设, N_i 中有 N_{ij} 个对应于在基地 $j\,(j \in I_i)$ 该部件的故障 (订单) 的概率为

$$P\{N_{ij} = n_{ij} | N_i = n_i\} = \binom{n_i}{n_{ij}}\left(\frac{\lambda_{ij}}{\lambda_i}\right)^{n_{ij}}\left(1 - \frac{\lambda_{ij}}{\lambda_i}\right)^{n_i - n_{ij}}$$

给定 s_i, N_{ij} 的期望值为

$$E\left[N_{ij}|s_i\right] = E_{N_i}\left[E\left[N_{ij}|N_i\right]\right] = \frac{\lambda_{ij}}{\lambda_i}E_{N_i}\left[N_i\right]$$
$$= \frac{\lambda_{ij}}{\lambda_i}\mathcal{B}_i\left(s_i\right)$$

给定 s_i, N_{ij} 的方差表示为

$$\mathrm{Var}\left(N_{ij}|s_i\right) = E\left[N_{ij}^2|s_i\right] - \left[E\left[N_{ij}|s_i\right]\right]^2$$
$$= E\left[N_{ij}^2|s_i\right] - \left[\mathcal{B}_i\left(s_i\right)\right]^2 \cdot \left[\frac{\lambda_{ij}}{\lambda_i}\right]^2$$

为利用上式计算, 可以像第 5 章中那样, 计算

$$E\left[N_{ij}^2|s_i\right] = E_{N_i}\left[E_{N_{ij}}\left[N_{ij}^2|N_i\right]\right]$$
$$= E_{N_i}\left[\mathrm{Var}_{N_{ij}}\left(N_{ij}|N_i\right) + \left(E_{N_{ij}}\left[N_{ij}|N_i\right]\right)^2\right]$$
$$= E_{N_i}\left[N_i\left(\frac{\lambda_{ij}}{\lambda_i}\right)\left(1 - \frac{\lambda_{ij}}{\lambda_i}\right) + \left(\frac{\lambda_{ij}}{\lambda_i}\right)^2 N_i^2\right]$$
$$= \frac{\lambda_{ij}}{\lambda_i}\left(1 - \frac{\lambda_{ij}}{\lambda_i}\right)\mathcal{B}_i\left(s_i\right) + \left(\frac{\lambda_{ij}}{\lambda_i}\right)^2 E\left[N_i^2\right]$$
$$= \frac{\lambda_{ij}}{\lambda_i}\left(1 - \frac{\lambda_{ij}}{\lambda_i}\right)\mathcal{B}_i\left(s_i\right) + \left(\frac{\lambda_{ij}}{\lambda_i}\right)^2\left[\mathrm{Var}\left(N_i|s_i\right) + \mathcal{B}_i\left(s_i\right)^2\right]$$

故

$$\mathrm{Var}\left(N_{ij}|s_i\right) = \frac{\lambda_{ij}}{\lambda_i}\left(1 - \frac{\lambda_{ij}}{\lambda_i}\right)\mathcal{B}_i\left(s_i\right) + \left(\frac{\lambda_{ij}}{\lambda_i}\right)^2 \mathrm{Var}\left(N_i|s_i\right)$$

不过, 由于

$$T_i = r_i B_i + (1 - r_i)\left(A_i + 后方仓库延迟时间\ (s_0)\right)$$

故 $\mathcal{B}_i\left(s_i\right)$ 依赖于后方仓库的库存水平。另外 $\delta_i\left(s_0\right)$ = 给定后方仓库库存 $s_0 = \dfrac{\mathcal{B}_0\left(s_0\right)}{\lambda_0}$ 时后方仓库的期望延迟, 其中 $\mathcal{B}_0\left(s_0\right)$ 表示 $\lambda_0 = \sum\limits_i (1 - r_i)\sum\limits_{j \in I_i}\lambda_{ij}$ 时, 某随机时刻后方仓库的平均未处理延期交货量, 故

$$T_i = \left[A_i + \frac{\mathcal{B}_0\left(s_0\right)}{\lambda_0}\right](1 - r_i) + r_i B_i$$

$$\lambda_i T_i = r_i \lambda_i B_i + \lambda_i (1 - r_i) A_i + (1 - r_i)\frac{\lambda_i}{\lambda_0}\mathcal{B}_0\left(s_0\right)$$

  同上述针对各基地进行的计算一样, 还需要计算中继级库存地点单元再供应量概率分布的前二阶矩, 其计算方法与随机变量 N_{ij} 的相关计算方法完全相同。

  因此, 存在合适的方法来估计基地和中继级库存地点的单元再供应量概率分布的前二阶矩。单元再供应量的概率分布可用一个负二项分布来近似, 负二项分布的参数则用计算得到的矩来估计。

  单一 LRU 类型的最优化问题表示如下:

$$f(b) = \min \text{imize} \sum_i \sum_{j \in I_i} \mathcal{B}_{ij}(s_{ij})$$

$$\text{s.t.} \quad \sum_i \left\{ \sum_{j \in I_i} s_{ij} + s_i \right\} + s_0 = b \tag{7.9}$$

式中: s_{ij}, s_i, s_0 为非负整数; b 为 LRU 的总可用库存。实际上, 与其针对单一 b 值求解问题 (7.9), 不如类似于在第 5 章中, 在一个较宽的 b 值范围内求解此问题, 以构造函数 $f(b)$。

  假设令 $s_0 \in S_0$, $s_i \in S_i$, 其中 S_0 和 S_i 分别表示各变量取值的集合。实际中将不得不检查集合中所有的库存水平组合, 以得到问题 (7.9) 的最优解。由于 $\mathcal{B}_{ij}(s_{ij})$ 是 s_{ij}, s_i, s_0 的函数, 目标函数不可分, 并且也不一定是凸性的, 因此看上去很有必要采用穷举搜索法。

  不过, 我们并不采用这种方法。假设对于 a 和 b 的某些值, 有 $a = \sum_i s_i + s_0$ 且 $\sum_i \sum_{j \in I_i} s_{ij} = b - a$。此时的问题就变为了应如何选择变量 s_i 和 s_0 的值, 以使得 $\sum_i s_i + s_0 = a$。为获得位于中继级库存地点和后方仓库的可用库存 a 中想得到的那一部分, 我们提出如下方法。

  选择变量 s_i 和 s_0 的值, 使相应基地级的再供应请求的期望延迟最小化, 即求解

$$\min \sum_i \sum_{j \in I_i} \lambda_{ij} T_{ij} = \sum_i \sum_{j \in I_i} \lambda_{ij} \left(A_{ij} + \frac{\mathcal{B}_i(s_i | s_0)}{\lambda_i} \right)$$

$$= \sum_i \sum_{j \in I_i} \lambda_{ij} A_{ij} + \sum_i \left[\sum_{j \in I_i} \frac{\lambda_{ij}}{\lambda_i} \right] \mathcal{B}_i(s_i | s_0)$$

$$= 常数 + \sum_i \mathcal{B}_i(s_i | s_0)$$

约束条件为 $\sum_i s_i + s_0 = a$, 其中 $s_0 \in S_0$, $s_i \in S_i$。于是, 对所有 $s_0 \in S_0$,

可以得到

$$g(s_0, a) = \min \sum_i \mathcal{B}(s_i | s_0)$$

$$\sum_i s_i = a - s_0$$

$$s_i \in S_i$$

由于给定 s_0 时, $\mathcal{B}(s_i | s_0)$ 在 s_i 上是凸性的, 故可用边际分析法在中继级库存地点之中获得可用库存的最优分配, $a - s_0$。

对于所有 $s_0 \in S_0$ 和 a 的某个取值范围, 一旦获得了 $g(s_0, a)$ 的值, 就能确定

$$\tilde{g}(a) = \min_{s_0} g(s_0, a) \tag{7.10}$$

这时函数 $\tilde{g}(a)$ 不一定是 a 的凸函数。

通过应用对应于各 a 值的 s_i 和 s_0 的最优值知识, 可得到问题 (7.9) 的解。也就是说, 通过这些值可以计算出 $\tilde{g}(a)$。问题 (7.9) 可表示为[①]

$$f(b) = \min_{\substack{s_0, s_i \\ s_0 \in S_0, s_i \in S_i}} \left\{ \min_{s_{ij}} \sum_{ij} \mathcal{B}_{ij}(s_{ij}) : \sum_i \sum_{j \in I_i} s_{ij} = b - \left(\sum_{\substack{i \\ s_{ij} = 0, 1, \cdots}} s_i + s_0 \right) \right\}$$

通过求解以下一系列问题, 可获得上述问题的近似解。对于适当范围内的各 $a = \sum s_i + s_0$ 的值, 根据求解问题 (7.10) 时获得的分配方案来计算 T_{ij} 和 $\mathcal{B}_{ij}(\cdot)$。然后求解

$$h(a) = \min_{s_{ij}} \left\{ \sum_i \sum_{j \in I_i} \mathcal{B}_{ij}(s_{ij}) : \sum_i \sum_{j \in I_i} s_{ij} = b - a \right\} \tag{7.11}$$

由于目标函数是凸函数 $\mathcal{B}_{ij}(s_{ij})$ 之和, 所以问题 (7.11) 的解可使用边际分析法获得。

函数 $h(a)$ 可能不是凸函数。因此, 我们来构造该函数的最大凸下界, 称为 $\hat{h}(a)$。随后, 将用这些函数来求解多 LRU 问题, 而求解方法是另一种边际分析算法, 该方法与第 5 章中详细讨论过的用于求解两级多 LRU 问题的算法相似。

---

①译者注: 原文下式中最外层求最小值的条件变量为 cs_0, s_i, 更改为 s_0, s_i。

7.3 多级周期性检查共用环境

通过分析一个周期性检查的战术规划问题, 其具有无限修理能力和局部共用的三级可修件服务网络, 来继续横向再供应和共用问题研究。同前面研究过的所有战术规划环境一样, 规划问题的核心是为每一个备件确定最优的全系统库存水平。一旦获得库存, 则它在系统中的位置以及相应的系统服务效能, 将由部署的实时执行系统 (比如第 10 章中讨论的某类型) 进行管理。该执行系统对修理和配送的管理效率越高, 需要的总库存就越少。因此, 在规划总库存水平时, 获取动态最优值的可能性是很重要的。另外, 由于这类系统中备件数量较大, 执行任何库存规划职能时的计算效率也是一个关键问题。具体地说, 就是在计算需要和模型复杂性之间进行平衡。本节给出的方法就体现了这种平衡性。我们所要讨论模型的求解时间为 $n\log(n)$, 其中 n 表示备件数—库存地点组合的数量。第 8 章将这里给出的方法扩展至修理能力有限的后方仓库情况中。

7.3.1 拥有修理中心的多级可修件系统

我们将详细研究的可修件三级分配和修理系统如图 7.4 所示。该系统包括: 一组包含若干称为基地的库存地点的库存组; 一组中继级库存设施, 各中继级库存设施负责向一组库存组补给; 一个向中继级库存设施进行补给的后方仓库; 一个无能力约束的后方仓库修理机构, 故障件在该处修复后被送到后方仓库库存地点; 一个外部供应商, 负责提供报废件的替换件; 第三方应急供应源。与前面相同, 我们把回收、识别、修理和替换过程称为再供应系统。基地、库存组、中继级库存设施和后方仓库被称为配送系统。第三方应急供应源被看作一个单独的系统。

需要做出的关键规划决策是确定系统中所需每一类型项目的单元数量。对于给定类型的所有单元, 假设都能保证其修理能力, 并且修理周转时间独立、同分布, 且所有项目类型也相互独立。由于系统中各项目之间不会互相影响, 故本节开发的模型只考虑给定修理周转时间分布的单一项目类型的最优库存水平。在第 8 章中, 将关注项目间存在相互影响并且修理能力有限的情况, 并将提出在多类型项目环境中修理能力分配的方法。尽管该模型也会设置各库存地点的目标基地库存水平, 但那只是个次要问题。我们的主要目标是在给定共用概率的前提下

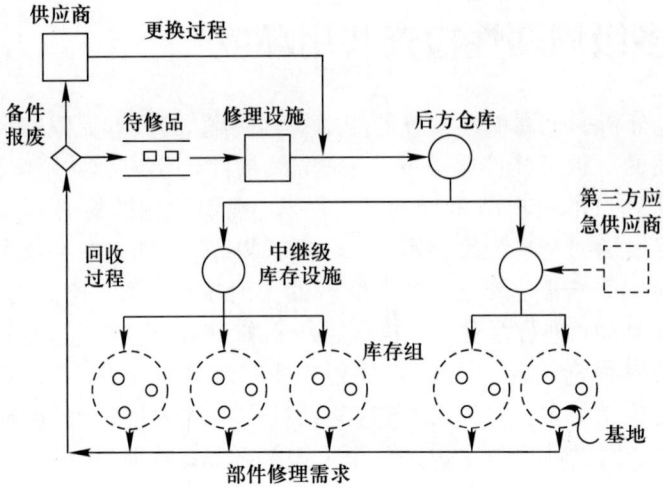

图 7.4 含修理与共用的多级配送网络

确定一种项目在系统中的期望库存水平。而库存的实时分配我们将在第 10 章中进行分析。

首先假设再供应网络为树状结构, 且各地点的库存缺货成本已知。并且各周期内系统按如下方式运行。在基地随机发生的备件需求可以由该基地的库存, 或同组内其他基地的库存, 或同一子系统的其他组, 或该基地的中继级库存地点来得到满足, 这取决于哪个库存地点存在现场库存。如果上述位置都没有库存, 则系统会立即以一定的成本从外部应急供应商处获得补给。当通过同组内的共享库存来满足需求时, 也会需要一些成本。库存组是一组彼此邻近的基地的集合 (例如, 基地间的运输时间在 2 h 内)。各备件需求与故障件的回收过程联系紧密, 包括故障件判别、运输、修复或报废的决策。如果决定要修复故障单元, 则该单元进入后方仓库的修理周转。替换报废单元的订单发往外部供应商。

一旦系统处于运行当中, 则已获得的单元或者在分配系统中, 或者在再供应系统中, 也就是说, 它们或者处于可用状态, 或者处于可修状态。优化系统总库存需要针对分配和再供应系统运行特征进行建模。建立的模型会将这些运作问题作为动态最优化的子问题。我们假设分配系统中的运输时间远小于再供应系统中的订购和修理周转时间, 则对于高成本、小体积的项目 (如电子元件), 从中继级库存地点到基地采用空运会更经济, 运输时间是用小时做单位。而另一方面, 订购或修理过程的提前期通常以星期或月计算。因此, 分配系统响应时间远小于再供应系统。为使问题简化, 如前所述假设分配系统中所有的应急运输都在一个检查周期末即刻发生。当然, 检查周期不能太短以至于忽略了库存地点离客户的距离。同时假设在一个区域内 (即一个中继级库存地点及其所属库存组) 的库存再分配在一个检查周期起点时刻即刻发生, 且无需成本。该假设等价于在本章前面所作的不平衡假设。关于这一点会在后面详述。

在设置总的系统库存水平时, 进一步假设分配系统是动态管理的, 用以平衡可用库存的分配来获得最佳效益。也就是说, 与其使用简单的先到先服务分配策略, 不如用实时管理系统来进行可用库存的分配, 以便在整个规划期内实现持有成本和客户缺货之间的最优权衡。斯卡德[214]、斯卡德与豪斯曼[215]、派克[198]、埃弗斯[81,82] 等人的研究表明, 这种高度重视分配和再供应系统运行管理的方法, 适用于高成本、低需求率的项目。该方法需要同时实现规划执行模型。本章首先介绍最优化规划执行过程的第一步, 第二步将在第 10 章讨论。

7.3.2　再供应与分配的联系

我们的方法是推导某单一项目的再供应单元量具有稳态概率分布的成本模型。再供应包括三个过程: 回收运输、更换以及修复。假设, 如同图 7.4 中说明的那样, 在进入修理周转之前决定对单元进行修理还是更换。令 V_B 表示系统稳态情况下处于后方仓库修理周转的单元数量; V_U 表示稳态情况下来自供应商并用做替换该项目单元的在订购量。假设在基地发生的需求是独立的泊松过程。因此, V_B 和 V_U 是独立的随机变量。令 V 表示稳态情况下再供应系统中单元总量:

$$V = V_B + V_U \tag{7.12}$$

则 V 的稳态概率分布是 V_B 和 V_U 稳态分布的卷积。由于我们假设修理周转时间与订购提前期是独立分布的泊松过程, 故 $V_B + V_U$ 的稳态分布也是一个泊松过程。令 λ 表示各基地该单元的系统需求率, r 表示单元可被修复的概率, $(1 - r)$ 表示单元报废的概率, T 表示平均后方仓库修理周转时间, U 表示替换件订单的平均供应提前期, 则 $V_B + V_U$ 的稳态分布是强度为 $r\lambda T + (1 - r)\lambda U$ 的泊松分布。

令 $s > 0$ 表示系统总的规划库存, 包括可用单元和再供应中的单元。战术规划模型能够确定该静态决策变量的最优值。令 R 表示系统中可分配的库存总量, 即 $R = (s - V)^+$。令 $X = (V - s)^+$ 表示再供应系统中超过规划库存的单元供应量。由 s 的值和 V 的稳态分布可以得到 R 和 X 的稳态分布。接下来推导一个基于 R 和 X 的成本模型, 可通过选择合适的 s 值使模型达到最优化。

本节其余部分安排如下。首先推导一个模型, 用于在具有局部共用和外部应急补给的两级分配系统中对可用库存进行最优分配。此时的分析会得到一个可用于构造三级分配系统中库存最优分配模型的成本函数。换句话说, 该分析能产生一个成本函数来确定系统最优库存水平的模型。然后说明如何把系统最优库存水平分解成所有库存地点的目标库存水平 (库存点)。同时还将证明成本函数的计算时间用库存地点数目表示为 $n \log(n)$。

7.3.3 具有共用库存组的两级系统最优库存分配

令 W 表示整个分配系统中两级子系统的集合。各子系统包括一个中继级库存设施和一组由该设施保障的库存组, 用 $w \in W$ 表示各子系统。我们首先分析单一子系统, 故可去掉下标 w。接下来将构建一个单项目单周期模型, 以便在子系统库存地点之间最优地分配库存。

7.3.3.1 子系统结构、共用假设和补偿成本

令 P 表示一个子系统中继级库存设施负责的库存组的集合, B_p 表示组 $p(p \in P)$ 中的基地集合。子系统由实时的备件位置信息系统提供支持, 并从中获取各基地现场库存的相关信息。

子系统在检查周期内发生的事件顺序如下: 在周期起点时刻, 已知子系统可用于分配的总库存, 并在子系统不同设施间重新分配该库存, 这种再分配发生在需求产生之前。然后, 各基地产生库存需求, 而为满足这些需求进行的横向再供应或其他应急补给行动, 会产生一些成本。最后在检查周期末, 所有的需求都能满足。过程中有三种可能的应急运输, 并随之产生了三种不同的成本:

(1) 将组内基地的库存输送到需要的基地: 令 b^p 表示同一组内基地间运输的成本。

(2) 将组外基地的库存输送到需要的基地: 令 b^w 表示同一子系统内不同组间运输所增加的成本。这也是从中继级库存设施向库存组运输一个单元的成本。当子系统内进行这类运输时, 会产生补偿成本 b^w, 并加上组内运输成本 b^p, 才能将单元送到需要的基地。

(3) 将子系统外的库存配置到需要的基地: 有时, 整个子系统内都没有所需的备件, 这时就需要从该地区的外部供应商处获取应急补给。令 b^e 表示向该子系统进行应急运输时所增加的运输成本。当进行这类运输时, 会产生单位成本 b^e, 再加上将备件送到库存组和基地的应急成本; 也就是说, 还要加上 $b^w + b^p$。注意, b^e 也是一个单元从中继级库存设施运到基地的常规运输成本基础上的增量。

假设上述三个成本 (b^w、b^p 和 b^e) 不仅包括增加的运输成本, 还包括因客户等待时间增加 (由于使用了更远的补给源) 而导致的补偿估算值。b^w 的值还包括因横向再供导致的其他基地减少持有的成本。类似地, b^e 也反映了持有成本的调整情况。

7.3.3.2 库存分配决策

令 R_j^p 表示分配给基地 $j(j \in B_p)$ 的库存, 组 p 分配的库存为 $R^p = \sum_{j \in B_p} R_j^p$, R (即取消了子系统 R^w 的上标) 表示在检查周期起点时刻子系统中可用于分配的总库存水平。给定 R, 选择的分配库存需与总库存保持一致:

$$\sum_{p \in P} R^p \leqslant R$$

$$\sum_{j \in B_p} R_j^p = R^p, \forall p \in P$$

R 和 $\sum_{p \in P} R^p$ 的差表示子系统中的中继级库存设施的库存。如前所述, 在检查周期中的再分配来自于需求发生之前的分配决策。

7.3.3.3 延期交货和库存不平衡假设

检查周期起点时刻基地 $j(j \in B_p)$ 的净库存用 I_j^p 表示, 令 $I^p = \sum_{j \in B_p} I_j^p$ 表示库存组 p 的净库存。由于假设子系统内的提前期很短, 故可认为检查周期起点时刻基地没有途中库存。回想前面, 我们假设没有延期交货, 即对于所有 $p \in P, j \in B_p$, 有 $I_j^p \geqslant 0$。通过应急补给消除延期交货的成本在成本函数中有所体现。

一个可行的分配方案是其要满足 $R_j^p \geqslant I_j^p, \forall j \in B_p$ 的条件; 否则, 分配方案将意味着需要昂贵的转运成本来修正不平衡。此约束在被用于系统库存实时分配的实施模型时是不能够忽略的。然而, 当检查周期较短时, 在用于设置基地库存策略参数和系统目标库存水平的规划模型中, 却需要忽略这些约束。这正如我们前面讲到的, 这个不平衡假设与本章前面的假设相同。此后, 在该规划模型中, 我们不考虑组内和组间的净库存当前状态, 并假设对于一个给定的子系统库存, 物资在所有库存地点之间都是平衡的。因此, 系统的状态即是所有子系统可供分配的总库存 R。

7.3.3.4 分配最优化问题

假设所有基地的持有成本都相同, 故 R^p 无论在基地间怎样分配都不会对总持有成本产生影响, 但会影响内部的延期交货成本。令 D_j^p 表示一个检查周期中基地 $j\,(j \in B_p)$ 的备件需求, $C_j^p\,(R_j^p)$ 表示当基地 j 的初始库存为 R_j^p 时, 基地间 $(j \in B_p)$ 横向再供应的期望成本:

$$C_j^p\left(R_j^p\right) \equiv b^p E\left[\left(D_j^p - R_j^p\right)^+\right] \tag{7.13}$$

令 h^p 表示一个检查周期内在库存组 p 存储一个单元比将单元存储在该子系统中继级库存设施时增加的持有成本。我们在库存平衡的检查周期末计入持有成本。令 D^p 表示一个检查周期中组 p 内的总需求, $C^p\,(R^p)$ 表示一个检查周期中组 p 的最小总期望成本:

$$C^p\left(R^p\right) \equiv h^p E\left[\left(R^p - D^p\right)^+\right] + b^w E\left[\left(D^p - R^p\right)^+\right]$$

$$+ \min_{\substack{\text{s.t.} \sum_{j \in B_p} R_j^p = R^p \\ R_j^p \geqslant 0, \text{ 整数}, \forall j \in B_p}} \left\{\sum_{j \in B_p} C_j^p\left(R_j^p\right)\right\} \tag{7.14}$$

需要考虑的另外两个成本为: 从子系统外应急运输的成本和中继级库存设施的持有成本。令随机变量 D^w 表示一个检查周期内子系统的总需求, h^w 表示一个检查周期内在子系统存储一个单元比在后方仓库存储这个单元增加的持有成本。这不包括在各库存组增加的持有成本, 即不包括 h^p。令 $C_w\,(R^w)$ 表示在检查周期起点时刻子系统 w 中的 R^w 个可分配库存已经实现最优分配的情况下, 该子系统在一个检查周期中的期望成本, 即

$$C_w\left(R^w\right) \equiv h^w E\left[\left(R^w - D^w\right)^+\right] + b^e E\left[\left(D^w - R^w\right)^+\right]$$

$$+ \min_{\substack{\text{s.t.} \sum_{p \in P^w} R^p \leqslant R^w \\ R^p \geqslant 0, \text{ 整数}, p \in P^w}} \left\{\sum_{p \in P^w} C^p\left(R^p\right)\right\} \tag{7.15}$$

还应记得, 我们假设在检查周期起点时刻就立即执行备件运输从而使得子系统达到最优库存分配。对一个基地实施常规补给运输的期望

成本与库存策略无关, 故可忽略。同时, 在一个周期起点时刻处理不平衡问题的横向再供应成本在战术规划模型中也忽略了。

观察可知, $C_w(R^w)$ 是一个凸的报童类型的嵌套的最优化成本函数, 且不难计算。我们使用该函数来近似子系统的运行成本, 而没有采用更复杂的模型去表示这一类基于最优化的库存管理执行系统的动态行为。

7.3.4 最优系统库存

本节研究所有两级子系统 w 的设置。

7.3.4.1 子系统库存的相关成本

令 $\overline{R}^w$ 表示在一个检查周期起点时刻子系统 w 的物理库存。其包括子系统内各库存地点的库存加上送往中继级库存设施的各种在途库存, 再加上当前周期内已经由后方仓库分配给该子系统的即将起运的库存。令 A_w 表示从后方仓库向中继级库存设施 w 运输单元的提前期, $D_{A_w}^w$ 表示该提前期内发生的随机需求。这样, $\left(\overline{R}^w - D_{A_w}^w\right)^+$ 表示运输提前期后一周期起点时刻子系统 w 的可用物理库存, 包括当前分配的库存。库存分配决策相关的成本为

$$C_{A_w}^w\left(\overline{R}^w\right) \equiv E\left[C_w\left(\left(\overline{R}^w - D_{A_w}^w\right)^+\right)\right] \tag{7.16}$$

子系统 w 一个检查周期的期望成本取决于 A_w 个周期后子系统中仍留有的可分配库存量。这是因为我们假设在提前期 A_w 内从外部供应商获得的用于满足子系统紧急需求的任何库存, 都要从新的分配库存的 $\overline{R}^w$ 中去掉, 并偿还给提供应急库存的外部供应商。

7.3.4.2 系统分配问题

变量 R^0 表示系统总的可分配库存, 它等于分配后各子系统库存水平之和 $\sum_{w \in W} \overline{R}^w$, 再加上后方仓库仍存有的库存。如同低等级模型一样, 继续假设在做分配决策时不考虑不同子系统间库存 (包括运往该子系统的途中单元) 不平衡的可能性。

令 h^0 表示在一个检查周期内分配系统库存一个单元的基地成本, 并且随机变量 D^0 表示下一个检查周期内发生的系统总需求。另外, 令 $C^0(R^0)$ 表示初始总库存为 R^0 且能在子系统和后方仓库之间进行最优

分配的情况下, 一个检查周期中分配系统的期望成本, 即

$$C^0\left(R^0\right) \equiv h^0 E\left[\left(R^0 - D^0\right)^+\right]$$
$$+ \min_{\substack{\text{s.t.} \sum_{w \in W} \overline{R}^w \leqslant R^0 \\ \overline{R}^w \geqslant 0, \text{整数}, w \in W}} \left\{\sum_{w \in W} C_{A_w}^w\left(\overline{R}^w\right)\right\} \tag{7.17}$$

7.3.4.3　单周期全系统成本函数

前面已经假设基地的延期交货可以立即由外部供应源满足。进一步假设这些单元是暂借的, 并由完成再供应过程的单元来迅速偿还。这个假设确保了可分配的物理库存总量等于规划的库存超出再供应的数量, 即 $R^0 = (s - V)^+$。因此, $X \equiv (V - s)^+$ 表示再供应系统中的超过系统库存的单元数量。由于存在延期交货成本, 从而很少会有 $X > 0$ 的情况。但是, 必须在成本模型中考虑到这个因素。

每个借用单元在首次发生时需要付出一定的成本代价, 如式 (7.15) 所示。令 $\overline{b}$ 表示每个检查周期的借用成本, 为各检查周期的尚未偿还借用单元的费用, 则单一检查周期的全系统成本为 $C^0\left(R^0\right) + \overline{b}X$。模型中不考虑在修、在更换和在途单元的持有成本。由于库存策略不会影响再供应过程, 故持有成本与确定 s 的经济最优值不相关。

令 $G(s)$ 表示给定系统总库存水平为 s 时, 单一检查周期全系统的稳态期望成本。利用 V 的概率分布, 可计算该函数如下:

$$G(s) \equiv E\left[C^0\left((s - V)^+\right) + \overline{b}(V - s)^+\right] \tag{7.18}$$

成本函数 $G(s)$ 是核心战术规划模型的目标函数。它是一个单周期、凸的、报童类型的目标函数。它需要在一个动态优化的、存在共用的三级分配系统中的持有成本、横向再供应成本和应急订购成本之间进行权衡。此外, 尽管 V 的分布是稳态的, 但该函数对再供应系统的设计和管理参数仍是较为敏感的。

现在就可以描述最优的系统库存了。令 s^* 表示使成本函数最小时的系统总库存水平, 即

$$s^* \equiv \arg\min_{s \geqslant 0} G(s)$$

应当注意到, 随着 T 和/或 U 减小, V 也随机减少。这样, 系统库存将不会随着再供应提前期的减小而增加。

7.3.4.4 分解系统库存目标

上述研究的模型为确定单一备件的全系统最优库存水平 s^* 提供了一种方法。在实际中,我们还希望得到系统中各库存地点的具体目标库存水平,这通过已经开发出来的分配手段就可以很容易地做到。例如,用 $\overline{R}^{w*}$ 表示子系统 w 的目标基本库存水平 (也就是目标库存点),令 $\left(\overline{R}^{w*}\right)_{w\in W}$ 是下式的解:

$$
\min_{\substack{\text{s.t.} \sum\limits_{w\in W}\overline{R}^w \leqslant s^* \\ \overline{R}^w \geqslant 0,\, \text{整数},\, w\in W}} \left\{ \sum_{w\in W} C_{A_w}^w\left(\overline{R}^w\right) \right\}
$$

剩余量 $s^* - \sum\limits_{w\in W}\overline{R}^{w*}$ 即为保留在后方仓库的目标库存。类似地,对于各子系统 w, 设 $R^* = \overline{R}^{w*} - E\left[D_{A_w+1}^w\right]$,并令库存组的目标库存水平 $(R^{p*})_{p\in P^w}$ 是下式的解:

$$
\min_{\substack{\text{s.t.} \sum\limits_{p\in P} R^p \leqslant R^* \\ R^p \geqslant 0,\, \text{整数},\, p\in P}} \left\{ \sum_{p\in P} C^p\left(R^p\right) \right\}
$$

最后,令基地的目标库存水平 $\left(R_j^{p*}\right)_{j\in B_p}$ 是下式的解:

$$
\min_{\substack{\text{s.t.} \sum\limits_{j\in B_p} R_j^p = R^{p*} \\ R_j^p \geqslant 0,\, \text{整数},\, \forall j\in B_p}} \left\{ \sum_{j\in B_p} C_j^p\left(R_j^p\right) \right\}
$$

注意,每一个上述问题都有一个凸的目标函数,因此都可以用边际分析法求解。

7.3.4.5 计算复杂度

本节将建立寻找最优系统总库存水平值 s^* 的计算复杂度界限。

计算方法是推导对每一个成本函数的分段线性近似。对于 $j\in B_p$、$p\in P_w$ 和 $w\in W$, 令 $\widetilde{C}_j^p(\cdot)$、$\widetilde{C}^P(\cdot)$、$\widetilde{C}_w(\cdot)$、$\widetilde{C}_{A_w}^w(\cdot)$、$\widetilde{C}^0(\cdot)$ 和 $\widetilde{G}(\cdot)$ 分别表示 $C_j^p(\cdot)$、$C^p(\cdot)$、$C_w(\cdot)$、$C_{A_w}^w(\cdot)$、$C^0(\cdot)$ 和 $G(\cdot)$ 的分段线性近似。令

$$
r_j^p = \left\{ r_{j0}^p, r_{j1}^p, \cdots, r_{jn(p,j)}^p \right\}
$$

表示 $\widetilde{C}_j^p(\cdot)$ 的断点网格, 其中 $n(p,j)$ 表示网格中点的数量减 1。对于 $n=1,2,\cdots,n(p,j)$, 我们需要 $r_{j0}^p=0$ 并且 $r_{jn}^p>r_{jn-1}^p$。令

$$c_j^p=\left\{c_{j0}^p,c_{j1}^p,\cdots,c_{jn(p,j)}^p\right\}$$

表示 $\widetilde{C}_j^p(\cdot)$ 的断点。也就是, 对于 $n=1,2,\cdots,n(p,j)$, $c_{jn}^p=\widetilde{C}_j^p(r_{jn}^p)$。类似地, 定义向量对 (r^p,c^p)、(r_w,c_w)、$(r_{A_w}^w,c_{A_w}^w)$、(r^0,c^0)、(r,c), 来分别表示 $\widetilde{C}^P(\cdot)$、$\widetilde{C}_w(\cdot)$、$\widetilde{C}_{A_w}^w(\cdot)$、$\widetilde{C}^0(\cdot)$、$\widetilde{G}(\cdot)$ 的网格和断点。令 $n_w(p)$、$n_w(0)$、$n_A(w)$、$n_A(0)$、$n(0)$ 分别表示各网格中点的数量减去起始点。令 $\overline{n}$ 表示上述任一近似中网格点数量的上界。

应用前面对成本函数等式右侧适当位置计算出来的分段线性近似, 可以求解式 (7.13) ～ 式 (7.18) 并计算出其分段线性近似。我们假设在计算各公式中需要的概率分布和期望值时, 存在常数时间算法。令 $\overline{M}_B$ 表示在任何一个式 (7.14) 表达的共用分配最优化方案中, 必须考虑的库存地点数量的上界:

$$\overline{M}_B=\max_{w\in W}\max_{p\in P_w}|B_p|$$

类似地, 令 $\overline{M}_W$[①] 表示在任何一个式 (7.15) 表达的子系统分配最优化方案中, 必须考虑的库存地点数量的上界:

$$\overline{M}_W=\max_{w\in W}|P_w|$$

令 $\overline{M}_P=|W|$, 它表示在式 (7.17) 表达的全系统最优化方案中, 必须考虑的子系统的数量。令 $\overline{M}$ 表示在任何一个最优化方案中必须考虑的库存地点数量的上界:

$$\overline{M}\equiv\max\left\{\overline{M}_B,\overline{M}_P,\overline{M}_W\right\}$$

令 $\overline{N}$ 表示需要考虑的库存地点总数:

$$\overline{N}=1+|W|+\sum_{w\in W}|P_w|+\sum_{w\in W}\sum_{p\in P_w}|B_p|$$

命题 1 假设计算所需概率分布时存在常数时间算法, 那么计算 $\widetilde{G}(\cdot)$ 所需的计算量是 $O\left(\left(1+\frac{3}{4}\log_2\left(\overline{M}\right)\right)\overline{N}\overline{n}\right)$。

---

① 译者注: 原文中该符号为 $\overline{M}_P$, 更改为 $\overline{M}_W$。

证明 $O\left(\overline{N}\overline{n}\right)$ 是评估所有网格点 (不包括最优化) 所需计算量的一个简单边界。根据附录中的命题 2, 进行式 (7.17) 中最优化过程时的计算量为 $O\left(\left(1+\log_2\left(\overline{M}_W\right)\right)\overline{M}_W\overline{n}\right)$。类似地, 执行式 (7.15) 的各最优化过程所需的计算次数最多为 $O\left(\left(1+\log_2\left(\overline{M}_P\right)\right)\overline{M}_P\overline{n}\right)$, 该形式的最优化结果共有 $\overline{M}_W$ 个。同样地, 执行式 (7.14) 的各最优化过程所需的计算量最多为

$$O\left(\left(1+\log_2\left(\overline{M}_B\right)\right)\overline{M}_B\overline{n}\right)$$

且该形式的最优化结果最多有 $\overline{M}_W\overline{M}_P$ 个。综合上述事实, 可以得到计算 $\widetilde{G}\left(\cdot\right)$ 所需的计算结果数为

$$O\left(\begin{array}{c}\overline{N}\overline{n}+\left(1+\log_2\left(\overline{M}_W\right)\right)\overline{M}_W\overline{n}+\overline{M}_W\left(1+\log_2\left(\overline{M}_P\right)\right)\overline{M}_P\overline{n}\\+\overline{M}_W\overline{M}_P\left(1+\log_2\left(\overline{M}_B\right)\right)\overline{M}_B\overline{n}\end{array}\right)$$
$$\leqslant O\left(\overline{N}\overline{n}+3\overline{M}_W\overline{M}_P\overline{M}_B\left(1+\log_2\left(\overline{M}\right)\right)\overline{n}\right)$$

注意, $\overline{M}_W\overline{M}_P\overline{M}_B$ 与 $\overline{N}$ 是同一量级, 至此问题得证。

说明 1 进一步假设 $\overline{M}=\overline{M}_W=\overline{M}_P=\overline{M}_B$, 且 $\overline{M}\simeq\overline{N}^{1/3}$ 时, 计算量的界限为

$$O\left(\left(1+\frac{1}{4}\log_2\left(\overline{N}\right)\right)\overline{N}\overline{n}\right)$$

这就是我们说完成全系统库存最优化的求解时间是库存地点的 $n\log\left(n\right)$ 倍的出处。

7.4 附录: 分配最优化

给定一个库存地点集合 $M=\{1,2,\cdots,\overline{M}\}$ 和包括一个更高等级库存地点的扩充集 $M_0=\{0\}\cup M$。对每一个库存地点 $m\in M_0$, 给定一个由集合 $N_m=\{0,1,\cdots,n\left(m\right)\}$ 索引的整数网格点集合 $r^m=\left\{r_0^m,r_1^m,\cdots,r_{n(m)}^m\right\}$, 对于所有 $n>0$, 满足 $r_0^m=0$ 和 $r_n^m>r_{n-1}^m$。对于 $m\in M$ 和 $n\in N_m$, 在各网格点 r_n^m, 给定一个函数估值 c_n^m, 函数为凸。随后按如下方式定义各原凸函数的一个分段线性近似。对各网格点按如下规则计算斜率 $\hat{c}_n^m$

$$\hat{c}_n^m=\begin{cases}\dfrac{c_{n+1}^m-c_n^m}{r_{n+1}^m-r_n^m}, & n<n\left(m\right)\\[2mm]\dfrac{c_n^m-c_{n-1}^m}{r_n^m-r_{n-1}^m}, & n=n\left(m\right)\end{cases} \tag{7.19}$$

根据原函数的凸性, 有 $\hat{c}_n^m \geqslant \hat{c}_{n-1}^m (n > 0)$。库存地点 $m \in M$ 的分段线性近似函数由 $\tilde{C}_m(r)$ 给出:

$$\tilde{C}_m(r) \equiv c_0^m + \sum_{n=0}^{n(m)-1} \left\{ 1_{\{r \geqslant r_n^m\}} \left(r \wedge r_{n+1}^m - r_n^m \right) \hat{c}_n^m \right\}$$
$$+ 1_{\{r \geqslant r_{n(m)}^m\}} (r - r_{n(m)}^m) \hat{c}_{n(m)}^m \tag{7.20}$$

另外, 还有一个定义在 $\mathcal{R}^+$ 上的凸函数 $f(\cdot)$。分配最优化就是对所有 $n \in N_0$, 寻找函数估值 c_n^0, 使其满足

$$c_n^0 = f\left(r_n^0\right) + \min_{\substack{r_m \geqslant 0, \\ \text{整数}, \forall m \in M; \\ \sum_{m \in M} r_m = r_n^0}} \sum_{m \in M} \tilde{C}_m(r_m) \tag{7.21}$$

可用下述边际分析法求解分配最优化。

定义 4 (分配最优化算法)

1. 对于每个 $m \in M$ 和每一个 $n \in N_m$, 用式 (7.19) 计算 $\hat{c}_n^m$。
2. 对于每个 $m \in M$, 令 $n^*(m) \leftarrow 0$ 和 $r^*(m) = 0$。
3. 令 $m^* = \arg\min_{m \in M} \{\hat{c}_0^m\}$。
4. 令 $z \leftarrow \sum_{m \in M} c_0^m$。
5. 令 $c_0^0 \leftarrow z$。
6. 令 $n \leftarrow 1$。
7. 当 $n \leqslant n(0)$ 时:
a) 令 $u \leftarrow r_n^0 - r_{n-1}^0$。
b) 当 $u > 0$ 时:
i. 如果 $n^*(m^*) = n(m^*)$, 则令 $x \leftarrow u$; 否则令

$$x \leftarrow u \wedge (r_{n^*(m^*)+1}^{m^*} - r^*(m^*))$$

ii. 令 $z \leftarrow z + x \cdot \hat{c}_{n^*(m^*)}^m$。
iii. 令 $r^*(m^*) \leftarrow r^*(m^*) + x$。
iv. 如果 $n^*(m^*) < n(m^*)$ 并 $r^*(m^*) = r_{n^*(m^*)+1}^{m^*}$, 则令 $n^*(m^*) \leftarrow n^*(m^*) + 1$。
v. 令 $m^* = \arg\min_{m \in M} \{\hat{c}_{n^*(m)}^m\}$。
vi. 令 $u \leftarrow u - x$。

c) 令 $c_n^0 \leftarrow z$。

d) 令 $n \leftarrow n+1$。

8. 对于 $n = 0, 1, \cdots, n(0)$, 令 $c_n^0 \leftarrow c_n^0 + f(r_n^0)$。

命题 2 对于每一个 $n \in N_0$, 当 $c^0(c_n^0)_{n \in N_0}$ 满足式 (7.21) 时, 分配优化算法就会终止。假设对任意 $r \in \mathcal{R}^+$, 存在计算 $f(r)$ 的常数时间算法, 则分配优化算法需要的计算时间为 $O\left((1 + \log_2(\overline{M})) \sum_{m \in M_0} n(m) \right)$。

证明 注意 u、n 和 $r^*(m)$(对所有 m) 在整个算法中都是整数。分段线性函数 (7.20) 的凸性确保了分配优化形式的边际分析法可用于求解式 (7.21)。外循环步骤 7 最多执行 $n(0)$ 次。内循环 7b) 最多执行 $\sum_{m \in M_0} n(m)$ 次。这是由于在各循环中, 对一些 m 的值 $n^*(m)$ 的值进行加 1 操作, 又或者把 u 设置为 0, 导致循环终止。对任意 m 值,$n^*(m)$ 的最大增加次数为 $n(m)$。假如向量 $\hat{c} = (\hat{c}_{n*(m)^m})_{m \in M}$ 保持为一个堆, 则主要的最优化步骤 7(b) v 最多需要 $\log_2(\overline{M})$ 次比较。而类似于步骤 1 和 8 中的计算次数与 $\sum_{m \in M_0} n(m)$ 成正比。

说明 2 等式 (7.22) 需要在满足约束 $\sum_{m \in M} r_m = r_n^0$ 的情况下求最小化。这由分配最优化算法的约束 $\sum_{m \in M} r_m \leqslant r_n^0$ 很容易扩展过来。在内循环的步骤 7b) 做一个简单的修改即可, 改为 "当 $u > 0$ 且 $\hat{c}_{n*(m*)}^m \leqslant 0$ 时 $\cdots$"。

7.5 第 7 章习题

7.5.1 证明式 (7.3) ~ 式 (7.5) 给出的稳定状态转移方程和这组方程的解是正确的。

7.5.2 按如下方式扩展 7.1.1 节的分析结果:

首先, 假设系统包括 1 个后方仓库和 3 个需求率不同的基地。当一个无库存的基地发生需求时, 随机选择另外一个基地向该基地提供补给。并且 7.1.1 节中的其他所有假设均不变。请建立这种情况下的横向供应模型。

其次, 再次假设系统包括 1 个后方仓库和 3 个需求率不同的基地。

当横向供应需求产生时, 由现场库存维持时间最长的基地来满足该需求。这样, 在构建稳态转换率及其方程时就必须考虑各基地的库存水平。请建立这些方程。

7.5.3　在 7.1.2.1 节中建立概率分布时, 假设方程 (7.8) 给出了在后方仓库处对某个基地特定备件延期交货量稳态概率的精确近似。假设系统中只有一个包括 5 个相同基地的共用组。请分析该近似的精度。通过构建模拟模型完成该任务, 并针对 λ 和 A 的一系列取值, 通过实验测试其近似的有效性。

7.5.4　7.1.2.2 节中描述的最优化模型中的目标函数包括延期交货成本和横向供应成本。约束条件限制了库存投资, 并确保维持最小的库存水平。现在将模型作如下修改: 假设目标变为在各基地和各库存组的满足率约束下, 最小化持有成本和横向供应成本之和。请建立该问题的模型, 并给出确定基地和后方仓库库存水平的算法。

7.5.5　将 7.1.2.2 节中的单一备件模型扩展至多备件模型。用限制所有库存地点、所有备件总投资的约束代替单一备件模型中的预算约束。给出能以最小总成本获得期望库存水平的算法。

7.5.6　证明 7.1.2.2 节中讨论的函数 $C_i(s_i|s_0)$ 是凸函数。

7.5.7　在 7.1.2.2 节的最后一段, 对确定后方仓库和基地库存水平的算法进行了概述。请给出该算法的正式描述。实施算法时, 应用下列数据: $P=2$, $c=100$, $b=1$, $a_1=0.2$, $a_2=0.1$, $s_i^l=0\,(i=1,2)$, $s_0^l=2$, $B=1000$, $A_i=2\,(i=1,2)$, $D=3$, $n_1=2$, $n_2=3$, $\lambda_1=0.1$ 和 $\lambda_2=0.2$。

7.5.8　在 7.2.1 节中给出的分析是基于 "没有不平衡" 的假设, 那么当需求过程是一个泊松过程且需求率较低时, 该假设还合理吗? 该假设对期望成本有什么影响? 请通过构建仿真模型和实验回答这些问题。

7.5.9　在 7.2.1 节中描述的共用环境是基于各周期内需求互相独立的假设。像 7.2.1 节那样, 令随机变量 d_{jt} 表示商店库房 j 在周期 t 的需求。但是, 令

$$d_{jt}=\mu_j L_t+e_{jt}$$

式中: μ_j 表示商店 j 的长期期望平均需求; L_t 表示周期 t 的随机变量指数, 其服从正态分布, $E[L_t]=1$, $\mathrm{Var}[L_t]=\sigma_L^2$; e_{jt} 为商店 j 在周期 t 的随机变量预测误差, 该误差服从正态分布, 且 $E[e_{jt}]=0$, $\mathrm{Var}[e_{jt}]=\sigma_j^2$。

假设在各商店库房和周期中存在的需求相关性为下列一阶自回归过程:

$$L_t=\sigma_L V_t+1$$

式中

$$V_t = aV_{t-1} + e_{V_t}$$

误差项 e_{V_t} 是独立同分布的正态随机变量, 并且 $E[e_{V_t}] = 0$, $\mathrm{Var}[e_{V_t}] = 1 - a^2$。那么 σ_L^2 如何解释?

证明 V_t 为 $E[V_t] = 0$ 和 $\mathrm{Var}[V_t] = 1$ 的正态分布, 并且 L_t 也是 $E[L_t] = 1$ 和 $\mathrm{Var}[L_t] = \sigma_L^2$ 的正态分布。

假设 $d_t = \sum_j d_{jt} = \left(\sum_{j=1}^{m} \mu_j\right) L_t + \sum_{j=1}^{m} e_{jt}$。那么, 请证明 $E[d_t] = \sum_{j=1}^{m} \mu_j$ 和 $\mathrm{Var}[d_t] = \left(\sum_{j=1}^{m} \mu_j\right)^2 \sigma_L^2 + \sum_{j=1}^{m} \sigma_j^2$。

请通过说明 $\mathrm{Var}\left[\sum_{j=1}^{m} d_{jt}\right] \neq \sum_{j=1}^{m} \mathrm{Var}[d_{jt}]$, 证明随机变量 d_{jt} 不是独立的。

下一步, D 是后方仓库提前期。如同 7.2.1.2 节, 令 $Y_0 = \sum_{t=1}^{D} d_t$。请证明 Y_0 为正态分布, 且 $E[Y_0] = \sum_{t=1}^{D} \sum_{j=1}^{m} \mu_j$ 和 $\mathrm{Var}[Y_0] = \sum_{t=1}^{D} \mathrm{Var}[d_t] + 2 \sum_{t>u} \sum \mathrm{Cov}(d_t, d_u)$。

注意, 当 $t > u$ 时, 有

$$\mathrm{Cov}(d_t, d_u)$$
$$= E\left(\left(\left(\sum_{j=1}^{m} \mu_j\right) L_t + \sum_{j=1}^{m} e_{jt}\right)\left(\left(\sum_{j=1}^{m} \mu_j\right) L_u + \sum_{j=1}^{m} e_{ju}\right)\right) - \left(\sum_{j=1}^{m} \mu_j\right)^2$$
$$= \left(\sum_{j=1}^{m} \mu_j\right)^2 E[L_t L_u] - \left(\sum_{j=1}^{m} \mu_j\right)^2$$

请证明 $E[L_t L_u] = \sigma_L^2 E[V_t V_u] + 1$, 但 $E[V_t V_u] = a^{t-u}$。使用上述结果, 请证明

$$\mathrm{Var}[Y_0] = \sum_{t=1}^{D} \left(\left(\sum_{j=1}^{m} \mu_j\right)^2 \sigma_L^2 + \sum_{j=1}^{m} \sigma_j^2\right) + 2\sigma_L^2 \sum_{t>u} \sum \left(\sum_{j=1}^{m} \mu_j\right)^2 a^{t-u}$$

回顾 7.2.1.2 节, 定义 $Y_j = \sum\limits_{t=D+1}^{D+A+1} d_{jt}$, 有

$$E[Y_j] = \sum_{t=D+1}^{D+A+1} E[\mu_j L_t + e_{jt}] = \sum_{t=D+1}^{D+A+1} \mu_j = (A+1)\mu_j$$

请证明

$$\mathrm{Var}[Y_j] = \sum_{t=D+1}^{D+A+1} (\mu_j^2 \sigma_L^2 + \sigma_j^2) + 2\sigma_L^2 \sum_{\substack{t > u \\ t = D+1,\cdots,D+A+1 \\ u = D+1,\cdots,D+A}} \mu_j^2 a^{t-u}$$

假设各商店库房需求过程的变异系数都相同, 并用 c 表示, 即 $c = \sqrt{\mu_j^2 \sigma_L^2 + \sigma_j^2}/\mu_j$, 这也反过来说明对某些 $b > 0$, 有 $\sigma_j^2 = b\mu_j$, 则

$$c = \sqrt{\sigma_L^2 + b} \quad \text{或} \quad b = c^2 - \sigma_L^2$$

使用这些观察结果, 推导出类似于 7.2.1.2 节中得到的结果。这些结果由埃尔基普 (Erkip)、豪斯曼 (Hausman) 和纳米雅斯 (Nahmias)[79] 给出。

7.5.10 7.2.2 节中开发的模型是建立在各周期所有后方仓库库存都分配给商店的假设上的。请证明当后方仓库和商店库房的持有成本都相同, 且保持不平衡假设时, 在各周期内将所有后方仓库库存都分配给商店库房是最优的分配策略。

7.5.11 概述如何将 7.2.2 节中给出的三级模型和算法扩展至 N 级的环境中。

7.5.12 假设有一个两级可修件服务网络。较高等级的后方仓库负责补给较低等级的库存地点 (称为基地)。基地备件发生故障会导致需求的出现。在基地, 机件发生故障符合泊松过程, 且备件 i 在基地 j 的需求率为 λ_{ij}。一旦故障出现, 故障件被送往后方仓库进行修复, 后方仓库则向该基地库存补充一个备件。所有到达后方仓库的故障件均由无能力约束的修理设施进行修理。把基地分成若干组, 如果组内某一基地产生了一个需求, 且该基地没有库存, 那么备件将通过横向供应从有库存的基地送往需要的基地。如果组内所有基地都没有库存, 则通过从第三方 "租借" 来满足其当前需求。当后方仓库向需求基地补充库存时, 如果补充的备件来自本基地库存, 则补充件被送到该基地; 否则, 补充件被送到提供横向供应的基地或提供备件租借的外部供应源。

请构造这种情况下的周期性检查战术规划模型。并使用 7.3 节中的符号表示，说明所做的所有假设。同时，请给出能获得各备件在各库存地点目标库存水平的算法。

第 8 章

有限能力系统

　　前面各章所做的分析都基于这样的前提: 要么再供应系统有可靠的物资来源 (恒定的提前期), 要么修理周转时间是相互独立同分布的。反复运用帕尔姆定理及其扩展定理得到相应的概率分布, 这些分布构成了用以确定最优库存水平的战术规划模型的基础。

　　本章将继续构建战术规划模型。但是模型将基于这样的假设: 再供应能力受有限的补给资源限制。此假设使得分析方法将发生显著改变。

　　在以往的研究中, 已经建立了许多与有限能力系统相关的战术规划模型, 其中一种模型是基于连续时间的观点, 类似于排队模型。它历史悠久, 在巴扎克特 (Buzacott) 和山提库玛 (Shanthikumar)[34] 的著作, 格罗斯 (Gross) 和其他研究人员发表的一系列论文 [104,105,107,108,110,113], 还有纳米雅斯 (Nahmias)[186] 的论文中都有描述。另一种战术规划模型是第 7 章介绍的周期性检查模型的变型, 具体可参考帕布 (Prabhu)[195,196], 格拉瑟曼 (Glasserman)[95], 格拉瑟曼和泰尤 (Tayur)[96,97,98,247], 以及郎迪 (Roundy) 和米克施塔特[182,206] 等人的著作。

　　本章最后将分析基于排队和周期性检查的战术规划模型。首先分析的是周期性检查模型。不过, 在此之前先介绍一些关键性结论来作为周期性检查规划模型的根据。我们会特别介绍缺口随机变量的概念, 并讨论如何以精确和近似方法分别建立其概率分布。

8.1 缺口分布

　　通过分析一个简单的能力有限的制造工厂来介绍几个重要的思想。

假设工厂只生产一种物品, 并且在无限规划期的各周期都会做出生产决策。同时假设每个周期对产品的需求相互独立同分布。

假设系统按如下方式运作。在一个周期的起点考察对此产品的需求, 并基于这个周期的产品需求和产品的现有净库存来确定生产数量。然后开始生产。最大的生产数量为 c 个单位 (c 表示工厂单位周期的生产能力)。当 c 加上现场库存仍然达不到需求量时, 那么对未满足的需求会产生延期交货。如果 c 加上现场库存大于需求量时, 则客户需求将会得到满足。一旦开始生产, 物品就会运送给客户。在一个周期的末点统计持有成本和延期交货成本, 令单位产品的持有成本和延期交货成本分别是 h 和 b 美元。

管理该系统的最优策略是 $(s-1, s)$ 策略的改进版本。假设 s 是目标库存水平。改进的 $(s-1, s)$ 策略规定, 只要能力允许, 在需求得到满足后还应有 s 个的现场库存; 否则将达到系统的最大生产能力, 即只生产 c 个单元。如果一个周期的需求超过 c 个单元, 那么就有可能发生一个周期内的生产能力不足以保证周期结束时库存量为 s 的情况。在周期结束时 s 超过实际库存的数量称作缺口。这是一个随机变量, 下面将分析怎样计算它的分布。

贾纳吉拉曼 (Janakiraman)、米克施塔特[140] 及其他学者的一些著作都证明了修改的 $(s-1, s)$ 策略是最优策略。有一些学者也已经对系统相关的一些问题及其多级泛化的问题 (例如格拉瑟曼和泰尤的著作[96,98]) 做了详细描述。在本章中首先会介绍缺口这个随机变量的一般性质, 然后聚焦于离散需求分布的情况。最后, 由一个连续随机变量来近似各周期需求, 并对怎样计算缺口随机变量的一个近似概率分布进行分析。

8.1.1 一般性质

用 V_n 表示周期 n 的缺口随机变量, 假设各周期期望需求严格小于 c。如果情况不是这样, 那么延期交货数量将随着 $n \to \infty$ 而以 1 的概率无限增加。假设 D_n 表示在周期 n 内的需求, 由于对所有 n, 有 $E(D_n) < c$, 且随机变量 D_n 是独立同分布的, 那么缺口的形成过程就存在一个稳态分布, 用 V 表示这个随机变量。于是, 在稳态情况下, $V = s - I$, 其中 I 表示周期末的净库存水平。

回忆一下周期 n 中事件发生的顺序。初始净库存 I_n 等于 $s - V_{n-1}$。然后观测到需求 D_n。这样, 生产量就确定了, 等于 $\min\{c, V_{n-1} + D_n\}$。

注意, 如果 $V_{n-1} > s$, 则在周期 n 起点时刻存在 $V_{n-1} - s$ 个延期交货量。在周期 n 末, 净库存是 $s - V_n$。如果此净库存为正, 就说明仍有现场库存并对单位物品收取 h 美元的持有成本; 如果是负的, 就说明出现延期交货并对单位物品收取 b 美元的延期交货成本。图 8.1 展示了净库存这个随机变量的演变过程。

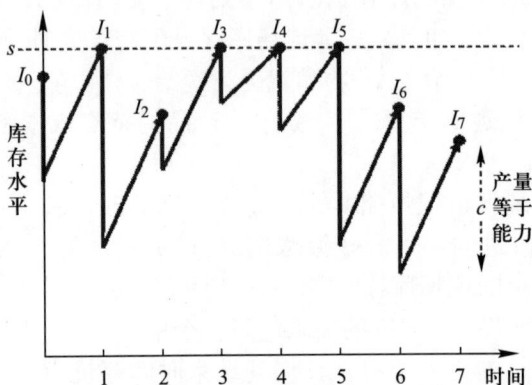

图 8.1 系统净库存的演变

由以上内容可以得到

$$V_n = [V_{n-1} + D_n - c]^+ \tag{8.1}$$

即如果生产能力 c 足以满足上一周期的缺口加上当前周期的需求, 则 $V_n = 0$; 否则, V_n 等于总需求 $V_{n-1} + D_n$ 与生产能力 c 之差。

V_n 与目标库存水平 s 是相互独立的, 式 (8.1) 描述了缺口随机变量在各个周期的动态行为, 在图 8.2 中描述的是 V_n 的该行为。

8.1.2 离散需求情况

假设 $V_0 = 0$。从式 (8.1) 可以观察到, V_n 仅取决于 V_{n-1} 和 D_n。即它与 $V_0, \cdots, V_{n-2}$ 无关。因此, 我们可以用一个马尔可夫链来模拟缺口过程的转换。该马尔可夫链具体的转移概率如下:

$$p_{ij} \equiv P\{V_n = j | V_{n-1} = i\} = \begin{cases} P\{D \leqslant c - i\}, & j = 0 \text{ 且 } i \leqslant c \\ P\{D = c + (j - i)\}, & j > 0 \text{ 且 } i \leqslant c + j \\ 0, & \text{其他情况} \end{cases}$$

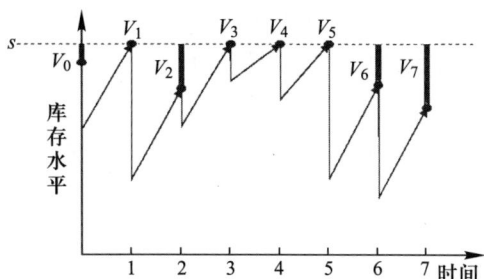

图 8.2　库存缺口

令 $\mathcal{P} = [p_{ij}]$ 为转移概率矩阵。由于已假设 $E[D] < c$, 且该链是各态遍历的, 因此随机变量 V 存在着稳态分布。令 π_i 表示 $V = i$ 的稳态分布, 向量 $\boldsymbol{\pi}$ 的第 i 个分量为 π_i。那么, 有下式成立:

$$\boldsymbol{\pi}\mathcal{P} = \boldsymbol{\pi}$$
$$\sum \pi_i = 1$$
$$\pi_i \geqslant 0$$

在实际情况中, 可以截取矩阵 $\mathcal{P}$ 和相应向量 $\boldsymbol{\pi}$ 来产生有限系统的等式系列, 但是需要做一些测试来确保没有牺牲精度。截取过程将取决于 c 与 $E[D]$ 之间的差别以及需求过程方差之间的差别。

假设 c 随周期不同而改变。也就是说, 假设 c 是随机变量, 那么它在各周期是相互独立同分布的。假定 $E[D] < E[c]$。这种情况下, 可以再用马尔可夫过程来表示缺口的转换过程。该过程仍是各态遍历的, 故将存在一个稳态分布。在这种情况下, 转移概率为

$$p_{ij} \equiv P\{V_n = j | V_{n-1} = i\}$$
$$= \begin{cases} \sum\limits_{a \geqslant i} P\{D \leqslant a - i\} \cdot P\{c = a\}, & j = 0 \text{ 且 } i \leqslant c \\ \sum\limits_{a \geqslant i-j} P\{D = a + (j-i)\} P\{c = a\}, & j > 0 \text{ 且 } i \leqslant c+j \\ 0, & \text{其他情况} \end{cases}$$

在很多情况下, 生产能力是一个随机变量。如果在各个周期, 能力可显著变化, 那么目标库存水平将大大增加。

现在来说明对于需求变化和可获得生产能力的不同水平, V 的稳态缺口分布将如何变化。假设在所有情况下, 各周期 (时段) 的期望需

求均为 100 个单元, 并且能力 c 不随周期发生变化。表 8.1 是在每个周期需求方差和可用能力的 20 种组合下 V 的期望值和标准差的变化情况。这些数据表明 V 的均值和标准差对这些数值的变化是多么敏感, 以及库存需求多么依赖于这些数值。

表 8.1 生产能力利用率和需求方差的各种组合下缺口的期望与标准差

		每个周期能力 (利用率)			
		120 (83.3%)	110 (90.9%)	105 (95.2%)	101 (99.0%)
每个周期需求方差 (变异系数)	101 (0.10)	$E(V)$=0.11 StDev 0.93	1.36 3.83	5.51 9.44	45.04 50.59
	200 (0.14)	$E(V)$=0.76 StDev 3.22	4.26 9.06	13.32 19.83	92.47 100.72
	500 (0.22)	$E(V)$=4.48 StDev 11.48	15.35 25.48	39.41 51.56	238.60 252.68
	1000 (0.32)	$E(V)$=12.96 StDev 26.18	36.34 53.26	85.45 104.63	484.69 505.96
	2000 (0.45)	$E(V)$=32.91 StDev 56.36	81.39 109.17	180.57 210.92	979.88 1012.55

另外, 图 8.3 ~ 图 8.8 表示相应特定情况下 V 的概率分布。图 8.3 ~

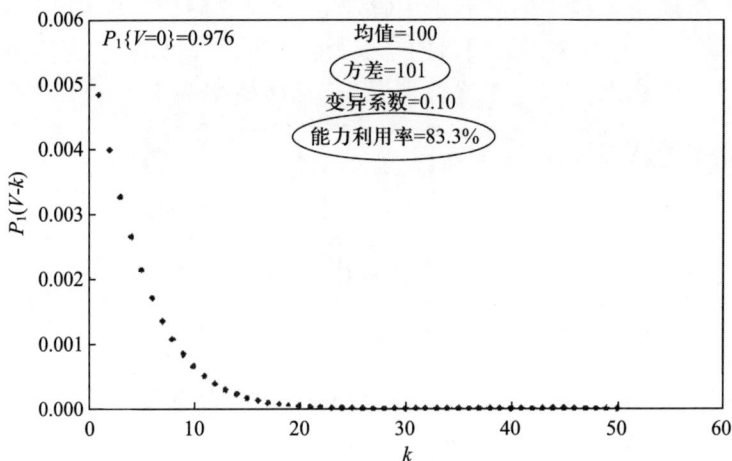

图 8.3 稳态缺口分布: 精确 (一)

图 8.5 分别表示当需求方差为 101, 能力利用率取 3 个不同值 —— 0.833、0.952 和 0.99 时 V 的分布图。类似地, 图 8.6 ~ 图 8.8 分别表示当单位周期需求方差为 2000, 可用能力与上面 3 个取值一样时, V 的概率分布。请注意观察分布的形状是如何受需求过程的方差和利用率影响的, 特别注意分布图像尾部的形状。

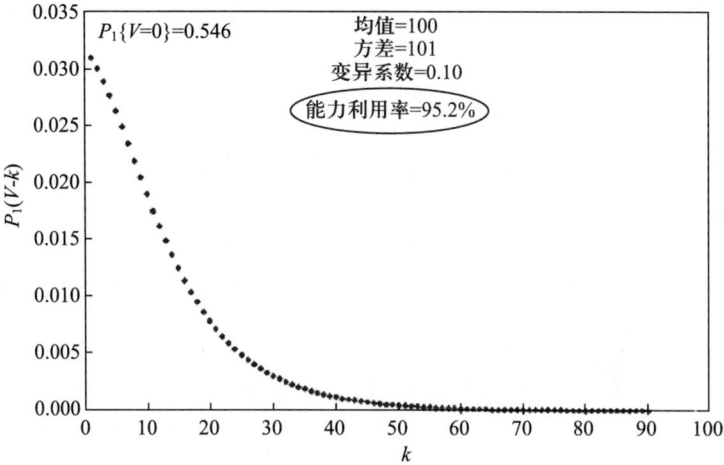

图 8.4　稳态缺口分布: 精确 (二)

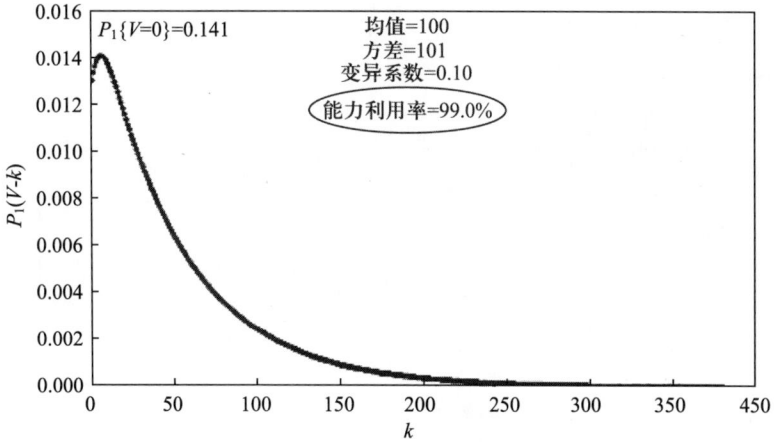

图 8.5　稳态缺口分布: 精确 (三)

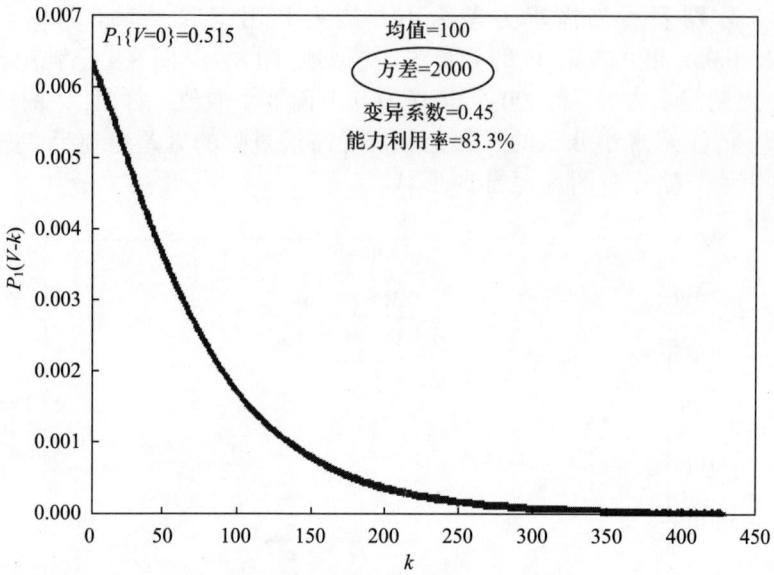

图 8.6 稳态缺口分布: 精确 (四)

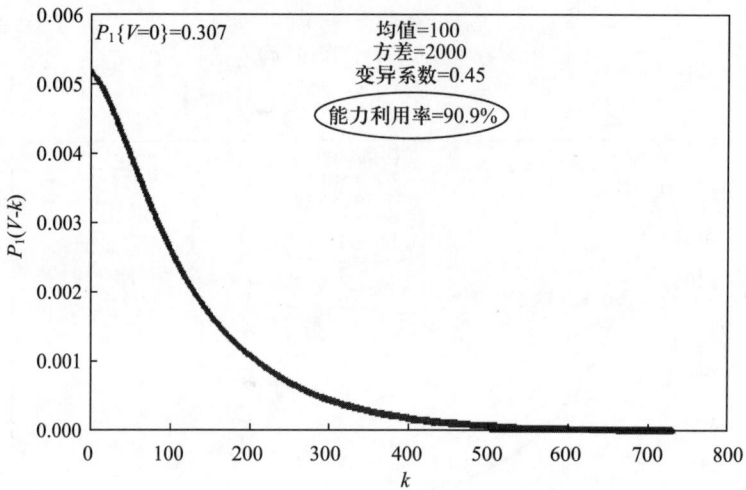

图 8.7 稳态缺口分布: 精确 (五)

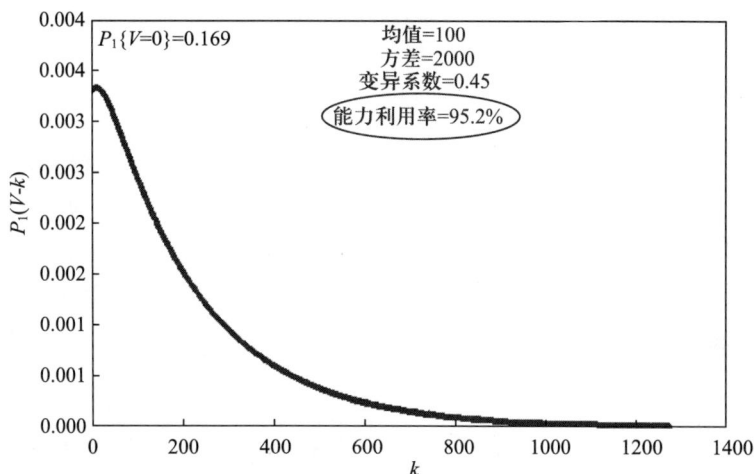

图 8.8   稳态缺口分布: 精确 (六)

8.1.3   连续需求情况

当每个周期的需求足够大时, 用马尔可夫链方法来计算 V 的稳态概率便不再可行, 因为此时计算所需消耗的时间将相当长。此外, 如果用一个连续分布表示需求过程, 那么 V 也将是一个连续随机变量。于是用需求过程的一个连续近似来计算 V 的分布则非常有吸引力。下面将近似 V 的分布, 并且会看到计算这个近似是较易实现的。下面来看如何做到这点。

令 $v > 0$, 则

$$
\begin{aligned}
P\{V_n > v\} &= P\left\{[V_{n-1} + D_n - c]^+ > v\right\} \\
&= P\{V_{n-1} + D_n - c > v\} \\
&= P\{D_n > v + c\} \\
&\quad + E_D\left[1\left(d \leqslant v + c\right) \cdot P\left[V_{n-1} > v + c - d | D_n = d\right]\right] \quad (8.2)
\end{aligned}
$$

其中, 如果 A 为真, $1(A) = 1$; 否则, $1(A) = 0$。另外, 令 $F_V(\cdot)$ 和 $\bar{F}_V(\cdot)$ 表示随机变量 V 的累积分布函数和互补累积分布函数, 令 $f_D(\cdot)$ 和 $\bar{F}_D(\cdot)$ 表示 D 的密度函数和互补累积分布函数。如果 $P[D=0] = q$, 那

么式 (8.2) 可写为

$$\bar{F}_{V_n}(v) = \bar{F}_{D_n}(v+c) + q\bar{F}_{V_{n-1}}(v+c) + \int_0^{v+c} \bar{F}_{V_{n-1}}(v+c-x) f_D(x)\,\mathrm{d}x$$

有时, 会假设随机变量 V 服从主体指数分布[①]。在这种情况下, $V=0$ 的概率是正数且其余部分是指数分布。用该近似的一个原因是, 格拉瑟曼[95] 在文献中已经证明了使用这个近似的合理性。简单地说, 他证明缺口分布的尾部形态与指数函数相似。具体地说, 他的定理如下:

定理 11　假设对所有 $\alpha < \delta$、$\delta > 0$, 存在 $E\left[e^{\alpha D}\right] < \infty$, 并假设 $P[D > c] > 0$; 那么, 当 $v \to \infty$ 时, 存在 β 和 α 满足 $\dfrac{P\{V > v\}}{\beta e^{-\alpha v}} \to 1$。而且, α 是 $E\left[e^{-\alpha(c-D)}\right] = 1$ 的唯一严格正数解。当 D 是正态分布时, 格拉瑟曼认为 $\beta \approx e^{-2(0.583)\frac{(c-E(D))}{\sigma}}$。[②]

用主体指数分布来近似 V 的分布并讨论该近似的精确度。关于此问题更多的讨论可参考郎迪和米克施塔特的文献[182,206]。

用 p_0 近似 $P\{V = 0\}$, 表示没有缺口的概率, 并且有 $\bar{p}_0 = 1 - p_0$。假设 V 服从主体指数分布, 可以得到

$$\bar{F}_V(v) = \begin{cases} \bar{p}_0 e^{-\gamma v}, & v > 0 \\ 0, & \text{其他情况} \end{cases} \tag{8.3}$$

参数 p_0 和 γ 取决于 $A = c - E(D)$ 和需求分布。

首先, 将式 (8.3) 代入式 (8.2) 得到[③]

$$\bar{p}_0 e^{-\gamma v} = \bar{F}_D(v+c) + E\left[1\left(D \leqslant v+c\right) \cdot \bar{p}_0 e^{-\gamma(v+c-D)}\right]$$

两边都乘以 $e^{\gamma v}$, 得到

$$\bar{p}_0 = e^{\gamma v}\bar{F}_D(v+c) + \bar{p}_0 e^{-\gamma c}E\left[1\left(D \leqslant v+c\right) \cdot e^{\gamma D}\right] \tag{8.4}$$

令 $v \to \infty$, 得到

$$\begin{aligned} \bar{p}_0 &= \bar{p}_0 e^{-\gamma c}\lim_{v \to \infty} E\left[1\left(D \leqslant v+c\right)e^{\gamma D}\right] \\ &= \bar{p}_0 e^{-\gamma c}E\left[e^{\gamma D}\right] \end{aligned}$$

---

　①译者注: 主体指数分布 (原文为 "mass exponential distribution"), 其可以理解为指数分布的一种近似或截取, 主体上服从指数分布, 但非严格意义上的指数分布, 其表达式由式 (8.3) 定义。

　②译者注: 此处的 σ 是服从正态分布的随机变量 D 的标准差。

　③译者注: 原文中, 下式左边项为 $\bar{p}_0 e^{-\gamma V}$, 更改为 $\bar{p}_0 e^{-\gamma v}$。

这是由于若稳定解存在, 则 $\lim_{v\to\infty} e^{\gamma v} \bar{F}_D(v+c)=0^{①}$。因此, 参数 γ 必须满足

$$e^{\gamma c} = E\left[e^{\gamma D}\right]$$

当 $v=0$ 时, 由式 (8.4) 可知

$$\bar{p}_0 = \bar{F}_D(c) + \bar{p}_0 e^{-\gamma c} E\left[1(D \leqslant c) \cdot e^{\gamma D}\right]$$

或

$$\bar{p}_0 = \frac{\bar{F}_D(c)}{1 - e^{-\gamma c} E(1(D \leqslant c) e^{\gamma D})}$$

和

$$p_0 = 1 - \frac{\bar{F}_D(c)}{1 - e^{-\gamma c} E\left(1(D \leqslant c) e^{\gamma D}\right)}$$

当需求是正态分布时, 会产生一种非常重要的特例, 它是对需求过程具有较大均值泊松过程的一个合理近似。在这种情况下

$$\bar{p}_0 = \frac{\bar{F}_D(c)}{1 - \bar{F}_D(c)}$$

并且^{②}

$$\gamma = \frac{2(c - E(D))}{\sigma^2}$$

式中: σ^2 是每个周期需求的方差。

现在来确定一个有关系统缺口分布的关键性能指标 —— 满足率。同前面一样, V_n 和 V_{n-1} 分别表示周期 n 和周期 $n-1$ 结束时的缺口随机变量。假设系统库存水平用 s 表示, 对应于发生在周期 $n-1$ 和更早周期的需求, 周期 n 结束时仍有的短缺数为

$$[V_{n-1} - s - c]^+$$

则周期 n 产生的需求在周期 n 结束时仍未得到满足的数量为

$$[V_n - s]^+ - [V_{n-1} - s - c]^+$$

因此, 在稳态情况下

$$\eta(s) = E\left[(V-s)^+ - (V-s-c)^+\right]$$

① 译者注: 该式原文为 $\lim_{v\to\infty} e^{\gamma V} \bar{F}_D(v+c)=0$, 更改为 $\lim_{v\to\infty} e^{\gamma v} \bar{F}_D(v+c)=0$。
② 译者注: 该式源于文献 [95]。

表示在一个周期内所需的产品在该周期结束时延期交货数的期望值。满足率为

$$a = \mathcal{FR}(s) = 1 - \frac{\eta(s)}{E(D)}$$

注意到

$$\eta(s) \approx \frac{\bar{p}_0}{\gamma} e^{-\gamma s} \left(1 - e^{-\gamma c}\right)$$

以及

$$s \approx \left[-\frac{1}{\gamma} \ln \left\{ \frac{\eta(s)\gamma}{\bar{p}_0 \left(1 - e^{-\gamma c}\right)} \right\} \right]^+ = \left[-\frac{1}{\gamma} \ln \left\{ \frac{(1-\alpha)\gamma E(D)}{\bar{p}_0 \left(1 - e^{-\gamma c}\right)} \right\} \right]^+$$

上述结论在郎迪和米克施塔特的文献 [182,206] 有所讨论。

现在我们来分析一个有趣的问题: 采用主体指数近似与 V 的实际分布函数的匹配情况如何? 为了说明近似分布能在多大程度上表示 V 的分布, 我们再次考虑前面给出的实例环境。图 8.9 ~ 图 8.14 都包括了精确分布和近似分布两类图形, 图中可以看出情况不同, 近似的质量也不尽相同。郎迪和米克施塔特[182,206] 在文献中对近似精度做了全面分析。他们证明了在许多情况下这种近似分布的近似程度是不理想的, 用它来设置库存水平会导致过量库存情况的产生。尽管如此, 由于其计算非常简单, 使这种近似方法仍具有很高的吸引力。郎迪和米克施塔特[182,206] 对不同需求分布进行了全面的讨论。

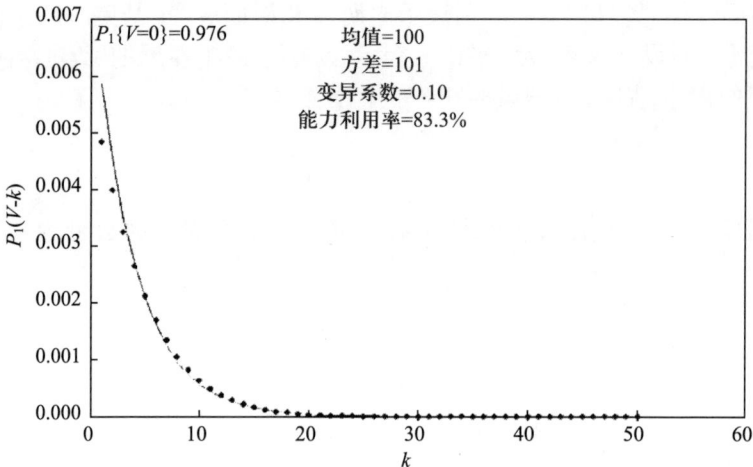

图 8.9　稳态缺口分布: 精确分布与近似分布的比较 (一)

因为上述近似通常不精确, 郎迪和米克施塔特[182,206] 提出另一个近似并对其做了检验, 它同样基于式 (8.2)。下面对此近似进行简略描述。

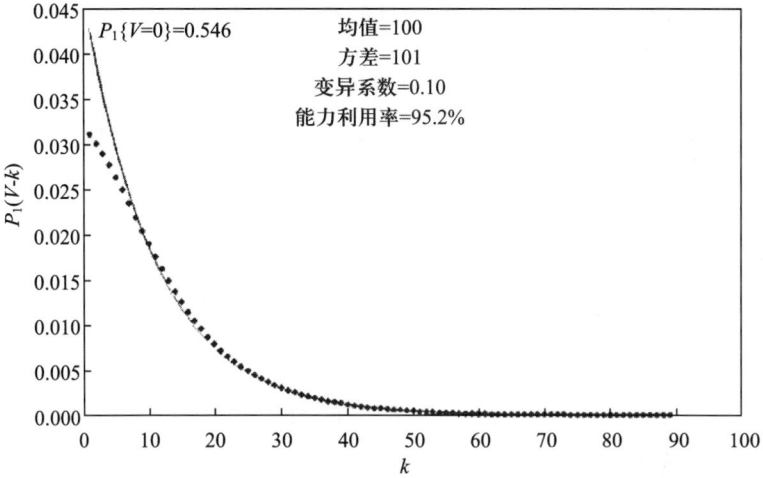

图 8.10　稳态缺口分布: 精确分布与近似分布的比较 (二)

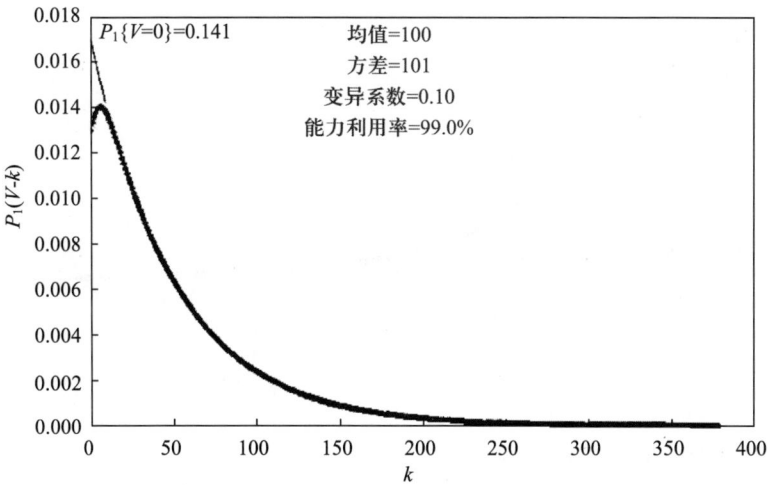

图 8.11　稳态缺口分布: 精确分布与近似分布的比较 (三)

稍微改变式 (8.3) 并且定义

$$\bar{F}_V^0(v) = \begin{cases} \bar{p}_1 e^{-\gamma v}, & v \geqslant 0 \\ 0, & \text{其他情况} \end{cases}$$

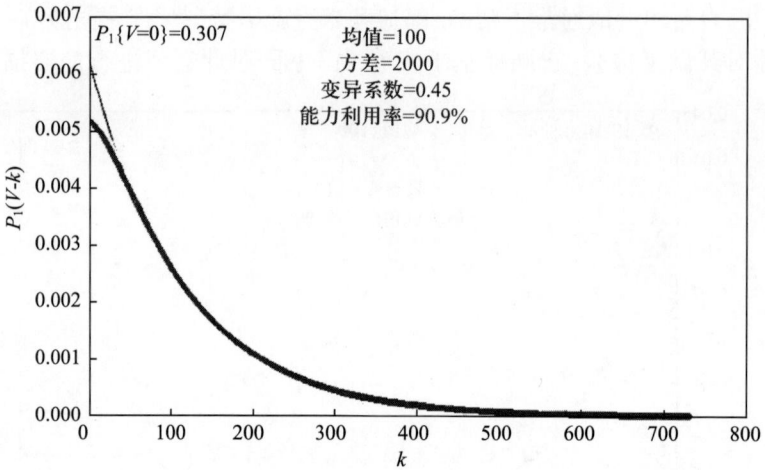

图 8.12 稳态缺口分布: 精确分布与近似分布的比较 (四)

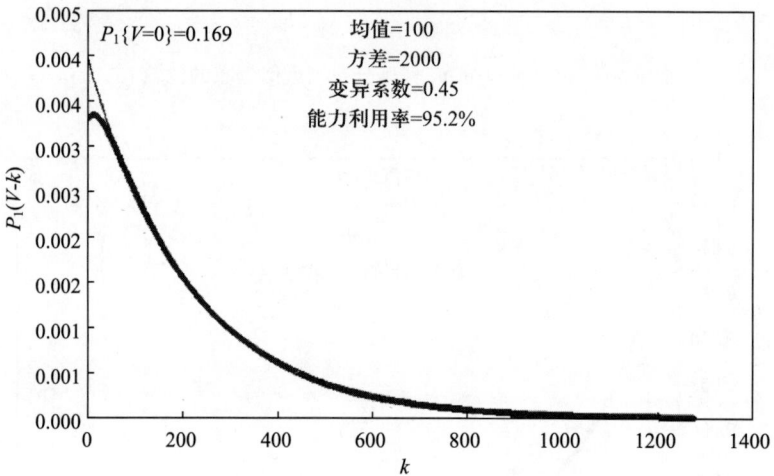

图 8.13 稳态缺口分布: 精确分布与近似分布的比较 (五)

我们将在随后定义参数 $\bar{p}_1$。新的近似为

$$\bar{F}_V^1(v) = \bar{F}_D(v+c) + E_D\left[1\left(D \leqslant v+c\right) \cdot \bar{F}_V^0\left(v+c-d \mid D=d\right)\right]$$

$$= \bar{F}_D(v+c) + E_D\left[1\left(D \leqslant v+c \cdot \bar{p}_1 \mathrm{e}^{-\gamma(v+c-d)} \mid D=d\right)\right]$$

$$= \bar{F}_D(v+c) + \bar{p}_1 \int_{-\infty}^{v+c} \mathrm{e}^{-\gamma(v+c-x)} f_D(x)\,\mathrm{d}x$$

$$= \bar{F}_D(v+c) + \bar{p}_1 \mathrm{e}^{-\gamma(v+c)} \int_{-\infty}^{v+c} \mathrm{e}^{\gamma x} f_D(x)\,\mathrm{d}x$$

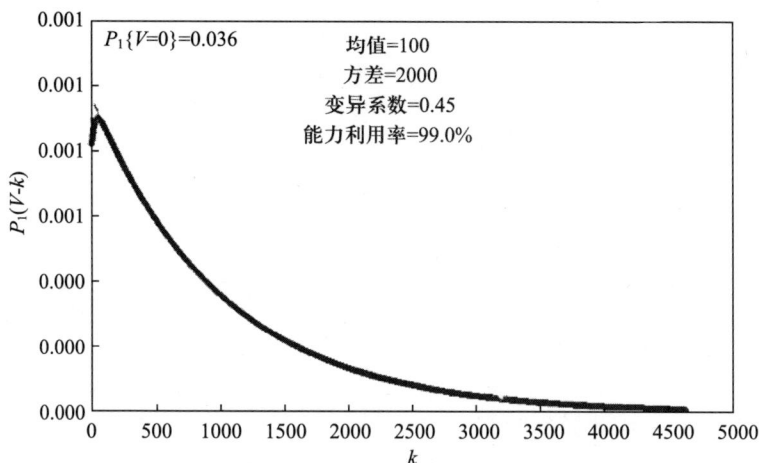

图 8.14   稳态缺口分布: 精确分布与近似分布的比较 (六)

我们的目标是改进对缺口为正概率的估计, 即对 $\bar{p}_1$ 的估计. 假设用 $\bar{F}_V^0(v)$ 来代替上面表达中的 $\bar{F}_V^1(v)$ 并设 $v = 0$. 那么有

$$
\begin{aligned}
\bar{F}_V^1(0) &= \bar{F}_D(c) + \int_{-\infty}^c \bar{F}_V^1(c - x) f_D(x)\, \mathrm{d}x \\
&= \bar{F}_D(c) + \int_{-\infty}^c \left[\bar{F}_D(2c - x) \right. \\
&\quad \left. + \bar{p}_1 \mathrm{e}^{-\gamma(2c - x)} \int_{-\infty}^{2c - x} \mathrm{e}^{\gamma y} f_D(y)\, \mathrm{d}y \right] f_D(x)\, \mathrm{d}x \\
&= \bar{F}_D(c) + \int_{-\infty}^c \bar{F}_D(2c - x) f_D(x)\, \mathrm{d}x \\
&\quad + \bar{p}_1 \int_{-\infty}^c \mathrm{e}^{-\gamma(2c - x)} \left[\int_{-\infty}^{2c - x} \mathrm{e}^{\gamma y} f_D(y)\, \mathrm{d}y \right] f_D(x)\, \mathrm{d}x
\end{aligned}
$$

由以上讨论亦可知

$$
\bar{F}_V^1(0) = \bar{F}_D(c) + \bar{p}_1 \mathrm{e}^{-\gamma c} \int_{-\infty}^c \mathrm{e}^{\gamma x} f_D(x)\, \mathrm{d}x
$$

综合以上内容可以得到

$$
\bar{p}_1 = \frac{\displaystyle\int_{-\infty}^c \bar{F}_D(2c - x) f_D(x)\, \mathrm{d}x}{\displaystyle \mathrm{e}^{-\gamma c} \int_{-\infty}^c \mathrm{e}^{\gamma x} f_D(x)\, \mathrm{d}x - \int_{-\infty}^c \mathrm{e}^{-\gamma(2c - x)} \left[\int_{-\infty}^{2c - x} \mathrm{e}^{\gamma y} f_D(y)\, \mathrm{d}y \right] f_D(x)\, \mathrm{d}x}
$$

类似于以上对 $F_V^0(v)$ 所做的处理那样, 可用 $F_V^1(v)$ 来计算 $F_V^2(v)$。

郎迪和米克施塔特 [182,206] 的研究表明, 这个近似对范围很广的一般连续概率模型都很精确。但该计算需要进行数值积分。

8.2　有限能力多级修理系统

第 7 章研究了可修件的三级补给系统。该系统包括: 最低层级的一组库存组, 每个库存组包含一组基地; 一组中继级库存地点, 每个负责补给一批库存组; 一个后方仓库, 负责补给中继级库存地点 (后方仓库包括一个后方仓库修理机构和一个后方仓库库存机构); 一个外部供应商, 负责对已报废的备件进行补充; 一组第三方应急供应源。在第 7 章中假设所有进入后方仓库修理过程的备件的修理周转时间是相互独立且同分布的。在本节中假设每个周期 (时段) 内后方仓库所能修复的备件数量是有限的。先分析系统中只有一种备件, 然后将分析扩到有多种备件的情况。

8.2.1　单一项目系统

研究战术规划问题的目的是确定系统的目标库存水平。

如前面所讲, 系统按如下方式运作。在每个周期各个基地产生单元需求。如果基地有现场库存, 那么由基地的库存来满足需求。如果无法满足, 就会将单元请求发往库存组中的其他基地。如果其他基地有可用库存, 就会产生一个横向再供应。如果库存组所有基地都没有可用库存, 请求就发给基地所在子系统的其他部分, 即同一中继级库存地点保障的一批库存组中的其他库存组或中继级仓库。如果在子系统的任何位置都无库存, 就由外部供应商提供所需单元。在这种情况下, 此外部供应商将会得到补偿并且会在随后的周期收到 "借出" 备件的替换品。各周期的横向和应急再供应都会产生成本。

系统供应的各类备件要么通过修理过程获得, 要么由外部供应商 (如制造商) 提供。当一个部件发生故障, 那么它进入后方仓库修理再供应过程的概率为 r, 由外部供应商补给的概率为 $1-r$。如果需要对部件进行修理, 假设把该件从基地运到后方仓库需要 D 个周期 (时段), 然后此件进入后方仓库修理排队, 此后该件会在排队中直到进入修理过程。修理过程在一个周期内完成。如果故障件报废, 就会从供应商处订购一个替换件。

基地一旦产生需求 (基地需求的发生过程是相互独立的泊松过程),
就会有一个再供应请求发给后方仓库。后方仓库发送补给库存品到对
应的中继级库存地点, 再由中继级库存地点发送给基地或由外部应急
供应商来满足需求。和第 7 章讨论的一样, 库存的分配原则通常是按需
求的紧急程度而不是先到先服务的原则。

图 8.15 给出了系统的结构。

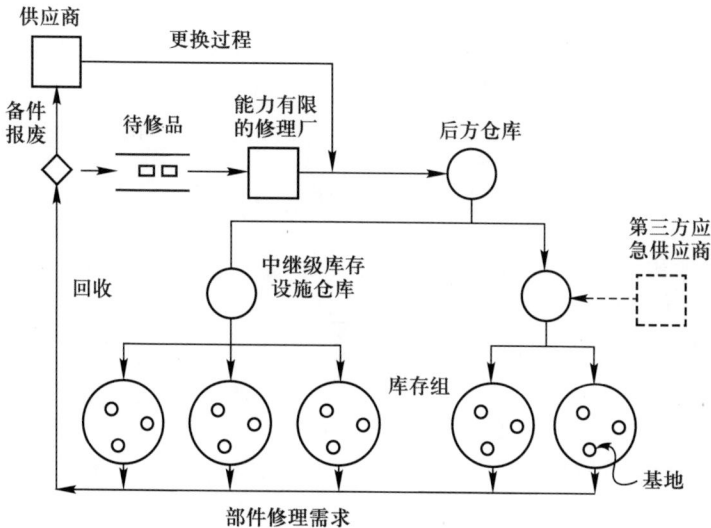

图 8.15　再供应系统结构

第 7 章开发了一个基于此系统运作方式和基于不平衡假设的战术
规划模型。模型的关键之一是计算在再供应系统中单元数的概率分布,
并且用随机变量 V 表示再供应的单元数。现在讨论当各周期的修理能
力有限时应该怎样构建此分布。一旦分布确定, 就可以使用与第 7 章完
全相同的方法来计算系统的目标库存水平。

当修理能力有限时, 再供应系统包括三个独立部分。第一部分, 由
基地向后方仓库运输途中的可修单元; 第二部分, 在修理排队和修理过
程中的单元; 第三部分, 从外部供应商订购单元。

同前面一样, 假设各基地的需求过程在各周期内是独立同分布的泊
松过程, 而且一个基地的需求与发生在其他基地的需求是相互独立的。

令随机变量 V^T 表示周期末时刻从各基地到后方仓库进行修理的

途中单元数; 随机变量 V^R 表示周期末时刻还等待修理的单元数; 随机变量 V^U 表示周期末时刻从外部供应商处在订购的单元数。

$V = V^R + V^T + V^U$, 根据假设, 这三个变量是相互独立的。因此, V 的分布是三个变量分布的卷积。同第 7 章一样, V^T 和 V^U 具有泊松分布, 因此 $V^T + V^U$ 也是泊松分布。于是, 只剩下确定 V^R 的分布, 这用前面介绍的方法很容易确定。

基地的部件发生故障后均要进入修理排队, 每个周期进入修理排队的单元数用强度为 $r \sum_j \lambda_j$ 的泊松分布来描述, 其中 λ_j 是基地 j 的需求率。在排队中等待修理的单元数不仅取决于到达过程, 也取决于每个周期的修理能力, 继续用 c 来表示。

V_n^R 表示周期 n 末时刻修理排队中的部件数。如前所述

$$V_n^R = \left[V_{n-1}^R + D_n - c \right]^+$$

式中: D_n 表示在周期 n 期间到达后方仓库修理机构的件数。假设

$$E[D_n] = r \sum_j \lambda_j < c$$

这样就会产生一个 V^R 的稳态分布。和上一节讨论的一样, 在周期末时刻等待修理的件数可以用马尔可夫链表示。转移概率同 8.1.2 节中给出的表达式。

假设在周期结束时有最大排队长度限制, 则可以通过超时运行排除多余量来保证达到此长度限制。这种情况下的马尔可夫链状态数有限。很明显此链是各态遍历的, 因此 V^R 存在稳态分布。随机变量 V^R 和缺口随机变量类似, 如果库存水平为零, 那么单元的缺口数量和修理排队中的单元数完全相同。

前面已经说明了该怎样确定这三个相互独立的随机变量的分布, 故现在就可以计算 V 的分布。

知道 V 的概率分布后就可以用与 7.3 节相同的分析方法来计算项目的最优总系统库存。

8.2.2 多项目系统

假设前面讨论的系统包含多种项目而不仅仅是一种项目。除了前面关于需求过程的假设外, 进一步假设: 基地的各种项目需求是相互独

立的。并且各种项目相互影响的唯一方式是后方仓库修理系统, 即这些项目共享修理能力。假设修理任何一类项目所需的修理能力均相同。

缺口分布 V^R 是共享修理能力时修理排队中的单元总数。用此分布来计算 V, V 表示再供应系统中的单元总数。$V = \sum_i \left(V_i^T + V_i^U\right) + V^R$, 其中 V_i^T 和 V_i^U 分别表示位于运输系统中发往后方仓库的 i 种单元数量和从供应商处在订购的 i 种单元数。由于假设所有的随机变量是相互独立同分布的泊松分布, 因此 $\sum_i \left(V_i^T + V_i^U\right)$ 也服从泊松分布。有关 V^R 分布的计算可参考上一节。这时随机变量 V 的分布就可以计算了。下面说明怎样利用该分布获得各项目的库存水平。

假设再供应系统中有 n 种项目共享相同的修理资源, 并假设项目 i 的总系统库存水平是 s_i, 那么所有项目的总系统库存为 $s = \sum_i s_i$。V 表示的是该周期所有修理已经完成和所有供应商的发货都已经收到后, 再供应系统中所有项目的总单元数量。

假设 V_i 为一随机变量, 它表示的是在稳态再供应系统中项目 i 的单元数。此外, 随机变量 V_i^R 表示一个周期末时刻位于后方仓库修理排队中的项目 i 的单元数。假设 $\bar{\lambda}_i = r_i \sum_j \lambda_{ij}$, 其中 λ_{ij} 为每个周期基地 j 对项目 i 的需求率, 且 $\bar{\lambda} = \sum_i \bar{\lambda}_i$。

假设单元在后方仓库进行修理时没有优先顺序, 即修理过程遵循先到先服务的原则, 可以得到

$$P\left\{V_i^R = v_i | V^R = v\right\} = \binom{v}{v_i} \left[\frac{\bar{\lambda}_i}{\bar{\lambda}}\right]^{v_i} \left(1 - \frac{\bar{\lambda}_i}{\bar{\lambda}}\right)^{v - v_i}$$

和

$$P\left\{V_i^R = v_i\right\} = \sum_{v \geqslant v_i} P\left\{V_i^R = v_i | V^R = v\right\} P\left\{V^R = v\right\}$$

上一节讨论了怎样确定随机变量 V^R 的概率分布, 下面可以对 $P\left\{V_i^R = v_i\right\}$ 进行计算。

前面讲过, 随机变量 V_i^T 和 V_i^U 都服从泊松分布, 而且 V_i^T、V_i^U 和 V_i^R 是相互独立的。因此, 随机变量 $V_i = V_i^T + V_i^U + V_i^R$ 可作为三个已知分布的卷积进行计算。

已经建立了 V_i 的分布, 就可以找到 s_i 的值, 从而进一步确定 s 的值。在 7.3 节中讨论了如何确定一种项目的最优总系统库存水平, 将那

一部分的随机变量 V 用 V_i 来替换, 并延续不平衡的假设, 就可以使用 7.3 节给出的方法来确定 s_i 的最优值。至此, 多种项目问题被分解为求解一系列单一项目问题。

8.2.3　连续时间的有限能力系统

现在讨论包含一个单一库存地点简单系统的连续时间战术规划模型。单一库存地点为后方仓库, 项目在后方仓库进行修理, 并且它持有 n 种项目的库存。假设系统中的物资流动如图 8.16 所示[①]。

n 种项目的可修单元按照强度为 λ_i (每小时单元数) $(i = 1, \cdots, n)$ 的泊松过程到达系统。一旦有可修单元到达, 它们会立即进入修理排队, 修理过程遵循先到先服务的原则。每个可修单元到达都会触发一个相同单元的补给订单。如果有现货, 则立即发货; 否则, 补给请求就得不到满足, 则产生延期交货。

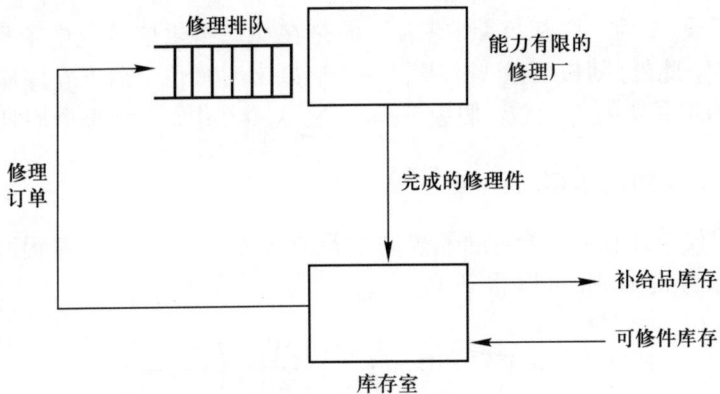

图 8.16　再供应系统

假设任何一种部件到达能力有限的修理厂, 其修理时间服从期望修理时间为 $1/\mu$ 小时的指数分布, 并且修理时间是相互独立的。不过, 修理系统某一时间点只修一个件。同时假设修理没有转换时间或安装时间, 这样连续修理就不是问题了。

我们的目标是找到每种项目的库存水平 (用 s_i 表示) 以使得单位时间 (在本例中为每小时) 产生的期望持有和延期交货成本最小化。持有

———————
① 译者注: 原文中为图 8.3, 更改为图 8.16。

成本与现有可使用的库存期望成正比, 用 h_i 表示 i 种项目的持有成本率, 用 b_i 表示 i 种项目的延期交货成本率。

定义一些数学符号。前面说过, λ_i 是 i 种项目补给库存的需求率, 用 $\lambda = \sum \lambda_i$ 表示总的系统需求率, 它也是到达能力有限修理厂的到达率。另外, 令

$$p_i = \frac{\lambda_i}{\lambda}, \quad q_i = 1 - p_i;$$

$$p = \frac{\lambda}{\mu}, 系统利用率;$$

$N_i = $ 修理系统中项目 i 的稳态单元数, 并且 $N = \sum_{i=1}^{n} N_i$。

8.2.4 修理系统基本模型

现在来考察一个排队模型并由此推导出精确的分析结果。具体来说, 由于假设订单的到达过程是泊松分布, 生产时间服从指数分布, 则系统是一个 $M/M/1$ 排队系统。并且, 修理系统中的单元数 N 是几何分布 (此结论可以通过标准生灭等式推导得出)。下面证明 N_i 也服从几何分布, 即

$$P[N_i = j] = (1 - \eta_i)\,\eta_i^j, \quad \eta_i = \frac{\lambda_i}{\mu - \lambda + \lambda_i}$$

证明 回顾一下, 几何分布随机变量的母函数为

$$E\left[s^N\right] = \sum_{j=0}^{\infty} s^j P[N = j]$$

$$= \sum_{j=0}^{\infty} s^j (1 - \rho)\,\rho^j$$

$$= (1 - \rho) \sum_{j=0}^{\infty} (s\rho)^j$$

如果 s 足够小, 则

$$E\left[s^N\right] = \frac{(1 - \rho)}{1 - \rho s}$$

式中: ρ 表示一个或多个单元在排队系统中的概率, N_i 的母函数为

$$E\left[s^{N_i}\right] = \sum_{j=0}^{\infty} E\left[s^{N_i}|N=j\right] P\left[N=j\right]$$

$$= \sum_{j=0}^{\infty} E\left[s^{N_i}|N=j\right] (1-\rho)\rho^j$$

但是

$$E\left[s^{N_i}|N=j\right] = \sum_{k=0}^{j} s^k P\left[N_i=k|N=j\right]$$

并且, 由第 3 章中的讨论已知

$$P\left[N_i=k|N=j\right] = \binom{j}{k}\left(\frac{\lambda_i}{\lambda}\right)^k \left(1-\frac{\lambda_i}{\lambda}\right)^{j-k}, \quad j \geqslant k$$

故

$$E\left[s^{N_i}\right] = \sum_{j=0}^{\infty}\sum_{k=0}^{j} s^k \binom{j}{k}\left(\frac{\lambda_i}{\lambda}\right)^k \left(1-\frac{\lambda_i}{\lambda}\right)^{j-k} (1-\rho)\rho^j$$

$$= \sum_{j=0}^{\infty}\left[(1-\rho)(\rho q_i)^j \sum_{k=0}^{j}\binom{j}{k}\left(\frac{sp_i}{q_i}\right)^k\right], \quad p_i = \frac{\lambda_i}{\lambda}, \quad q_i = 1-p_i$$

$$= \sum_{j=0}^{\infty} (1-\rho)(\rho q_i)^j \left(1+\frac{sp_i}{q_i}\right)^j$$

$$= \sum_{j=0}^{\infty} (1-\rho)(\rho q_i + \rho s p_i)^j$$

$$= (1-\rho)\frac{1}{1-(\rho q_i + \rho s p_i)}$$

其中

$$(1-\rho) = 1-(1-p_i+p_i)\rho = 1-q_i\rho - p_i\rho$$

故

$$E\left[s^{N_i}\right] = \frac{1-q_i\rho-p_i\rho}{1-(q_i\rho+p_i\rho s)}$$

$$= \frac{1-\dfrac{p_i\rho}{1-q_i\rho}}{1-\dfrac{p_i\rho s}{1-q_i\rho}}$$

$$= \frac{1-\eta_i}{1-\eta_i s}$$

其中

$$\eta_i = \frac{p_i\rho}{1-q_i\rho} = \frac{\dfrac{\lambda_i}{\lambda}\cdot\dfrac{\lambda}{\mu}}{1-\left(1-\dfrac{\lambda_i}{\lambda}\right)\dfrac{\lambda}{\mu}} = \frac{\lambda_i}{\mu-\lambda+\lambda_i}$$

由此得证, N_i 服从几何分布, 即

$$P = [N_i = j] \equiv p_i(j) = (1-\eta_i)\eta_i^j$$

可以看出代表任意时刻修理系统中 i 种项目单元数量的随机变量是服从几何分布的。令 s_i 表示 i 种项目的库存水平, 那么当有 j 个单元在修理系统中时, 现有的可用库存为 $[s_i - j]^+$。

下面说明怎样找到库存水平 s_i 以使得 n 种产品的期望持有和延期交货成本最小化, 即找到 $s_i \geqslant 0$ 且为整数的值, 使得

$$\min \sum_{i=1}^{n}\left[h_i\sum_{j=0}^{s_i}(s_i-j)p_i(j)+b\sum_{j=s_i}^{\infty}(j-s_i)p_i(j)\right]$$

还可改写为

$$\sum_{i=1}^{n}\left\{\min_{s_i=0,1,\cdots}\left[h_i\sum_{j=0}^{s_i}(s_i-j)p_i(j)+b\sum_{j=s_i+1}^{\infty}(j-s_i)p_i(j)\right]\right\}$$

由于项目之间不存在约束, 故单一产品最优化问题具有典型报童问题的形式。由此可得, 最优 s_i 是满足下式的最小非负整数:

$$\sum_{j=s_i+1}^{\infty}p_i(j)\leqslant\frac{h_i}{h_i+b}$$

但是在这种情况下

$$\sum_{j=s_i+1}^{\infty}p_i(j)=\sum_{j=s_i+1}^{\infty}(1-\eta_i)\eta_i^j$$

$$=(1-\eta_i)\eta_i^{s_i+1}\sum_{j=s_i+1}^{\infty}\eta_i^{j-(s_i+1)}$$

$$=\frac{(1-\eta_i)}{(1-\eta_i)}\eta_i^{s_i+1}=\eta_i^{s_i+1}\leqslant\frac{h_i}{h_i+b}$$

显然 s_i 依赖于 μ, 但是 s_i 作为生产率 (修复率) μ 的函数, 它是如何变化的? 我们为项目 i 的库存水平建立的最优条件目的是找到最小

的非负整数 s_i, 使得

$$\eta_i^{s_i+1} \leqslant \frac{h_i}{h_i + b}$$

即[①]

$$(s_i + 1) \ln \eta_i \leqslant \ln h_i - \ln (h_i + b)$$

或

$$s_i \geqslant \frac{\ln h_i - \ln (h_i + b)}{\ln \eta_i} - 1$$

令

$$f(\mu) = \frac{\ln h_i - \ln (h_i + b)}{\ln \dfrac{\lambda_i}{\mu - \lambda + \lambda_i}} = \frac{\ln h_i - \ln (h_i + b)}{\ln \lambda_i - \ln (\mu - \lambda + \lambda_i)}$$

由于 $\ln \left[\dfrac{h_i}{h_i + b} \right] < 0$, 则

$$f'(\mu) = \frac{\ln h_i - \ln (h_i + b)}{[\ln \lambda_i - \ln (\mu - \lambda + \lambda_i)]^2} \cdot \frac{1}{\mu - \lambda + \lambda_i}$$

$$= \ln \left(\frac{h_i}{h_i + b} \right) \left\{ \frac{1}{[\ln \lambda_i - \ln (\mu - \lambda + \lambda_i)]^2} \cdot \frac{1}{\mu - \lambda + \lambda_i} \right\} < 0$$

由此, 正如所预期的, s_i 是 μ 的非增函数。

考虑以下的例子[②], 假设 $n = 5$ 且

$$\lambda = 950/周$$

$$\mu = 1000/周$$

$$\lambda_1 = 450/周$$

$$h_1 = 1 \text{ 美元}/周$$

$$b = 10 \text{ 美元}/周$$

可以得到

$$\eta_1 = 450/(1000 - 950 + 450) = 0.9$$

$$s_i = \left\lceil \frac{\ln 1 - \ln 11}{\ln 0.9} - 1 \right\rceil^+ = \lceil 21.7 \rceil^+ = 22 \text{ 个单元}$$

一般情况下①:

$$E\,[\text{现场库存}] = \sum_{j=0}^{s_i} (s_i - j)(1 - \eta_i)\eta_i^j$$

$$= s_i(1 - \eta_i)\sum_{j=0}^{s_i}\eta_i^j - \sum_{j=0}^{s_i} j(1 - \eta_i)\eta_i^j$$

$$= s_i(1 - \eta_i)\frac{1 - \eta_i^{s_i+1}}{(1 - \eta_i)} - \eta_i\sum_{j=0}^{s_i} j(1 - \eta_i)\eta_i^{j-1}$$

$$= s_i\left(1 - \eta_i^{s_i+1}\right) - \eta_i(1 - \eta_i)\sum_{j=1}^{s_i} j\eta_i^{j-1}$$

$$= s_i\left(1 - \eta_i^{s_i+1}\right) - \eta_i(1 - \eta_i)\frac{1 - \eta_i^{s_i} - s_i(1 - \eta_i)\eta_i^{s_i}}{(1 - \eta_i)^2}$$

$$= \frac{s_i\left(1 - \eta_i^{s_i+1}\right)(1 - \eta_i) - \eta_i\left[1 - \eta_i^{s_i}\right] + s_i\eta_i(1 - \eta_i)\eta_i^{s_i}}{(1 - \eta_i)}$$

$$= s_i - \eta_i\frac{1 - \eta_i^{s_i}}{(1 - \eta_i)}$$

在上例中②

$$E\,(\text{现场库存数}) = 22 - 0.9\left[\frac{1 - (0.9)^{22}}{1 - 0.9}\right] = 13.89\ \text{个单元}$$

在本例中,还可以得出

$$E\,(\text{延期交货数}) = \frac{\eta_i^{s_i+1}}{1 - \eta_i} = 0.8863\ \text{个单元}$$

$$E\,(\text{在修数}) = \frac{\lambda_i}{\mu - \lambda} = \frac{\eta_i}{1 - \eta_i} = 9\ \text{个单元}$$

8.2.5 复合泊松到达过程 $(GI/M/1)$

假设一种项目的修理订单按照强度为 λ 的泊松过程到达修理系统,但是每次的到达数量是一个随机变量,即需求过程是一个复合泊松过程。我们来分析一个具体例子,其中需求订单的数量服从几何分布。令

---

① 译者注: 原文下式倒数第二行分子中的最后一项中的 "η^{s_i}",更改为 "$\eta_i^{s_i}$"。
② 译者注: 原文下式中括号中的分母项为 "0.09",更改为 "0.9"。

随机变量 X 表示订单的大小, 即

$$P = \{X = k\} = \begin{cases} (1-\alpha)\alpha^{(k-1)}, & k \geqslant 1 \\ 0, & \text{其他情况} \end{cases}$$

$$E(X) = \frac{1}{1-\alpha} \left(\text{或 } \alpha = 1 - \frac{1}{E(X)} \right)$$

尽管我们不会对该分析进行详细推导, 但会对修理系统中单元数的概率分布进行必要描述, 令 N 表示修理系统中的单元数, 则

$$P\{N = n\} = \begin{cases} 1-\rho, & n = 0 \\ (1-\rho)(1-\alpha)\rho\gamma^{n-1}, & n > 0 \end{cases}$$

其中

$$\gamma = \alpha + (1-\alpha)\rho, \quad \rho = \frac{\lambda \cdot E(X)}{\mu}$$

同前面一样, 假设持有和延期交货成本率分别是 h 和 b, 则模型为

$$\min f(s) = \lim_{s=0,1,\cdots} \left(h \sum_{j=0}^{s} (s-j)\, p(j) + b \sum_{j=s+1}^{\infty} (j-s)\, p(j) \right)$$

由于 $f(s)$ 是 s 的凸函数, 可以用一阶差分法确定 s^*。根据凸函数的性质, 我们的目标是找到最小的 s, 使得

$$f(s) - f(s+1) \leqslant 0$$

或

$$h \left(\sum_{j=0}^{s} (s-j)\, p(j) - \sum_{j=0}^{s} (s+1-j)\, p(j) \right)$$

$$+ b \left(\sum_{j=s+1}^{\infty} (j-s)\, p(j) - \sum_{j=s+1}^{\infty} (j-(s+1))\, p(j) \right)$$

$$= -h \sum_{j=0}^{s} p(j) + b \sum_{j=s+1}^{\infty} p(j)$$

$$= -h \left(1 - \sum_{j=s+1}^{\infty} p(j) \right) + b \sum_{j=s+1}^{\infty} p(j)$$

$$= (b+h) \sum_{j=s+1}^{\infty} p(j) - h \leqslant 0$$

或者

$$\sum_{j=s+1}^{\infty} p(j) \leqslant \frac{h}{b+h}$$

由于

$$p(j) = \rho(1-\rho)(1-\alpha)\gamma^{j-1}, \ j > 0$$

$$(1-\alpha)\rho(1-\rho)\sum_{j=s+1}^{\infty}\gamma^{j-1} = (1-\alpha)\rho(1-\rho)\gamma^s\sum_{j=0}^{\infty}\gamma^j$$

$$= \frac{(1-\alpha)\rho(1-\rho)\gamma^s}{1-(\alpha+(1-\alpha)\rho)}$$

$$= \frac{(1-\alpha)\rho(1-\rho)\gamma^s}{(1-\alpha)-(1-\alpha)\rho}$$

$$= \frac{(1-\alpha)\rho(1-\rho)\gamma^s}{(1-\alpha)(1-\rho)}$$

$$= \rho\gamma^s$$

此时, 目标是找到最小的 s, 使得

$$\gamma^s \leqslant \frac{h}{\rho(b+h)}$$

或

$$s^* = \left\lceil \frac{\ln h - \ln \rho - \ln(b+h)}{\ln \gamma} \right\rceil^+$$

还可以得到

$$E(\text{现场库存数}) = s + \frac{\rho\gamma^s}{1-\gamma} - \frac{\rho}{1-\gamma}$$

和

$$E(\text{延期交货数}) = \frac{\rho\gamma^s}{1-\gamma}$$

假设

$$h = 1 \text{ 美元/周}$$

$$b = 10 \text{ 美元/周}$$

$$\lambda = 450/\text{周}$$

$$E[X] = 2 \text{ 个单元}$$

$$\mu = 1000/\text{周}$$

可以得到

$$\rho = \frac{\lambda E\left[X\right]}{\mu} = 0.9$$
$$\alpha = 1 - \frac{1}{2} = \frac{1}{2}$$
$$\gamma = \frac{1}{2} + \frac{1}{2}\left(0.9\right) = 0.95$$

由此可得

$$s^* = \left\lceil \frac{\ln 1 - \ln\left(0.9\right) - \ln\left(11\right)}{\ln\left(0.95\right)} \right\rceil^+ = \lceil 44.7 \rceil^+ = 45 \text{ 个单元}$$

$E(现场库存) = 28.79$ 个单元, $E(延迟交货数) = 1.79$ 个单元, 并且有

$$f\left(s^*\right) = 1 \cdot \left(28.79\right) + 10\left(1.79\right) = 46.69 \text{ 美元/周}$$

现在与另一个系统进行对比分析。其中 $\lambda = 900$ 和 $E[X] = 1$, 并且有 $M/M/1$ 的环境。这时, 库存水平如何呢? 令 $\alpha = 0$, $\gamma = \rho$, 则 s^* 是满足下式的最大整数:

$$\rho^{s+1} \leqslant \frac{h}{h+b}$$

(在前面的模型中 $\rho = \eta$) 或者

$$s^* = \left\lceil \frac{\ln h - \ln\left(n+b\right) - \ln\rho}{\ln\rho} \right\rceil^+$$

当 $\rho = 0.9$, $h = 1$, 且 $b = 10$ 时

$$s^* = \left\lceil \frac{\ln 1 - \ln 11 - \ln\left(0.9\right)}{\ln\left(0.9\right)} \right\rceil^+ = \lceil 21.7 \rceil^+ = 22 \text{ 个}$$

因此, 随着需求过程变异系数的增加, 最优库存水平随之上升, 在本例中库存水平增加了一倍, 并且

$$f\left(s^*\right) = 22.75 \text{ 美元/周}$$

如果订单大小的分布改变, 则库存水平也需要随之改变。需求变化越大, 库存要求则也将变化得越大。因此, 理想的情况是保持需求过程的相对变化尽可能小以使得库存水平尽可能低。

8.2.6 预算约束系统

假设不收取持有成本, 而是对持有的库存量施加条件限制。例如, 对库房的占地面积 (用 C 表示) 进行限制。用 a_i 表示存储 i 项目一个单元所需的面积数, i 项目的需求过程还是强度为 λ_i 的泊松过程, 此时我们的目标为在服从占地面积约束的条件下使期望满足率最大。

此问题可描述为

$$\max \sum_{i=1}^{n} \frac{\lambda_i}{\lambda} \sum_{j=0}^{s_i-1} (1-\eta_i)\,\eta_i^{j} \tag{8.5}$$

约束条件为

$$\sum_{i=1}^{n} a_i s_i \leqslant C, \quad s_i = 0, 1, \cdots$$

这个背包问题可以用多种方法求解, 这里要仔细分析的是对所有的 $i, a_i = 1$ 的情况。我们采用贪婪边际分析法得到此问题的最优解。令

$$f_i\left(s_i\right) = \frac{\lambda_i}{\lambda} \sum_{j=0}^{s_i-1} (1-\eta_i)\,\eta_i^{j}$$

项目 i 的库存水平从 s_i 提高到 s_i+1 对满足率的影响为

$$f_i\left(s_i+1\right) - f_i\left(s_i\right) = \frac{\lambda_i}{\lambda}\left(1-\eta_i\right)\eta_i^{s_i} \tag{8.6}$$

其中

$$\frac{\lambda_i}{\lambda}\left(1-\eta_i\right) = \frac{\frac{\lambda_i}{\lambda}\left(\mu-\lambda\right)}{\mu-\lambda+\lambda_i} = \eta_i \frac{\mu-\lambda}{\lambda}$$

于是可以得到

$$f_i\left(s_i+1\right) - f_i\left(s_i\right) = \frac{\mu-\lambda}{\lambda}\eta_i^{s_i+1}$$

因此, 求解 $a_i = 1$ 的问题, 可采用如下算法。对所有 i, 令 $I = 0, s_i = 0$。

当 $I < C$

寻找 i^* 使得 $\eta_{i^*}^{s_{i^*}+1} = \max_i \eta_i^{s_i+1}$

$s_{i^*} \leftarrow s_{i^*} + 1$

$I \leftarrow I + 1$

继续

如果不是要求期望满足率最大, 而是使期望延期交货数最小, 则对所有 i, $a_i = 1$ 的情况, 这时问题的描述就变为

$$\min \sum_{i=1}^{n} \sum_{j=s_i}^{\infty} (j - s_i)(1 - \eta_i)\eta_i^j$$

约束条件为

$$\sum_{i=1}^{n} s_i \leqslant C, \quad s_i = 0, 1, \cdots \tag{8.7}$$

现在令 $g_i(s_i) = \sum_{j=s_i}^{\infty} (j - s_i)(1 - \eta_i)\eta_i^j$, 将库存水平从 s_i 提高到 $s_i + 1$, 相应的期望延期交货数减少量为

$$g_i(s_i + 1) - g_i(s_i) = -\eta_i^{s_i+1}$$

因此, 增加能使期望延期交货数减小量最大的那种项目的库存, 也就是增加具有最大 $\eta_i^{s_i+1}$ 的产品的库存。显而易见, 问题 (8.5) 和问题 (8.7) 的最优解是相同的。这是由于用来求解问题的贪婪算法通常会在过程的每一步选择相同的项目来提高其库存水平。

8.2.7 模型扩展

之前都假设系统的订单到达过程是泊松过程, 而且处理时间服从指数分布。现在假设单个项目到达单个能力有限的修理厂的过程为一般过程 (两次到达之间期望时间有限), 并且间隔时间相互独立, 服务时间服从一般分布。即修理系统类似于 $GI/G/1$ 排队系统。令

$$c_a = 到达间隔时间分布的变异系数$$

$$c_s = 服务时间分布的变异系$$

在计算系统中的期望单元数时存在着几种近似方法 (见巴扎克特和山提库玛的文献 [34])。当 $c_\alpha^2 \leqslant 2$ 且 ρ 较高时 (> 0.9), 下面的近似方法相当精确。

$$E[N] \cong \left\{ \frac{\rho^2(1 + c_s^2)}{1 + \rho^2 c_s^2} \right\} \frac{c_\alpha^2 + \rho^2 c_s^2}{2(1 - \rho)} + \rho \tag{8.8}$$

接下来, 对生产 (修理) 系统中单元数的稳态概率分布进行近似, 即 $P\{N = j\}$。首先, 生产系统空闲的概率为 $1 - \rho$, 因此 $P\{N = 0\} = p(0) =$

$1-\rho$。接着, 假设剩下的概率具有几何形式, 即 $P\{N=j\}=p(j)=a\eta^j$, $j=1,2,\cdots$。在本章前面部分假设主体指数分布能精确表示缺口分布, 同这里的假设类似。由于 $\sum_{j=0}^{\infty}p(j)=1$, 则

$$1-\rho+a\eta\sum_{j=1}^{\infty}\eta^{j-1}=1$$

或

$$1-\rho+a\frac{\eta}{1-\eta}=1$$

且

$$a=\rho\cdot\frac{(1-\eta)}{\eta}$$

因此

$$E[N]=\sum_{j=1}^{\infty}j\rho\frac{1-\eta}{\eta}\eta^j=\frac{\rho}{\eta}\sum_{j=1}^{\infty}j(1-\eta)\eta^j=\frac{\rho}{\eta}\frac{\eta}{1-\eta}=\frac{\rho}{1-\eta}$$

现在用式 (8.8) 来近似 $E[N]$ (表示为 $\hat{N}$), 则

$$1-\eta=\frac{\rho}{\hat{N}}\text{ 或 }\eta=\frac{1-\rho}{\hat{N}}$$

该近似结果已被证明是精确的, 在实际中十分有用。

下面就可以在多种项目的情况下对某种项目待修数量的分布进行近似。假设 $P\{N_i=k|N=j\}$ 是二项分布, 可以再次构建 i 种项目待修数量的分布, 还可以使用前面描述过的同类模型来确定最优库存水平。

将前面的想法扩展到在修理系统的瓶颈位置存在多个修理线的情况。再次使用排队思想就可以构建 $p_i(j)$ 的数学表达式。但是该表达式将不会像已经详细分析过的单一工作中心的情况那么简单。

8.3 第 8 章习题

8.3.1 证明 8.3.2 节给出的 $P[N=n]$ 表达式的正确性。

8.3.2 8.3 节假设修理时间是指数分布的。现在假设修理时间是爱尔朗分布 (Erlang distribution)。这时系统等价于一个 $M/E_k/1$ 排队系统, 其中 k 是爱尔朗分布的参数。请确定这种情况下系统中备件数的概

率分布和修理系统中 i 种项目数的稳态分布。当参数 k 增加时,库存应怎样改变才能使 8.3 节给出的模型的期望成本最小?

8.3.3 假设无限时域上的需求在各周期相互独立且同分布。并且有一个生产系统以 8.1 节描述的方式运作。假设一个周期的生产能力是 3 个单位,各周期需求的概率分布如下: $k = 1, 2, 3, 4$ 时, $P\{需求 = k\} = 1/4$; 对 k 的其他值,该概率为零。请计算这种情况下的缺口概率分布。

8.3.4 假设每个周期的需求要么是指数分布要么是主体指数分布,且各周期的需求相互独立。在这种情况下,请证明缺口变量 V 服从主体指数分布,即证明式 (8.3) 正是这种情况的精确近似。

8.3.5 考察下列条件下的各种情况。在无限时域的各周期,单一库存地点的单一产品的需求服从负二项式分布,各周期的需求相互独立。在各种情况下,每个周期的期望需求保持不变,但是每个周期需求的方差和分布在各种情况下发生改变。各周期的能力值相互独立且同分布。现在的目标是设置每种情况下所需的目标库存水平,以获得 98% 的满足率。

需求产生的运行环境如下。每个周期起点时刻,在一个库存地点产生需求,到周期结束时刻必须满足需求。接着,生产流程开始,某一个周期内的生产量可以满足本周期的出货需求。如果可能,可将一个周期的生产量设置为所需的目标库存水平。但是,如果没有足够的能力来达到目标水平,则生产数量等于生产能力。

在所有情况中,每个周期的期望需求是 50 个单元,但是需求的方差均值比是 1.01、3 或 10。此外,每个周期生产能力的变化如下,你需要考察三种不同的周期能力平均水平的情况,对每一个能力水平,每周期能力存在三种可能的概率分布。这三个期望能力水平是 58 个单元 (正常能力情况)、55 个单元 (低能力情况) 和 63 个单元 (高能力情况)。下表中的数据是各平均能力值的能力概率分布。

请根据方差均值比、平均的每周期能力水平以及对应于每个平均能力水平的能力方差的每一种组合,计算获得 98% 的满足率的目标库存水平。这里需共考察 27 种情况。注意随着需求方差和能力的增加,精确计算目标库存水平会怎样困难。在这些不同情况下,各周期的生产会发生怎样的变化? 你的观察对订至点策略的实际应用有什么启示?

正常能力 (每周期 58 个单元)		低能力 (每周期 55 个单元)		高能力 (每周期 63 个单元)	
能力	概率	能力	概率	能力	概率
正常均值零方差					
58	1	55	1	63	1
正常均值中方差					
50	0.2	47	0.2	55	0.2
54	0.2	51	0.2	59	0.2
58	0.2	55	0.2	63	0.2
62	0.2	59	0.2	67	0.2
66	0.2	63	0.2	71	0.2
正常均值高方差					
46	0.2	43	0.2	51	0.2
50	0.2	47	0.2	55	0.2
58	0.2	55	0.2	63	0.2
66	0.2	63	0.2	71	0.2
70	0.2	67	0.2	75	0.2

8.3.6 8.1.3 节讨论了怎样对缺口随机变量构建主体指数分布近似。假设各周期的需求是相互独立的正态分布, 请证明 (各术语的定义参考 8.1.3 节):

$$\bar{p}_0 = \frac{\bar{F}_D(c)}{1 - \bar{F}_D(c)}, \quad \gamma = \frac{2(c - E(D))}{\sigma^2}$$

第 9 章

帕尔姆定理在非稳态需求
过程中的扩展

在之前的章节中, 我们针对两个关键假设建立了相应的数学模型。第一个假设为需求过程是稳态泊松过程或复合泊松过程; 第二个假设为所有再供应单元的再供应时间是独立同分布的。但实际上, 许多情况下的需求到达和再供应过程都依赖于时间。因而, 在某些动态环境中, 这种稳态假设是有局限性的。在军事应用中, 尤其是作战部队的飞行活动与再供应活动在相对较短的时期内具有高度动态性的情况下, 这一点尤为突出。许多商业环境也是具有时间依赖性的, 由于再供应时间太短以至于上面两个假设能够大幅影响绩效指标预测的准确性。例如, 我们曾研究过的一个汽车公司, 其备件配送中心的需求过程在一周中的每一天都会有明显的差异。

本章的目标是对第 3 章的结论进行扩展研究。首先在非稳态泊松需求过程或者复合泊松需求过程, 以及再供应时间分布具有时间依赖性的情况下来扩展帕尔姆定理。具体请参考克劳福德 (Crawford)[64], 希勒斯塔 (Hillsetad) 和卡里略 (Carrillo)[129,42] 的相关文献。然后说明如何计算任意时刻两级物流系统中各库存地点再供应单元数量的概率分布。

9.1 单一库存地点的非稳态泊松需求情况

现在要将帕尔姆定理扩展到单一库存地点具有非稳态泊松需求过程, 各个单元的再供应时间互相独立, 但都具有时间依赖性的环境中。

假设 $N(t)$ 表示时间 t 内需求的到达数量, 且 $N(0) = 0$; 时刻 t 的单元需求率用 $\lambda(t) \geqslant 0$ 来表示, $\lambda(t)$ 是可积函数, 则 t 时间内的期望需求量可以表示为

$$m(t) = E(N(t)) = \int_0^t \lambda(s)\,\mathrm{d}s$$

假设对某单元需求发生在时刻 t。我们把 $G(t, t+w) \equiv G_t(w)$ 定义为该单元再供应时间少于或者等于 w 的概率, 即单元在 $t+w$ 时刻得到再供应。其中假设每个单元的再供应时间互相独立, 并且有一个有限且依赖时间的期望值。

运用下面的定理来证明帕尔姆定理的扩展定理。

定理 12　假设需求过程符合非稳态泊松过程, 并具有时间依赖性的到达率为 $\lambda(t)$。同样假设对于所有的 $t \geqslant 0$, 再供应时间独立并具有时间依赖性, 其分布函数为 $G_t(w)$。假设 $N(t) = n$。那么, 当这 n 个独立随机变量的每个顺序统计量都具有分布函数 $F(x) = \begin{cases} \dfrac{m(x)}{m(t)}, & 0 \leqslant x < t \\ 1, & x \geqslant t \end{cases}$ 时, 这些需求的到达时间具有相同分布。

该定理的证明类似于第 3 章中给出的证明, 当时的证明主要是针对所有随机变量都是稳态的情况。现在来陈述和证明下面的定理。

定理 13　假设某种项目的需求和再供应时间与上个定理假设相同, 那么 t 时刻在再供应过程中的单元数量 (用随机变量 $X(t)$ 表示) 服从泊松分布, 并且均值为

$$\alpha(t) = \int_0^t (1 - G_s(t-s))\lambda(s)\mathrm{d}s$$

该定理的证明实质上与第 3 章中随机变量为稳态情况的证明相同, 并且使得情况更具有完整性。

证明　假设 $N(t) = n$。首先要确定 $p\{X(t) = k \mid N(t) = n\}$。根据定理 12, 时间区间 $[0, t)$ 内发生的任意一个单元需求在时刻 t 仍处于再供应状态的概率为

$$p = \int_0^t (1 - G_s(t-s)) \frac{\lambda(s)}{m(t)}\mathrm{d}s$$

这是 n 个所需单元中每个单元在 t 时刻仍在再供应系统中的概率, 有

$$p\{X(t)=k|N(t)=n\}=\binom{n}{k}p^k(1-p)^{n-k}$$

$X(t)=k$ 的无条件概率是

$$
\begin{aligned}
P\{X(t)=k\} &= \sum_{n\geqslant k} P\{X(t)=k|N(t)=n\}P\{N(t)=n\} \\
&= \sum_{n\geqslant k}\binom{n}{k}p^k(1-p)^{n-k}\,\mathrm{e}^{-m(t)}\frac{m(t)^n}{n!} \\
&= \sum_{n\geqslant k}\frac{n!}{(n-k)!k!}(p\cdot m(t))^k\left[(1-p)\cdot m(t)\right]^{n-k}\frac{\mathrm{e}^{-m(t)}}{n!} \\
&= \frac{(p\cdot m(t))^k\,\mathrm{e}^{-m(t)}}{k!}\sum_{n\geqslant k}\frac{\left[(1-p)\cdot m(t)\right]^{n-k}}{(n-k)!} \\
&= \frac{(p\cdot m(t))^k\,\mathrm{e}^{-m(t)}}{k!}\sum_{j=0}^{\infty}\frac{\left[(1-p)\cdot m(t)\right]^{j}}{j!} \\
&= \frac{(p\cdot m(t))^k\,\mathrm{e}^{-m(t)}}{k!}\cdot\mathrm{e}^{(1-p)m(t)} \\
&= \frac{(p\cdot m(t))^k}{k!}\mathrm{e}^{-p\cdot m(t)}
\end{aligned}
$$

式中

$$p\cdot m(t)=\int_0^t(1-G_s(t-s))\lambda(s)\mathrm{d}s=\alpha(t)$$

最终可以得到

$$P\{X(t)=k\}=\mathrm{e}^{-\alpha(t)}\frac{(\alpha(t))^k}{k!}$$

9.2 单一库存地点非稳态复合泊松过程情况

上一节中的定理表明,t 时刻仍在再供应系统中需求或订单数量的概率分布是均值为 $\alpha(t)$ 的泊松分布。假设每个需求或者订单包括 $j\geqslant 1$ 个单元, 令 u_j 表示订单包含 j 个单元的概率。进一步假设该分布不随时间变化, 即订单包含单元数量的分布是稳态的。

如果随机变量 $Y(t)$ 表示时间 t 内单元需求数量, 从第 3 章中的讨

论来看, 很显然 $Y(t)$ 是复合泊松分布, 即

$$P[Y(t)=k] = \sum_{n=1}^{\infty} \mu_k^{(n)} \mathrm{e}^{-m(t)} \frac{(m(t))^n}{n!}$$

式中: $\mu_k^{(n)}$ 是 n 个订单需要 k 个单元的概率。由于需求是独立的, $\mu_k^{(n)}$ 是复合订购量分布 μ_k 自身的 n 重卷积。显然

$$E[Y(t)] = m(t) \cdot E[Q]$$

同时, 由于

$$
\begin{aligned}
\mathrm{Var} N(t) &= m(t) \\
\mathrm{Var}[Y(t)] &= E\left[\mathrm{Var}(Y(t)|N(t))\right] + \mathrm{Var}\left[E[Y(t)|N(t)]\right] \\
&= E\left[N(t) \cdot \left(E(Q^2) - E(Q)^2\right)\right] + \mathrm{Var}[N(t) \cdot E(Q)] \\
&= m(t)\left[E(Q^2) - E(Q)^2\right] + E(Q)^2 \cdot m(t) \\
&= m(t) E[Q^2]
\end{aligned}
$$

式中: Q 表征订购量分布的随机变量。

下面将时间依赖的帕尔姆定理扩展到需求过程为复合泊松过程的情况。

定理 14　假设 $Y(t)$ 表示需求过程, $G_t(w)$ 表示 t 时刻到达的订单所有单元的再供应时间。那么, t 时刻再供应系统中单元数量的概率分布是以下复合泊松分布

$$p[X(t)=k] = \sum_{n \geqslant 1} \mu_k^{(n)} \mathrm{e}^{-\alpha(t)} \frac{(\alpha(t))^n}{n!}$$

证明　因为 t 时刻处于再供应中的订单数量服从泊松分布, 所以 t 时刻再供应单元数量的分布是复合泊松分布。

9.3　非稳态泊松需求过程下的两级模型

帕尔姆定理的扩展定理为推导后方仓库 – 基地两级系统中再供应单元数量概率分布的时间依赖模型提供了基础。该两级系统与第 5 章相同。图 9.1 说明了这一系统的物资流。单元需求 (订单) 发生在每个

基地。假设在各基地对每个类型备件的需求过程均是非稳态泊松过程，并且每个需求对应于一个需要修复的故障。修理可以在基地或后方仓库进行，具体的修理位置仅取决于故障的性质。因此，在后方仓库进行修复的概率等于 1 减去故障件在基地修复的概率。假设每个时刻的基地库存水平都是已知的。当某基地出现一个单元故障时，如果存在现场库存，就会从基地库存里取出单元来满足需求。否则，只有在基地库存得到补充时才能满足。

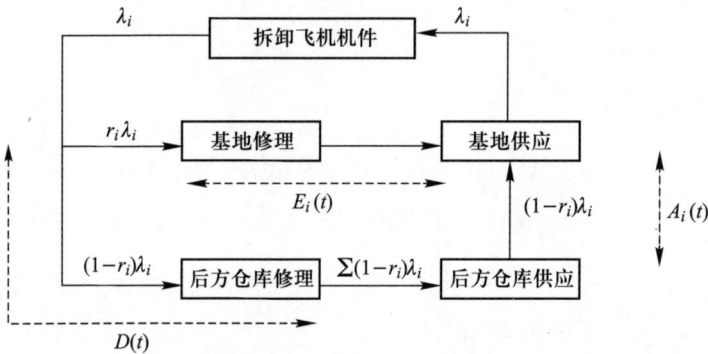

图 9.1　备件再供应循环系统

当故障件在基地修理时，基地修理中心负责向基地库存再供应。如果故障件被送到后方仓库，后方仓库就负责满足基地的再供应请求。如果故障出现时后方仓库有库存，那么可用单元就会被立即送往基地，同时故障件则被送往后方仓库修复。如果基地请求再供应时后方仓库没有库存，那么遵循先到先服务的原则来满足相应的再供应请求。同样，再供应流和流程时间的概况可参考图 9.1。

9.3.1　符号定义

为建立各基地再供应单元数量的概率分布，现引入所需的符号。尽管需要建立多种项目的分布，但为简化符号，在分析中仅关注一种项目即可。

$\lambda_i(t)$ 表示在 t 时刻基地 i 对项目的需求率。假设该函数是可积的。

$E_i(t)$ 表示在 t 时刻基地 i 的修理周转时间常数。且假设 $E_i(t) + t \geqslant E_i(s) + s, s < t$。

$A_i(t)$ 表示在 t 时刻基地 i 出现故障后备件从后方仓库订购与运输

的时间, 该时间已知并且已经确定。假设 $A_i(t) + t \geqslant A_i(s) + s$, $s < t$。

$D(t)$ 表示对 t 时刻基地出现故障件的后方仓库修理周转时间, 也是常数, 假设 $D(t) + t \geqslant D(s) + s$, $s < t$。

r_i 表示基地 i 出现的故障在基地修复的概率, 用 $(1 - r_i)$ 表示在后方仓库修复的概率。

$T_i(t)$ 表示 t 时刻基地 i 故障件的平均再供应时间。

$\lambda_0(t) = \sum\limits_{i=1}^{n} (1 - r_i) \lambda_i(t)$ 是 t 时刻后方仓库的需求率。

$s_i(t)$ 表示 t 时刻基地 i 的库存水平。

$s_0(t)$ 表示 t 时刻后方仓库的库存水平。

$\mathcal{B}_0(s_0(t))$ 表示 t 时刻后方仓库的期望延期交货量。

$\mathcal{B}_i(s_i(t))$ 表示 t 时刻基地 i 的期望延期交货量。

随机变量 $X_0(t)$ 表示 t 时刻后方仓库再供应单元数量。

随机变量 $X_i(t)$ 表示 t 时刻基地 i 再供应单元在后方仓库产生的延期交货量。

假设在 t 时刻, 后方仓库修理周转时间、基地修理周转时间和后方仓库到基地的订购与运输时间, 都是具有时间依赖性的常数。虽然假设修理周转时间已确定并且订购和运输时间都做了约束, 但这些时间具有时间依赖性有着重要的意义。例如, 如果这些时间可以相应变化, 就能表示没有修理能力, 不能把故障件送到后方仓库, 或不能从后方仓库接收可用备件等情况的时间段。同时, $A_i(t) + t \geqslant A_i(s) + s$, $E_i(t) + t \geqslant E_i(s) + s$, 以及 $D(t) + t \geqslant D(s) + s$, $s < t$, 表示再供应时间互不交叉, 即在时刻 $s(s < t)$ 进入后方仓库或进入基地再供应的单元, 其再供应周期的完成时间早于在时刻 t 进入相应再供应周期的单元。

9.3.2　后方仓库分析

当基地 i 对一个项目的需求为非稳态泊松过程, 并且故障件在该基地进行修理的概率是 r_i 时, 后方仓库的需求过程为强度为 $\lambda_0(t) = \sum\limits_{i=1}^{n} \lambda_i(t)(1 - r_i)$ 的非稳定泊松过程。本节需要计算与基地 i 的再供应请求相对应的某时刻 t, 在后方仓库处于再供应过程中的单元数量的概率分布。

t 表示任意时刻, 并令 $\tilde{t} = \inf\{u : D(u) + u > t\}$。在时间 $\tilde{t}$ 之前基地要求后方仓库再供应的所有请求在 t 时刻都会得到满足 (即从后方仓库起运)。另外, 根据假设, 如果 $\bar{u} > u > \tilde{t}$, 那么 $D(\bar{u}) + \bar{u} \geqslant D(u) + u$。用 $X_0(t)$ 表示 t 时刻后方仓库再供应系统中单元数量等于 k 的概率分布, 即

$$P\{X_0(t) = k\} = \mathrm{e}^{-m_0(\tilde{t},t)k} \frac{m_0(\tilde{t},t)^k}{k!}$$

其中

$$m_0(\tilde{t},t) = \int_{\tilde{t}}^{t} \sum_i \lambda_i(u)(1-r_i)\,\mathrm{d}u$$

当 $k > s_0(t)$ 时, 则后方仓库在 t 时刻存在延期交货。t 时刻该后方仓库期望的延期交货量是

$$\mathcal{B}_0(s_0(t)) = \sum_{x > s_0(t)} (x - s_0(t)) P[X_0(t) = x]$$

如上所述, 我们的目的是确定与基地 i 的再供应请求相对应的这些延期交货量的概率分布。

回顾一下, 随机变量 $X_i(t)$ 表示由于基地 i 的再供应请求所导致的后方仓库延期交货量。假定 $X_i(t) = k, k > 0$, 当发生这种情况时, 会存在一个 $u \in (\tilde{t}, t)$, 则后方仓库在区间 $(\tilde{t}, u)$ 的需求等于 $s_0(t) - 1$, 在时刻 u 对后方仓库产生一个单元需求, 在区间 $(u, t]$ 上基地 i 对后方仓库有 k 个单元再供应请求。假设遵循先到先服务的策略, 那么在区间 $(\tilde{t}, u]$ 上后方仓库再供应的 $s_0(t)$ 个需求都将在时刻 t 之前从后方仓库起运。而且在时间 $u \in (\tilde{t}, t]$ 后所有对后方仓库的再供应请求在时刻 t 都无法满足。因而, 对于 $k > 0$

$$P\{X_i(t) = k\} = \int_{\tilde{t}}^{t} \mathrm{e}^{-m_0(\tilde{t},u)} \frac{m_0(\tilde{t},u)^{s_0(t-1)}}{(s_0(t)-1)!} \cdot \lambda_0(u) \cdot \mathrm{e}^{-m_i(u,t)} \frac{m_i(u,t)^k}{k!} \mathrm{d}u \tag{9.1}$$

其中

$$m_i(u,t) = \int_u^t (1-r_i)\lambda_i(v)\,\mathrm{d}v$$

有两种方法可以使 k 等于 0。第一, 令 $X_0(t) \leqslant s_0(t)$; 第二, 区间 $(\tilde{t}, u]$ 内的后方仓库需求为 $s_0(t) - 1$; 在时刻 $u, u \in (\tilde{t}, t)$, 基地 i 有一个需要后方仓库再供应的需求; 并且在区间 $(u, t]$ 内该基地没有需求。这时

$$P\{X_i(t) = 0\} = P\{X_0(t) \leqslant s_0(t)\}$$
$$+ \int_{\tilde{t}}^{t} \mathrm{e}^{-m_0(\tilde{t},u)} \frac{m_0(\tilde{t},u)^{s_0(t)-1}}{(s_0(t)-1)!} \lambda_0(u) \cdot \mathrm{e}^{-m_i(u,t)} \mathrm{d}u \tag{9.2}$$

9.3.3 基地分析

假定随机变量 $\bar{X}_i(t)$ 表示 t 时刻基地 i 的再供应系统中单元数量。令 $\bar{t} = \inf\{u : A_i(u) + u > t\}$，$\bar{\bar{t}} = \inf\{u : E_i(u) + u > t\}$。接着假定，随机变量 $X_i^b(t)$ 表示区间 $\left(\bar{\bar{t}}, t\right]$ 内基地 i 出现的故障需要在该基地进行修复的单元数量；同样，随机变量 $X_i^d(t)$ 表示区间 $(\bar{t}, t]$ 内基地 i 出现的故障需要在后方仓库进行修复的单元数量。那么

$$\bar{X}_i(t) = X_i^b(t) + X_i^d(t) + X_i(\bar{t})$$

由于这些随机变量是独立的，$\bar{X}_i(t)$ 可以表示为这三个随机变量的卷积。独立的随机变量 $X_i^b(t)$ 和 $X_i^d(t)$ 均具有非稳态泊松分布，其中

$$E\left[X_i^b(t)\right] = \int_{\bar{\bar{t}}}^t r_i \lambda_i(u)\,\mathrm{d}u$$

并且

$$E\left[X_i^d(t)\right] = \int_{\bar{t}}^t (1 - r_i)\,\lambda_i(u)\,\mathrm{d}u$$

$X_i^b(t) + X_i^d(t)$ 的分布是非稳态泊松分布。令

$$\tilde{m}_i(t) = \int_{\bar{t}}^t (1 - r_i)\,\lambda_i(v)\,\mathrm{d}v + \int_{\bar{\bar{t}}}^t r_i \lambda_i(v)\,\mathrm{d}v$$

则有

$$P\left[X_i^b(t) + X_i^d(t) = k\right] = \mathrm{e}^{-\tilde{m}_i(t)} \frac{\tilde{m}_i(t)^k}{k!}$$

和

$$
\begin{aligned}
P\left[\bar{X}_i(t) = k\right] &= \sum_{j=0}^k P\left[X_i^b(t) + X_i^d(t) = j\right] \cdot P\left[X_i(\bar{t}) = k - j\right] \\
&= \sum_{j=0}^k \mathrm{e}^{-\tilde{m}_i(t)} \frac{\tilde{m}_i(t)^j}{j!} \cdot P\left[X_i(\bar{t}) = k - j\right]
\end{aligned}
$$

其中 $P\left[X_i(\bar{t}) = k - j\right]$ 可利用式 (9.1) 和式 (9.2) 来计算。由于已经介绍了如何计算 $P\left[\bar{X}_i(t) = x\right]$，故可以计算出时间依赖的性能指标。例如，$t$ 时刻基地 i 的期望延期交货量是

$$\mathcal{B}_i(s_i(t)) = \sum_{x > s_i(t)} (x - s_i(t))\,P\left[\bar{X}_i(t) = x\right]$$

当需求过程是非稳定性泊松过程时，t 时刻的满足率为 $P[\bar{X}_i(t) < s_i(t)]$。

9.4 第 9 章习题

9.4.1 证明定理 12。

9.4.2 令随机变量 Y 表示固定时间长度内所需的单元数量, 随机变量 N 表示同样时间内的订单数量。请证明 $\mathrm{Var}\,[Y] = E\,[\mathrm{Var}\,[Y|N]] + \mathrm{Var}\,[E\,[Y|N]]$。

9.4.3 9.1 节假设 $N(0) = 0$。假定在区间 $(-\infty, 0]$ 内, 需求过程是强度为 λ 的简单稳态泊松过程。请针对这种变化来修改定理 13, 并重新建立 $X(t)$ 的分布, $t > 0$。证明你的结论。

9.4.4 9.3 节中的分析是基于连续时间的假设。本题假设时间被分成多个周期, 并且用 λ_{it} 表示周期 t 基地 i 的期望需求。各周期的需求互相独立, 且服从均值为 λ_{it} 的泊松分布。对于这种离散时间的情况, 请计算随机变量 X_{0t} 和 X_{it} 的概率分布, 其中, X_{0t} 表示在 t 周期末后方仓库再供应系统中的单元数量, X_{it} 表示在 t 周期末基地 i 的再供应单元数量。

第 10 章

实时执行系统

实时决策关注于回答这样的问题: "现在应该做什么呢?" 在不同应用环境中, 这里的 "什么" 所指的内容也不尽相同。所有的备件再供应系统都要面对这类问题。本章先对不同背景下的此类问题进行简要分析, 之后对其中的一种应用进行了深入研究。

第一个例子来自于某些高科技部门, 存在这样一种情况: 复印机、打印机等都存放在用户地点, 这些机器的日常安装、拆卸与修理都由区域服务技师 (FSE) 完成。在这样的系统中, 每天都要面对和处理下面一系列的问题:

(1) 从用户处拆卸回来的机器该如何处理? 是应该大修, 分解后留下关键零部件, 还是应直接废弃?

(2) 由于安装的机器数量会随着时间变化, 在再供应网络中备件的库存应如何再分配? 把这些备件从一个地方转运到其他地方合算吗? 要不要废弃这些备件?

(3) 当多种备件等待修理时, 哪些备件应立即进入修理过程?

(4) 当多种机器都应该大修时, 哪些机器应在当天进入修理过程?

(5) 通过订购和修理过程获得的机器和备件, 应该把它们存放在什么地方?

(6) 给定现场、已订购、正在修理和运输途中的库存水平, 今天应该订购哪些备件? 应该订购新机器还是拆卸故障机器以留作备件呢?

第二个例子来自第 6 章所描述的情景, 即签订的服务合同是针对每个用户、特定的机器组 (或备件) 和每一个用户地点。第 6 章详细阐述的战术规划模型是基于长期系统期望行为而生成目标库存水平的集合。

本合同属于短期行为, 但确保履行合同职责对长期的用户满意度是非常重要的。

据此, 假设一台机器需要修理, 且需要某种已知备件来完成修理工作。进一步假定 FSE 能够获得所需备件。那么 FSE 应该用此备件来完成修理工作吗? 这个问题的答案似乎显而易见, 但如果经过一番思考就会发现, 实际应该采取的行动并没有那么简单。

例如, 有两个用户合同需要某同一种备件。第一个合同保证在一年的合同期中, 80%的机器修理请求必须在 48 h 内满足。第二个合同保证在一年的合同期中, 98% 的机器修理请求必须在 8h 内满足。假设在合同的前 9 个月内, 第一个合同 92% 的服务请求在 48 h 内已经得到满足, 但是第二个合同只有 93% 的服务请求在 8 h 内得到满足。

现在发生了第一种合同的的服务请求, 但是完成服务所需的备件的库存只有一个。另外, 在获得另一个此类备件之前, 很可能第二种合同的机器也需要用到这个备件。这时应该采取什么行动呢? 这种情况下大多数静态决策准则难以发挥作用, 需要一个复杂的模型来帮助决策者来管理合同。显然在这些环境下, 需要有能与各种决策支持机制实施相联系的重要信息系统和商业运行意图。关于用于获取和使用数据的基础建设所需的投入, 以及从应用复杂模型环境中所能获取到的价值 (就用户的满意与保留而言), 这二者之间的关系始终是一个问题。这是所有的环境下都必须要问的问题。

第三个例子来自于汽车备件环境。每天都要对以下的问题进行决策: ① 在多级再供应网络中, 各库存地点应该存储哪些备件? ② 在各库存地点每天应订购哪些备件? ③ 给定系统的当前状态, 运用哪种运输模式将备件从一个库存地点运到另一处? ④ 应该由哪个库存地点给其他需要的地点提供备件? ⑤ 当从一个再供应位置供应的备件到达后, 应该放在哪个库房? 显然, 在这样的环境中还有很多其他类型的决策。由于这种系统通常包括成千上万种备件, 并且汽车公司有数千个经销商/零售商和数十个库存地点, 显然这种情况需要有效的实时决策支持模型。

大量事实表明, 通过构建和实施实时运行模型和具有多种背景的信息基础建设, 能够大幅提高改善服务和成本。艾贝尔 (Abell)[1] 和一些学者[214,215,126,198,128,129] 都针对航空背景下管理修理与备件的实时方法模型如何能大幅提高绩效进行了大量研究。本章后面内容, 将对航空部门中管理贵重备件的一系列实时模型进行详细阐述, 并论证应用这些模型的有效性。

10.1 可修项目实时能力与库存分配介绍

我们考察的实时运行规划过程着眼于航空备件修理和配送系统。规划人员每天都要对修理能力和可用库存的最佳分配方式进行决策。这些决策适用于高度动态的环境，并且取决于系统当前状态的信息以及发生在受决策影响的时段内的需求信息。由于这些信息的层级和可靠度是受限的，故该系统的运行规划期也是有限的。运行规划活动的一般目标是在受当前决策影响的时段内以最小的期望成本满足运行要求。

本章后面几节会以几种不同的方式对运行规划问题建模。所有模型都是用来衡量运行当前决策产生的经济成本，但是模型的复杂性却不尽相同。我们将逐一分析三个不同的系统，并论证在通常遇到的运行环境中，应用一体化决策模型相对于分散分配规则的益处。

10.1.1 系统描述

系统包括一个后方仓库修理机构、一个后方仓库库房和一组基地。图 10.1 展示了该系统中物资的循环流程。当飞机上的一个零部件发生故障，该故障件就会被拆除，同时一个同类型的替代品从基地库存中发出，故障件则被运往后方仓库修理机构，在那里进入排队等待修理。零部件修好后，送到后方仓库库房，然后就可用于调配到任何一个基地。如果基地现场没有所需备件，则发生延期交货事件。延期交货的备件随后将从后方仓库库房供应给基地。备件运输有常规或加快两种运送方式。

在任意时刻，在系统中的各个位置会存在各种备件的库存。具体地说，一个备件可能：

(1) 在从基地到后方仓库修理机构的运输途中；

(2) 在后方仓库修理机构等待修理；

(3) 在后方仓库修理机构修理中；

(4) 在从后方仓库修理机构到后方仓库库房的运输途中；

(5) 后方仓库库房的现场库存中；

(6) 在从后方仓库库房到基地的运输途中；

(7) 基地的现场库存中。

其中，1~4 部分构成了修理子系统，5~7 部分构成了配送子系统。给定在上述各位置中每种备件的数量，以及运输途中备件到达目的地的时间信息，然后在每个周期必须针对哪些备件要修理、哪些备件要从

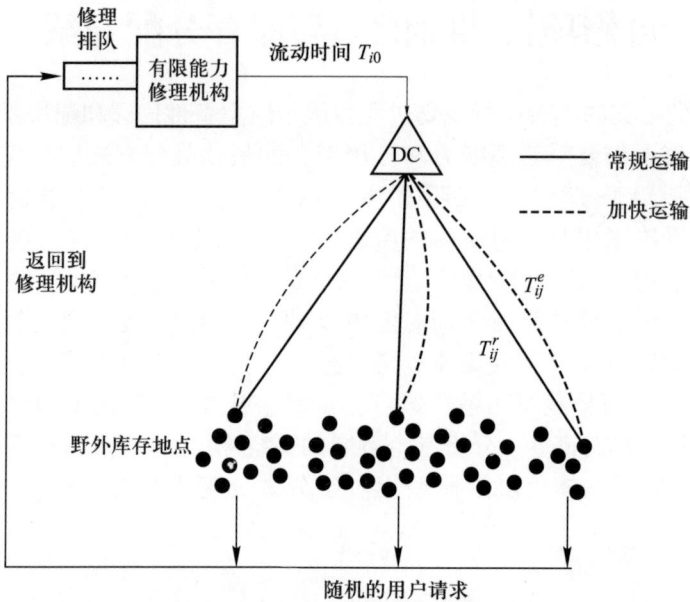

图 10.1 研究的系统

后方仓库库房通过哪种运输方式运送到基地进行决策。

先构建一个用于修理和分配决策的动态规划模型。在每个周期, 就每种项目有多少单元需进入后方仓库修理循环, 每种项目有多少单元要从后方仓库库房运到各基地做出决策。各周期进入修理过程的单元数受待修单元数和修理最大容量 (称为最大单元数) 的限制。各基地的需求过程用一个随机变量来描述, 其分布可以随着周期的不同而变化。我们将就间隔时间做一些简化假设, 这会使问题的描述相对简单易懂。然而, 由于状态空间的规模大, 得到的动态规划模型将很难求解实际问题。

由于多周期动态规划问题的建模在计算上很麻烦, 我们将致力于开发替代性的近似模型, 这样计算起来更容易。现在将专门论述在日益复杂的运行环境中可做出分配决策的几个离散时间的周期性检查模型。第一个模型尽管其假设比较基本, 但却提供了处理第二和第三个模型的框架和思想; 在第二和第三个模型中, 分别增加了运输方式选择和修理决策控制。我们在开发求解实际问题的算法时最终聚焦于第三个模型。

各近似模型本质上都是一个多周期报童问题, 其中, 在某个周期所做决策的影响会在有效期内的随后周期中体现出来。因此, 当要求解问题时, 模型会在当前周期起点为规划期内的所有周期同时做出决策。这也隐含表明: 即使获得了需求过程的更多信息也不能再更改执行计划, 所有这些决策都将执行。但在实际中, 这些模型需要在滚动周期的基础上实施, 以便各周期能基于系统的最新信息做出新的分配决策。

在描述模型时, 必须说明模型的规划期和有效期之间的差别。模型的规划期包含可以做分配决策的时间周期。模型的有效期包含分配决策的效果能够被测量感知的时间周期。下面会详细地描述动态规划模型和各近似模型。

为记号清晰, 在构建决策问题的动态规划模型时, 假设从后方仓库库房到基地只有一种运输方式, 并且运输时间对所有的项目和基地都相同。进一步假设对各类项目, 修理间隔时间加上运输已修复项目到后方仓库库房的时间也相同 (当构建近似模型时, 这三个假设条件都会放宽)。我们还假设, 除了向修理机构运送的途中备件 (即第 1 点), 决策者对分配子系统和修理子系统中所有备件均可视。显然, 当没有这些约束条件时可以相应地拓展这些模型。但当给定这些假设约束时, 这时规划期的长度将是修理间隔时间加上从修理机构到后方仓库库房的运输时间。因此, 动态规划模型的修理决策将仅在第一个周期做出, 并且这些决策将影响后方仓库库房备件在规划期最后一个周期内的可用度。动态规划模型的分配决策将在整个规划期上做出。

第一个近似模型称为库存分配模型 (Stock Allocation Model, SAM), 它只处理库存分配问题, 如同动态规划模型一样, 从后方仓库库房到基地只允许一种运输方式 (即常规运送方式)。SAM 可以确定在规划期的各周期从后方仓库库房向各基地应该运输多少备件。该模型假设决策者对分配子系统中的备件及正在修理过程中和运往后方仓库库房途中的备件完全可视, 但对于在修理排队中和去往修理机构途中 (即第 1、2 点) 的备件则完全不清楚或无法控制。相应地, SAM 规划期的长度 (即要做分配决策的周期数) 是修理间隔时间加上从修理机构到后方仓库库房的运输时间。由于当前途中量对决策者是可见的, 因此, 这也是一个可以确切知道向后方仓库库房供应量的时期。

扩展库存分配模型 (Extended Stock Allocation Model, ESAM) 也只处理库存分配问题。但决策者可以选择加急运输方式将备件从后方仓库库房运到基地。在做分配决策时, 必须比较使用加急运输方式比常规运输方式使得备件早些到达获得的额外利益和加急运输方式所增加的成本。ESAM 中决策者的可视状态和规划期的长度与 SAM 一样。

在考虑修理的扩展库存分配模型 (Extended Stock Allocation Model with Repair, ESAMR) 中, 必须做出有能力约束的修理决策以及库存分配决策。修理决策是: 哪些备件 (那些等待修理的备件) 应该在规划期的第一个周期开始修理。与动态规划模型一样, ESAMR 假设除了在去修理机构途中的备件 (即第 1 点), 决策者对分配子系统及修理子系统中的所有备件可视。在实际中, 决策者只能对基地送修故障件的时间安排和采用方法进行有限的控制。ESAMR 规划期的长度和 SAM、ESAM 一样。但是该模型所做的修理决策会影响规划期中最后一个周期的后方仓库库房的备件可用度, 故本模型将修理决策与库存分配决策整合在了一起。

假设为未来周期所做的当前分配决策在整个规划期内能无变动地执行, 这三个近似模型的目标均为使得整个有效期内有关的总的系统期望成本最小。对于 SAM, 成本包括基地存有备件 (而不是在后方仓库库房存有) 增加的期望成本。对于 ESAM, 还包括通过加急运输方式 (而不是常规运输方式) 将备件运到基地所增加的成本。对于 ESAMR, 除增加的运输成本外, 还包括后方仓库库房存有备件 (而不是后方仓库修理机构存有备件) 增加的成本。由于修理成本、后方仓库修理机构库存成本、常规运输成本的不相关性, 所以它们在这三个模型中没有体现。也就是说, 假设系统的所有需求最终都会满足, 那么不论系统当前能力和库存分配决策怎样, 终将产生这些成本。在运行模型中, 唯一相关的成本是和时机选择相关的成本。通过时机选择使备件在系统中从后方仓库修理机构到后方仓库库房, 再到不同的基地进行适时流动。

如前所述, 这些近似模型将以滚动周期的方式实施。也就是说, 给定某周期初始时的系统状态, 尽管解决方案考虑到了当前周期的决策对未来周期决策和成本的影响, 但模型的建议将只在当前周期执行。

本节所描述的环境和模型, 以及在随后部分给出的算法都基于文献 [39]。

10.2　符号与假设

本节定义前两个近似模型 SAM 和 ESAM 的符号以及动态规划模型中的符号。其他符号将在需要时定义。

所有模型建立的关键在于通过后方仓库库房备件的可用度来适当地约束库存分配决策, 同时准确地体现与库存分配决策相关的成本影

响。也就是说,对每一种类型的备件,必须掌握住:

- 后方仓库库房的现有库存水平和在规划期内要到达后方仓库库房的数量;
- 各基地的当前库存水平和根据库存分配决策将到达各基地的数量;
- 库存分配决策致使各周期增加的成本,也就是增加的到基地的加急运输成本,增加的基地期望持有成本和延期交货成本。

谨记,修理成本、后方仓库库房持有成本和常规运输成本与 SAM (或 ESAM) 是不相关的,这是由于不管当前库存分配决策如何,这些成本都是会发生的。由于从后方仓库修理机构到后方仓库库房的备件流在模型中是被提前确定的,唯一与成本相关的是备件由后方仓库库房向各基地流动的时机选择。

以下符号的使用将贯穿本章:

网络参数

I 项目集合,项目下标用 i 表示。

J 基地集合,基地下标用 j 表示。

时间参数 (都假设为周期的整数倍)

T_{i0} i 种项目的修理间隔时间,包括从修理机构到后方仓库库房的运输时间 (下标 0 表示后方仓库库房)。

T_{ij}^r i 种项目从后方仓库库房到基地 j 的常规运输间隔时间。

T_{ij}^e i 种项目从后方仓库库房到基地 j 的加急运输间隔时间。我们假设 $1 \leqslant T_{ij}^e < T_{ij}^r$。

决策变量

y_{ijt}^r 在时间周期 $t(t = 0, \cdots, T_{i0})$ 内,通过常规运输从后方仓库库房运到基地 j 的 i 种项目的单元数量。

y_{ijt}^e 在时间周期 $t(t = 0, \cdots, T_{i0})$ 内,通过加急运输从后方仓库库房运到基地 j 的 i 种项目的单元数量。

v_i 在周期 0,进入修理过程的 i 种项目的单元数量。

供应与需求参数

$\tilde{S}_{i0t}$ 后方仓库库房在 0 至 t 周期内可获得的 i 种项目的已知累计供应量 (即本规划期之初的现场库存加上会在 t 期间以内各周期到达的库存)。该参数勾勒了规划期起点时刻即将进入后方仓库库房的途中量的轮廓,该参数不受当前分配决策的影响,它们在周期 $t = 0, \cdots, T_{i0}$ 区间内定义。

$\tilde{S}_{ijt}$ 在基地 j 在 $0 \sim t$ 周期内可获得的 i 种项目的已知累计供

应量 (即本规划期之初的净库存加上会在 t 期间以内各周期到达的库存)。该参数勾勒了规划期起点时刻从后方仓库库房即将进入基地 j 的途中量的轮廓, 该参数不受当前分配决策的影响。它们在周期 $t = 0, \cdots, T_{ij}^r + T_{i0}$ 区间内定义。不过要注意, 对所有的 $t = T_{ij}^r, \cdots, T_{ij}^r + T_{i0}$, 有 $\tilde{S}_{ijt} = \tilde{S}_{ij(T_{ij}^r - 1)}$。

S_{ijt} 在基地 j 在直至 t 周期内[1]可获得的项目 i 的累计供应量。该参数受当前后方仓库库房分配决策的影响, 它们在周期 $t = T_{ij}^e, \cdots, T_{ij}^r + T_{i0}$ 区间内定义。

X_{ijt} 在基地 j 在 $0 \sim t$ 周期内项目 i 的累计需求量, 是个随机变量, 在周期 $t = 0, \cdots, T_{ij}^r + T_{i0}$ 区间内定义。

R_i 在周期 0, 需要修理的项目 i 的单元数。

$C_{\max}$ 在周期 0, 能进入修理的最大单元数 (包括所有项目类型)(即修理机构容量)。

$C_{\min}$ 在周期 0, 必须进入修理的最小单元数 (包括所有项目类型), 其中假设 $C_{\min} \leqslant \sum\limits_{i \in I} R_i$。在许多实际应用中, 此参数可能被设置为 $\min\left(\sum\limits_{i \in I} R_i, C_{\max}\right)$, 以便可以修复更多的单元。

C_i $\min(R_i, C_{\max})$, 在周期 0, 能进入修理过程的项目 i 的单元最大数量。

成本参数和函数

h_{ij} 每周期因项目 i 的一个单元存放在基地 j (而不是后方仓库库房) 导致持有成本的增加值。

b_{ij} 每周期基地 j 对项目 i 的单元缺货成本。

e_{ij} 通过加急运输方式把项目 i 的一个单元从后方仓库库房运到基地 j 所增加的成本, 假设该成本包括增加的运输途中的所有持有成本。

$G_{ijt}(\cdot)$ 描述基地 j 的项目 i 在周期 t 所产生的增加的持有成本和延期交货成本的期望函数。$t = T_{ij}^e, \cdots, T_{ij}^r + T_{i0}$。函数自变量是 S_{ijt}, 基地 j 的项目 i 在周期 t 期间可获得的累计供应量, 即

$$G_{ijt}(S_{ijt}) = h_{ij} E\left[S_{ijt} - X_{ijt}\right]^+ + b_{ij} E\left[X_{ijt} - S_{ijt}\right]^+.$$

$Q_{ij}(\cdot)$ 表示因基地 j 的项目 i 超过有效期而增加期望持有成本的函数。该函数的自变量是 $S_{ij(T_{ij}^r + T_{i0})}$, 基地 j 的项目 i 在有效期终点时的累

---

[1] 译者注: 此处应为 $T_{ij}^e \sim t$ 周期区间内。

计供应量, 即 $Q_{ij}(S_{ij(T_{ij}^r+T_{i0})}) = h_{ij} \sum_{t=T_{ij}^r+T_{i0}+1}^{\infty} E\left[S_{ij(T_{ij}^r+T_{i0})} - X_{ijt}\right]^+$。

对于定义的与特定项目时间周期相关的参数和变量, 应该给出一些说明。如前所述的目标是掌握所有增加的期望成本, 它是在规划期内 (例如, 对项目 i, 在 $t = 0, \cdots, T_{i0}$ 的周期内) 所做分配决策的直接后果。注意, 由于不同的项目可能有不同修理间隔时间, 供应信息存在的周期数 (即途中长度 T_{i0}) 随项目的不同而不同。而且由于到各个基地的运输间隔时间 T_{ij}^r 和 T_{ij}^e 随项目和库存地点的不同而不同, 在后方仓库库房制定的分配决策产生的后果可以在随项目和基地而变化的时间窗内体现。具体地, 对于一个给定的项目 i 和基地 j:

增加的期望持有成本在周期 $t = T_{ij}^e, \cdots, T_{ij}^r + T_{i0}$ 实现。

期望延期交货成本在周期 $t = T_{ij}^e, \cdots, T_{ij}^r + T_{i0}$ 实现。

从后方仓库库房出发的加急运输所增加的成本在周期 $t = 0, 1, \cdots, T_{i0}$ 实现。

此外, 模型体现了规划期末各基地持有各类项目库存的可能后果。注意到, 尽管从后方仓库库房向基地供应可能产生额外的基地库存, 但在有效期末将这些库存移到基地还是合适的, 只要其能满足基地期望的未来需求。为处理这个问题, 该模型包括了一个成本项, 它反映了有效期结束后周期内产生的期望持有成本的增加值。该成本函数由文献 [43] 首次提出, 表示有效期结束时值得持有现场库存的期望的未来周期数, 并用这个数乘以单位周期增加的项目持有成本。也就是说, 基地 j 有效规划期结束时项目 i 的现场库存为 $\left[S_{ijT_{ij}^r(T_{ij}^r+T_{i0})} - X_{ij(T_{ij}^r+T_{i0})}\right]^+$ 时相对应的未来期望持有成本:

$$Q_{ij}\left(S_{ij(T_{ij}^r+T_{i0})}\right) = h_{ij} \sum_{t=T_{ij}^r+T_{i0}^+1}^{\infty} E\left[S_{ij(T_{ij}^r+T_{i0})} - X_{ijt}\right]^+ \tag{10.1}$$

容易证明, Q_{ij} 是其自变量的凸函数。

10.3 动态规划模型

现在将修理和库存分配问题作为一种动态规划来建模。前面说过, 在此模型中从后方仓库库房到基地只有一种运输方式, 并且对所有项目和基地而言, 修理和运输时间都是一样的。因此, 对所有 $i \in I$, 有 $T_{i0} = T_0$; 对所有 $i \in I, j \in J$, 有 $T_{ij}^r = T^r$。所有项目的规划期是 T_0, 有

效期是 $T_0 + T^r$, 这是由于周期 0 到周期 T_0 所做决策的经济后果将在整个 $T_0 + T^r$ 以内的周期内发生作用。基地在 $T^r - 1$ 以内周期中产生的持有和延期交货成本增加值不受控制。

给定前面章节的符号, 进行最优化时, 必须满足下面的约束条件:

$$\tilde{S}_{i0t} \geqslant \sum_{j \in J} \sum_{t'=0}^{t} y_{ijt'}^{r}, \quad \forall i \in I, \quad t = 0, \cdots, T_0 \tag{10.2}$$

$$\tilde{S}_{i0(T_0)} = \tilde{S}_{i0(T_0-1)} + v_i, \quad \forall i \in I \tag{10.3}$$

$$S_{ijt} = \tilde{S}_{ij(T^r-1)} + \sum_{t'=0}^{t-T^r} y_{ijt'}^{r}, \forall i \in I, j \in J, t = T^r, \cdots, T^r + T_0 \tag{10.4}$$

$$C_{\min} \leqslant \sum_{i \in I} v_i \leqslant C_{\max} \tag{10.5}$$

$$0 \leqslant v_i \leqslant C_i \text{ 且为整数}, \forall i \in I \tag{10.6}$$

$$y_{ijt}^{r} \geqslant 0 \text{ 且为整数}, \forall i \in I, \quad j \in J, \quad t = 0, \cdots, T_0 \tag{10.7}$$

令 $\bar{S}_{t-T^r}$[①]为元素是数量值 S_{ijt} 的向量。那么, $\bar{S}_{t-T^r}$ 可以标识被分配到每个基地位置的累积量数值, 以及在给定初始条件及随后修理与分配决策情况下, 后方仓库在直至周期 t 内[②]可供分配的数量值。再令向量 $\bar{X}_{t-T^r}$ 表示直至 t 周期内各 (i,j) 对的累积需求。定义时刻 t 的系统状态为 $(\bar{S}_{t-T^r}, \bar{X}_{t-T^r-1})$。另外, 令向量 $\bar{Y}_{t-T^r}$ 表示在周期 $t - T^r$ 的分配决策, 其元素是各 (i,j) 对相应的 $y_{ij(t-T^r)}$。

根据这些定义, 一个简化的修理和分配问题的动态规划模型如下。递推公式为

$$f_{T^r+T_0+1}\left(\bar{S}_{T_0}; \bar{X}_{T_0-1}\right) = \sum_{i \in I} \sum_{j \in J} Q_{ij}(S_{ij(T_{ij}^r+T_{i0})}; \bar{X}_{T_0-1}) \tag{10.8}$$

和

$$f_{T^r+t}\left(\bar{S}_t; \bar{X}_{t-1}\right) = \min_{\bar{Y}_t} \sum_{i \in I} \sum_{j \in J} G_{ij(T^r+t)}\left(\bar{S}_t; \bar{X}_{t-1}\right) + \sum_{\bar{x}_t} f_{T^r+t+1}\left(\bar{S}_t + \bar{Y}_t; \bar{X}_t\right) P\left[\bar{X}_t | \bar{X}_{t-1}\right] \tag{10.9}$$

$Q_{ij}\left(\cdot; \bar{X}_{T_0-1}\right)$ 和 $G_{ij(T^r+t)}\left(\cdot; \bar{X}_{t-1}\right)$ 分别以向量 $\bar{X}_{T_0-1}$ 和 $\bar{X}_{t-1}$ 为条件。$\bar{X}_0$ 是零向量。在周期 t 的决策服从约束条件 $(10.2) \sim (10.7)$。

---

①译者注: 对本节中向量参数字体进行了调整, 原文 $\bar{S}_{t-T^r}$、$\bar{X}_{t-T^r}$、$\bar{Y}_{t-T^r}$、$\bar{S}_{T_0}$ 和 $\bar{S}_t$, 更改为 $\bar{S}_{t-T^r}$、$\bar{X}_{t-T^r}$、$\bar{Y}_{t-T^r}$、$\bar{S}_{T_0}$ 和 $\bar{S}_t$ 等。

②译者注: 此处应为 T_{ij}^{e} 至 t 周期区间内。

很显然, 在实际中遇到的任何具有适度规模的问题所存在的状态数都将是极其庞大的。因此, 该动态规划模型对进行修理和分配决策并不实用。现在, 我们将注意力转向替代的近似模型, 它在修理和分配决策上使用了易于计算的方法。

10.4   库存分配模型

本节将建立第一个近似模型, 称为库存分配模型或 SAM。这个模型是一个凸规划, 并且可看出它对项目是可分的。于是, 我们给出解决项目子问题的两种方法。在第一种方法中, 得出决策变量最优值的边界, 并利用这些边界来表达和解决线性规划子问题。尽管线性规划可能相当大, 但这种方法是精确的, 并且它提供了基准来衡量更快的贪婪算法的效果。下面给出这两种算法。

10.4.1   模型定义

前面说过, SAM 只处理库存分配问题, 且从后方仓库库房到基地只允许有一种运输方式 (即常规运输)。根据前面部分的符号, 可将 SAM 描述如下:

$$\text{(SAM) minimize} \sum_{i \in I} \sum_{j \in J} \left\{ \sum_{t=T_{ij}^r}^{T_{ij}^r + T_{i0}} G_{ijt}\left(S_{ijt}\right) + Q_{ij}\left(S_{ij\left(T_{ij}^r + T_{i0}\right)}\right) \right\} \tag{10.10}$$

约束条件为

$$\tilde{S}_{i0t} \geqslant \sum_{j \in J} \sum_{t'=0}^{t} y_{ijt'}^r, \quad \forall i \in I, \quad t = 0, \cdots, T_{i0} \tag{10.11}$$

$$S_{ijt} = \tilde{S}_{ij\left(T_{ij}^r - 1\right)} + \sum_{t'=0}^{t-T_{ij}^r} y_{ijt'}^r, \ \forall i \in I, \ j \in J, \ t = T_{ij}^r, \cdots, T_{ij}^r + T_{i0} \tag{10.12}$$

$$y_{ijt}^r \geqslant 0 \text{ 且为整数}, \forall i \in I, \quad j \in J, \quad t = 0, \cdots, T_{i0} \tag{10.13}$$

约束条件 (10.11) 确保分配库存前, 在后方仓库库房有可用的库存。约束条件 (10.12) 把基地收到的数量与从后方仓库库房发出的相应数量联系起来。

注意, 在表达式的任意一个约束条件中, 都只是对一种项目发挥作

用。因此, 问题对于项目是可分的, 用 Z^* 表示 SAM 的最优目标函数值, 则可以将 Z^* 写为

$$Z^* = \sum_{i \in I} Z_i^*$$

式中: Z_i^* 表示子问题 SAM_i 的最优目标函数, 即

$$(\text{SAM}_i) \text{ minimize} \sum_{j \in J} \left\{ \sum_{t=T_{ij}^r}^{T_{ij}^r + T_{i0}} G_{ijt}(S_{ijt}) + Q_{ij}\left(S_{ij(T_{ij}^r + T_{i0})}\right) \right\} \quad (10.14)$$

约束条件为

$$\tilde{S}_{i0t} \geqslant \sum_{j \in J} \sum_{t'=0}^{t} y_{ijt'}^r, \quad \forall t = 0, \cdots, T_{i0} \quad (10.15)$$

$$S_{ijt} = \tilde{S}_{ij(T_{ij}^r - 1)} + \sum_{t'=0}^{t-T_{ij}^r} y_{ijt'}^r, \quad \forall j \in J, \quad t = T_{ij}^r, \cdots, T_{ij}^r + T_{i0} \quad (10.16)$$

$$y_{ijt}^r \geqslant 0 \text{ 且为整数}, \forall j \in J, \quad t = 0, \cdots, T_{i0} \quad (10.17)$$

这样, 求解 SAM 问题缩减为对每个 $i \in I$, 求解 SAM_i。

10.4.2 SAM_i 的线性规划 (LP) 模型

式 (10.14) 给出的 SAM_i 的目标函数有两项, 一项与单周期期望成本有关, 另一项与规划期结束时的期望持有成本有关。对于给定的基地 j 和 $t \in [T_{ij}^r, \cdots, (T_{ij}^r + T_{i0})]$ 周期, 我们聚焦于单周期成本函数 G_{ijt}。由于 G_{ijt} 是其自变量的凸函数, 容易找到约束报童问题 CN_{ijt} 的解:

$$(CN_{ijt}) \text{ minimize } G_{ijt}(S_{ijt}) \quad (10.18)$$

约束条件为 $S_{ijt} \geqslant \tilde{S}_{ijt}$ 且为整数。

令 $\hat{S}_{ijt}$ 表示问题最优解的最大值, 则

$$\hat{S}_{ijt} = \max(\tilde{S}_{ijt}, \arg\min_{S \in S}(G_{ijt}(S))) \quad (10.19)$$

其中

$$S = \left\{ \left\lceil F_{X_{ijt}}^{-1}\left(\frac{b_{ij}}{b_{ij} + h_{ij}}\right) \right\rceil, \left\lfloor F_{X_{ijt}}^{-1}\left(\frac{b_{ij}}{b_{ij} + h_{ij}}\right) \right\rfloor \right\}$$

前面提到, 对所有的 $t \in [T_{ij}^r, \cdots, (T_{ij}^r + T_{i0})]$, 有 $\tilde{S}_{ijt} = \tilde{S}_{ij(T_{ij}^r - 1)}$。因此, 为使解 $\hat{S}_{ijt}(t \in [T_{ij}^r, \cdots, (T_{ij}^r + T_{i0})])$ 对 t 非减, 则只要对所有 x 值来

说, 相应的分布函数 $F_{X_{ijt}}(x)$ 对 t 是非增函数就足够了。由于 X_{ijt} 表示 0 至周期 t 内基地 j 对项目 i 的累积需求, 这个条件必定有效, 故

$$\hat{S}_{ij(t-1)} \leqslant \hat{S}_{ijt}, \quad \forall j \in J, \quad t \in [T_{ij}^r, \cdots, (T_{ij}^r + T_{i0})] \qquad (10.20)$$

并且有以下的定理来确定最优累积库存水平的界限。

定理 15 对所有的基地 $j \in J$ 和所有的时间周期 $t \in [T_{ij}^r, \cdots, (T_{ij}^r + T_{i0})]$, 用 $\hat{S}_{ijt}$ 表示 CN_{ijt} 的最优解的最大值, 用 S_{ijt}^* 表示在 SAM_i 最优解的相应项, 则

$$\tilde{S}_{ij(T_{ij}^r-1)} \leqslant S_{ijt}^* \leqslant \hat{S}_{ijt}, \quad \forall j \in J, \quad t \in [T_{ij}^r, \cdots, (T_{ij}^r + T_{i0})] \qquad (10.21)$$

证明 对任意一个可行解, 第一个不等式必然成立。只有第二个不等式需要证明。假设对某一基地 j, 此不等式不成立。用 k 表示基地不满足此条件时相对应的最小下标 (即最早的时间周期), 即 $S_{ijk}^* > \hat{S}_{ijk}$, 并且对所有 $t \in [T_{ij}^r, \cdots, (k-1)]$, 有 $S_{ijt}^* \leqslant \hat{S}_{ijt}$ (如果 $k = T_{ij}^r$, 这意味着 $S_{ij(k-1)}^* = S_{ij(T_{ij}^r-1)}^* = \tilde{S}_{ij(T_{ij}^r-1)} \leqslant \hat{S}_{ij(T_{ij}^r-1)})$。由式 (10.20) 得到 $\hat{S}_{ij(k-1)} \leqslant \hat{S}_{ijk}$。于是, $S_{ijk}^* > \hat{S}_{ijk} \geqslant \hat{S}_{ij(k-1)} \geqslant S_{ij(k-1)}^*$, 这意味着 $S_{ijk}^* - S_{ij(k-1)}^* > 0$。然而, 前面说过 $\tilde{S}_{ijk} - \tilde{S}_{ij(k-1)} = \tilde{S}_{ij(T_{ij}^r-1)} - \tilde{S}_{ij(T_{ij}^r-1)} = 0$。因此, 最优解必须在周期 k 分配 i 项目的至少一个单元到达基地 j, 即 $y_{ij(k-T_{ij}^r)}^{r*} > 0$。考虑对 SAM_i 最优解做如下小变动:

$$y_{ij(k-T_{ij}^r)}^r \leftarrow y_{ij(k-T_{ij}^r)}^{r*} - 1 \text{ 和 } y_{ij(k-T_{ij}^r+1)}^r \leftarrow y_{ij(k-T_{ij}^r+1)}^{r*} + 1$$

所得到的解是可行的。从后方仓库库房运送一个单元到基地 j 延迟了一个周期, 这样的话, 在周期 k 到达的单元少于一个, 在周期 $k+1$ 多一个单元到达。而且, 修改后的解将有 $S_{ijk} = S_{ijk}^* - 1$。但是对于所有的 $t \neq k$, $S_{ijt} = S_{ijt}^*$, 如果 $k \neq T_{ij}^r + T_{i0}$, 那么对目标函数的唯一改变是用 $G_{ijk}(S_{ijk})$ 替代 $G_{ijk}(S_{ijk}^*)$。由于 G_{ijk} 是其自变量的凸函数, 且 $\hat{S}_{ijk}$ 是 CN_{ijt} 最优解的最大值, $G_{ijk}(\hat{S}_{ijk}) \leqslant G_{ijk}(S_{ijk}) = G_{ijk}(S_{ijk}^* - 1) < G_{ijk}(S_{ijk}^*)$。如果 $k = T_{ij}^r + T_{i0}$, 那么目标函数的第二项也将改变; 但是, 由于 Q_{ij} 是其自变量的严格递增函数, 故 $Q_{ij}(S_{ij(T_{ij}^r+T_{i0})}) = Q_{ij}(S_{ij(T_{ij}^r+T_{i0})}^* - 1) < Q_{ij}(S_{ij(T_{ij}^r+T_{i0})}^*)$。在任意一种情况下, 修正后的解对应的目标函数值, 严格小于由原来解得到的值。因此, 原来的解不可能是最优的, 并且在任意一个最优解中, 对所有 $t \in [T_{ij}^r, \cdots, (T_{ij}^r + T_{i0})]$, 均有 $S_{ijt}^* \leqslant \hat{S}_{ijt}$。

定理 15 给出了 SAM_i 任何一个最优解中累积库存水平的上、下界。该结果被用来构建 SAM_i 的线性规划模型。令

$$\delta_{ijtk} = \begin{cases} 1, & S_{ijt} = k \\ 0, & \text{其他情况} \end{cases} \tag{10.22}$$

我们能将 SAM_i 重新用公式表示为

$$\text{minimize} \sum_{j \in J} \tag{10.23}$$

$$\left\{ \sum_{t=T_{ij}^r}^{T_{ij}^r+T_{i0}} \sum_{k=\tilde{S}_{ij\left(T_{ij}^r-1\right)}}^{\hat{S}_{ijt}} \delta_{ijtk} G_{ijt}(k) + \sum_{k=\tilde{S}_{ij\left(T_{ij}^r-1\right)}}^{\hat{S}_{ij\left(T_{ij}^r+T_{i0}\right)}} \delta_{ij\left(T_{ij}^r+T_{i0}\right)k} Q_{ij}(k) \right\}$$

约束条件为

$$\tilde{S}_{i0t} \geqslant \sum_{j \in J} \sum_{t'=0}^{t} y_{ijt'}^r, \forall t = 0, \cdots, T_{i0} \tag{10.24}$$

$$\sum_{k=\tilde{S}_{ij\left(T_{ij}^r-1\right)}}^{\hat{S}_{ijt}} \delta_{ijtk} \cdot k = \tilde{S}_{ij\left(T_{ij}^r-1\right)} + \sum_{t'=0}^{t-T_{ij}^r} y_{ijt'}^r, \forall j \in J,$$

$$t = T_{ij}^r, \cdots, T_{ij}^r + T_{i0} \tag{10.25}$$

$$\sum_{k=\tilde{S}_{ij\left(T_{ij}^r-1\right)}}^{\hat{S}_{ijt}} \delta_{ijtk} = 1, \forall j \in J, t = T_{ij}^r, \cdots, T_{ij}^r + T_{i0} \tag{10.26}$$

$$\delta_{ijtk} \in \{0,1\}, \forall j \in J, t = T_{ij}^r, \cdots, T_{ij}^r + T_{i0}, k = \tilde{S}_{ij\left(T_{ij}^r-1\right)}, \cdots, \hat{S}_{ijt} \tag{10.27}$$

$$y_{ijt}^r \geqslant 0 \text{ 且为整数}, \forall j \in J, t = 0, \cdots, T_{i0} \tag{10.28}$$

由于成本函数 G_{ijt} 和 Q_{ij} 都是其自变量的凸函数, 且由于累积库存水平 S_{ijt} 和参数 $\tilde{S}_{i0t}$ 及 $\tilde{S}_{ijt}$ 只取整数值, 因此, 不必限定 δ_{ijtk} 和 y_{ijt}^r 为整数。也就是说, 求解前面的 ILP 的 LP 松弛问题将得到一个整数最优解。因此, 式 (10.27) 和式 (10.28) 中对 δ_{ijtk} 和 y_{ijt}^r 的整数限定都能各自去掉, 且所得线性规划的解将是 SAM_i 的最优解。详细论述可参考文献 [68]。

用以上 LP 模型求解 SAM_i 的主要缺点是变量数量非常多。出于实用的目的, 通过限制每个 y_{ijt}^r 的取值范围来减少变量数量是可能的 (例

如, 乘以 5, 而不是 1)。通过这样的限制, 得到的 LP 解仅是近似最优解, 但是对于大规模问题, 这种缩减是非常有用的方法。而且, 由于函数 G 的第二个导出式在其最小值的区域内变化不大, 故在大多数实例中, 缩减规模问题最优解的期望成本非常接近于没有缩减规模的问题。

10.4.3 求解 SAM_i 的贪婪算法

利用目标函数的凸性, 考虑两种贪婪算法替代线性规划来解决 SAM_i。从这些算法得到的解可以在两个方面应用, 要么可以直接应用, 要么可以用作近似最优解以作为 LP 过程的初始迭代值, 因为这些算法可为前面的 LP 提供基本可行解。

在描述这些算法前, 定义如下的术语来体现目标函数中增量的变化。对所有的 $t = T_{ij}^r, \cdots, T_{ij}^r + T_{i0}$, 令

$$\Delta G_{ijt}(S_{ijt}) = G_{ijt}(S_{ijt} + 1) - G_{ijt}(S_{ijt}) \tag{10.29}$$

表示在周期 t 前或在周期 t 分配到基地 j 的 i 种项目的单元增加一个时 (即当在周期 t 前或在周期 t, 又有一个 i 种项目的单元到达基地 j), 在周期 t 所发生的库存和延期交货成本期望值的增量变化。下面, 定义

$$\Delta C_{ijt} = \sum_{k=t}^{T_{ij}^r + T_{i0}} \Delta G_{ijk}(S_{ijk}) \tag{10.30}$$

表示在周期 t, 当分配到基地 j 的 i 种项目增加一个单元时, 在整个有效期上库存和延期交货成本期望值的增量变化。最后, 令

$$\Delta Q_{ij} = Q_{ij}\left(S_{ij(T_{ij}^r + T_{i0})} + 1\right) - Q_{ij}\left(S_{ij(T_{ij}^r + T_{i0})}\right) \tag{10.31}$$

表示当在规划期内分配到基地 j 的 i 种项目增加一个单元时, 规划期终点的期望持有成本的增量变化。

根据这些定义, 如果在周期 t 从后方仓库库房送到基地 j 的 i 种项目的单元增加一个, 则目标函数的总增量变化如下:

$$\Delta Z_i(j,t) = \Delta C_{ij(t+T_{ij}^r)} + \Delta Q_{ij}, \text{ 当 } y_{ijt}^r \leftarrow y_{ijt}^r + 1 \text{ 时} \tag{10.32}$$

对所有 $t \in [0, \cdots, T_{i0}]$, 各个算法从 y_{ijt}^r 等于零开始, 根据贪婪规则反复地分配后方仓库库房的可用库存到基地。对于所有的 $t \in [0, \cdots, T_{i0}]$, 令 A_{i0t} 来表示在周期 $[0, \cdots, t]$ 已经被分配的 i 种项目的单元总数量 (即从后方仓库库房送往基地)。

在第一个算法 GA 中, 贪婪规则很简单: 所有周期 t 库存都可以拿来分配, 找到产生最大的目标函数缩减量 $\Delta Z_i(j,t)$ 的 (j,t) 组合, 并在周期 t 分配一个单元的库存到基地 j。现在, 我们正式说明这个启发式算法:

求解 SAM_i 的贪婪算法 (GA):

初始化: 对所有 $j \in J$, $t \in [0, \cdots, T_{i0}]$, 设 $y_{ijt}^r \leftarrow 0$ (注意, 这暗含着对所有 $t \in [T_{ij}^r, \cdots, (T_{ij}^r + T_{i0})]$, 设 $S_{ijt} \leftarrow \tilde{S}_{ijt}$)。对所有 $t \in [0, \cdots, T_{i0}]$, 设 $A_{i0t} \leftarrow 0$。

第一步: 如果 $A_{i0T_{i0}} = \tilde{S}_{i0T_{i0}}$, 则停止 —— 不再做任何分配。否则, 确定一个单元的库存仍可用来分配的最早周期 $t^* = \min\{t : \forall t' \geqslant t, A_{i0t'} < \tilde{S}_{i0t'}\}$。

第二步: 对所有的 $j \in J$, $k \in [t^*, \cdots, T_{i0}]$, 计算 $\Delta Z_i(j,k)$, 并确定 $(j^*, k^*) = \arg\min_{(j,k)}(\Delta Z_i(j,k))$。

第三步: 如果 $\Delta Z_i(j^*, k^*) \geqslant 0$, 则停止 —— 无法进一步缩减目标函数了。否则, 设 $y_{ij^*k^*}^r \leftarrow y_{ij^*k^*}^r + 1$ (这也即对所有 $t \in [k^*, \cdots, T_{i0}]$, 设 $S_{ij^*(T_{ij}^r+t)} \leftarrow S_{ij^*(T_{ij}^r+t)} + 1)$。对所有 $t \in [k^*, \cdots, T_{i0}]$, 设 $A_{i0t} \leftarrow A_{i0t} + 1$。转到第一步。

GA 的主要好处是在每次迭代中, 只需要 $O(j)$ 的计算量。这是因为在第二步中, 可发现对每个 $j \in J$, 最大的缩减量 $\Delta Z_i(j,k)$ 在使 $S_{ij(k+T_{ij}^r)} < \hat{S}_{ij(k+T_{ij}^r)}$ 成立的 $k \geqslant t^*$ 的第一个周期就能得到。因此, 并不是所有的周期 $k \in [t^*, \cdots, T_{i0}]$ 都需要一一检验。算法需要的总时间是 $O(jT_{i0} + j\tilde{S}_{i0T_{i0}})$。

GA 不一定会找到 SAM_i 的最优解。理由是: 虽然后方仓库库房途中库存的可用性是分散在周期 $0, \cdots, T_{i0}$ 上的, 但是该算法分配每个单元的库存都假设它恰好是最后一个可获得单元。也就是说, GA 不考虑如下事实: 基地 j 下个周期获得库存可以像现在获得库存带来几乎一样多的益处, 而基地 j' 若要等到下个周期才获得库存或许会大幅地减少该益处。但是, 在某些特定情况下, GA 还是能够找到 SAM_i 最优解的。也就是说, 如果对某一整数 N, 对所有 $t \in [0, \cdots, T_{i0}]$ 有 $\tilde{S}_{i0t} = N$; 或如果对某一周期 $k \in [0, \cdots, T_{i0}]$, 对所有的 $t \in [0, \cdots, (k-1)]$ 有 $\tilde{S}_{i0t} = 0$, 且对所有 $t \in [k, \cdots, T_{i0}]$ 有 $\tilde{S}_{i0t} = N$, 那么 GA 将找到 SAM_i 的最优解。

第二个算法 LGA 和第一个算法类似, 只是在做分配决策前执行一个前瞻步骤。也就是说, 算法要检验如果后面两个单元是最后的两个可用库存时, 目标函数的缩减量是多少。

求解 SAM_i 的前瞻贪婪算法 (LGA):

初始化: 对所有的 $j \in J$, $t \in [0, \cdots, T_{i0}]$, 设 $y_{ijt}^r \leftarrow 0$ (注意, 这暗含着

对所有 $t \in [T_{ij}^r, \cdots, (T_{ij}^r + T_{i0})]$, 设 $S_{ijt} \leftarrow \tilde{S}_{ijt})$。对所有 $t \in [0, \cdots, T_{i0}]$, 设 $A_{i0t} \leftarrow 0$。

第一步: 如果 $A_{i0T_{i0}} = \tilde{S}_{i0T_{i0}}$, 则停止 —— 不再做任何分配。否则, 确定一个单元的库存仍可用来分配的最早周期 $t_1^* = \min\{t : \forall t' \geq t, A_{i0t'} < \tilde{S}_{i0t'}\}$, 和第二个单元可用来分配的最早周期 $t_2^* = \inf\{t \geq t_1^* : \forall t' \geq t, \tilde{S}_{i0t'} - A_{i0t'} \geq 2\}$ (注意, 如果 t_1^* 是可用来分配的库存只剩下一个单元的最后一个周期, 则可能有 $t_2^* = \infty$)。

第二步: 对所有的 $j \in J$, $k \in [t_1^*, \cdots, T_{i0}]$, 计算 $\Delta Z_i(j, k)$。如果 $\min_{(j,k)} \Delta Z_i(j, k) \geq 0$, 则停止 —— 进一步缩减目标函数是不可能的。否则, 转到第三步。

第三步: 如果 $t_2^* = \infty$, 那么对每个 $j \in J$, 确定送另一个单元到基地 j 的局部最好的周期 $k_1^j = \arg \min_{k \in [t_1^*, \cdots, T_{i0}]} (\Delta Z_i(j, k))$, 并设 $\text{Change}(j) = \Delta Z_i(j, k_1^j)$。否则, 对每个 $j \in J$, 确定 $k_1^j = \arg \min_{k \in [t_1^*, \cdots, T_{i0}]} (\Delta Z_i(j, k))$ 和 $(j_2, k_2) = \arg \min_{j, k \in [t_2^*, \cdots, T_{i0}]} (\Delta Z_i((j, k_1^j), (j_2, k_2)))$, 其中 $\Delta Z_i\left((j, k_1^j), (j_2, k_2)\right)$ 表示设 $y_{ij(k_1^j)}^r \leftarrow y_{ij(k_1^j)}^r + 1$ 后, 目标函数 $\Delta Z_i(j_2, k_2)$ 的变化 (这只是一个前瞻性检验, 这一步实际上没有增大 $y_{ij(k_1^j)}^r$)。然后, 设 $\text{Change}(j) = \Delta Z_i(j, k_1^j) + \min(0, \Delta Z_i((j, k_1^j), (j_2, k_2)))$。

第四步: 确定 $j^* = \arg\min_{j \in J}(\text{Change}(j))$。设 $y_{ij^*(k_1^{j^*})}^r \leftarrow y_{ij^*(k_1^{j^*})}^r + 1$ (这就暗含着对所有 $t \in [k_1^{j^*}, \cdots, T_{i0}]$, 设 $S_{ij^*(T_{ij}^r + t)} \leftarrow S_{ij^*(T_{ij}^r + t)} + 1$)。对所有 $k \in [k_1^{j^*}, \cdots, T_{i0}]$, 设 $A_{i0k} \leftarrow A_{i0k} + 1$。转到第一步。

LGA 的每次迭代需要 $O(j^2)$ 的计算时间, 且算法需要的总时间为 $O(jT_{i0} + j^2\tilde{S}_{i0T_{i0}})$。很显然, 对于任意 n, LGA 能被概括为一个 n 步前瞻算法。但是由于每次迭代的计算时间是 $O(j^{(n+1)})$, 对于 $n \geq 3$ 的情况, 该算法的计算量非常大。然而, 如果 $\tilde{S}_{i0T_{i0}} \leq (n+1)$, 这样的 n 步前瞻算法将能找到 SAM_i 的最优解。

10.5 扩展库存分配模型

扩展库存分配模型 (ESAM) 是 SAM 的修改版, 在模型中决策者除了常规运输方式外, 还可使用加急运输方式将备件从后方仓库库房运到基地。本节将 SAM 的模型扩展到考虑加急运输方式。为适合这种扩展, 前一节给出的求解方法也要做些修改。但不幸的是, 定理 15 将不再适用于 ESAM 的子问题。因此, 新边界针对决策变量的最优值来导出。使用这些新边界, 子问题仍然能使用线性规划来建模并求解。为了找到 ESAM 的解, 将对前一节给出的两个贪婪算法做些修改。

10.5.1 模型定义

根据前面已定义的符号, 将 ESAM 的模型表示如下:

(ESAM)

$$\text{Minimize} \sum_{i \in I} \sum_{j \in J} \left\{ \sum_{t=T_{ij}^e}^{T_{ij}^r + T_{i0}} G_{ijt}(S_{ijt}) + Q_{ij}(S_{ij(T_{ij}^r + T_{i0})}) + \sum_{t=0}^{T_{i0}} e_{ij} y_{ijt}^e \right\} \tag{10.33}$$

约束条件为

$$\tilde{S}_{i0t} \geqslant \sum_{j \in J} \sum_{t'=0}^{t} (y_{ijt'}^r + y_{ijt'}^e), \forall i \in I, t = 0, \cdots, T_{i0} \tag{10.34}$$

$$S_{ijt} = \tilde{S}_{ijt} + \sum_{t'=0}^{\min(t-T_{ij}^e, T_{i0})} y_{ijt'}^e, \forall i \in I, j \in J, t = T_{ij}^e, \cdots, T_{ij}^r - 1 \tag{10.35}$$

$$S_{ijt} = \tilde{S}_{ij(T_{ij}^r - 1)} + \sum_{t'=0}^{\min(t-T_{ij}^e, T_{i0})} y_{ijt'}^e + \sum_{t'=0}^{t-T_{ij}^r} y_{ijt'}^r,$$
$$\forall i \in I, j \in J, t = T_{ij}^r, \cdots, T_{ij}^r + T_{i0} \tag{10.36}$$

$$y_{ijt}^e, y_{ijt}^r \geqslant 0 \text{ 且为整数}, \forall i \in I, j \in J, t = 0, \cdots, T_{i0} \tag{10.37}$$

注意, 目标函数 (10.33) 包含了一个新项以体现加急运输成本。还注意到, 两组约束条件 (10.35) 和 (10.36) 用来将基地收到的数量与从后方仓库库房运出的数量联系在一起。当只有一种常规运输方式时, $t = T_{ij}^r$ 是分配决策能影响在周期 t 内基地 j 收到的 i 种项目的累积库存水平 S_{ijt} 的最早时间周期。但是, 有了使用加急运输的选择, 周期 $t = T_{ij}^e, \cdots, T_{ij}^r - 1$ 也可能影响 S_{ijt}。

像 SAM 一样, ESAM 也是按项目可分的, 于是问题缩减为对每个 $i \in I$, 求解 $ESAM_i$。$ESAM_i$ 模型如下:

($ESAM_i$)

$$\text{minimize} \sum_{j \in J} \left\{ \sum_{t=T_{ij}^e}^{T_{ij}^r + T_{i0}} G_{ijt}(S_{ijt}) + Q_{ij}(S_{ij(T_{ij}^r + T_{i0})}) + \sum_{t=0}^{T_{i0}} e_{ij} y_{ijt}^e \right\} \tag{10.38}$$

约束条件为

$$\tilde{S}_{i0t} \geqslant \sum_{j \in J} \sum_{t'=0}^{t} (y_{ijt'}^r + y_{ijt'}^e), \forall t = 0, \cdots, T_{i0} \tag{10.39}$$

$$S_{ijt} = \tilde{S}_{ijt} + \sum_{t'=0}^{\min(t-T_{ij}^e, T_{i0})} y_{ijt'}^e, \forall j \in J, t = T_{ij}^e, \cdots, T_{ij}^r - 1 \tag{10.40}$$

$$S_{ijt} = \tilde{S}_{ij(T_{ij}^r-1)} + \sum_{t'=0}^{\min(t-T_{ij}^e, T_{i0})} y_{ijt'}^e + \sum_{t'=0}^{t-T_{ij}^r} y_{ijt'}^r,$$

$$\forall j \in J, t = T_{ij}^r, \cdots, T_{ij}^r + T_{i0} \tag{10.41}$$

$$y_{ijt}^e, y_{ijt}^r \geqslant 0 \text{ 且为整数}, \forall j \in J, t = 0, \cdots, T_{i0} \tag{10.42}$$

10.5.2 ESAM$_i$ 的 LP 模型

如前所述, 定理 15 对 ESAM$_i$ 不成立。因此, 必须建立新的边界以构建有意义的线性规划。定理 15 对 ESAM$_i$ 不成立的原因是: 对 $t \in [T_{ij}^e, \cdots, T_{ij}^r - 1]$, 周期 0 到周期 $(T_{ij}^r - 1) - T_{ij}^e$ 的加急运输能影响累积库存水平 S_{ijt}, 我们不能完全控制这些时间周期的累积库存模式。也就是说, 对 $t \in [T_{ij}^e, \cdots, T_{ij}^r - 1]$, 由于在周期 0 时在途中有单元存在, 所以累积库存水平 S_{ijt} 有下限 $\tilde{S}_{ijt}$; 存在用额外库存增大途中量的能力; 同时, 已经在途中的库存不能被移除。这意味着, 对每个 $t \in [T_{ij}^e, \cdots, T_{ij}^r - 1]$, 除了 $S_{ijt} \geqslant \tilde{S}_{ijt}$, 每个可行解也必须有 $S_{ij(t+1)} - S_{ijt} \geqslant \tilde{S}_{ij(t+1)} - \tilde{S}_{ijt}$。因为这个约束, S_{ijt}^* 有可能大于 $\hat{S}_{ijt}$。

为了推导出 ESAM$_i$ 决策变量的新边界, 我们将再一次聚焦于单周期期望成本函数 G_{ijt} 和 (10.18) 中给出的约束报童问题 CN$_{ijt}$。对各 $j \in J$ 和各 $t \in [T_{ij}^e, \cdots, T_{ij}^r + T_{i0}]$, 用 $\hat{S}_{ijt}$ 表示 CN$_{ijt}$ 最优解的最大值, 并定义

$$M_{jt} = \max_{k \in [T_{ij}^e, \cdots, t]} \{\hat{S}_{ijk} - \tilde{S}_{ijk}\} \tag{10.43}$$

则有如下的定理。

定理 16 对所有基地 $j \in J$ 和所有时间周期 $t \in [T_{ij}^e, \cdots, (T_{ij}^r + T_{i0})]$, 用 $\hat{S}_{ijt}$ 表示 CN$_{ijt}$ 最优解的最大值, 并且用 S_{ijt}^* 表示 ESAM$_i$ 的最优解相应项, 并令 $M_{jt} = \max_{k \in [T_{ij}^e, \cdots, t]} \{\hat{S}_{ijk} - \tilde{S}_{ijk}\}$, 则

$$\tilde{S}_{ijt} \leqslant S_{ijt}^* \leqslant \tilde{S}_{ijt} + M_{jt} \quad \forall j \in J, \quad t \in [T_{ij}^e, \cdots, (T_{ij}^r + T_{i0})] \tag{10.44}$$

证明 第一个不等式对任意可行解必定成立。第二个不等式需要证明。假设对某一基地 j, 第二个不等式不成立, 并且用 k 表示基地违背该情况时的最小下标 (即最早的时间周期)。$S_{ijk}^* > \tilde{S}_{ijk} + M_{jk}$, 并且对所有 $t \in [T_{ij}^e, \cdots, (k-1)]$, $S_{ijt}^* \leqslant \tilde{S}_{ijt} + M_{jt}$ (如果 $k = T_{ij}^e$, 则注意 $S_{ij(k-1)}^* = S_{ij(T_{ij}^e-1)}^* = \tilde{S}_{ij(T_{ij}^e-1)} \leqslant \tilde{S}_{ij(T_{ij}^e-1)}$), 那么

$$
\begin{aligned}
S_{ijk}^* - S_{ij(k-1)}^* &> (\tilde{S}_{ijk} + M_{jk}) - S_{ij(k-1)}^* \\
&\geqslant (\tilde{S}_{ijk} + M_{jk}) - (\tilde{S}_{ij(k-1)} + M_{j(k-1)}) \\
&\geqslant (\tilde{S}_{ijk} + M_{jk}) - (\tilde{S}_{ij(k-1)} + M_{jk}) \\
&= \tilde{S}_{ijk} - \tilde{S}_{ij(k-1)}
\end{aligned}
$$

由于 $\tilde{S}_{ijt}$ 是非递减的, 因此最优解必须在时间周期 k 至少分配项目 i 的一个单元到基地 j, 即必须有 $y_{ij(k-T_{ij}^e)}^{e*} > 0$ 或 $y_{ij(k-T_{ij}^r)}^{r*} > 0$。不失一般性, 采用后一个, 并考虑对 ESAM$_i$ 的最优解做如下的微小变化:

$$
y_{ij(k-T_{ij}^r)}^r \leftarrow y_{ij(k-T_{ij}^r)}^{r*} - 1 \text{ 和 } y_{ij(k-T_{ij}^r+1)}^r \leftarrow y_{ij(k-T_{ij}^r+1)}^{r*} + 1
$$

得到的解是可行的。由于运送一个单元从后方仓库库房到基地 j 延误了一个周期, 故在周期 k 到达的单元少一个, 在周期 $k+1$ 到达的单元多一个。而修正的解将有 $S_{ijk} = S_{ijk}^* - 1$, 但对所有 $t \neq k$, $S_{ijt} = S_{ijt}^*$。如果 $k \neq T_{ij}^r + T_{i0}$, 那么对目标函数的唯一改变是 $G_{ijk}(S_{ijk})$ 代替 $G_{ijk}(S_{ijk}^*)$, 但由于 G_{ijk} 是其自变量的凸函数, 并且 $\hat{S}_{ijk}$ 是 CN$_{ijt}$ 最优解的最大值, 则有 $G_{ijk}(\hat{S}_{ijk}) \leqslant G_{ijk}(\tilde{S}_{ijk} + M_{jk}) \leqslant G_{ijk}(S_{ijk}) = G_{ijk}(S_{ijk}^* - 1) < G_{ijk}(S_{ijk}^*)$。如果 $k = T_{ij}^r + T_{i0}$, 则目标函数的第二项也将改变, 但由于 Q_{ij} 是其自变量的严格递增函数, $Q_{ij}(S_{ij(T_{ij}^r+T_{i0})}) = Q_{ij}(S_{ij(T_{ij}^r+T_{i0})}^* - 1) < Q_{ij}(S_{ij(T_{ij}^r+T_{i0})}^*)$。在任一种情况下, 修正的解得到一个目标函数值, 严格小于由初始解所得到的值。因此, 初始的解不可能是最优的, 而且在任一个最优解中, 对所有的 $t \in [T_{ij}^e, \cdots, (T_{ij}^r + T_{i0})]$, 有 $S_{ijt}^* \leqslant \tilde{S}_{ijt} + M_{jt}$。

定理 16 提供了 ESAM$_i$ 的任意最优解中累积库存水平的上下边界。像前面一样, 我们能用这些边界来构建 ESAM$_i$ 的线性规划模型, 令

$$
\delta_{ijtk} = \begin{cases} 1, & S_{ijt} = k \\ 0, & \text{其他情况} \end{cases} \tag{10.45}
$$

我们能把 ESAM_i 重新用公式表示如下:

$$
\text{minimize} \sum_{j\in J}\left\{ \sum_{t=T_{ij}^e}^{T_{ij}^r+T_{i0}} \sum_{k=\tilde{S}_{ijt}}^{\tilde{S}_{ijt}+M_{jt}} \delta_{ijtk}G_{ijt}(k) \right.
$$

$$
\left. + \sum_{k=\tilde{S}_{ij(T_{ij}^r-1)}}^{\tilde{S}_{ij(T_{ij}^r+T_{i0})}+M_{j(T_{ij}^r+T_{i0})}} \delta_{ij(T_{ij}^r+T_{i0})k}Q_{ij}(k) + \sum_{t=0}^{T_{i0}} e_{ij}y_{ijt}^e \right\} \quad (10.46)
$$

约束条件为

$$
\tilde{S}_{i0t} \geqslant \sum_{j\in J}\sum_{t'=0}^{t}(y_{ijt'}^r + y_{ijt'}^e), \forall t=0,\cdots,T_{i0} \quad (10.47)
$$

$$
\sum_{k=\tilde{S}_{ijt}}^{\tilde{S}_{ijt}+M_{jt}} \delta_{ijtk}\cdot k = \tilde{S}_{ijt} + \sum_{t'=0}^{\min(t-T_{ij}^e,T_{i0})} y_{ijt'}^e,
$$

$$
\forall j\in J, t=T_{ij}^e,\cdots,(T_{ij}^r-1) \quad (10.48)
$$

$$
\sum_{k=\tilde{S}_{ij(T_{ij}^r-1)}}^{\tilde{S}_{ijt}+M_{jt}} \delta_{ijtk}\cdot k = \tilde{S}_{ij(T_{ij}^r-1)} + \sum_{t'=0}^{t-T_{ij}^r} y_{ijt'}^r + \sum_{t'=0}^{\min(t-T_{ij}^e,T_{i0})} y_{ijt'}^e,
$$

$$
\forall j\in J, t\in T_{ij}^r,\cdots,T_{ij}^r+T_{i0} \quad (10.49)
$$

$$
\sum_{k=\tilde{S}_{ijt}}^{\tilde{S}_{ijt}+M_{jt}} \delta_{ijtk} = 1, \forall j\in J, t\in T_{ij}^e,\cdots,T_{ij}^r+T_{i0} \quad (10.50)
$$

$$
\delta_{ijtk}\in\{0,1\}, \text{ 对 } \forall j\in J, t\in T_{ij}^e,\cdots,T_{ij}^r+T_{i0},
$$

$$
k = \tilde{S}_{ijt},\cdots,\tilde{S}_{ijt}+M_{jt} \quad (10.51)
$$

$$
y_{ijt}^e, y_{ijt}^r \geqslant 0 \text{ 且为整数}, \forall j\in J, t=0,\cdots,T_{i0} \quad (10.52)
$$

像对 SAM_i 一样, 求解前面 ILP 的 LP 松弛问题将得到一个整数最优解。因此, 式 (10.51) 和式 (10.52) 中的整数限制可以去掉, 所得的线性规划的解是 ESAM_i 的最优解。

10.5.3 ESAM$_i$ 的贪婪算法

10.4.3 节所给出的两个贪婪算法经过修改会很容易符合 ESAM_i 的需要。成本 $\Delta G_{ijt}(S_{ijt})$、ΔC_{ijt} 和 ΔQ_{ij} 的增量变化定义如前, 但是, 为了体现目标函数的总变化, 在分配中使用的运输方式必须考虑进来。于

是, 定义:

$$\Delta Z_i(j,t) = \begin{cases} \Delta Z_i^r(j,t) = \Delta C_{ij(t+T_{ij}^r)} + \Delta Q_{ij}, & y_{ijt}^r \leftarrow y_{ijt}^r + 1 \\ \Delta Z_i^e(j,t) = \Delta C_{ij(t+T_{ij}^e)} + \Delta Q_{ij} + e_{ij}, & y_{ijt}^e \leftarrow y_{ijt}^e + 1 \end{cases}$$

(10.53)

GA 的修改版本称作 EGA, 在下面给出。尽管忽略了 ELGA 的细节, 但为了使前瞻算法 LGA 适合于 $ESAM_i$, 需要做一些类似的改变。像初始算法的情况一样, 从修改的贪婪算法 EGA 和 ELGA 得到的解能直接使用, 或者它们可用做近似最优解作为 $ESAM_i LP$ 的初始迭代值。

$ESAM_i$ 的贪婪算法 (EGA)

初始化: 对所有 $j \in J$, $t \in [0, \cdots, T_{i0}]$, $m \in [r, e]$, 设 $y_{ijt}^m \leftarrow 0$ (注意, 这暗含着对所有 $t \in [T_{ij}^e, \cdots, T_{ij}^r + T_{i0}]$, 设 $S_{ijt} \leftarrow \tilde{S}_{ijt}$)。对所有 $t \in [0, \cdots, T_{i0}]$, 设 $A_{i0t} \leftarrow 0$。

第一步: 如果 $A_{i0T_{i0}} = \tilde{S}_{i0T_{i0}}$, 则停止 —— 不再做任何分配。否则, 设 $t^* = \min\{t : \forall t' \geqslant t, A_{i0t'} < \tilde{S}_{i0t'}\}$, 库存中的一个单元仍可用来分配的最早周期。

第二步: 对所有的 $j \in J$, $k \in [t^*, \cdots, T_{i0}]$, 计算 $\Delta Z_i^r(j,k)$ 和 $\Delta Z_i^e(j,k)$, 并确定 $(j^*, k^*, m^*) = \arg \min_{(j,k,m)} (\Delta Z_i^m(j,k))$。

第三步: 如果 $\Delta Z_i^{m^*}(j^*, k^*) \geqslant 0$, 则停止 —— 目标函数不可能进一步缩减了。否则, 设 $y_{ij^*k^*}^{m^*} \leftarrow y_{ij^*k^*}^{m^*} + 1$ (这暗含着, 对所有 $t \in [k^*, \cdots, T_{i0}]$, $S_{ij^*(T_{ij}^{m^*}+t)} \leftarrow S_{ij^*(T_{ij}^{m^*}+t)} + 1)$)。对所有 $k \in [k^*, \cdots, T_{i0}]$, 设 $A_{i0k} \leftarrow A_{i0k} + 1$。转到第一步。

现在, 我们将注意力转移到做出修理和库存分配决策的运行环境。

10.6 考虑修理的扩展库存分配模型

考虑修理的扩展库存分配模型 (或 ESAMR) 的前提是: 由所有项目共享的修理过程是后方仓库库房的供应来源。所做的修理分配决策是决定哪些项目在周期 $t = 0$ 应该进入修理。

假设各项目 i 从修理开始有固定的修理时间。在周期 0 被挑选进入修理的项目 i 的单元在周期 T_{i0} 进入后方仓库库房, T_{i0} 是 i 项目的规划期的最后一个周期。因此, 此供应将影响项目 i 在有效期上所产生的成本。

当决定要修理一个备件时, 如果基地对该项目的预测需求小, 修理后的备件会有闲置在后方仓库库房一段时间的风险。在这种情况下，当基地预测到需要该备件时再进行修理可能会更好，这是因为通常在后方仓库持有一件修复品比在修理排队持有故障件要花费得更多。所以，由于 ESAMR 包括修理决策，在此模型中要体现的额外经济考量之一是，各周期在后方仓库库房持有而不是在修理机构持有修复件的相关成本增量。将用到以下符号来对这些考虑因素进行建模：

h_{i0} 在后方仓库库房 (不是修理机构) 持有 i 种项目一个单元的每周期成本增量。

$Q_{i0}(\cdot)$ 用来近似在规划期结束后，后方仓库库房项目 i 产生的持有成本增量的期望函数。函数的自变量为 $\tilde{S}_{i0T_{i0}}$，表示规划期末点处在后方仓库库房项目 i 的累积供应量 (见如下公式)。

ESAMR 中规划期末点处增加的期望持有成本函数由下式给出：

$$Q_{i0}(\tilde{S}_{i0T_{i0}}) = h_{i0} \sum_{t=T_{i0}+1}^{\infty} E\left[\left(\sum_{j \in J} \tilde{S}_{ij(T_{ij}^r-1)} + \tilde{S}_{i0T_{i0}} \right) - \sum_{j \in J} X_{ijt} \right]^+$$
$$(10.54)$$

如 Q_{ij} 一样，Q_{i0} 是其自变量的凸函数。通过将 Q_{i0} 并入 ESAMR 的目标函数，可为确定最合算的修理能力提供一种途径。也就是说，故障件将按重要性排列进入修理，将要修理的是那些可能在不久就需要的备件，而不是那些在一段时间内可能都不需要的备件。注意，规划期结束后的各周期，式 (10.54) 把增加的库存成本归因于累积总供应 (在根植于后方仓库库房的子系统中) 超过累积总需求的期望超额量。这样，由于它暗含着假设累积的总供应总能满足累积总需求，故仅是真正期望增加成本的近似值。

定义了这些补充参数后，考虑修理的扩展库存分配模型 ESAMR 为

$$\text{minimize} \sum_{i \in I} \left[\sum_{j \in J} \left\{ \sum_{t=T_{ij}^e}^{T_{ij}^r+T_{i0}} G_{ijt}(S_{ijt}) + Q_{ij}(S_{ij(T_{ij}^r+T_{i0})}) + \sum_{t=0}^{T_{i0}} e_{ij}y_{ijt}^e \right\} \right.$$
$$\left. + Q_{i0}(\tilde{S}_{i0T_{i0}}) \right]$$
$$(10.55)$$

约束条件为

$$\tilde{S}_{i0t} \geqslant \sum_{j \in J} \sum_{t'=0}^{t} (y_{ijt'}^r + y_{ijt'}^e), \forall i \in I, t = 0, \cdots, T_{i0} \qquad (10.56)$$

$$S_{ijt} = \tilde{S}_{ijt} + \sum_{t'=0}^{\min(t-T_{ij}^e,T_{i0})} y_{ijt'}^e,$$

$$\forall i \in I, j \in J, t = T_{ij}^e, \cdots, T_{ij}^r - 1 \qquad (10.57)$$

$$S_{ijt} = \tilde{S}_{ij(T_{ij}^r-1)} + \sum_{t'=0}^{\min(t-T_{ij}^e,T_{i0})} y_{ijt'}^e + \sum_{t'=0}^{t-T_{ij}^r} y_{ijt'}^r,$$

$$\forall i \in I, j \in J, t = T_{ij}^r, \cdots, T_{ij}^r + T_{i0} \qquad (10.58)$$

$$\tilde{S}_{i0(T_{i0})} = \tilde{S}_{i0(T_{i0}-1)} + v_i, \forall i \in I \qquad (10.59)$$

$$C_{\min} \leqslant \sum_{i \in I} v_i \leqslant C_{\max} \qquad (10.60)$$

$$0 \leqslant v_i \leqslant C_i \text{ 且为整数}, \forall i \in I \qquad (10.61)$$

$$y_{ijt}^e, y_{ijt}^r \geqslant 0 \text{ 且为整数}, \forall i \in I, j \in J, t = 0, \cdots, T_{i0} \qquad (10.62)$$

由于 Q_{i0} 是其自变量的凸函数, 目标函数是各 S_{ijt} 的凸函数。式 (10.59) $\sim$ 式 (10.61) 是新的约束条件。约束条件 (10.59) 用 $\tilde{S}_{i0(T_{i0}-1)}$ 加上在周期 0 进入修理的 i 种项目的单元数量代替了以前的确定值 $\tilde{S}_{i0(T_{i0})}$。约束条件 (10.60) 确保在不超出修理能力限制下满足最小的修理需求, 约束条件 (10.61) 确保只有需要修理的单元才可以修理。与 SAM 和 ESAM 不同, 由于能力约束条件 (10.60), ESAMR 按项目是不可分的。然而, 再做一些准备, ESAMR 就能变成更容易求解的形式。

考虑 ESAMR 的一个例子, 令 $Z_i^*(s)$ 表示服从条件 $\tilde{S}_{i0T_{i0}} = s$ 的子问题 ESAM_i 的最优目标函数值。假设各 $i \in I$ 和各 $s \in \{\tilde{S}_{i0(T_{i0}-1)}, \cdots, \tilde{S}_{i0(T_{i0}-1)} + C_i\}$。令

$$\delta_{ik} = \begin{cases} 1, & v_i = k \\ 0, & \text{其他情况} \end{cases} \qquad (10.63)$$

可将 ESAMR 问题表述如下:

$$\text{minimize} \sum_{i \in I} \left[\sum_{k=0}^{C_i} Z_i^*(\tilde{S}_{i0(T_{i0}-1)} + k) + Q_{i0}(\tilde{S}_{i0(T_{i0}-1)} + k) \right] \delta_{ik} \qquad (10.64)$$

约束条件为

$$\sum_{k=0}^{C_i} \delta_{ik} = 1, \quad \forall i \in I \qquad (10.65)$$

$$C_{\min} \leqslant \sum_{i \in I} \sum_{k=0}^{C_i} k\delta_{ik} \leqslant C_{\max} \qquad (10.66)$$

$$\delta_{ik} \in \{0,1\}, \quad \forall i \in I, \quad k = 0, 1, \cdots, C_i \tag{10.67}$$

不难证明, 对各项目 i, 最优 ESAM$_i$ 值 $Z_i^*(\tilde{S}_{i0(T_{i0}-1)} + k)$ 是 k 的非递增 (离散的) 凸函数 (这种凸性主要依赖于以下事实: k 个新增的可用库存都在相同的规划期周期 T_{i0} 到达后方仓库库房。如果库存在不同周期到达后方仓库库房, 则凸性无法保证)。另外, $Q_{i0}(\tilde{S}_{i0(T_{i0}-1)} + k)$ 是 k 的递增凸函数。故目标函数 (10.64) 体现了各种项目类型中的综合权衡, 即利用修理能力得到更多库存供后方仓库库房使用与潜在的由剩余库存带来的增加的持有成本。由于式 (10.64) 的凸性, 假若使用最优值 Z_i^*, 如下的贪婪边际分析算法 EGAR 求解 ESAMR 是最优的。

初始化: 对所有 $i \in I, k = 0, \cdots, C_i$, 确定

$$W_i(k) = Z_i^*(\tilde{S}_{i0(T_{i0}-1)} + k) + Q_{i0}(\tilde{S}_{i0(T_{i0}-1)} + k)$$

对所有 $i \in I$, 设 $v_i \leftarrow 0$。设 $A \leftarrow 0$。

第一步: 如果 $A = C_{\max}$, 则停止 —— 没有更多的修理能力可用。否则, 对 $v_i < C_i$ 的所有 $i \in I$, 计算

$$\Delta W_i(v_i) = W_i(v_i + 1) - W_i(v_i)$$

并确定 $i^* = \underset{i \in I}{\arg \min}(\Delta W_i(v_i))$。

第二步: 如果 $\Delta W_{i^*}(v_{i^*}) \geqslant 0$ 且 $A \geqslant C_{\min}$, 则停止 —— 无法进一步缩减目标函数。否则, 设 $v_{i^*} \leftarrow v_{i^*} + 1$ 和 $A \leftarrow A + 1$。转到第一步。

即使贪婪算法 EGA 被用来求解 ESAM 子问题, 所得的值 $Z_i^*(\tilde{S}_{i0(T_{i0}-1)} + k)(k = 0, \cdots, C_i)$ 也仅是近似的, 可以证明这些值仍是 k 的非递增凸函数。因此, 通过使用精确或近似方法求解 ESAM$_i$ 子问题, EGAR 可被用来做实时的修理和库存分配决策。还要注意, 由于该方法总体上是按项目可分的, 那么进行敏感性分析所需的计算量是最小的。

下一节在各种供应系统配置和运行系统状态下, 比较近似求解方法与精确的 LP 求解方法所得到的解的质量和计算效率。

10.7 数值研究

进行数值实验的主要原因有两个。

首先, 将由启发式分配技术得到解的质量与不同运行条件下 ESAMR 的最优值相比较。

其次, 也是更重要的, 即对于这样的推测进行验证, 即验证在库存失衡的动态环境中一体化实时决策模型具有重要的使用价值, 这样的环境在实际的备件供应链中经常发生。如前所述, 备件供应链中的库存水平对当前的运行情况而言经常是太高或太低。之所以发生这种情况, 是因为项目的库存水平经常必须在获得项目很早之前就要被确定。当项目需求最终发生时, 可用项目的数量很可能对当前的需求过程是不合适的。详细的描述和有关此现象的 C-5 银河运输机实例可参考文献 [199]。

为达到第一个目标, 应用了在 10.6 节简述的 EGAR 算法, 其中项目子问题用 10.5 节的 EGA 启发法进行了近似求解。由这个方法得到的解和 ESAMR 的最优解进行了比较, ESAMR 的最优解是通过求解式 (10.55) ~ 式 (10.62) 给出的 ESAMR 模型的线性规划版本得到的。模拟器随机地生成用于比较的问题实例, 详细内容在 10.7.2 节给出。

为达到第二个目标, 使用两种不同的分配决策方法来模拟备件供应链的连续运行, 然后比较这些方法的长期绩效。第一种方法使用的 EGAR 算法 (嵌入 EGA 启发式) 以滚动周期的方式共同做出修理和库存分配决策; 第二种方法采用了一种分解方法, 在其中除了使用先到先服务的规则管理修理排队, 也运用了 EGAR 算法来做库存分配决策。实验的详细情况在 10.7.3 节给出。

10.7.1 测试环境

为了便于进行数值研究, 应用了一个大型周期性检查的备件供应链模拟器来创建不同供应系统配置的运行系统状态。供应系统配置由下列因素定义:

(1) 项目和基地数量;

(2) 各项目和基地的修理间隔时间、常规运输间隔时间和加急运输间隔时间;

(3) 各周期、各基地对各项目需求的均值和方差;

(4) 各项目和基地的增加的持有成本、延期交货成本和运输成本;

(5) 各周期的最大修理能力;

(6) 各项目的全系统库存水平。

在测试一体化方法的价值所进行的数值实验中, 以下的数值恒为常数: 在 5 个基地需求的项目有 12 种; 修理间隔时间、加急运输间隔时间和常规运输间隔时间分别为 3 个周期、1 个周期和 2 个周期; 故障件到后方仓库修理机构的返回运输间隔期为 5 个周期; 对所有项目来说, 每单元每个周期在后方仓库库房增加的持有成本在 $ 0.14 ~ $ 0.27 范围变化; 基地在每个周期内的增加持有成本是后方仓库库房的 2 倍, 在 $ 0.28 ~ $ 0.54 范围变化; 各基地各单元的延期交货成本是持有成本的 9 倍; 加急运输增加的单元成本是 $ 0.80。变化的因素包括修理能力利用率 (80%、90% 和 95%) 和需求过程的方差均值比 (1 和 10)。

在为测试 EGAR 启发式方法质量的数值实验中, 除了对常规运输时间的两个值 (2 和 5) 和延期交货与持有成本的两个比值 (9 和 20) 进行了测试外, 其他因素使用了与刚才介绍的相同的数值。

在两个实验中, 各基地对各项目的需求过程假定是平稳的, 且在时间和库存地点上是相互独立的。当然, 本方法能处理更复杂的非平稳请求过程, 但是此验证重点是论证对平稳的需求过程作出一体化决策的价值。应用了两种需求分布函数, 泊松分布 (模拟方差均值比是 1 的情况) 和负二项分布 (模拟方差均值比为 10 的情况)。

对 12 种项目的需求率设置如下, 前 6 种项目混合了高、中、低三种需求率, 代表了不同项目的组合, 这是实践中的典型情况。后 6 种项目的需求率和前 6 种项目完全相同。所有基地对各种项目需求率完全相同。

前 6 种项目系统库存水平的设置值略高于那些使稳态的期望持有和延期交货成本值最小化所需要的库存水平。这种情况代表了长期供应的项目。对后 6 种项目, 系统库存水平设置为前 6 种项目库存水平的 1/2 左右, 代表了短期供应的项目。表 10.1 给出了一个这样的例子 (表 10.1 中给出的库存水平与一个需求过程是泊松过程的实例对应)。因此, 测试环境包含了高、中、低需求率的项目, 其中有些项目有足够的库存, 另外一些则在供应链中没有充足库存。

表 10.1　项目需求率和系统库存水平案例

库存地点	项目需求率											
	1	2	3	4	5	6	7	8	9	10	11	12
1	6.2	5.0	4.0	3.0	1.2	0.6	6.2	5.0	4.0	3.0	1.2	0.6
2	6.2	5.0	4.0	3.0	1.2	0.6	6.2	5.0	4.0	3.0	1.2	0.6
3	6.2	5.0	4.0	3.0	1.2	0.6	6.2	5.0	4.0	3.0	1.2	0.6
4	6.2	5.0	4.0	3.0	1.2	0.6	6.2	5.0	4.0	3.0	1.2	0.6
5	6.2	5.0	4.0	3.0	1.2	0.6	6.2	5.0	4.0	3.0	1.2	0.6
项目系统库存水平	515	410	325	240	115	60	255	220	155	85	40	15

10.7.2 精确方法与 EGAR 启发法比较

为了比较,考察供应系统配置,其显示了方法应用效果可能相异的条件。总共测试了 24 种不同配置。对每种配置,使用模拟器随机生成了 1000 个系统运行状态来构成问题实例,对每个实例使用 EGAR 算法和精确方法。用模拟器而不是人工创建实例,可以避免由于统计上不可能的系统状态而造成实验结果的潜在偏差。

表 10.2 包含了所考察的 24 种配置的结果。表中的数字表示采用 EGAR 启发式产生的有效期期望成本相对于采用最优 ESAMR 解产生的有效期期望成本平均偏差百分数。

表 10.2   EGAR 产生的成本高于 ESAMR 最优成本的平均偏差

利用率	需求差均比	常规间隔时间 =2 延期交货成本倍数 =9	延期交货成本倍数 =20	间隔时间 2 平均	常规间隔时间 =5 延期交货成本倍数 =9	延期交货成本倍数 =20	间隔时间 5 平均	平均
80%	1	0.85%	0.95%	0.90%	0.68%	0.91%	0.79%	0.85%
	10	0.93%	0.79%	0.86%	0.85%	1.03%	0.94%	0.90%
80% 平均		0.89%	0.87%	0.88%	0.77%	0.97%	0.87%	0.87%
90%	1	0.83%	0.95%	0.89%	0.78%	0.72%	0.75%	0.82%
	10	0.84%	1.02%	0.93%	1.11%	0.95%	1.03%	0.98%
90% 平均		0.84%	0.98%	0.91%	0.95%	0.83%	0.89%	0.90%
95%	1	1.04%	0.75%	0.90%	0.89%	0.94%	0.91%	0.90%
	10	1.07%	0.85%	0.96%	1.29%	1.00%	1.15%	1.05%
95% 平均		1.06%	0.80%	0.93%	1.09%	0.97%	1.03%	0.98%
平均		0.93%	0.88%	0.91%	0.93%	0.92%	0.93%	0.92%

讨论几个有趣的问题:

(1) 由两种方法得到的决策一致率怎样?

对很多测试的问题实例 (即运行状态) 而言,可在每个单一分配决策中观察到一致性。但是, 完全一致不是经常或频繁地发生的。由于问题本身的组合特性、修理决策、运输时间安排和数量上普遍存在小的差别,这使得直接设计一个有意义的用于衡量两个解接近度的尺度很困难。但是,从表 10.2 中看出, 很显然这些小区别不会显著影响获得的期望成本。

(2) 由两种方法得到的有效期期望成本有多接近?

表 10.2 表明, EGAR 启发式方法的期望成本与精确方法的期望成本间的平均相对偏差在所有测试的供应系统配置上是非常小的。当需求过程方差均值比高且修理能力利用率高的时候, 总的成本差最大。这种组合对长周期时间会引起大的、频繁的延期交货; 反过来, 这放大了由短视的 EGAR 启发式方法引起的与最优库存分配间的小偏差。然而, 在项目这一层次, 决定 EGAR 解质量与精确解差别的最重要因素是系统库存水平的选择。对此的简单解释是: 约束报童成本函数在其最小值的附近相对平坦。当一种项目有足够库存来满足最大的需求时, 偏离最优运行配置的小偏差 (就运输数量和运输时间安排而言) 对该项目产生的总系统成本有相对较小的影响。在这种情况下, 最合理的分配策略的效果可能是比较好的。由于 EGAR 启发式方法尽力使期望成本最小, 虽然当有足够库存时系统总体运行很好, 但是, 当一种项目的系统库存水平太低时, 偏离最优解的小偏差将会产生比系统有充分库存时相对更多的成本差。在这些情况下, 分配规则的逻辑性和鲁棒性变得极其重要。实验表明, 即使当系统中有明显的库存失衡时, EGAR 启发式方法也能很好地发挥作用。

(3) 相对于精确方法, 使用 EGAR 启发式方法 (嵌入 EGA) 在计算上优势能达到什么量级?

平均来说, 精确方法的求解时间大约是 EGAR 启发法所需时间的 5 倍。EGAR 启发法比精确方法快得多的原因是其中必要的期望成本是按需计算的。精确方法的大部分处理时间都花在计算 ESAMR 模型中的所有必要的成本系数上了。

10.7.3　先到先服务和一体化修理分配的比较

如前所述, 为了测试一体化方法相对于分解方法的价值, 使用了两种不同方法做分配决策。第一种方法使用 EGAR 算法 (嵌入 EGA 启发式方法) 一并做出修理和库存分配决策; 第二种方法除使用先到先服务的规则 (FCFS) 来管理修理排队外, 还采用了分散处理的方法由 EGAR 算法做库存分配决策。也就是说, 修理决策是在不知道下游需求和仅仅基于项目返修顺序的情况下做出的。不必考察库存分配和修理都使用 FCFS 规则的情况, 这是因为对于修理决策来说, 此种方法比不上 FCFS; 对于库存分配决策来说, 比不上 EGAR。

对每个供应系统配置, 在预处理阶段后, 一次模拟经历 1000 个时间周期。采用了 5 个单独的随机源数据, 和它们相反的随机数值流一起, 对各配置一共进行了 10 次模拟。不同水平的修理能力利用率和需求不确定性的结果汇总在表 10.3 中。表中数据给出了 10 次模拟所观察到的各周期平均成本和这些平均成本值的标准差。这些结果表明通过综合考虑修理与库存分配决策, 成本平均减少 13.3%, 减少的范围在 9.2% ～ 16% 范围变化。

表 10.3 FCFS 与 ESAMR 模拟结果的比较

修理能力利用率	需求过程差均比	分配规则		ESAMR 的相关成本改善
		FCFS	ESAMR	
80%	1	$1,712.71 ±$11.70	$1,443.95 ±$13.05	15.7%
	10	$1,763.01 ±$26.89	$1,554.13 ±$26.50	11.8%
90%	1	$1,713.15 ±$11.73	$1,443.80 ±$13.03	15.7%
	10	$1,773.05 ±$29.25	$1,569.92 ±$29.61	11.5%
95%	1	$1,716.65 ±$11.71	$1,442.60 ±$12.92	16.0%
	10	$1,802.50 ±$40.32	$1,636.45 ±$56.32	9.2%
平均		$1,746.84 ±$21.93	$1,515.14 ±$25.24	13.3%

注意, 这些结果是基于相当良好的稳态需求过程。真实的需求数据通常是非稳态的, 一体化方法的表现可能大大好于简单分配和/或分散分配规则。而且这些测试表明, 如果在一体化模型中允许横向供应, 平均成本又将会减少 10.1%。这证明使用一体化修理和库存分配决策过程有重大的潜在经济价值。

10.8 第 10 章习题

10.8.1 Llenroc 工业公司给各种类型计算机提供备件和修理服务。对备件的需求来自两个迥异的途径。首先, 进行计算机现场修理的公司需要这些备件。这些公司每天订购并且期望在当天将这些备件送给他们。其次, Llenroc 也维护和大修计算机, 还修理某些组件。因此, Llenroc 也消费备件以完成维护和大修活动。

Llenroc 可通过四种途径获得可用备件。第一, 对于很多类型的备件, Llenroc 能在诸如 IBM 这样的原始设备制造商 (OEM) 处直接购买。第二, Llenroc 从这些 OEM 处买得新机器并从这些新机器上拆下部组件, 这被称作 "拆解" (stripping) 机器。第三, Llenroc 在公共市场购买使用过的机器, 买到后, 拆下关键部组件并测试。如果通过测试, 则放置到可用库存。否则, 或者修理或者废弃。不是所有的部组件都能修复, 某些故障模式导致部组件无法修好。因此, 只有一部分可修类部组件能被修好。第四, 一些从计算机上拆下的故障件, 它们进入 Llenroc 的维护和大修过程, 由 Llenroc 进行修复。前面讲过, 不是所有的零部件都能修复, 很显然 Llenroc 只能修理计算机上找到的一部分故障件。

在一个给定时刻, 在 Llenroc 的备件库房有一定数量的现场库存; 从 OEM 处订购了新机器且知道到货日期; 从合适的 OEM 处订购了不同数量的各类备件, 并将在未来的已知时刻到达 Llenroc 库房; Llenroc 现场也有旧机器, 已经准备进行拆卸和测试。在 Llenroc 修理机构有各种类型的零部件在等待修理。

Llenroc 获得可用备件的四种可能途径中, 各途径都与一定的成本相关联。新旧机器都有其当前市场价格, 购买的各类新备件也都有当前市场价格。拆卸新、旧机器也会产生成本, 并且这些成本随机器类型和机器新旧程度的不同而变化。旧机器拆下的部组件需要测试, 测试需要相关成本, 而且这些部组件也有通不过测试的可能。最后, 修复单个零部件也需要相应成本。

除此之外, 在购买新旧机器和购置新备件时有相关的间隔期, 检测旧机器上拆下的部组件也需要一定的时间。修理故障件也需要一定的修理能力, 相同类的备件需要的修理能力相同。因此, 根据完成修理所需的能力类型对项目进行分组。每种项目在被赋予一定修理能力的单一类型维修中心修理。

进入维护和大修过程的各类计算机可能会需要各种部组件来完成修理。前面讲过, 部组件需求的产生有两个原因。第一, 来自外部用户的对各项备件的需求符合时间独立的泊松过程, 未来第 t 天的 i 项备件需求率为 $\lambda_i(t)$。第二, 计算机维护和大修计划决定了对备件的需求。计划表明在接着的 T 天有什么类型和多少这种类型的计算机将需要被处理。计划固定为 T 天, 在 T 天的滚动周期基础上制定。即每天规划人员确定哪种类型的计算机应该在未来第 T 天进行维护和大修。出于备件规划的目的, 他们并不局限于这个期间, 以便对新旧机器的外部订购及从 OEMs 处订购新备件进行规划。

OEMs 通常能在一天内提供备件,或者从其自身库房或者通过备件经销商。但是,所需的成本很高,应尽量避免。

你的任务是开发一个实时备件订购模型,即开发一个在规划期内使订购和修理备件的总成本最小化的模型。在模型中,需考虑购置成本、修理成本、提前期和修理能力,并说明怎样计算订购和修理数量。

10.8.2 本章开头讨论过一种情况,其中为用户在用户处的多组机器签订了服务合同。这些合同要对一个固定时期提供服务保证。很显然,满足这些合同职责具有重要意义,因为每个用户的未来业务与当前提供的服务紧密相关。

从服务提供者的角度看,每天都做资源分配决策会影响给用户提供的服务。假定会发生以下情况:某种备件有现场库存并且在某用户处发生了对该备件的需求;考虑到已经提供给该用户的现场服务,以及能及时提供给其他用户服务等情况,也许立刻满足该用户的需求不是最好的选择。这种情况的说明已在本章开始时给出。

你的任务是构建一个模型,用以确定是否应该分发备件来满足一个给定时间产生的需求。模型中应考虑的因素有:需要使用特定备件合同的当前满足率,库存地点特定备件库存补充发生前的时间长度,以及在这段时间内其他用户需要该部组件的可能性。

10.8.3 考虑图 10.2 中所描述的包括一个后方仓库和 n 个基地的两级系统。

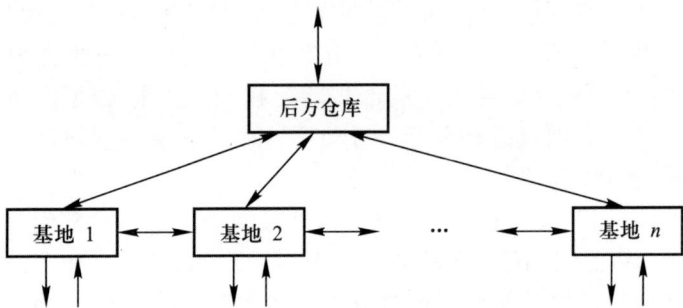

图 10.2　系统结构

后方仓库从外部供应商处订购某一项备件。如果后方仓库愿意,它也能将存货退还给供应商。与外部用户的交易只在基地发生。备件的需求发生在基地,用户的退货也在基地发生。因此,一个基地某一周期内的净需求有可能是负的。

假设一个周期内任意两个基地间或基地与后方仓库库房间允许常规和加急运输,基地间的加急运输成本没有后方仓库库房到基地的加急运输那么高。尽管在一个周期内用户可以退货到基地,但只有后方仓库库房能向外部供应商退货。

对于单一备件,假设规划期只有一个周期。对那种备件必须做出如下决策:

(1) 后方仓库库房应该从外部供应商处购买多少或应该退还多少给外部供应商?

(2) 后方仓库库房应该给每个基地分配多少并且应该从基地运回多少到后方仓库库房?

(3) 这种备件的多少库存应该在基地间转运 (常规和加急运输方式)?

假设周期中事件的发生及产生的成本如下。在周期的开始,我们检查在各基地和后方仓库库房的现有库存是多少。我们决定:

(1) 后方仓库库房订购或退还给供应商的数量;

(2) 各基地运回后方仓库库房的数量;

(3) 由后方仓库库房从它的库存分配给各基地的数量 (假设在此周期后方仓库库房从供应商处购买的备件可用来分配);

(4) 基地间的转运数量。

假设和每个行动相关的成本与所购买、退还或运输的数量成正比,即没有固定成本。还假设所有的交易即刻发生。

一旦库存分配做出,随即可观察到各基地的净需求。注意,净需求可能是负的。当一个基地的需求超过其现有库存,如果可能,将会从另一个基地进行加急或紧急补给。如果所有基地都没有库存,则需要从后方仓库库房紧急运送 (从后方仓库库房的紧急补货成本要比从其他基地处的补给成本高)。系统的延期交货成本在单位备件的基础上计算,当系统中的任何地方都没有库存则延期交货发生。持有成本在周期结束后计算,所有基地的持有成本是相同的,但是后方仓库库房要低一些。

你的任务是构建一个模型并且为订购、退货和转运数量寻找一种方法,使备件在该周期的期望成本最小。仔细陈述所有假设。

10.8.4 扩展 10.4.1 节开发的模型至考虑基地间的转运。假设各基地已定位,这使得转运只能发生在某些基地组之间。假设转运时间小于 T_{ij}^e。

参考文献

[1] J.B.Abell, L.W.Miller, C.E.Neumann, and J.E. Payne. Drive (distribution and repair in variable environments). Report R-3888-AF, RAND Corporation, Santa Monica, CA, 1992.

[2] P.K.Aggarwaland K. Moinzadeh. Order expedition in multi-echelon production/distribution systems. *IIE Transactions*, 26(2):86-96, March 1994.

[3] V.Agrawal, M.A.Cohen, and Y.S.Zheng. Service parts logistics: A benchmark analysis. *IIE Transactions, Special Issue on Supply Chain Coordination and Integration*, 29(8):627-639, August 1997.

[4] S.C.Albright. An approximation to the stationary distribution of a multi-echelon repairable-item inventory system. *Naval Research Logistics*, 36:179-195, 1989.

[5] S.C. Albright and A.Soni. Markovian multi-echelon repairable inventory system. *Naval Research Logistics Quarterly*, 35:49-61, 1988.

[6] P.Alfredsson and J.Verrijdt. Modeling emergency supply flexibility in a two-echelon inventory system. *Management Science*, 45(10):1416-1431, October 1999.

[7] S.G.Allen. Redistribution of total stock over several user locations, *Naval Research Logistics Quarterly*, 5:51-59, 1958.

[8] S.G.Allen. A redistribution model with set-up charge. *Management Science*, 8(1):99-108, October 1961.

[9] S.G.Allen. Computation for the redistribution model with set-up charge. *Management Science*, 8(4):482-489, July 1962.

[10] S.G.Allen. and D.A.D'Esopo. An ordering policy for repairable stock items. *Operations Research*, 16(3):669-674, May-June 1968.

[11] S.G.Allen and D.A.D'Esopo. An ordering policy for stock items when delivery can be expedited. *Operations Research*, 16(4):880-883, July-August 1968.

[12] T.W.Archilbald, Sassen S.A.E., and Thomas L.C. An optimal policy for a two depot inventory problem with stock transfer. *Management Science*, 43(2):173-183, February 1997.

[13] K.P. Aronis, I.Magou, R.Dekker, and G.Tagaras. Inventory control of spare parts using a Bayesian approach: A case study. *European Journal of Operational Research*, 154:730-739,2004.

[14] K.J. Arrow, S. Karlin, and H.E. Scarf, editors. *Studies in the Mathematical Theory of Inventory and Production*. Stanford University Press, Stanford, California, 1958.

[15] J.Ashayeri, R. Heuts, A. Jansen, and B. Szczerba. Inventory management of repairable service parts for personal computers: A case study. *International Journal of Operations and Production Management*, 16:74-97,1996.

[16] Yossi Aviv and AwiFedergruen. Stochastic inventory models with limited production capacity and periodically varying parameters. *Probability in the Engineering and Informational Sciences*, 11:107-135, 1997.

[17] S. Axsäter. Modeling emergency lateral transshipments in inventory systems. *Management Science*, 36(11):1329-1338, November 1990.

[18] S. Axsäter. Simple solution procedures for a class of two-echelon inventory problems. *Operations Research*, 38(1):64-69, January-February 1990.

[19] S. Axsäter. Continuous review policies for multi-level inventory systems with stochastic demand. In S.C. Graves, A.H.G. RinnooyKan, and P.H. Zipkin, editors, *Handbook in OR and MS*, volume 4, pages 175-197. Elsevier Science Publishers B.V., North-Holland, Amsterdam, 1993.

[20] S. Axsäter. Evaluation of unidirectional lateral transshipments and substitutions in inventory systems. *European Journal of Operational Research*, 149(2):438-447, 2003.

[21] S. Axsäter. A new decision rule for lateral transshipments in inventory systems. *Management Science*, 49(9):1168-1179, 2003.

[22] S. Axsäter. Note: Optimal policies for serial inventory systems under fill rate constraints. *Management Science*, 49(2):247-253, 2003.

[23] M. Baganha. Feeney and Sherbrooke revisited. Working Paper, Department of Decisions Sciences, The Wharton School, University of Pennsylvania, 1985.

[24] A.R. Balana, D. Gross, and R.M. Soland. Optimal provisioning for single-echelon repairable item inventory control in a time varying environment. *IIE Transactions*, 15:344-352, 1983.

[25] A. Banerjee, J. Burton, and S. Banerjee. A simulation study of lateral shipments in single supplier, multiple buyers supply chain networks. *International Journal of Production Economics*, 81-82:103-114, 2003.

[26] E.W. Barankin. A delivery-lag inventory model with an emergency provision. *Naval Research Logistics Quarterly*, 8:285-311, 1961.

[27] M.N. Bartakke. A method of spare parts inventory planning. *Omega*, 9:51-58, 1981. Oxford.

[28] S. Bessler and A.F. Veinott, Jr. Optimal policy for a dynamic multi-echelon inventory problem. *Naval Research Logistics Quarterly*, 13:355-389, 1966.

[29] J.P. Bowman. A multi-echelon inventory stocking algorithm for repairable items with lateral resupply. Working Paper, 1986.

[30] R. Brooks and A. Geoffrion. Finding Everett's Lagrange multipliers by linear programming. *Operations Research*, 14(6):1149-1153, November-December 1966.

[31] R.B.S. Brooks, C.A. Gillen and J.Y.Lu. Alternative measures of supply performance. Report RM-6094-PR, RAND Corporation, Santa Monica, CA, 1969.

[32] Robert Goodell Brown. *Decision Rules for Inventory Management*. Holt, Rinehart, and Winston, New York, 1967.

[33] M.D. Buyukkurt and M. Parlar. A comparison of allocation policies in a two-echelon repairable item inventory model. *International Journal of Production Economics*, 29:291, 1993.

[34] J. Buzacott and J.G. Shanthikumar. *Stochastic Models of Manufacturing Systems*. Prentice Hall, Englewood Cliffs, NJ, 1993.

[35] K.E. Caggiano, P.L. Jackson, J.A. Muckstadt, and J.A. Rappold. Optimal stocking in reparable parts networks with pooling. Under revision for Naval Research Logistics.

[36] K.E. Caggiano and J.A. Muckstadt. A combinatorial, multi-indenture, multi-item inventory model for NASA's reusable launch vehicle program.

Technical Report 1284, School of Operations Research and Industrial Engineering, Cornell University, 2001. Under revision for Operations Research.

[37] K.E. Caggiano, J.A. Muckstadt, P.L. Jackson, and J.A. Rappold. A multi-echelon, multi-item inventory model for service parts management with generalized service level constraints. Under revision for Operations Research.

[38] K.E. Caggiano, J.A. Muckstadt, and J.A. Rappold. Simple algorithms for pooling inventory to satisfy customer service requirements at minimum cost. Working paper.

[39] K.E. Caggiano, J.A. Muckstadt,and J.A. Rappold. Real time capacity and inventory allocation decisions for reparables in a two-echelon system with expedited shipments. Technical report, School of Operations Research and Industrial Engineering, Cornell University, 2003.

[40] C.L. Li Caglar, D. and D. Simchi-Levi. Two-echelon spare parts inventory system subject to a service constraint. *IIE Transactions*, 36(7):655-666, 2004.

[41] H.S. Campbell and T.L. Jones, Jr. *A Systems Approach to Base Stockage-Its Development and Test*, page 3345. RAND Corporation, Santa Monica, CA, 1966.

[42] Manuel J. Carrillo. Generalizations of Palm's theorem and dyna-METRIC's demand and pipeline variability. Report R-3698-AF, RAND Corporation, Santa Monica, California, 1989.

[43] E.W. Chan, J.A. Rappold, and J.A. Muckstadt. Determining and allocating capacitydriven safety stock in multi-item, multi-echelon systems. Technical report, School of Business, University of Wisconsin, 1999.

[44] F. Chen and J. Song. Optimal policies for multi-echelon inventory problems with Markov-modulated demand. *Operations Research*, 49(2):226-234, 2001.

[45] F. Chen and Y. Zheng. Lower bounds for multi-echelon stochastic inventory systems. *Management Science*, 40(11):1426-1443, November 1994.

[46] K.L. Cheung and W.H. Hausman. A multi-echelon inventory model with multiple failures. *Naval Research Logistics*, 40:593-602, 1993.

[47] K.L. Cheung and W.H. Hausman. Multiple failures in a multi-item spares inventory model. *IIE Transactions*, 27(2):171-180, April 1995.

[48] A. Clark. Experiences with a multi-indentured, multi-echelon inventory model. In L.B. Schwarz, editor, *Multi-level Production, Inventory Control Systems: Theory and practice, volume 16 of Studies in the Management*

Sciences, pages 229-330. North Holland Publishing, Amsterdam, 1981.

[49] A. Clark and H. Scarf. Optimal policies for a multi-echelon inventory problem. *Management Science*, 6(4):475-490, July 1960.

[50] A.J. Clark. An informal survey of multi-echelon inventory theory. *Naval Research Logistics Quarterly*, 19(4):621-650, 1972.

[51] A.J. Clark. An allocation model. Report, CACI, Inc.-Federal, Arlington, Virginia, 1978.

[52] A.J. Clark. Common item problems involved in the operation of the optimal ao inventory and allocation models. Report, CACI, Inc.-Federal, Arlington, Virginia, 1978.

[53] A.J. Clark. Logistics support economic evaluation - An introduction. Report R7801, CACI, Inc.-Federal, Arlington, Virginia, 1978.

[54] A.J. Clark. Optimal operational availability inventory model. Report R7806, CACI, Inc.-Federal, Arlington, Virginia, 1978.

[55] A.J. Clark and H.E. Scarf. Approximate solutions to a simple multi-echelon inventory problem. In K.J. Arrow, S. Karlin, and H. Scarf, editors, *Studies in Applied Probability and Management Science*, chapter 5. Stanford University Press, Stanford, California, 1962.

[56] M.A. Cohen and R. Ernst. Operations related groups (ORGs): A clustering procedure for production/inventory systems. *Journal of Operations Management*, 9(4):574-598, October, 1990.

[57] M.A. Cohen, P.R. Kleindorfer, and H.L. Lee. Optimal stocking policies for low usage items in multi-echelon inventory systems. *Naval Research Logistics Quarterly*, 33(1):17-38, 1986.

[58] M.A. Cohen, P.R. Kleindorfer, and H.L. Lee. Service constrained (s, S) inventory systems with priority demand classes and lost sales. *Management Science*, 34(4):482-499, April 1988.

[59] M.A. Cohen, P.R. Kleindorfer, and H.L. Lee. Near optimal service constrained stocking policies for spare parts.*Operations Research*, 37(1):104-117, January-February1989.

[60] M.A. Cohen and H.L. Lee. Strategic analysis of integrated production-distribution system: Models and methods. *Operations Research*, 36(2):216-228, March-April 1988.

[61] M.A. Cohen and H.L. Lee. Out of touch with customer needs? Spare parts and after sales service. *Sloan Management Review*, 31(2):55-66, 1990.

[62] M.A. Cohen, Y-S. Zheng, and V. Agrawal. Service parts logistics: A bench-mark analysis. *IIE Transactions*, 29(8):627-639, 1997.

[63] M.A. Cohen, Y.S. Zheng, and Y. Wang. Identifying opportunities for improving Teradyne's service-parts logistics system. *Interfaces*, 29(4):1-18, July-August 1999.

[64] G.B. Crawford. Palm's theorem for nonstationary processes. Report R-2750-RC, RAND Corporation, Santa Monica, CA, 1981.

[65] G.B. Crawford Variability in the demands for aircraft spare parts. Report R-3318-AF, RAND Corporation, Santa Monica, California, 1988.

[66] M. Dada. A two-echelon inventory system with priority shipments. *Management Science*, 38(8):1140-1153, August 1992.

[67] V. Daniel, R. Guide, and R. Srivastava. Repairable inventory theory: Models and applications. *European Journal of Operational Research*, 102:1-20, 1997.

[68] G. Dantzig. *Linear Programming and Extensions*. Princeton University Press, Princeton, NJ, 1962.

[69] C. Das. Supply and redistribution rules for two-location inventory systems: Oneperiod analysis. *Management Science*, 21(7):765-776, March 1975.

[70] J. Davidson. Initial provisioning of rotable spares for airlines: A case study. *INFOR*, 18:139-149, 1980.

[71] W.S. Demmy. Allocation of spares and repair resources to a multi-component system. Report 70-17, Air Force Logistics Command, Wright Patterson Air Force Base, Ohio, 1970.

[72] W.S. Demmy and V.J. Presutti. Multi-echelon inventory theory in the air force logistics command. In L.B. Schwarz, editor, *Multi-Level Production/Inventory Control Systems: Theory and Practice*, volume 16 of *Studies in the Management Sciences*, pages 279-297. North Holland Publishing, Amsterdam, 1981.

[73] V. Deshpande, M.A. Cohen, and K. Donohue. An empirical study of service differentiation for weapon system service parts. *Operations Research*, 51(4):518-530, 2003.

[74] T.S. Dhakar, C.P. Schmidt, and D.M. Miller. Base stock level determination for high cost low demand critical repairable spares. *Computers and Operations Research*, 21:411-420, 1994.

[75] I. Duenyas. A simple release policy for networks of queues with controllable inputs. *Operations Research*, 42:1162-1171, 1994.

[76] C.E. Ebeling. Optimal stock levels and service channel allocations in a multi-item repairable asset inventory system. *IIE Transactions*, 23(2):115-120, June 1991.

[77] G.D. Eppen. Note: Effects of centralization on expected costs in a multi-location newsboy problem. *Management Science*, 25(5):498-501, May 1979.

[78] G.D. Eppen and L.Schrage. Centralized ordering polices in a multi-warehouse system with lead times and random demand. In L.B. Schwarz, editor, *Multi-Level Production/Inventory Control Systems: Theory and Practice*, Studies in the Management Sciences, pages 51-67. North-Holland Publishing, Amsterdam, 1981.

[79] N. Erkip, W.Hausman, and S. Nahmias. Optimal centralized ordering policies in multi-echelon inventory systems with correlated demands. *Management Sciences*, 36(3):381-392, March 1990.

[80] H. Everett, III. Generalized Lagrange multiplier method for solving problems of optimal allocation of resources. *Operations Research*, 11(3):399-417, May-June 1965.

[81] P.T. Evers. Hidden benefits of emergency transshipments. *Journal of Business Logistics*, 18(2):55-77, 1997.

[82] P.T. Evers. Filling customer orders from multiple locations: A comparison of pooling methods. *Journal of Business Logistics*, 20(1):121-140, 1999.

[83] A. Federgruen and P. Zipkin. Approximations of dynamic, multilocation production and inventory problems. *Management Science*, 30(1):69-84, January 1984.

[84] A. Federgruen and P. Zipkin. Computational issues in an infinite horizon multiechelon inventory model. *Operations Research*, 32(4):818-836, July-August 1984.

[85] A. Federgruen and P. Zipkin. An inventory model with limited production capacity and uncertain demands i: The average-cost criterion. *Mathematics of Operations Research*, 11(2):193-207, 1986.

[86] A. Federgruen and P.Zipkin. An inventory model with limited production capacity and uncertain demands ii: Discounted-cost criterion. *Mathematics of Operations Research*, 11(2):208-215, 1986.

[87] G.J. Feeney and C.C. Sherbrooke. An objective Bayes approach for inventory decisions. Report RM-4362-PR, RAND Corporation, Santa Monica, CA, 1965.

[88] G.J. Feeney and C.C. Sherbrooke. A system approach to base stockage of recoverable items. Report RM-4720PR, RAND Corporation, 1965.

[89] G.J. Feeney and C.C. Sherbrooke. The (s-1,s) inventory policy under compound Poisson demand. *Management Science*, 12(5):391-411, January 1966.

[90] W.W. Fisher and J.J. Brennan. The performance of cannibalization policies in a maintenance system with spares, repair, and resource constraints. *Naval Research Logistics Quarterly*, 33:1-15, 1986.

[91] B.L. Fox and D.M. Landi. Optimization problems with one constraint. Report RM-5791, RAND Corporation, Santa Monica, CA, 1968.

[92] B.L. Fox and D.M. Landi. Searching for the multiplier in one-constraint optimization problems. *Operations Research*, 18(2):253-262, March-April 1970.

[93] Y. Fukuda. Optimal disposal policies. *Naval Research Logistics Quarterly*, 8:221-227, 1961.

[94] G. Gallego and O. Ozer. Integrating replenishment decisions with advance demand information. *Management Science*, 47:1344-1360, 2001.

[95] P. Glasserman. Bounds and asymptotics for planning critical safety stocks. *Operations Research*, 45(2):244-257, March-April 1997.

[96] P. Glasserman and S. Tayur. The stability of a capacitated, multi-echelon production-inventory system under a base-stock policy. *Operations Research*, 42(5):913-925, September-October 1994.

[97] P. Glasserman and S. Tayur. Sensitivity analysis for base-stock levels in multiechelon production-inventory system. *Management Science*, 41(2):263-281, February 1995.

[98] P. Glasserman and S. Tayur. A simple approximation for a multistage capacitated production-inventory system. *Naval Research Logistics*, 43(1):41-58, February 1996.

[99] S.C. Graves. A multi-echelon inventory model for a repairable item with one-for-one replenishment. *Management Science*, 31(10):1247-1256, October 1985.

[100] S.C. Graves. Determining the spare and staffing levels for a repair depot. *Journal of Manufacturing and Operations Management*, 1:227-241, 1988.

[101] D. Gross. Centralized inventory control in multilocation supply systems. In H.E. Scarf et al., editors, *Multistage Inventory Models and Techniques*, chapter 3. Stanford University Press, Stanford, California, 1963.

[102] D. Gross. On the ample service assumption of Palm's theorem in inventory

modeling. *Management Science*, 28(9):1065-1079, September 1982.

[103] D. Gross, B. Gu, and R. Soland. Iterative solution methods for obtaining the steady-state probability distributions of Markovian multi-echelon repairable item inventory systems. *Computers and Operations Research*, 20:817-828, 1993.

[104] D. Gross and C.M. Harris. On one-for-one ordering inventory polices with state-dependent leadtimes. *Operations Research*, 19(3):735-760, May-June 1971.

[105] D. Gross and C.M. Harris. *Fundamentals of Queuing Theory*, pages 415-419, John Wiley and Sons, New York, 1974.

[106] D. Gross and J.F. Ince. Spares provisioning for a heterogeneous population. Technical Report T-376, Program in Logistics, The George Washington University, 1978.

[107] D. Gross and J.F. Ince. Spares provisioning for repairable items: Cyclic queues in light traffic. *AIEE Transactions*, 10:307-314, 1978.

[108] D. Gross, H.D. Kahn, and J.D. Marsh. Queuing models for spares provisioning. *Naval Research Logistics Quarterly*, 24(4):521-536, 1977.

[109] D. Gross, L.C. Kioussis, and D.R. Miller. A network decomposition approach for approximating the steady-state behavior of Markovian multi-echelon reparable item inventory system. *Management Science*, 33(11):1453-1468, November 1987.

[110] D. Gross, L.C. Kioussis, and D.R. Miller. Transient behavior of large Markovian multi-echelon repairable item inventory systems using a truncated state space approach. *Naval Research Logistics Quarterly*, 34:173-198, 1987.

[111] D. Gross and D.R. Miller. Multi-echelon repairable-item provisioning in a time varying environment using the randomization technique. *Naval Research Logistics Quarterly*, 31:347-361, 1984.

[112] D. Gross, D.R. Miller, and C.G. Plastiras. Simulation methodologies for transient Markov processes: A comparative study based on multi-echelon repairable item inventory systems. In W.D. Wade, editor, *Proceedings of the 1984 Summer Computer Simulation Conference*, pages 37-43, La Jolla, California, 1984. The Society for Computer Simulation.

[113] D. Gross, D.R. Miller, and R.M. Soland. A closed queuing network model for multi-echelon repairable item provisioning. *IIE Transactions*, 15:344-352, 1983.

[114] D. Gross and A. Soriano. On the economic application of airlift to product distribution and its impact on inventory levels. *Naval Research Logistics Quarterly*, 19:501-507, 1972.

[115] O. Gross. A class of discrete-type minimization problems. Report RM-1655-PR, RAND Corporation, Santa Monica, CA, 1956.

[116] A. Gunasekaran, C. Patel, and R.E. McGaughey. A framework for supply chain performancemeasurement. *International Journal of Production Economics*, 87(3):333-348, 2004.

[117] A. Gupta. Approximate solution of a single-base multi-indentured repairable-item inventory system. *Journal of the Operational Research Society*, 44:701-710, 1993.

[118] A. Gupta and S.C. Albright. Steady-state approximations for a multi-echelon multi-indentured repairable-item inventory system. *European Journal of Operational Research*, 62:340-353, 1992.

[119] S.E. Haber and R. Sitgreaves. An optimal inventory model for the intermediate echelon when repair is possible. *Management Science*, 21(6):638-648, 1975.

[120] S.E. Haber and R. Sitgreaves, and H. Solomon. A demand prediction technique for items in military inventory systems. *Naval Research Logistics Quarterly*, 16:297-308, 1975.

[121] G. Hadley and T.M. Whitin. *Analysis of Inventory Systems*. Prentice-Hall, Englewood Cliffs, N.J., 1963.

[122] G. Hadley and T.M. Whitin. An inventory transportation model with N locations. In Scarf, Gilford, and Shelly, editors, *Multistage Inventory Models and Techniques*, chapter 5. Stanford University Press, Stanford, California, 1963.

[123] T.Hamann and J. Proth. Inventory control of repairable tools with incomplete information. *International Journal of Production Economics*, 31:543-550, 1993.

[124] R. Hariharan and P. Zipkin. Customer-order information, leadtimes, and inventories. *Management Science*, 41(10):1599-1607, 1995.

[125] W.H. Hausman. Communication: On optimal repair kits under a job completion criterion. *Management Science*, 28(11):1350-1351, November 1982.

[126] W.H. Hausman and G.D. Scudder. Priority scheduling rules for repairable inventory systems. *Management Science*, 28(11):1215-1232, November 1982.

[127] D.P. Heyman. Return policies for an inventory system with positive and negative demands. *Naval Research Logistics Quarterly*, 25(4):581-596, 1978.

[128] R.J. Hillestad. Dyna-METRIC: Dynamic multi-echelon technique for recoverable item control. Report R-2785-AF, RAND Corporation, Santa Monica, CA, 1982.

[129] R.J.Hillestad and M.J. Carrillo. Models and techniques for recoverable item stockage when demand and the repair processes are nonstationary - part i: Performance measurement. Report N-1482-AF, RAND Corporation, Santa Monica, CA, 1980.

[130] B. Hoadley and D.P. Heyman. A two-echelon inventory model with purchases, dispositions, shipments, returns, and transshipments.*Naval Research Logistics Quarterly*, 24:1-19, 1977.

[131] J.S. Hodges. Modeling the demand for spare parts: Estimating the variance-to-mean ratio and other issues. Report N-2086-AF, RAND Corporation, Santa Monica, CA, 1985.

[132] D. Hoekstra, R.L. Deemer, and S. Gajadlo. Optimal procurement decisions for spare aircraft components. Report, Frankfort Arsenal, Philadelphia, Pennsylvania, 1965.

[133] W. Hopp, M. Spearman, and R.Q. Zhang. Easily implementable inventory control policies. *Operations Research*, 45(3):327-340, May-June 1997.

[134] J.V. Howard. Service exchange systems-the stock control of repairable items. *Journal of the Operational Research Society*, 35:235-245, 1984.

[135] E.L. Huggins and T.L. Olsen. Supply chain management with guaranteed delivery. *Management Science*, 49(9):1154-1167, 2003.

[136] K.E. Isacson, P. Boren, C.L. Tsai, and R. Pyles. Dyna-METRIC version 4: Modeling worldwide logistics support of aircraft components. Report R-3389-AF, RAND Corporation, Santa Monica, CA, 1988. 95-96.

[137] P.L. Jackson. Stock allocation in a two-echelon distribution system or 'what to do until your ship comes in'. *Management Science*, 34(7):880-895, July 1988.

[138] P.L. Jackson and J.A. Muckstadt. Risk pooling in a two-period, two-echelon inventory stocking and allocation problem. *Naval Research Logistics*, 36(1):1-26, 1989.

[139] G. Janakiraman and J.A. Muckstadt. Inventory control in directed networks: A note on linear costs. *Operations Research*, 52(3):491-495, 2004.

[140] G. Janakiraman and J.A. Muckstadt. Optimality of multi-tier base-stock policies for a class of capacitated serial systems. Technical Report 1361, School of Operations Research, Cornell University, Ithaca, NY, 2003. Submitted to Operations Research.

[141] W. Jung. Recoverable inventory systems with time-varying demand. *Production and Inventory Management Journal*, 34:77-81, 1993.

[142] M. Kalchschmidt, G. Zotteri, and R. Verganti. Inventory management in a multi-echelon spare parts supply chain. *International Journal of Production Economics*, 81-82:397-414, 2003.

[143] A.J. Kaplan. Economic retention limits. Report, Inventory Research Office, U.S. Army Logistics Management Center, Fort Lee, Virginia, 1969.

[144] A.J. Kaplan. Mathematics of SESAME model stockage models. Report, AMSAA Army Inventory Research Office, Philadelphia, Pennsylvania, 1980.

[145] A.J. Kaplan. Incorporating redundancy considerations into stockage models. *Naval Research Logistics*, 36:625-638, 1989.

[146] R. Kaplan. A dynamic inventory model with stochastic lead times. *Management Science*, 16(7):491-507, March 1970.

[147] S. Karlin and H. Scarf. Inventory models of the Arrow-Harris-Marschak type with time lag. In K.J. Arrow, S. Karlin, and H.Scarf, editors, *Studies in the Mathematical Theory of Inventory and Production*, chapter 10. Stanford University Press, Stanford, California, 1958.

[148] U.S. Karmarkar and N.R. Patel. The one-period, N-location distribution problem. *Naval Research Logistics Quarterly*, 24:559-575, 1977.

[149] J. Kim, R.C. Leachman, and B. Suh. Dynamic release control policy for the semiconductor wafer fabrication lines. *Journal of the Operational Research Society*, 47:1516-1525, 1996.

[150] J. Kim, K. Shin, and H. Yu. Optimal algorithm to determine the spare inventory level for a repairable-item inventory system. *Computers and Operations Research*, 23:289-297, 1996.

[151] K.S. Krishnan and V.R.K. Rao. Inventory control in N warehouses. *Journal of Industrial Engineering*, 16:212-215, 1965.

[152] W.K. Kruse. Waiting time in an (s-1,s) inventory system with arbitrarily distributed leadtimes. *Operations Research*, 28(2):348-352, March-April 1980.

[153] W.K. Kruse. Waiting time in a continuous review(s, S) inventory system with constant lead times. *Operations Research*, 29(1):202-207, January-February

1981.

[154] W.K. Kruse and A.J. Kaplan. Comments on Simon's two echelon model. *Operations Research*, 21(6):1318-1322, 1973.

[155] S.H. Lawrence and M.K. Schaefer. Optimal maintenance center inventories for fault-tolerant repairable systems. *Journal of Operations Management*, 4:175-181, 1985.

[156] H.L. Lee. A multi-echelon inventory model for repairable items with emergency lateral transshipments. *Management Science*, 33(10):1302-1316, October 1987.

[157] H.L. Lee and Billington C. Material management in decentralized supply chains (in OR Practice). *Operations Research*, 41(5):835-847, September-October 1997.

[158] H.L. Lee and K. Moinzadeh. Operating characteristics of a two-echelon system for repairable and consumable items under batch operating policy. *Naval Research Logistics*, 34:365-380, 1987.

[159] H.L. Lee and K. Moinzadeh. A repairable item inventory system with diagnostic and repair service. *European Journal of Operational Research*, 40:210-221, 1989.

[160] LMI, A model to allocate repair dollars and facilities optimally, 1974. Task 74-9, Washington, D.C.

[161] LMI availability system: Levels of indenture model, 1978. Washington, D.C.

[162] LMI availability system: Procurement model, 1978. Washington, D.C.

[163] M.C. Mabini and L.F. Gelders. Repairable item inventory systems: A literature review. *Belgian Journal of Operations Research, Statistics, and Computer Science*, 30:58-69, 1991.

[164] J.W. Mamer and S.A. Smith. Optimizing field repair kits based on job completion rate. *Management Science*, 28(11):1328-1333, November 1982.

[165] K.F. Matta. A simulation model for repairable items/spare parts inventory systems. *Computers and Operations Research*, 12:395-409, 1985.

[166] W.L. Maxwell. Priority dispatching and assembly operations in a job shop. Technical Report RM-5370-PR, RAND Corporation, SantaMonica, California, 1969.

[167] B. Miller. A real time METRIC for the distribution of serviceable assets. Report RM-5687-PR, RAND Corporation, Santa Monica, CA, 1968.

[168] B.L. Miller. Dispatching from depot repair in a recoverable item inven-

tory system: On the optimality of a heuristic rule. *Management Science*, 21(3):316-325, November 1974.

[169] B.L. Miller and M. Modarres-Yazdi. The distribution of recoverable inventory items from a repair center when the number of consumption centers is large. *Naval Research Logistics Quarterly*, 25(4):597-604, 1978.

[170] K. Moinzadeh and P.K. Aggarwal. An information based multiechelon inventory system with emergency orders. *Operations Research*, 45:694-701, 1997.

[171] K. Moinzadeh and H.L. Lee. Batch size and stocking levels in multi-echelon repairable systems. *Management Science*, 32(12):1567-1581, December 1986.

[172] K. Moinzadeh and S. Nahmias. A continuous review model for an inventory system with two supply modes. *Management Science*, 34(6):761-773, June 1988.

[173] K. Moinzadeh and C.P. Schmidt. An (s-1,s) inventory system with emergency orders. *Operations Research*, 39(2):308-321, March-April 1991.

[174] J.A. Muckstadt. A model for a multi-item, multi-echelon, multi-indenture inventory system. *Management Science*, 20(4):472-481, December 1973.

[175] J.A. Muckstadt. The consolidated support model(CSM): A three-echelon, multi-item model for recoverable items. Report R-1923-PR, RAND Corporation, Santa Monica, CA, 1976.

[176] J.A. Muckstadt. Navmet: a four-echelon model for determining the optimal quality and distribution of navy spare aircraft engines. Technical Report 263, School of Operations Research and Industrial Engineering. Cornell University, Ithaca, NY, 1976.

[177] J.A. Muckstadt. Some approximations in multi-item, multi-echelon inventory systems for recoverable items. *Naval Research Logistics Quarterly*, 25(3):377-394, September 1978.

[178] J.A. Muckstadt. A three-echelon, multi-item model for recoverable items. *Naval Research Logistics Quarterly*, 26(2):199-221, 1979.

[179] J.A. Muckstadt. Comparative adequacy of steady-state versus dynamic models for calculating stockage requirements. Report R-2636-AF, RAND Corporation, Santa Monica, California, 1980.

[180] J.A. Muckstadt. A multi-echelon model for indentured, consumable items. Technical Report 548, School of Operations Research, Cornell University, Ithaca, NY, 1982.

[181] J.A. Muckstadt and M.H. Issac. An analysis of a single item inventory system with returns. *Naval Research Logistics Quarterly*, 28:237-254, 1981.

[182] J.A. Muckstadt and R.O. Roundy. Heuristic computation of periodic-review base stock inventory policies. Technical Report 1176, School of Operations Research, Cornell University, Ithaca, NY, 1996.

[183] J.A. Muckstadt and L.J. Thomas. Are multi-echelon inventory methods worth implementing in systems with low-demand-rate items? *Management Science*, 26(5):483-494, May 1980.

[184] A Muharremoglu and J.N. Tsitsiklis. Echelon base stock policies in uncapacitated serial inventory systems. http://web.mit.edu/jnt/www/publ.html, 2001.

[185] S. Nahmias. Simple approximations for a variety of dynamic leadtime lost-sales inventory models. *Operations Research*, 27(5):904-924, September-October 1979.

[186] S. Nahmias. Managing reparable item inventory systems: A review. In L.B. Schwarz, editor, *Multi-Level Production/Inventory Control Systems: Theory and Practice*, volume 16 of *Studies in the Management Sciences*, pages 253-278. North Holland Publishing, Amsterdam, 1981.

[187] S. Nahmias and H. Rivera. A deterministic model for a repairable item inventory system with a finite repair rate. *International Journal of Production Research*, 17:215-221, 1976.

[188] P.M. Needham. The influence of individual cost factors on the use of emergency transshipments. *Transportation Research, Part E, Logistics and Transportation Review*, 34:149-161, June 1998.

[189] T.J. O'Malley. The aircraft availability model: Conceptual framework and mathmematics. Report, Logistics Management Institute, Washington, D.C.,1983.

[190] O. Ozer. Replenishment strategies for distribution systems under advanced demand information. *Management Science*, 49(3):255-272, 2003.

[191] C. Palm. Analysis of the Erlang traffic formulae for busy-signal arrangements. *Ericsson Technics*, 5:39-58, 1938.

[192] A. Pena Perez and P. Zipkin. Dynamic scheduling rules for a multiproduct make-to-stock queue. *Operations Research*, 45:919-930, 1997.

[193] E.S. Phelps. Optimal decision rules for the procurement, repair or disposal of spare parts. Report RS-2920PR, RAND Corporation, Santa Monica, Cal-

ifornia, 1962.

[194] E. Porteus and Z. Landsdowne. Optimal design of a multi-item, multi-location, multi-repair type repair and supply system. *Naval Research Logistics Quarterly*, 21(2):213-238, 1974.

[195] U. Prabhu. *Queues and Inventories*. Wiley, New York, 1965.

[196] U. Prabhu. *Stochastic Storage Processes*. Springer-Verlag, New York, 1980.

[197] V.J. Presutti and R.C. Trepp. More ado about economic order quantities (EOQ). *Naval Research Logistics Quarterly*, 17:243-251, 1970.

[198] D.F. Pyke. Priority repair and dispatch policies for repairable-item logistics systems. *Naval Research Logistics*, 37:1-30, 1990.

[199] T.L. Ramey. Lean logistics: High-velocity logistics infrastructure and the C-5 Galaxy. Report MR-581-AF, RAND Corporation, Santa Monica, California, 1999.

[200] J.A. Rappold and J.A. Muckstadt. A computationally efficient approach for determining inventory levels in a capacitated multi-echelon production-distribution system. *Naval Research Logistics*, 47(5):377-398, June 2000.

[201] F.R. Richards. A stochastic model of a repairable-item inventory system with attrition and random lead times. *Operations Research*, 24(1):118-130, January-February 1976.

[202] L.W. Robinson. Optimal and approximate policies in multiperiodmultilocation inventory models with transshipment. *Operations Research*, 38(2):278-295, March-April 1990.

[203] M. Rose. The $(s-1,s)$ inventory model with arbitrary backordered demand and constant delivery times. *Operations Research*, 20(5):1020-1032, September-October 1972.

[204] B. Rosenman and D. Hoekstra. A management system for high-value army components. Report TR64-1, U.S. Army, Advanced Logistics Research office, Frankfort Arsenal, Philadelphia, Pennsylvania, 1964.

[205] S.M. Ross. *Stochastic Processes*. John Wiley and Sons, New York, 1983.

[206] R.O. Roundy and J.A. Muckstadt. Heuristic computation of periodic-review base stock inventory policies. *Management Science*, 46(1):104-109, January 2000.

[207] J.W. Rustenburg, G.J. van Houtum, and W.H.M. Zijm. Spare parts management for technical systems: resupply of spare parts under limited budgets. *IIE Transactions*, 32(10):1013-1026, 2000.

[208] J. Sarkis. Quantitative models for performance measurement systems – alternate considerations. *International Journal of Production Economics*, 86(1):81-90, 2003.

[209] M.K. Schaefer. A multi-item maintenance center inventory model for low-demand repairable items. *Management Science*, 29(9):1062-1068, September 1983.

[210] M.K. Schaefer. Replenishment policies for inventories of recoverable items with attrition. *Omega*, 17:281-287, 1989, Oxford.

[211] D.A. Schrady. A deterministic inventory model for repairable items. *Naval Research Logistics Quarterly*, 14(3):391-398, 1967.

[212] C.R. Schultz. On the optimality of the $(s - 1, s)$ policy. *Naval Research Logistics*, 37:715-723, 1990.

[213] L.B. Schwartz, editor. *Multi-Level Production/Inventory Systems: Theory and Practice, volume 16 of Studies in the Management Sciences*. North Holland Publishing, New York, 1981.

[214] G.D. Scudder. Priority scheduling and spares stocking policies for a repair shop: The multiple failure case. *Management Science*, 30:739-749, June 1984.

[215] G.D. Scudder and W.Hausman. Spares stocking policies for repairable items with dependent repair times. *Naval Research Logistics Quarterly*, 29:303-322, 1982.

[216] S. Seshadri and J.M. Swaminathan. A componentwise index of service measurement in multi-component systems. *Naval Research Logistics*, 50(2):184-194, 2003.

[217] K. Shanker. An analysis of a two-echelon inventory system of recoverable items. Technical Report 341, School of Operations Research and Industrial Engineering, Cornell University, Ithaca, NY, 1977.

[218] K. Shanker. Exact analysis of a two-echelon inventory system for recoverable items under batch inspection policy. *Naval Research Logistics Quarterly*, 28:579-601, 1981.

[219] C.Sherbrooke. Multi-echelon inventory systems with lateral supply. *Naval Research Logistics*, 39:29-40, 1992.

[220] C.C. Sherbrooke. Discrete compound Poisson processes and tables of the geometric Poisson distribution. Report RM-4831-PR, RAND Corporation, 1966.

[221] C.C. Sherbrooke. Generalization of a queuing theorem of Palm to finite populations. *Management Science*, 12(11):907-908, July 1966.

[222] C.C. Sherbrooke. Discrete compound Poisson processes and tables of the compound Poisson distribution. *Naval Research Logistics Quarterly*, 15(2):189-204, 1968.

[223] C.C. Sherbrooke. METRIC: A multi-echelon technique for recoverable item control. *Operations Research*, 16(1):122-141, 1968.

[224] C.C. Sherbrooke. An evaluator for the number of operationally ready aircraft in a multilevel supply system. *Operations Research*, 19(3):618-635, May-June 1971.

[225] C.C. Sherbrooke. Waiting time in an $(s - 1, s)$ inventory system-constant service time case. *Operations Research*, 23(4):819-820, July-August 1975.

[226] C.C. Sherbrooke. VARI-METRIC: Improved approximations for multi-indenture, multi-echelon availability models. *Operations Research*, 34(2):311-319, March-April 1986.

[227] C.C. Sherbrooke. *Optimal Inventory Modeling of Systems*: *Multi-Echelon Techniques*. John Wiley and Sons, New York, 1992.

[228] E.A. Silver. Inventory allocation among an assembly and its repairable sub-assemblies. *Naval Research Logistics Quarterly*, 19:261-280, 1972.

[229] R.M. Simon. The uniform distribution of inventory position for continuous review (s, Q) policies. Report 3938, RAND Corporation, Santa Monica, California, 1968.

[230] R.M. Simon. Stationary properties of a two-echelon inventory model for low demand items. *Operations Research*, 19(3):761-773, May-June 1971.

[231] R.M. Simon and D.A. D'Esopo. Comments on a paper by S.G. Allen and D.A. D'Esopo: 'an ordering policy for repairable stock items'. *Operations Research*, 19(4):986-988, July-August 1971.

[232] K.E. Simpson, Jr. A theory of allocation of stocks to warehouses. *Operations Research*, 7(6):797-805, November-December 1959.

[233] V.P. Simpson. An ordering model for recoverable stock items. *AIIE Transactions*, 2:315-320, 1970 or 1971, check.

[234] V.P. Simpson. Optimum solution structure for a repairable inventory problem. *Operational Research*, 26(2):270-281, March-April 1978.

[235] F.M. Slay. VARI-METRIC: An approach to modeling multi-echelon resupply when the demand process is Poisson with a gamma prior. Report AF301-3,

Logistics Management Institute, Washington, D.C.,1984.

[236] F.M. Slay. Lateral resupply in a multi-echelon inventory system. Report AF501-2, Logistics Management Institute, Washington, D.C., 1986.

[237] C.H. Smith and M.K. Schaefer. Optimal inventories for repairable redundant systems with aging components. *Journal of Operations Management*, 5:339-349, 1985.

[238] S.A. Smith. Optimal inventories for an $(s-1, s)$ system with no backorders. *Management Science*, 23(5):522-528, January 1977.

[239] S.A. Smith, J.C. Chambers, and E. Shlifer. Optimal inventories based on job completion rate for repairs requiring multiple items. *Management Science*, 26(8):849-852, August 1980.

[240] M.J. Sobel. Fill rates of single-stage and multistage supply systems. *Manufacturing and Service Operations Management*, 6(1):41-52, 2004.

[241] A. Svoronos and P. Zipkin. Estimating the performance of multi-level inventory systems. *Operations Research*, 36(1):57-72, January-February 1988.

[242] A. Svoronos and P. Zipkin. Evaluation of one-for-one replacement policies for multi-echelon inventory systems. *Management Science*, 37(1):68-83, January 1991.

[243] G. Tagaras. Effects of pooling on the optimization and service levels of two-location inventory systems. *IIE Transactions*, 21(3):250-258, September 1989.

[244] G. Tagaras. Pooling in multi-location periodic inventory distribution systems. *Omega*, 27(1):39, February 1999. Oxford.

[245] G. Tagaras and M.A. Cohen. Pooling in two-location inventory systems with nonnegligible replenishment lead times. *Management Science*, 38(8):1067-1083, August 1992.

[246] G. Tagaras and D. Vlachos. A periodic view inventory system with emergency replenishments. *Management Science*, 47(3):415-429, March 2001.

[247] S. Tayur. Computing the optimal policy in capacitated inventory models. *Stochastic Models*, 9(4), 1993.

[248] M.J. Tedone. Repairable part management. *Interfaces*, 19:61-68, 1989.

[249] J. Verrijdt, I. Adan, and T. de Kok. A trade-off between emergency repair and inventory investment. *IIE Transactions*. 30:119-132, 1998.

[250] Y. Wang, M.A. Cohen, and Y.S. Zheng. A two-echelon repairable inventory system with stocking-center-dependent depot replenishment lead times.

Management Science, 46(11):1441-1453, November 2000.

[251] L.M. Wein. Scheduling networks of queues: Heavy traffic analysis of a multistation network with controllable inputs. *Operations Research*, 40:S312-S334, 1992.

[252] L.M. Wein and P.B. Chevalier. A broader view of the job-shop scheduling problem. *Management Science*, 38:1018-1033, 1992.

[253] P.T. Evers, K. Xu, and M.C. Fu. Estimating customer service in a two-location continuous review inventory model with emergency transshipments. *European Journal of Operational Research*, 145(3):569-584, 2003.

[254] S. Yanagi and M. Sasaki. Reliability analysis for a two-echelon repair system considering lateral resupply, return policy and transportation times. *Computers and Industrial Engineering*, 27(1-4):493-497, September 1994.

[255] S. Zacks. A two-echelon multi-station inventory model for navy applications. *Naval Research Logistics Quarterly*, 17(1):79-85, 1970.

[256] S. Zacks and Fennell. Bayes adaptive control of two-echelon inventory systems, I: Development for a special case of one-station lower echelon and Monte Carlo evaluation. *Naval Research Logistics Quarterly*, 19(1):15-28, 1972.

[257] S. Zacks and J. Fennell. Distribution of adjusted stock levels under statistical adaptive control procedures of inventory systems. *Journal of American Statistical Association*, 68:88-91, 1973.

[258] S. Zacks and J. Fennell. Bayes adaptive control of two-echelon inventory systems, II: The multi-station case. *Naval Research Logistics Quarterly*, 21(4):575-593, 1974.

[259] W.H. Zijm and Z.M Avsar. Capacitated two-indenture models for repairable item systems. *International Journal of Production Economics*, 81-82:573-588, 2003.

[260] P. Zipkin. Critical number policies for inventory models with periodic data. *Management Science*, 35(1):71-80, 1989.

英汉术语对照

backorder: 延期交货
backorder cost: 延期交货成本
base: 基地
base-stock policy: 基本库存策略
cannibalization: 拆拼修理
channel fill rate: 途径满足率
column generation procedure: 列生成过程
committed policy: 承诺策略
complementary cumulative distribution function: 互补累积分布函数
concave function: 凹函数
Construct-Feasible-Solution: 构造可行解
consumable item (parts): 可消耗项目 (件)
continuous review: 连续性检查
convex combination: 凸组合
convex function: 凸函数
critical distance: 临界距离
cumulative distribution function: 累积分布函数
depot: 后方仓库
discount rate: 折现率
distribution subsystem: 配送子系统
distribution system: 配送系统
dual variable: 对偶变量

echelon base-stock policy: 分级基本库存策略

echelon inventory position: 分级库存点

echelon stock: 分级库存

effective horizon: 有效期

extended stock allocation mode with repair: 考虑修理的扩展库存分配模型

extended stock allocation mode (ESAM): 扩展库存分配模型

fill rate: 满足率

first order approximation: 一阶近似

fixed ordering cost：固定订购成本

function argument: 函数自变量

general renewal process：广义更新过程

generating function: 母函数

greedy heuristic: 贪婪启发算法

greedy marginal analysis algorithm: 贪婪边际分析法

Holding cost: 持有成本

Imbalance Assumption: 不平衡假设

intermediate stocking: 中继级库存

inventory level: 库存水平

inventory position: 库存点

item: 项目

knapsack problem: 背包问题

Lagrangian relaxation technique: 拉格朗日松弛技术

lateral resupply: 横向再供应

lead time: 提前期

line replaceable units: 在线 (外场) 可更换单元

marginal analysis method: 边际分析法

mass exponential distribution: 质量指数分布

master problem: 主问题

moment: 矩

monotone policy: 单调策略

monotone state: 单调状态

net inventory: 净库存

news-vendor function: 报童函数

on-order: 在订购量

operational plan: 运行规划

operational rate: 运行率

order lead time：订购提前期

Order-Up-To Policies: 订至点策略

outstanding backorder: 未处理的延期交货

part: 零件

periodic review: 周期性检查

physical location: 物理位置

piecewise linear approximation: 分段线性近似

pipeline stock：在途库存

pipeline: 在途量

planning horizon: 规划期

pool: 组

pooling: 共用

ready rate: 完备率

real-time operational model: 实时运行模型

recoverable item (parts): 可回收项目 (件)

release: 发布

repair cycle time: 修理周转时间

repair lead time: 修理提前期

repair subsystem: 修理子系统

repairable item (parts): 可修理项目 (件)

resupply system: 再供应系统

resupply time: 再供应时间

Service Level Satisfaction: 服务水平满意度

service level: 服务水平

service parts: 备件

shop replaceable units: 车间 (外场) 可更换单元

shortage: 缺货

shortfall distribution: 缺口分布

shortfall random variable: 缺口随机变量

single stage system: 单一站点系统

standard birth-death equation：标准单边方程 (标准生灭过程)

stock allocation model (SAM): 库存分配模型

stock level: 库存水平

stockout: 脱销

strategic plan: 战略规划

stuttering Poisson distribution：结巴泊松分布

tactical plan: 战术规划

the first two moments：前二阶矩

transportation lead time：运输提前期

underlying Poisson process: 基本泊松过程

uniformly distributed: 均匀分布

unit: 单元